本书为博众精工文化资助项目

儒家要典导读书系

河南程氏遺書

河南程氏遗书

宋·程颢　程颐　撰
邵逝夫　导读

黄山书社

出版说明

一、儒家道统一脉相承，源远流长。西汉中期独尊儒术以后两千多年，儒家精神和学问向来是华夏文明的主流，尤其是经宋儒构建了完整的体系之后，从此以仁义礼智信、温良恭俭让为核心的儒家精神为天下共尊，庙堂之高，江湖之远，男女莫不知，童叟均熏染，上下一贯、内外通透，成为华夏民族的血脉和灵魂。

二、“人能弘道”。尧舜禹汤、文武周公、孔曾思孟、程朱陆王是儒家道统的圣贤，圣贤传心，经典载道，相辅相成，缺一不可。“夫子之文章”是儒家的载道之学，“夫子之言性与天道”是儒家的传心之学。儒家精神来自天道，见诸人心，靠教育来落实，教育需以经典为载体。

三、儒家数千年的经典，以六经四书和历代大儒的见道文字为核心，有经，有传，有注疏，有讲解。文以载道，圣贤们的奏疏、书信、记铭等等，莫不有天理存焉。儒家的经典文字，皆为圣贤们在不同时空和环境下应机而作，是他们体验和践履天道天理的遗存，是不同时期儒者的责任和事业。历史发展到今天，各种环境均发生了很大的移易，甚至语言系统亦有根本转变。但无论时代如何变化，人们在身心上对德性的需求、对生命问题的探索，永无止息，历久弥新。“儒家要典导读书系”即是选取儒家道统历史长河中的重要典籍，在新时代环境下，进行整理、导读和讲解。

四、“儒家要典导读书系”所选取的经典，往往是历史上起到重要作用的著述和文字，希冀以点带面，能展现儒家学问的全貌，并做出新时代和新语境下的解读，俾使普通读者发现天行健生生不息之精神，体悟自性本有之光明，完善自我人格，获取生命的喜悦感；也力图使得有志于儒家修齐治平理想的大魄力者，能以此为进学基石，循序渐进，日积月累，盈科而后进，放乎四海。

五、“儒家要典导读书系”对经典文字的整理，主要依据重要古本，参考现有优良整理本，并订正其舛误。章节分段、文字断句、标点符号等关系到对儒家精神和大儒学问的理解，当涵泳文意，反复揣摩，慎加抉择，断以己意，整理出一个清晰明确的完整简体字本，而一般不出校记。于书首撰写详尽导读，尤从儒家真精神及工夫体悟角度，阐扬圣贤们的学问面目，以期对今人的身心有所裨益。

六、孟子曰：“有天爵者，有人爵者。仁义忠信，乐善不倦，此天爵也；公卿大夫，此人爵也。古之人修其天爵，而人爵从之。”岁月潮流滚滚向前，每个时代的人有每个时代下的责任，实为义不容辞。愿有心君子共同努力，默而识之，学而不厌，秉文之德，对越在天。

目录

导读

一

《河南程氏遗书》，为程门弟子所记二程先生日常论学语录，经由朱子编订成书。二程先生，即程颢和程颐。程颢，生于仁宗明道元年（1032），逝于神宗元丰八年（1085），享年54岁。文彦博题其墓曰“明道先生”，自此学者尊称明道先生。程颐，程颢胞弟，生于仁宗明道二年（1033），逝于徽宗大观元年（1107），享年75岁。因晚年讲学于伊川，学者尊称伊川先生。二程出生于官宦世家，先祖乔伯，为周大司马，封于程，遂以程为姓。高祖羽，官至兵部侍郎，赠太子少师、礼部尚书；曾祖希振，官至尚书虞部员外郎；祖父遹，赠开府仪同三司吏部尚书；父珦，历任大理寺丞、知县、知州等职，七十岁时致仕，迁散大夫中大夫，又迁太中大夫，二程尊称先太中公。

继濂溪先生（周敦颐）之后，二程析解群经，大阐孔、孟生命之学，乃为宋明理学的实际奠基者，在中国思想史上具有承上启下的重要价值，并列于北宋五子。宋宁宗嘉定十三年（1220），下诏赐明道谥曰纯，伊川谥曰正，学者又称程纯公、程正公。宋理宗淳祐元年（1241），诏封明道为河南伯，伊川为伊川伯，从祀孔庙。因为二程家居洛阳，并常年在洛阳一带讲学，故而，二程之学常常又被称作为洛学。二程之学的影响贯穿着我国八九百年来的学术史，且在社会各个层面塑造着世道人心，意义不同凡响。惜乎时至今日，除却学界，普通读者对于二程的认识大多不甚了了。加之目前二程先生著述版本甚少，且颇不适宜大众读者阅读，故而，甚有重新推荐的必要。二程著述，传于今者，有门人及后世儒者所整理的《河南程氏遗书》二十五卷、《河南程氏外书》十二卷、《河南程氏文集》十二卷、《河南程氏粹言》二卷（分别简称为《遗书》《外书》《文集》《粹言》），以及《周易程氏传》《河南程氏经说》（简称《经说》）。此番所点校、导读者，乃为《遗书》与《周易程氏传》（别为一册）。

古人有云："读其书，想见其为人。"于今之世，则往往是知其人，而后方有读 其书之想，故而，于此导读文中，笔者先是爬梳相关资料，陈述出二程的生平。二程虽为同胞兄弟，却因天赐禀赋之异，生命轨迹截然不同，气象也迥然有别。然而，二程之学的宗旨实为一贯。此一宗旨乃是本于生命而发，一言以概之，曰："圣人可以学而至。"亦即成圣之学。二程成圣之学，以天理为本，以格致穷理为入学门径，以切实体贴为自得之方，以敬义交持为涵养之要，终而归于至诚，入于圣人之境。在陈述二程生平之后，笔者又于现存二程著述中拾掇诸文字，加以梳理，力求呈现一结构清晰、次第谨严的二程成圣之学。希望如此一番阐述，能够让大家对二程之学生发出些许兴趣，并以此为指导，去探究自己的生命。

二

明道"生而神气秀爽，异于常儿"，年幼之时，便常有出人意表之举。如在他尚未能言之时，一天，叔祖母任氏抱着他行走，不觉之中掉了发钗，过了几天才发觉，便去寻找，小明道以手指示，顺着他所指的方向前往，果然找到了发钗，家人都很是惊异。三四岁之后，明道开始诵诗读书，他的记忆力很强，远逾常人。到了十岁时，明道便已能赋诗，据门人刘立之记述，明道少年之时尝赋有《酌贪泉》诗，其中有云："中心如自固，外物岂能迁？"当时的前辈贤达们纷纷称许他的志气与情操（《遗书·附录》）。十二三岁时，明道在学堂就学，表现得少年老成，"见者无不爱重"。一次，户部侍郎彭思永"谢客到学舍，一见异之，许妻以女"（程颐《明道先生行状》，以下简称《行状》）。

除了"幼有奇质，明慧惊人"之外，儿时的明道还得益于母教。据伊川先生《上谷郡君家传》，二程先生之母侯氏实为一深谙于家教的良母。侯夫人生有男孩六人，存活者仅明道、伊川二兄弟，对他们的关爱可想而知，然而，侯夫人却绝不溺爱他们。恰恰相反，她对明道、伊川二兄弟的管教极为严厉，有了过错，从不为他们掩饰，常常说："子之所以不肖者，由母蔽其过而父不知也。"二程兄弟方才数岁时，走路不小心摔倒，家人担心他们受到惊吓，走上前去扶抱，侯夫人则未尝不加以呵责，说："汝若安徐，宁至踣乎？"吃饭时，侯夫人常常让二程兄弟坐在自己身边，一旦他们调拌汤味，就会训斥他们："幼求称欲，长当如何？"即使对待使唤的仆人，也不容许他们以恶语相加，如果孩子们呵责小奴婢，就必定会告诫他们："贵贱虽殊，人则一也。汝如此大时，能为此事否？"而二程兄弟与人争忿斗气之时，即使有理也不袒护，说："患其不能屈，不患其不能伸。"

在侯夫人的悉心教养之下，二程兄弟性情温和，知书达礼。伊川先生追忆儿时受教情状，饱含深情地说：“颐兄弟平生于饮食、衣服无所择，不能恶言骂人，非性然也，教之使然也。”侯夫人还颇有知人之鉴，有姜应明者，中神童第，人们竞相围观，侯夫人一见，评曰：“非远器也。”后来姜果然“以罪废”。明道、伊川二兄弟年幼时，为了勉励他们读书，侯夫人在他们的书沿贴上“我惜勤读书儿”，又并书二行，一行曰“殿前及第程延寿”，延寿，乃明道幼时之名；一行曰“处士”。意谓日后明道将中举，而伊川则终身为处士，后亦果然如此。

庆历六年（1046），太中公知虔州兴国县事，曾代理南安军通判。时濂溪先生任南安军司理参军，年方而立，其学尚不为人所识，太中公“视其气貌非常人”，与之交谈，果然是“为学知道者”，于是与之为友，并令二子师事之。明道、伊川二兄弟从学濂溪，是乃儒学史上一重要事件，以致朱子对太中公大加赞许：“濂溪在当时，人见其政事精绝，则以为宦业过人；见其有山林之志，则以为襟袖洒落，有仙风道气，无有知其学者，惟程太中独知之。这老子所见如此，宜其生两程子也。”（《朱子语类》卷九十三）濂溪之学，本于《易》，以主静（无欲）为要径，以至诚为归宗。濂溪教人，善于启发自悟，如其教二程兄弟，“每令寻颜子、仲尼乐处，所乐何事”（《遗书》），这一启悟性的教学奠定了二程毕生之学。自此，“寻孔、颜乐处”便成为儒门一大公案，为后世学者所津津乐道。对于明道，濂溪的教导常常是深刻的，例如，有一次，明道略有些自负地声称自己对于田猎的爱好已经完全克除了，濂溪则对他说：“何言之易也？但此心潜隐未发，一日萌动，复如初矣。”十二年之后的一天傍晚，当他见到田间捕猎的猎户，“不觉有喜心”，知道自己果然还没有真正克除好猎之心。

濂溪之教，对明道产生了极大影响。首先，在濂溪的启发下，明道十五六岁之时，便已立定了志向。伊川有云：“先生为学，自十五六时，闻汝南周茂叔论道，遂厌科举之业，慨然有求道之志。”（《行状》）横渠先生（张载）也说：“二程从十四五时，便锐然欲学圣人。”（《经学理窟》）其次，濂溪光风霁月的气象深深影响了明道，他曾自述道：“某自再见茂叔后，吟风弄月以归，有‘吾与点也’之意。”（《遗书》卷三）当然，这也与明道“生而神气秀爽”的异禀有关。再次，明道关于仁的体认，亦当源于濂溪的启发。明道论仁，颇多至要之言。如“仁者，以天地万物为一体，莫非己也”（《遗书》卷二上）。濂溪令二程“寻孔、颜乐处”，所谓“孔、颜乐处”，不是别的，正是“仁”：

天地间至富、至贵、可爱、可求者，仁而已。仁者，天地生物之心，而人所受以生者，为一心之全德、万善之总名。体即天地之体，用即天地之用，存之则道充，居之则身安，故孟子既以天之尊爵目之，复以人之安宅名之，所以为天地间之至贵、至富、可爱、可求者也，岂轩冕之贵、金玉之富可同日而语哉？朱子曰：“所谓至贵、至富、可爱、可求，即周子之教程子，每令寻仲尼、颜子乐处所乐何事者也。然学者当深思而实体之，不可但以言语解会而已。”今端窃谓孔、颜之乐者，仁也，非是乐这仁，仁中自有其乐耳。且孔子安仁而乐在其中，颜子不违仁而不改其乐。安仁者，天然自有之仁；而乐在其中者，天然自有之乐也。不违仁者，守之之仁；而不改其乐者，守之之乐也。《语》曰“仁者不忧”，“不忧”，非乐而何？周、程、朱子不直说破，欲学者自得之。愚见学者鲜自得之，故为来学说破。（曹端《通书述解》）

月川先生（曹端）指出“孔、颜之乐者，仁也”，并说“周、程、朱子不直说破，欲学者自得之”，其实，明道早已有所指示，只是学者不曾去体贴罢了：

学者须先识仁。仁者，浑然与物同体，义、礼、知、信皆仁也。识得此理，以诚敬存之而已，不须防检，不须穷索。若心懈则有防，心苟不懈，何防之有？理有未得，故须穷索。存久自明，安待穷索？此道与物无对，大不足以名之，天地之用，皆我之用。孟子言“万物皆备于我”，须“反身而诚”，乃为大乐。若反身未诚，则犹是二物有对，以己合彼，终未有之，未有之，又安得乐？《订顽》（即横渠《西铭》）意思，乃备言此体。以此意存之，更有何事？“必有事焉，而勿正，心勿忘，勿助长”，未尝致纤毫之力，此其存之之道。若存得，便合有得。盖良知、良能元不丧失，以昔日习心未除，却须存习此心，久则可夺旧习。至理至约，惟患不能守。既能体之而乐，亦不患不能守也。（《遗书》卷二上）

此段文字为后世学者命名为《识仁篇》。依笔者之见，《识仁篇》正是明道对濂溪“寻孔、颜乐处”之教的回应。最后，明道提倡学当学颜子，“学者当学颜子，入圣人为近，有用力处”

（《遗书》卷二上），“学者要学得不错，须是学颜子有准的”（《遗书》卷三），此亦本于濂溪之教，“圣希天，贤希圣，士希贤。伊尹、颜渊，大贤也。伊尹耻其君不为尧、舜，一夫不得其所，若挞于市；颜渊‘不迁怒，不贰过’，‘三月不违仁’。志伊尹之所志，学颜子之所学。过则圣，及则贤，不及则亦不失于令名”（《通书·志学第十》）。要之，明道得益于濂溪之教者实为良多。然而，因为明道尝言“吾学虽有所受，天理二字却是自家体贴出来”（《外书》卷十二），诸多学者便认为明道之学与濂溪之教并无太大关系。这是不明白儒门之教重在引导启悟所导致的误解。儒门师长，要在启发门人弟子，而不是强行灌输知识和观念，濂溪深谙个中三昧，其有云：“圣人立教，俾人自易其恶，自至其中而止矣。故先觉觉后觉，暗者求于明，而师道立矣。”（《通书·师第七》）况且天理本不能相与授受，学者必须自悟自得，师长所能做的惟是陈述根本，帮助学生究明天理。而后因材施教，指示出一个亲切的门径，由学者自行去体贴。明白了此中关节，则明道“自家体贴出”“天理”，正可见濂溪无愧于师道。伊川在《明道先生行状》中，还曾说明道受了濂溪之教，“未知其要，泛滥于诸家，出入于老、释者几十年，返求诸六经而后得之”。此中所说的“未知其要”，应当理解为“以为未足”。自六祖惠能大阐佛法，禅宗一时兴盛于天下，时至北宋，几乎人人谈玄论道，而佛家动辄喜云道在彼处，故而，即便是儒者，往往也会受其诱惑，而去探究一番，待到发现其实并非如此，自然也就会“返求诸六经”。宋明诸大儒，出入佛、老者不在少数，除了明道，横渠、朱子、南轩、阳明等人莫不如此。明道听闻濂溪之教后，虽然颇多启悟，却依然觉得不能够满足，于是，转求于诸家，出入于佛、老，如此摸索几近十年，终无所得，便又回到濂溪当初所指示的路上，“返求诸六经而后得之”。门人刘立之年方数岁，便由二程兄弟“取以归，教养视子侄”，他自称“从先生（指明道）最久，闻先生教最多，得先生行事为最详”。笔者以为他的陈述当可依凭：“（明道）从汝南周茂叔问学，穷性命之理，率性会道，体道成德，出处孔、孟，从容不勉。”（《遗书·附录》）明道的禀赋气质与濂溪颇为相类，皆为“胸中洒落，如光风霁月”式的人物，又因二者之学颇有一贯之意，后世之人往往将他们并举，动辄合称为周程。如阳明在未曾悟道之前，曾经登游九华，其间，他听闻地藏洞有异人，便前去寻访，与异人谈论最上乘法，异人便曾对他说：“周濂溪、程明道是儒家两个好秀才。”（钱德洪《王阳明先生年谱》）其后，阳明在京师，与甘泉先生（湛若水）一见定交，相约共以明道“仁者浑然与天地万物同体”为论学宗旨。

嘉祐元年（1056），太中公迁国子博士，二程兄弟便随至京师。其时，横渠已先行抵达京师，准备参加来年的举试。横渠乃二程兄弟的表叔，年长他们十数岁，已然以长于《易》闻名，至京师后，“尝坐虎皮讲《易》京师，听从者甚众”。一天傍晚，二程兄弟来访，横渠与他们讨论《易》学，为他们的《易》学造诣所折服。第二天，横渠对听从者说：“比见二程，深明《易》道，吾所弗及，汝辈可师之。”于是，“撤座辍讲”。由此可见，此时二程对于《易》学已经有了颇深的造诣。其后，横渠又“与二程语道学之要”，涣然而悟，自信地说：“吾道自足，何事旁求！”（《宋史·张载传》）据此又可知，此时二程兄弟于“道学之要”已然了悟。无论是二程的《易》学造诣，还是他们对“道学之要”的领悟，自当都离不开濂溪的教导。

嘉祐二年（1057），明道举进士，一并中举的还有横渠、苏轼、苏辙、曾巩，以及后来成为程门高足的朱光庭等人。次年，明道出任鄠县主簿，这一职务乃是经由他申请所得：

仆自幼时，已闻秦山多奇占，有扈者尤复秀出，常恨游赏无便。嘉祐二年，始应举得官，遂请于天官氏，愿主簿书于是邑，谓厌饫云山，以偿素志。（《游鄠县山诗十二首序》）

明道初到鄠县时，有一个以受贿闻名的监酒税官，因为此人“怙力文身，自号能杀人”，所以，“众皆惮之，虽监司州将未敢发”。明道到了之后，将与此人同事。此人心中不安，便找到明道，威胁说：“外人谓某自盗官钱，新主簿将发之。某势穷，必杀人。”话还没有说完，明道便笑着对他说：“人之为言，一至于此！足下食君之禄，讵肯为盗？万一有之，将救死不暇，安能杀人？”此人默然，不复敢言。后来竟将往日所盗之钱还了回去，最终“以善去”（游酢《书行状后》）。

濂溪年轻时曾任洪州分宁县主簿，“时分宁县有狱，久不决，先生至，一讯立辨。邑人惊诧曰：‘老吏不如也。’由是士大夫交口称之”。（度正《周敦颐年谱》）与濂溪一般，明道也长于断案：

民有借其兄宅以居者，发地中藏钱。兄之子诉曰：“父所藏也。”令曰：“此无证佐，何以决之？”先生曰：“此易辨尔。”问兄之子曰：“尔父藏钱几何时矣？”曰：“四十年矣。”“彼借宅居几何时矣？”曰：“二十年矣。”即遣吏取钱

十千视之，谓借宅者曰："今官所铸钱，不五六年即遍天下。此钱皆尔未居前数十年所铸，何也？"其人遂服。（《行状》）

起初，"令以其（明道）年少，未知之"，经过此番审案之后，"令大奇之"。

在鄠县，明道还曾智慧地处置了石佛放光的骗局：

南山僧舍有石佛，岁传其首放光，远近男女聚观，昼夜杂处，为政者畏其神，莫敢禁止。先生始至，诘其僧曰："吾闻石佛岁现光，有诸？"曰："然。"戒曰："俟复见，必先白吾，职事不能往，当取其首就观之。"自是不复有光矣。（同上）

很显然，所谓佛首放光，只是南山僧人们招揽信徒以谋取利益的拙劣骗局。故而，一经告诫，便不敢再继续欺骗下去。

在鄠县时，明道虽然只是一名底层地方官员，却也展现出杰出的管理才能：

府境水害，仓卒兴役，诸邑率皆狼狈，惟先生所部，饮食、茇舍无不安使。时盛暑泄利大行，死亡甚众，独鄠人无死者。所至治役，人不劳而事集。尝谓人曰："吾之董役，乃治军法也。"（同上）

因为治绩出色，"当路者欲荐之，多问所欲"，明道则说："荐士当以才之所堪，不当问所欲。"

横渠与二程兄弟在京师一见倾心，时常相聚论学。中举之后，横渠出任祁州司法参军，仍然不忘向二程问学。有一次，他因为“定性”工夫不足，时常为外物所牵而“累于外物”，于是写信向明道请教。明道有《答横渠张子厚先生书》，指出性本无分乎内外，若能“内外之两忘”，则“澄然无事”，而性自然得定：

承教，谕以定性未能不动，犹累于外物，此贤者虑之熟矣，尚何俟小子之言。然尝思之矣，敢贡其说于左右。

所谓定者，动亦定，静亦定，无将迎，无内外。苟以外物为外，牵己而从之，是以己性为有内外也。且以性为随物于外，则当其在外时，何者为在内？是有意于绝外诱，而不知性之无内外也。既以内外为二本，则又乌可遽语定哉？

夫天地之常，以其心普万物而无心；圣人之常，以其情顺万事而无情。故君子之学，莫若廓然而大公，物来而顺应。《易》曰：“贞吉，悔亡。憧憧往来，朋从尔思。”苟规规于外诱之除，将见灭于东而生于西也。非惟日之不足，顾其端无穷，不可得而除也。

人之情各有所蔽，故不能适道，大率患在于自私而用智。自私则不能以有为为应迹，用智则不能以明觉为自然。今以恶外物之心，而求照无物之地，是反鉴而索照也。《易》曰：“艮其背，不获其身，行其庭，不见其人。”孟氏亦曰：“所恶于智者，为其凿也。”与其非外而是内，不若内外之两忘也；两忘则澄然无事矣；无事则定，定则明，明则尚何应物之为累哉？

圣人之喜，以物之当喜；圣人之怒，以物之当怒。是圣人之喜怒，不系于心而系于物也。是则圣人岂不应于物哉？乌得以从外者为非，而更求在内者为是也？今以自私用智之喜怒，而视圣人喜怒之正为如何哉？夫人之情，易发而难制者，惟怒为甚。第能于怒时遽忘其怒，而观理之是非，亦可见外诱之不足恶，而于道亦思过半矣。

心之精微，口不能宣。加之素拙于文辞，又吏事匆匆，未能精虑，当否，伫报。然举大要，亦当近之矣。道近求远，古人所非，惟聪明裁之！

该书乃是明道重要著述之一，对后世影响甚大，为后世学者命名为《定性书》。全文一气呵成，自然流畅，诚如朱子所言："明道《定性书》自胸中泻出，如有物在后面逼逐他相似，皆写不辨。"亦惟有亲身体贴所得，下笔方能如此笃实无疑。所言又能切中横渠之病，朱子称之为"造道之言"，乃"正心诚意以后事"，诚不妄也！朱子又曾为门人指出："此篇大纲，只在'廓然而大公，物来而顺应'两句，其他引《易》《孟子》皆是如此。末谓'第能于怒时遽忘其怒，而观理之是非'，一篇着力紧要只在此一句。'遽忘其怒'，便是'廓然而大公'；'观理之是非'，便是'物来顺应'。明道言语浑沦，子细看，节节有条理。"（皆引自《朱子语类》卷九十五）蕺山先生（刘宗周）则认为明道此书乃是发明濂溪《太极图说》中"主静立极"之说：

此伯子（即明道）发明"主静立极"之说，最为详尽而无遗也。稍分六段看，而意皆融贯，不事更端，亦不烦诠解。今姑为之次第：首言动静合一之理，而归之常定，乃所以为静也。是内非外，非性也；离动言静，非静也。"天地之常"以下，即天地之道以明圣人之道不离物以求静也。"人之情"以下，言常人之情自私用智，所以异于圣人而终失其照物之体也。“《易》曰”以下，又引《大易》《孟子》之言以明自私用智之必不然也。“圣人之喜”以下，又即圣人应物之情以明外物之不足恶。而“夫人之情”以下，又借怒之一端，于极难下手处得定性之法如此，又以见外物之不足恶也。合而观之，主静之学，性学也。“人生而静，天之性也；感于物而动，性之欲也”，圣人常寂而常感，故有欲而实归于无欲，所以能尽其性也。常人离寂而事感，离感而求寂，故去欲而还以从欲，所以自汩其天也。主静之说，本千古秘密藏，即横渠得之，不能无疑。向微程伯子发明至此，几令千古长夜矣。（《宋元学案·明道学案》）

濂溪之言“主静”，据其自注“无欲故静”，则“主静”要在“无欲”。果真“无欲”，即可入于贤圣之境而立得人极。关于此点，濂溪讲得异常清晰：

孟子曰：“养心莫善于寡欲。其为人也寡欲，虽有不存焉者，寡矣；其为人也多欲，虽有存焉者，寡矣。”予谓养心不止于寡焉而存耳，盖寡焉以至于无。无则诚立、明通。诚立，贤也；明通，圣也。是圣贤非性生，必养心而至之。（《养心亭说》）

明道此书，自然不是有意要发明濂溪“主静立极”之说，而是针对横渠之问，就定性而论定性。然而，经蕺山如此一番解说，一则可以有助于我们理解定性，二则从中亦可见濂溪、明道之学实具一贯之意。明道撰《定性书》，当在嘉祐四年

（1059），时明道年仅二十八岁，真可谓“闻道甚早”。

明道申请出任鄠县主簿，原有游赏此地诸山之意，不料到任之后，因为公务繁忙，“惟白云特在山面，最为近邑，常乘间两至”，而“其余佳处，都未得往”。后听闻贰车晁公来游诸山，略经波折，终于得以随同游赏一番，“自入山至归，凡四日”，期间，“得长短咏共十二篇”，其最末首为《下山偶成》，可见明道不忘经世济民的儒家事业：

襟裾三日绝尘埃，欲上篮舆首重回。不是吾儒本经济，等闲争肯出山来？

嘉祐五年（1060），明道调任江宁府上元县主簿。刚刚到任，他便制止了乡民子弟“畜禽鸟”的旧习：

其始至邑，见人持竿道旁，以黏飞鸟，取其竿折之，教之使勿为。及罢官，舣舟郊外，有数人共语：自主簿折黏竿，乡民子弟不敢畜禽鸟。（《行状》）

在上元县主簿任上，明道不避责任，勇于任事，处置事务，则惟义是从。有以下诸事颇值一书：

其一，均田税：

田税不均，比他邑尤甚。盖近府美田，为贵家富室以厚价薄其税而买之，小民苟一时之利，久则不胜其弊。先生为令画法，民不知扰，而一邑大均。其始，富者不便，多为浮论，欲摇止其事，既而无一人敢不服者。后诸路行均税法，邑官不足，益以他

官，经岁历时，文案山积，而尚有诉不均者，计其力比上元不啻千百矣。（同上）

因为明道规划有方，真正做到了平等对待，故而取得了事半功倍的效果。

其二，修塘堤；

江南稻田，赖陂塘以溉。盛夏塘堤大决，计非千夫不可塞。法当言之府，府禀于漕司，然后计功调役，非月余不能兴作。先生曰："比如是，苗槁久矣！民将何食？救民获罪，所不辞也。"遂发民塞之，岁则大熟。（同上）

塘堤决口，若按申报程序，需要一个多月的时间。可是，如此一来，农民的禾苗就会因为无水灌溉，早已枯槁了。于是，明道当机立断，及时"发民塞之"。"救民获罪，所不辞也"，可见明道置一己之得失于度外，一心为民。

其三，救舟卒。

江宁当水运之冲，舟卒病者，则留之为营以处，曰小营子。岁不下数百人，至者辄死。先生察其由，盖既留然后请于府，给券乃得食，比有司文具，则困于饥已数日矣。先生白漕司，给米贮营中，至者与之食，自是生全者大半。措置于纤微之间，而人已受赐，如此之比，所至多矣。先生常云："一命之士，苟存心于爱物，于人必有所济。"（同上）

一个小小的举措——"给米贮营中，至者与之食"，一年间便可挽救数百人。为何别人却不去做呢？原因很简单：他人所考虑者惟是一己之利害得失，明道则是“存心于爱物”。无论是修塘堤，还是救舟卒，明道都或直接或间接触犯了既定制度，倘若他也计较利害、考虑得失，恐怕也不敢如此。然而，因为“存心于爱物”，于明道而言，他又不得不为之。当然，他也并没有全然冒犯制度，只是在既定制度下，采取了灵活机变的方法。这便是智者所为，倘若是全然触犯既定制度，则是愚人所为。伊川曾对明道为治作过一番评述，极为确切：

先兄明道之为邑，及民之事，多众人所谓法所拘者，然为之未尝大戾于法，众亦不甚骇。谓之得伸其志则不可，求小补，则过今之为政者远矣。人虽异之，不至指为狂也。至谓之狂，则大骇矣。尽诚为之，不容而后去，又何嫌乎？（《答吕进伯简三》）

明道一片仁心爱民，常常能够在既定制度下，采取变通之法，利益生民。然而，对于应当遵循的礼法则绝不冒犯，而是坚决捍卫：

仁宗登遐，遗制官吏成服，三日而除。三日之朝，府尹率群官将释服，先生进曰：“三日除服，遗诏所命，莫敢违也。请尽今日。若朝而除之，所服止二日尔。”尹怒不从，先生曰：“公自除之，某非至夜不敢释也。”一府相视，无敢除者。（《行状》）

遵孔子之教，儒者不谈论怪、力、乱、神，然而，却也不畏怪、力、乱、神。在鄠县时，明道曾处置佛首放光的骗局。于常人而言，想要“取佛首就观之”固然已是大不敬，而在上元，明道所干的事，则足以令常人瞠目咋舌了：

茅山有龙池，其龙如蜥蜴而五色。祥符中，中使取二龙，至中途，中使奏一龙飞空而去。自昔严奉以为神物，先生尝捕而脯之，使人不惑。（同上）

在上元期间，明道还曾“摄邑事”，再次展现了他出色的处理诉讼的能力：

会令罢去，先生摄邑事。上元剧邑，诉讼日不下二百。为政者疲于省览，奚暇及治道？先生处之有方，不阅月，民讼遂简。（同上）

治平二年（1065），明道调任晋城令。在此任上，明道充分展现了他的综合治理能力，他建立伍保制度，强化治安措施，注重教育，并在经济、军事上颇有建树。

再期，就移泽州晋城令。泽人淳厚，尤服先生教命。民以事至邑者，必告之以孝弟忠信，入所以事父兄，出所以事长上。度乡村远近为伍保，使之力役相助、患难相恤，而奸伪无所容。凡孤茕残废者，责之亲戚乡党，使无失所。行旅出于其途者，疾病皆有所养。（同上）

很显然，明道采取伍保制度，重在于促进乡民互助、互恤，同样出于仁心。

乡民为社会，为立科条，旌别善恶，使有劝有耻。邑几万室，三年之间，无强盗及斗死者。（同上）

因为明道强化治安措施，竟然在其任期内，“无强盗及斗死者”。明道强化治安，重在教化。他时常深入民众，适时教化，并且对于所辖乡民了如指掌：

秩满，代者且至，吏夜叩门，称有杀人者。先生曰：“吾邑安有此？诚有之，必某村某人也。”问之果然。家人惊异，问何以知之，曰：“吾常疑此人恶少之弗革者也。”（同上）

明道教化，以诚心为本，故而感人甚深，影响久远。以至于十余年之后，晋城之民仍不忘明道教化：

先生为政，条教精密，而主之以诚心。晋城之民，被服先生之化，暴桀子弟至有耻不犯。迄先生去，三年间，编户数万众，罪入极典者才一人，然乡闾犹以不遵教令为深耻。熙宁七年，立之得官晋城，距先生去已十余年，见民有聚口众而不析异者。问其所以，云守程公之化也。其诚心感人如此。（《遗书·附录》）

儒者从政，往往将教育视为重中之重，范文正（仲淹）、濂溪、横渠、明道、朱子、南轩、象山、阳明诸大贤，莫不如此。明道在晋城，曾亲自主持教育事务。“诸乡皆有校，暇时亲至，召父老而与之语；儿童所读书，亲为正句读；教者不善，则为易置”，晋城“俗始甚野，不知为学”，明道“择子弟之秀者，聚而教之”，于是，往日“不知为学”的状态为之一变：“去邑才十余年，而服儒服者盖数百人矣。”门人刘立之在追忆明道的文中说：

为令晋城，其俗朴陋，民不知学，中间几百年无登科者。先生择其秀异，为置学舍粮具，聚而教之。朝夕督厉，诱进学者，风靡日盛。熙宁、元丰间，应书者至数百，登科者十余人。（同上）

在经济方面，明道采取措施平稳物价，以减轻百姓负担，并平衡差役：

河东财赋窘迫，官所科买，岁为民患。虽至贱之物，至官取之，则其价翔踊，多者至数十倍。先生常度所需，使富家预储，定其价而出之。富家不失倍息，而乡民所费，比常岁十不过二三。民税常移近边，载往则道远，就籴则价高。先生择富民之可任者，预使购粟边郡，所费大省，民力用纾。县库有杂纳钱数百千，常借以补助民力。部使者至，则告之曰：“此钱令自用而不敢私，请一切不问。”使者屡更，无不从者。先时民惮差役，役及则互相纠诉，乡邻遂为仇雠。先生尽知民产厚薄，第其先后，按籍而命之，无有辞者。（《行状》）

在军事方面，明道对义勇军进行实质性的军事训练，而不是像旧日那般“应文备数”而已，很快，“晋城之民遂为精兵”。

在其他治理方面，明道还曾纠正焚尸的俗习。因为明道为政，视民如子，并且为人随和，极其亲民，往往有“欲辨事者，或不持牒，径至庭下，陈其所以”，明道则“从容告语，谆谆不倦”。所以颇受晋城之民爱戴，“在邑三年，百姓爱之如父母”，明道离开晋城之日，晋人不舍，“哭声振野”。

在晋城，明道亦曾以其出色的断案能力审理了一桩诈骗案：

明道先生宰晋城时，有富民张氏子，其父死未几，晨起，有老父立于门外，问之，曰：“我，汝父也，今来就汝居。”具陈其由。张氏子惊疑莫测，相与诣县，请辨之。老父曰：“业医，远出治疾，而妻生子，贫不能养，以与张氏。某年某月某日某人抱去，某人某人见之。”先生谓曰：“岁久矣，尔何记之详也？”老父曰：“某归而知之，则书于药法策后。”因怀中取策进之，其所记曰：“某年月日，某人抱儿与张三翁家。”先生问张氏子曰：“尔年几何？”曰：“三十六矣。”“尔父而在，年几何？”曰：“七十六矣。”谓老父曰：“是子之生，其父年才四十，已谓之三翁乎？”老父惊骇服罪。（程颐《家世旧事》）

熙宁元年（1068），明道以御史中丞吕公著举荐，授太子中允，权监察御史里行。神宗对明道的学行、政绩素有耳闻，“召对之日，从容咨访”，见过两三次之后，便希望对明道予以大用，每次在明道告退之时，必定会对他说：“频求对来，欲常相见尔。”神宗尝问所以为御史，明道对曰：“使臣拾遗补阙，裨赞朝廷，则可；使臣掇拾臣下短长，以沽直名，则不能。”神宗赞赏不已，以为得御史之体。一日，神宗与明道议论相合，竟然忘了时间，直到“日官报午正”，明道方才“遽求退”，庭中中人对明道说：“御史不知上未食邪？”明道前后进说甚多，根本主旨在于劝导神宗“以正心窒欲，求贤育材为先”，明道进说

“不饰辞辨，独以诚意感动人主”。一次，他曾对神宗说：“人主当防未萌之欲。”神宗俯身拱手，说：“当为卿戒之。”一日，神宗纵言，乃及于辞命，明道正色说：“人主之学，惟当务为急，辞命非所先也。”神宗为之动颜。又曾论及人才，明道直言不讳：“陛下奈何轻天下士？”神宗为之所动，说：“朕何敢如是！”言之至于再三。神宗亦曾让明道推荐人才，明道举贤不避亲，举荐了数十人，“而以父表弟张载暨弟颐为首”。御史台同僚与明道“志未必同”，然悉皆“心慕其为人”，将之喻为纯然无瑕的美玉：“他人之贤者，犹可得而议也，乃若伯淳，则如美玉然，反复视之，表里洞彻，莫见疵瑕。”

明道尧、舜其君，以王道相期于神宗，每番进见，“必为神宗陈君道以至诚仁爱为本”，从未涉及功利。曾为神宗陈述治道，神宗说：“此尧、舜之事，朕何敢当？”明道愀然说：“陛下此言，非天下之福也。”然而，神宗急于改变当时积贫积弱的局面，内心所关注者，究竟还是富国强兵，故而，对主张变法图强的王荆公（安石）日益信用，而对明道虽然礼貌不衰，却也渐渐怀疑明道迂腐。其实，明道并不反对变法，恰恰相反，二程兄弟悉皆认为变法是必要的。然而，他们之所以反对荆公变法，是因为理路不同，二程认为变法应当施行仁政，恢复三代之治；荆公变法，则惟以功利为根本。简要来说，这便是王道与霸道的分别。明道曾上《论王霸札子》，极论尧、舜之道，从中可见他对神宗的期望，并极力鼓励神宗变法，全文如下：

臣伏谓：得天理之正，极人伦之至者，尧、舜之道也；用其私心，依仁义之偏者，霸者之事也。王道如砥，本乎人情，出乎礼义，若履大路而行，无复回曲；霸者崎岖反侧于曲径之中，而卒不可与入尧、舜之道。故诚心而王则王矣，假之而霸则霸矣，二者其道不同，在审其初而已。《易》所谓“差若毫厘，缪以千里”者，其初不可不审也。故治天下者，必先立其志，正志先立，则邪说不能移，异端不能惑，故力进于道而莫之御也。苟以霸者之心而求王道之成，是衔石以为玉也。故仲尼之徒无道桓、文之事，而曾西耻比管仲者，义所不由也，况下于霸者哉？

陛下躬尧、舜之资，处尧、舜之位，必以尧、舜之心自任，然后为能充其道。汉、唐之君，有可称者，论其人则非先王之学，考其时则皆驳杂之政，乃以一曲之见，幸致小康，其创法垂统，非可继于后世者，皆不足为也。然欲行仁政而不素讲其具，使其道大明而后行，则或出或入，终莫有所至也。

夫事有大小，有先后。察其小，忽其大，先其所后，后其所先，皆不可以适治。且志不可慢，时不可失。惟陛下稽先圣之言，察人事之理，知尧、舜之道备于己，反身而诚之，推之以及四海，择同心一德之臣，与之共成天下之务，《书》所谓“尹躬暨汤，咸有一德”，又曰“一哉王心”，言致一而后可以有为也。古者三公不必备，惟其人，诚以谓不得其人而居之，则不若阙之之愈也。盖小人之事，君子所不能同，岂圣贤之事，而庸人可参之哉？欲为圣贤之事，而使庸人参之，则其命乱矣。既任君子之谋，而又入小人之议，则聪明不专而志意惑矣。今将救千古深锢之弊，为生民长久之计，非夫极听览之明，尽正邪之辨，致一而不二，其能胜之乎？

或谓人君举动，不可不慎，易于更张，则为害大矣。臣独以为不然。所谓更张者，顾理所当耳。其动皆稽古质义而行，则为慎莫大焉。岂若因循苟简，卒致败乱者哉？自古以来，何尝有师圣人之言，法先王之治，将大有为而返成祸患者乎？愿陛下奋天锡之勇智，体乾刚而独断，霈然不疑，则万世幸甚！

明道的变法构想，在于施行尧、舜之道，推行仁政。对于具体应该如何着手，明道也有着系统的考量。他曾上《论十事札子》，从师傅、六官、经界、乡党、贡士、兵役、民食、四民、山泽、分数十个方面提出了改革构想，其中所论，皆有所本，故而，他极其自信，“以为三代之法有必可施行之验”。

变法的目的在于施行仁政，致力于尧、舜之道，而决定变法成败与否的则是人才，因此，明道又曾上《论养贤札子》，极论“致贤”“养贤”之方。起初，明道还曾上过一道《请修学校尊师儒取士札子》，指明“治天下以正风俗、得贤才为本”，而建议修学校、尊师儒，其中论及访贤、选士等诸多方面，并强调对学者“一以道德仁义教养之，又专以行实材学升进，去其声律小碎、糊名誊录、一切无义理之弊”，果真如此，“不数年间，学者靡然丕变矣。岂惟得士浸广，天下风俗将日入醇正，王化之本也”。

经由此上一番引述，想必诸位对于明道的变革构想已经有了一定的认知，而对于其为何反对荆公变法，亦可谓思过半矣。

荆公深知明道的才识和能力，故而，变法之初，甚是希望得到明道的支持，设置条例司时，还曾任用明道为属官，并时常与明道谈论新法推进之事。究其实，则明道与荆公的王霸之分，根本又在于学。所以，二人论事不合常常会归结到学上来：

荆公尝与明道论事不合，因谓明道曰："公之学如上壁。"言难行也。明道曰："参政之学如捉风。"及后来逐不附己者，独不怨明道，且曰："此人虽未知道，亦忠信人也。"（《遗书》卷十九）

荆公之道，霸道也。明道则一心于王道，两者道不同，故而，于荆公而言，明道亦可谓为"未知道"也。而明道也曾在神宗面前直言荆公之学不是：

昔见上称介甫之学，对曰："王安石之学不是。"上愕然，问曰："何故？"对曰："臣不敢远引，止以近事明之。臣尝读《诗》，言周公之德，云：'公孙硕肤，赤舄几几。'周公盛德，形容如是之盛。如王安石，其身犹不能自治，何足以及此！"（《遗书》卷二上）

儒家之学，讲求先修己而后齐家、治国、平天下，而王安石则"其身犹不能自治"，故而，明道称"王安石之学不是"。

然而，起初明道并没有直接反对荆公变法，而是希望能够劝导荆公，"做顺人心事"。明道与荆公不合，源于荆公之子王雱：

一日盛暑，荆公与伯淳对语，公子雱囚首跣足，携妇人冠以出，问荆公曰："所言何事？"荆公曰："新法数为人沮，与程君议。"雱箕踞以坐，大言曰："枭韩琦、富弼之首于市，则新法行矣。"荆公遽曰："儿误矣！"伯淳正色曰："方与参政论国事，子弟不可预，姑退。"雱不乐去。伯淳自此与荆公不合。

（《邵氏闻见录》）

明道虽然与荆公政见不合，然而，与之论事，则悉皆心平气和，荆公也“多为之动”。一次，明道奉旨赴中堂议事，荆公方怒言者，以厉色待之，明道徐徐地说：“天下之事，非一家私议，愿公平气以听。”荆公为之愧屈。（《遗书·附录》）

在神宗的信任下，荆公不顾一切劝阻，锐意推行改革，而其不计后果一心求利所导致的种种弊端也逐渐暴露出来，一时间舆情汹汹，议论纷纷。熙宁三年（1070）三月四日，明道针对青苗之法及汹汹舆情，上《谏新法疏》，劝神宗当机立断，改弦易辙：

臣近累上言，乞罢预俵青苗钱利息及汰去提举官事，朝夕以觊，未蒙施行。

臣窃谓：明者见于未形，智者防于未乱，况今日事理显白易知，若不因机亟决，持之愈坚，必贻后悔。悔而后改，则危害已多。盖安危之本在乎人情，治乱之机系乎事始。众心睽乖则有言不信，万邦协和则所为必成，固不可以威力取强，语言必胜。而近日所闻，尤为未便。伏见制置条例司疏驳大臣之奏，举劾不奉行之官，徒使中外物情愈致惊骇，是乃举一偏而尽沮公议，因小事而先失众心。权其轻重，未见其可。

臣窃谓：陛下固已烛见事体，究知是非，在圣心非吝改张，由柄臣尚持固必，是致舆情大郁，众论益讙，若欲遂行，必难终济。伏望陛下奋神明之威断，审成败之先机。与其遂一失而废百为，孰若沛大恩而新众志？外汰使人之扰，亟推去息之仁。况枲籴之法兼行，则储蓄之资自广。在朝廷未失于举措，使议论何名而沸腾？伏乞检会臣所上言，早赐施行，则天下幸甚！

疏上，神宗不听。时隔月余，得不到答复的明道于四月十七日再次上疏，指出荆公变法中的诸多行状实为背理之举，并请神宗“降责”自己：

臣闻天下之理，本诸简易，而行之以顺道，则事无不成。故曰：“智者若禹之行水，行其所无事也。”舍而至于险阻，则不足以言智矣。盖自古兴治，虽有专任独决，能就事功者，未闻辅弼大臣人各有心，睽戾不一，致国政异出，名分不正，中外人情交谓不可，而能有为者也。况于措置失宜，沮废公议，一二小臣实与大计，用贱陵贵，以邪妨正者乎？凡此皆天下之理不宜有成，而智者之所不行也。设令由此侥幸，事小有成而兴利之臣日进，尚德之风浸衰，尤非朝廷之福。矧复天时未顺，地震连年，四方人心日益摇动，此皆陛下所当仰测天意，俯察人事者也。

臣奉职不肖，议论无补，望允前奏，早赐降责。（再上疏）

其中，“设令由此侥幸，事小有成而兴利之臣日进，尚德之风浸衰”，正可见明道与荆公对于变法的根本分歧所在。疏上，神宗依旧不听。明道见己言不得行，便极力恳求外谪，凡上章及面请十数次之多，神宗悉皆不许，不得已，明道“遂阖门待罪”。神宗见其去意已决，便命执政除之监司，差权发遣京西路提点刑狱，明道得旨，以为“刑书未正，而恩典过颁”，于是，上《辞京西提刑奏状》，力求贬谪，此状可见明道出处一循于理：

臣伏蒙圣恩，差权发遣京西路提点刑狱。已沥恳诚，不敢祗受，愿从窜谪，日冀允俞。不避烦渎，辄再陈请。

臣出自冗散，过蒙陛下拔擢，寘在言责。伏自供职已来，每有论列，惟知以忧国爱君为心，不敢以扬己矜众为事。陛下亮其愚直，每加优容，故常指陈安危，辨析邪正。知人主不当自圣，则未尝为谄谀之言；知人臣义无私交，则不忍为阿党之计。明则陛下，幽则鬼神，臣之微诚，实仰临照。

然臣学术寡陋，智识阔疏，徒有捧土之心，曾微回天之力。近以力陈时政之失，并论大臣之非，不能裨补圣明，是臣隳废职业。既已抗章自劾，屏居俟命。岂意刑书未正，而恩典过颁。使臣粗知廉隅，必不敢蒙耻顾就。如其见利忘义，靦面受之，陛下有臣如此，亦将安用？况台谏之任，朝廷纲纪所凭，使不以言之是非，皆得进职而去，臣恐纲纪自此弛废。臣虽无状，敢以死请。伏望陛下开白日之照，厉严霜之刑，投谪荒陬，实所甘分。臣无任沥血祈天之至！（《辞京西提刑奏状》）

明道先后数次奏请，终而“得罢”，“既而神宗手批，暴白同列之罪，独于先生无责，改差签书镇宁军节度判官事”（《行状》）。

熙宁四年（1071），荆公独相，将朝中反对新法的大臣或外任，或贬官，或令致仕，朝中反对新法者骤然为之一空。由于变法触犯既得利益者权益，加之推行太急、官吏奉行不善等原因，最终变法失败，新法除置将法外，全部被废。

后来，明道亦曾对荆公变法有一个中肯的论说：

伯淳先生尝曰："熙宁初，王介甫行新法，并用君子小人。君子正直不合，介甫以为俗学，不通世务，斥去；小人苟容谄佞，介甫以为有才，知变通，适用之。君子如司马君实不拜副枢以去，范尧夫辞修注得罪，张天祺以御史面折介甫被责。介甫性很愎，众人以为不可，则执之愈坚。君子既去，所用小人争为刻薄，故害天下益深。使众君子未与之敌，俟其势久自缓，委曲平章，尚有听从之理，则小人无隙可乘，其害不至如此之甚也。"（《邵氏闻见录》）

他的意思很显然，荆公变法所导致的恶果，君子党亦当分担部分责任。而他当时所采取者，正是不与荆公为敌，每次都心平气和，"俟其势久自缓，委曲平章"，故而"荆公与先生虽道不同，而尝谓先生忠信"。

关乎荆公变法及明道其时之出处，伊川亦有着一番陈述，可谓智者之言：

新政之改，亦是吾党争之有太过，成就今日之事，涂炭天下，亦须两分其罪可也。当时天下，岌岌乎殆哉！介父欲去数矣。其时介父直以数事上前卜去就，若青苗之议不行，则决其去。伯淳于上前，与孙莘老同得上意，要了当此事。大抵上意不欲抑介父，要得人担当了，而介父之意尚亦无必。伯淳尝言："管仲犹能言'出令当如流水，以顺人心'，今参政须要做不顺人心事，何故？"介父之意只恐始为人所沮，其后行不得。伯淳却道："但做顺人心事，人谁不愿从也？"介父道："此则感贤诚意。"却为天祺其日于中书大悖，缘是介父大怒，遂以死力争于上前，上为之一以听用，从此党分矣。莘老受约束而不肯行，遂坐贬。而伯淳遂待罪，既而除以京西提刑，伯淳复求对，遂见上，上言："有甚文字？"伯淳云："今咫尺天颜，尚不能少回天意，文字更复何用？"欲去，而上问者数四。伯淳每以陛下不宜轻用兵为言，朝廷群臣无能任陛下事者。以今日之患观之，犹是自家不善从容。至如青苗，且放过，又且何妨？伯淳当言职，苦不曾使文字，大纲只是于上前说了，其他些小文字，只是备礼而已。大抵自仁祖朝优容谏臣，当言职者，必以诋讦而去为贤，习以成风，惟恐人言不称职以去，为落便宜。昨来诸君，盖未免此。苟如是为，则是为己，尚有私意在，却不在朝廷，不干事理。（《遗书》卷二上）

天祺，即张戬，字天祺，横渠胞弟。熙宁二年天祺为监察御史里行，"为御史，每进对，必以尧、舜、三代进于上前，恻怛之爱，无所迁避。其大要启君心，进有德，谓'反经正本当自朝廷始，不先诸此而治其末，未见其可也。'累章论王安石乱法。"伊川所谓"天祺其日于中书大悖"事，当为天祺"劾曾公亮、陈升之依违不能救正；韩绛左右狗从，与为死党；李定以邪谄窃台谏；吕惠卿刻薄便给，假经术以文奸言，岂宜劝讲君侧？又诣中书省争之，安石举扇掩面而笑，先生（即天祺）曰：'戬之狂直，宜为公笑，然天下之笑公不少矣！'"（冯从吾《关学编》）

伊川对明道亦不无责备，称其"犹是自家不善从容"，"当言职，苦不曾使文字"，亦甚中肯。若明道当时"且放过"青苗法，并将胸中所思所虑，以恳切之文上告神宗，依据神宗对明道之青睐，亦未必不能感动上心，而于事有所补益。当然，我们亦不必对明道要求过于苛刻，毕竟此时的明道尚且未及不惑之年。

明道离开京师之后，先是到澶州任职。时太守为人“严刻多忌”，自通判而下，“莫敢与辩事”。明道刚刚到任之时，他“意先生尝任台宪，必不尽力职事，而又虑其慢己”，故而颇为防范。然而，明道到任后，“事之甚恭，虽筦库细务，无不尽心”，与之论事时，亦不避讳，“事小未安，必与之辨”，于是，“相与甚欢”。就此，明道“屡平反重狱，得不死者前后盖十数”。

明道在澶州期间，有两件事值得一书。其一，处置溃卒事。

河清卒于法不他役。时，中人程昉为外都水丞，怙势，蔑视州郡，欲尽取诸埽兵治二股河，先生以法拒之。昉请于朝，命以八百人与之。天方大寒，昉肆其虐，众逃而归。州官晨集城门，吏报河清兵溃归，将入城。众官相视，畏昉欲弗纳。先生曰：“此逃死自归，弗纳必为乱。昉有言，某自当之。”即亲往，开门抚谕，约归休三日复役，众欢呼而入。具以事上闻，得不复遣。后昉奏事过州，见先生，言甘而其慑，既而扬言于众曰：“澶卒之溃，乃程中允诱之，吾必诉于上。”同列以告，先生笑曰：“彼方惮我，何能尔也！”果不敢言。（《行状》）

其二，处理曹村决堤事。

会曹村埽决，时先生方救护小吴，相去百里。州帅刘公涣以事急告，先生一夜驰至，帅俟于河桥。先生谓帅曰：“曹村决，京城可虞。臣子之分，身可塞亦为之，请尽以厢兵见付。事或不集，公当亲率禁兵以继之。”帅义烈士，遂以本镇印授先生，曰：“君自用之。”先生得印，不暇入城省亲，径走决堤，谕士卒曰：“朝廷养尔辈，正为缓急尔。尔知曹村决则注京城乎？吾与尔曹以身捍之。”众皆感激自效。论者皆以为势不可塞，徒劳人尔。先生命善泅者衔细绳以渡，决口水方奔注，达者百一，卒能引大索以济众，两岸并进，昼夜不息，数日而合。其将合也，有大木自中流而下，先生顾谓众曰：“得彼巨木横流入口，则吾事济矣。”语才已，木遂横。众以为至诚所致。其后，曹村之下复决，遂久不塞，数路困扰，大为朝廷忧。人以为使先生在职，安有是也！（同上）

熙宁五年（1072）十二月，郊祀霈恩，明道曰：“吾罪涤矣，可以去矣。”于是，上疏“求监局，以便亲养”，“得罢归”。回到洛阳之后，明道侍亲之余，“日以读书劝学为事”：

归洛，从容亲庭，日以读书劝学为事。先生经术通明，义理精微，乐告不倦。士大夫从之讲学者，日夕盈门，虚往实归，人得所欲。（《遗书·附录》）

其时，反对荆公变法的君子党人，如富弼、文彦博、司马光、吕公著等人，悉皆退居洛阳，加之常年隐居洛都的康节先生（邵雍），一干人等时常相聚，议论朝政，并且时有唱和。明道、伊川二兄弟算是后生，然亦常相过从。明道尚被康节誉为洛阳四贤之一：

彦国之言铺陈，晦叔之言简当。君实之言优游，伯淳之言调

畅。四贤洛阳之名望，是以在人之上。有宋熙宁之间，大为一时之状。（邵雍《四贤吟》）

彦国，富弼字。晦叔，吕公著字。君实，司马光字。康节将明道与富弼、吕公著、司马光等旧日名臣相提并举，可见其对于明道的青睐。康节长于《易》学，曾兼《易》《诗》《书》《春秋》四经而为一家之言，著成《皇极经世书》。康节以兄事太中公，对二程兄弟极为欣赏，曾经想将自身所学授予二程，惜乎二程于其学兴趣不甚大，遂作罢。

尧夫《易》数甚精，自来推长历者，至久必差，惟尧夫不然，指一二近事，当面可验。明道云："待要传与某兄弟，某兄弟那得工夫？要学须是二十年工夫。"明道闻说甚熟，一日因监试无事，以其说推算之，皆合，出谓尧夫曰："尧夫之数，只是加一倍法，以此知《太玄》都不济事。"尧夫惊抚其背，曰："大哥你恁聪明！"……他日，伊川问明道曰："加倍之数如何？"曰："都忘之矣。"因叹其心无所偏系如此。（《上蔡语录》）

康节逝前，曾嘱其子伯温请明道志其墓，经过慎重思量，终而，明道以"安且成"三字概括康节之学。（关乎明道、康节二人交游，笔者尝于康节《观物内外篇》导读文中多有陈述，有兴趣者或可查阅。）

明道家居岁余，得监西京洛河竹木务。不久之后，又改为太常丞。其时，太中公已告老而归，整个家族皆凭明道"以禄养”，甚是拮据，然而明道处之怡然，颇有颜子之风：

太中公告老而归，家素清窭，僦居洛城。先生以禄养，族大食众，菽粟仅足，而老幼各尽其欢。中外幼孤穷无托者，皆收养之，抚育诲导，期于成人。嫁女娶妇，皆先孤遗而后及己子。食无重肉，衣无兼副。女长过期，至无赀以遣。（《遗书·附录》）

神宗依旧不能忘怀明道，熙宁八年（1075），适逢修《三经义》，神宗对荆公说："程某可用。"荆公不对。又曾有自洛阳前来登对者，神宗问曰："程某在彼否？"连称"佳士"。其后，因"彗见翼轸间"，神宗下诏求直言，明道应诏议论朝政极切。随后蒙召还朝，荆公不愿明道复得重用，"屡拟进"，神宗悉皆不许。既而，神宗"手批与府界知县，差知扶沟县事"。

明道在扶沟任上，为治依旧"专尚宽厚，以教化为先，虽若甚迂，而民实风动"，治绩颇为出色。现概述如下：

其一，整顿治安。"扶沟素多盗，虽乐岁，强盗不减十余发"，明道到任后，则"无强盗者几一年"。以下两事可见明道治安之效：

广济蔡河出县境，濒河不逞之民，不复治生业，专以胁取舟人物为事，岁必焚舟十数以立威。先生始至，捕得一人，使引其类，得数十人，不复根治旧恶，分地而处之，使以挽舟为业，且察为恶者。自是，邑境无焚舟之患。

有犯小盗者，先生谓曰："汝能改行，吾薄汝罪。"盗叩首愿自新。后数月，复穿窬。捕吏及门，盗告其妻曰："我与大丞

约，不复为盗，今何面目见之邪？”遂自经。（《行状》）

其二，为民谋利。“明道先生作县，凡坐处皆书‘视民如伤’四字，常曰：‘颢常愧此四字。’”（《外书》卷十二）孟子曾称许文王“视民如伤”“文王视民如伤，望道而未之见”（《孟子·离娄下》）。“视民如伤”乃恻隐之仁的自然体现。明道为治，事事以民利为本，正本于其“视民如伤”之仁心。扶沟任上，他依旧竭诚为民谋利：

畿邑田税重，朝廷岁常蠲除，以为惠泽。然而，良善之民惮督责而先输，逋负获除者皆顽民也。先生为约，前料获免者，今必如期而足，于是惠泽始均。（同上）

此均惠泽之举。

司农建言，天下输役钱，达户四等，而畿内独止第三，请亦及第四。先生力陈不可，司农奏其议，谓必获罪，而神宗是之，畿邑皆得免。

朝廷遣官括牧地，民田当没者千顷，往往持累世契券以自明，皆弗用。诸邑已定，而扶沟民独不服。遂有朝旨，改税作租，不复加益，及听卖易如私田。民既倦于追呼，又得不加赋，乃皆服。先生以为不可。括地官至，谓先生曰：“民愿服而君不许，何也？”先生曰：“民徒知今日不加赋，而不知后日增租夺田，则失业无以生矣。”因为言仁厚之道，其人感动，谢曰：“宁受责，不敢违公。”遂去之他邑。不逾月，先生罢去，其人复至，谓摄令者曰：“程奉议去矣，尔复何恃而敢稽违朝旨？”

督责甚急，数日而事集。（同上）

此皆据理力争，为民谋利。

先生为政，常权谷价，不使至甚贵甚贱。会大旱，麦苗且枯。先生教人掘井以溉，一井不过数工，而所溉数亩，阖境赖焉。（同上）

明道之所谋虑，皆为利民。又“扶沟地卑，岁有水旱”，明道曾经画沟洫之法以治之，可惜未及兴工而去官（《外书》卷十二）。

水灾民饥，先生请发粟贷之，邻邑亦请。司农怒，遣使阅实。使至邻邑，而令遽自陈谷且登，无贷可也。使至，谓先生盍亦自陈？先生不肯，使者遂言不当贷。先生力言民饥，请贷不已，遂得谷六千石，饥者用济。而司农益怒，视贷籍户同等而所贷不等，檄县杖主吏。先生言：“济饥当以口之众寡，不当以户之高下。且令实为之，非吏罪。”乃得已。（《行状》）

此力请赈济饥民。

明道为政清廉，且不畏权贵，力抵不正之风：

内侍都知王中正巡阅保甲，权宠至盛，所至凌慢县官，诸邑供帐，竞务华鲜，以悦奉之。主吏以请，先生曰：“吾邑贫，安能效他邑？且取于民，法所禁也。今有故青帐，可用之。”先生在邑岁余，中正往来境上，卒不入。（同上）

因为明道秉公执政，以至“邻邑有冤诉府，愿得先生决之者，前后五六”。而先生竟也因此而得罪遭罢，“邻邑民犯盗，系县狱而逸，既又遇赦。先生坐是以特旨罢”。邑人闻知明道被罢，“谒府及司农丐留者千数”，明道离去之日，本不愿为人所知，拟悄然而去，而闻知者“老稚数百”，竟“追及境上，攀挽号泣，遣之不去”。

明道一生，曾数番出任知县事，于县令之职有着深刻之体会，本拟在扶沟任上尽其职守，惜乎多未及成而罢。其后，明道曾感叹道：

夫为令之职，必使境内之民，凶年饥岁免于死亡，饱食逸居有礼义之训，然后为尽。故吾于扶沟，兴设学校，聚邑人子弟教之，亦几成而废。夫百里之施，至狭也，而道之兴废系焉。是数事者，皆未及成，岂不有命与？然知而不为，而责命之兴废，则非矣。此吾所以不敢不尽心也。（《外书》卷十二）

罢知扶沟后，明道“以亲老求近乡监局，得监汝州酒税”。

元丰八年（1085）三月，神宗登遐，遗诏至洛阳时，明道感念神宗之遇，“以檄来举哀府治”，其后，他曾对人说：“颢以言新法不便，忤大臣，同列皆谪官，颢独除监司，颢不敢当。念先帝见知之恩，终无以报。”感慨泣下（《邵氏闻见录》）。

神宗逝后，哲宗嗣位，年仅十岁，便由太皇太后高氏垂帘听政。高太后一向不满于新法，于是，迅速召回司马光等一干极力反对新法的君子党人。明道深知司马光为人忠直，往往一意孤行，故而对此诸人主政并不甚看好：

兵部问："今日朝廷之事如何？"宗丞（即明道）曰："司马君实、吕晦叔作相矣。"兵部曰："二公果作相，当如何？"宗丞曰："当与元丰大臣同。若先分党与，他日可忧。"兵部曰："何忧？"宗丞曰："元丰大臣皆嗜利者，若使自变其已甚害民之法则善矣。不然，衣冠之祸未艾也。君实忠直，难与议；晦叔解事，恐力不足耳。"既而皆验。宗丞论此时，范醇夫、朱公掞、杜孝锡、伯温同闻之。（《邵氏闻见录》）

司马光、吕公著等人入主朝政，自然不会忘记"时望所属"的明道，于是，"召为宗正寺丞"，未及行，明道病逝。

明道逝于六月十五日，八月，伊川撰成《明道先生行状》，并请韩持国（维）为撰墓志，又请孙叔曼（永）书之。门人故友刘立之、朱光庭、邢恕、范祖禹、游酢、吕大临等亦纷纷撰文怀念（皆收于《遗书·附录》）。十月乙酉，伊川葬明道于伊川先茔，文潞公（彦博）"采众议而为之称，以表其墓"，其称曰"明道先生"。众议称之谓"明道先生"，盖有以也。二程"谓孟子没而圣学不传"，而"以兴起斯文为己任"。面对当时邪说竞起，二程皆愿效仿孟子斥杨、墨而辟邪说，以复明正道于世。若明道有言曰：

"道之不明，异端害之也。昔之害近而易知，今之害深而难辨。昔之惑人也乘其迷暗，今之入人也因其高明。自谓之穷神知化，而不足以开物成务；言为无不周遍，实则外于伦理；穷深极微，而不可以入于尧、舜之道。天下之学，非浅陋固滞，则必入于此。自道之不明也，邪诞妖异之说竞起，涂生民之耳目，溺天

下于污浊，虽高才明智，胶于见闻，醉生梦死，不自觉也。是皆正路之蓁芜，圣门之蔽塞，辟之而后可以入道。”（《行状》）

故知“明道”之称，诚不妄也。伊川对于“明道”之称亦甚以为然，为撰墓表以传此名：

大宋明道先生程君伯淳之墓

宋太师致仕潞国公文彦博题

先生名颢，字伯淳，葬于伊川。潞国太师题其墓，曰“明道先生”。弟颐序其所以而刻之石，曰：

周公没，圣人之道不行；孟轲死，圣人之学不传。道不行，百世无善治；学不传，千载无真儒。无善治，士犹得以明夫善治之道，以淑诸人，以传诸后；无真儒，天下贸贸焉莫知所之，人欲肆而天理灭矣。先生生千四百年之后，得不传之学于遗经，志将以斯道觉斯民。天不憖遗，哲人早世。乡人士大夫相与议曰：“道之不明也久矣。先生出，倡圣学以示人，辨异端，辟邪说，开历古之沉迷，圣人之道得先生而后明，为功大矣。”于是帝师采众议而为之称以表其墓。学者之于道，知所向，然后见斯人之为功；知所至，然后见斯名之称情。山可夷，谷可湮，明道之名亘万世而长存。勒石墓傍，以诏后人。元丰乙丑十月戊子书。（《明道先生墓表》）

据伊川墓表，则“明道先生”之称可谓实至而名归。然而，于伊川之见，则明道之志则远远未曾得到落实：“先生进将觉斯人，退将明之书，不幸早世，皆未及也。”（《行状》）此则令人不免临风惆怅，恨不得与知也！

明道逝后，龟山先生（杨时）尝来书慰问，伊川答书，一字一泪，一言一泣，令人不忍卒读：

颐泣启。颐罪恶不弟，感招祸变，不自死灭，兄长丧亡，哀苦怨痛，肝心摧裂。日月迅速，忽将三月，追思痛切，不可堪处。远承慰问，及寄示祭文哀辞，足见岁寒之意。

家兄道学行义，足以泽世垂后，不幸至此，天乎奈何！颐悲苦之余，仅存气息，筋骸支离，尤倦执笔，况哀诚非书所能尽。所幸老父经此烦恼，饮食起居如常，不烦深虑。伏纸摧咽，言不伦次。颐泣启杨君法曹。（《答杨时慰书》）

三

伊川比明道小一岁，童年亦极为得益于母教。十四岁那年，与明道一起从学于濂溪，在濂溪的影响下，“锐然欲学圣人”。后人多云明道得益于濂溪处多，伊川所得则少，其实不然。伊川始冠，作《颜子所好何学论》，及其一生用心于《易》，皆与濂溪之教紧密相关。依笔者之浅见，则伊川之学与濂溪之教的密切程度，丝毫不逊于明道之学之于濂溪之教。

（伊川）间游太学，时海陵胡翼之先生方主教导，尝以“颜子所好何学论”试诸生，得先生所试，大惊，即延见，处以学职。（朱熹《伊川先生年谱》）

此事当发生在嘉祐元年（1056），是年，太中公迁国子博士，二程随之抵达京师，其后，伊川游太学。胡翼之，即胡瑗，字翼之，与孙明复（复）、石守道（介）并为宋初三先生，学者尊称安定先生。安定长于经学，有《周易口义》《洪范口义》等传于世。今《河南程氏文集》卷八存有《颜子所好何学论》一文，即为伊川当时所作之文。“此文是先生发表思想之第一声，关系颇大”（姚名达《程伊川年谱》）：

圣人之门，其徒三千，独称颜子为好学。夫《诗》《书》六艺，三千子非不习而通也，然则颜子所独好者，何学也？学以至圣人之道也。圣人可学而至欤？曰：“然。”“学之道如何？”曰：“天地储精，得五行之秀者为人。其本也真而静，其未发也五性具焉，曰仁、义、礼、智、信。形既生矣，外物触其形而动于中矣。其中动而七情出焉，曰喜、怒、哀、乐、爱、恶、欲。情既炽而益荡，其性凿矣。是故觉者约其情使合于中，正其心，养其性，故曰性其情。愚者则不知制之，纵其情而至于邪僻，梏其性而亡之，故曰情其性。凡学之道，正其心，养其性而已。中正而诚，则圣矣。君子之学，必先明诸心，知所养，然后力行以求至，所谓自明而诚也。故学必尽其心。尽其心，则知其性；知其性，反而诚之，圣人也。故《洪范》曰：‘思曰睿，睿作圣。’诚之之道，在乎信道笃；信道笃则行之果；行之果则守之固。仁义忠信不离乎心，造次必于是，颠沛必于是，出处语默必于是。久而弗失，则居之安，动容周旋中礼，而邪僻之心无自生矣。故颜子所事，则曰‘非礼勿视，非礼勿听，非礼勿言，非礼勿动’；仲尼称之，则曰‘得一善，则拳拳服膺而弗失之矣’，又曰：‘不迁怒，不贰过，有不善未尝不知，知之未尝复行也。’此其好之笃，学之之道也。视、听、言、动皆礼矣，所异于圣人者，盖圣人则不思而得，不勉而中，从容中道，颜子则必思而后得，必勉而后中。故曰：‘颜子之与圣人，相去一息。’孟子曰：‘充实而有光辉之谓大，大而化之之谓圣，圣而不可知之之谓神。’颜子之德，可谓‘充实而有光辉’矣，所未至者，守之也，非化之也。以其好学之心，假之以年，则不日而化矣。故仲尼曰：‘不幸短命死矣！’盖伤其不得至于圣人也。所谓化之者，入于神而自然，不思而得，不勉而中之谓也。孔子曰‘七十而从心所欲不逾矩’是也。”或曰：“圣人，生而知之者也。今谓可学而至，其有稽乎？”曰：“然。孟子曰：‘尧、舜，性之也；汤、武，反之也。’性之者，生而知之者也；反之者，学而知之者也。”又曰：“孔子则生而知也，孟子则学而知也。后人不达，以谓圣本生知，非学可至，而为学之道遂失。不求诸己而求诸外，以博闻强记、巧文丽辞为工，荣华其言，鲜有至于道者。则今之学，与颜子所好异矣。”

伊川上来便指明颜子所好之学，乃为“学以至圣人之道也”，其后则主要阐述了圣人可以学而至。与明道《识仁篇》一般，笔者以为此文亦是伊川向濂溪“寻孔、颜乐处”之教所作的回应，且其中甚可见濂溪之学的影响。如以圣人为可学而至，本于《通书·圣学第二十》：“圣可学乎？”曰：“可。”又如“天地储精，得五行之秀者为人”，本于《太极图说》：“无极之真，二五之精，妙合而凝。‘乾道成男，坤道成女’，二气交感，化生万物。万物生生，而变化无穷焉。惟人也，得其秀而最灵。”“形既生矣，外物触其形而动于中矣。其中动而七情出焉，曰喜、怒、哀、乐、爱、恶、欲。情既炽而益荡，其性凿矣”，本于《太极图说》：“形既生矣，神发知矣，五性感动而善恶分，万事出焉。”又如“中正而诚，则圣矣”，则本于“诚者，圣人之本”（《通书·诚上第一》），“圣，诚而已矣”（《通书·诚下第二》）。因此，蕺山先生评述道：“此伊川得统于濂溪处。”（刘宗周《五子连珠》）《颜子所好何学论》虽为伊川早期作品，却是其一生锐然学圣人的修学纲领。故而，笔者以为伊川得益于濂溪之教者甚深，而非后人所谓的关系不大。

濂溪之学以《易》为本，而伊川一生于《易》用心最深，撰有《周易程氏传》（简称《易传》），是为《易》学史上跨时代之杰作，其亦深受濂溪影响。笔者于《易传》导读文字中有专文陈述伊川《易》学与濂溪《易》学的一贯之处，此则不赘。

然而，后人大多忽略这一切，而因为伊川于濂溪“只称‘周茂叔’，不称先生。而称胡瑗，则曰‘安定先生’。一疏一亲，颇可怪异”（姚名达《程伊川年谱》），便论定伊川之学与濂溪之教关系不大，甚或有人认为“二程兄弟并不承认自己的思想与周敦颐有很大关联”（徐洪兴《旷世大儒——二程》）。却不知二程以字称呼濂溪，实本于亲切，若是因此便以为二程轻视濂溪之学，则二程以“仲尼”称孔子，亦是轻视孔子之学了？至于伊川尊称胡翼之为安定先生，是因为一则安定为太学师，二则安定年岁甚高（长伊川三十三岁）。究其实，则安定之学对于伊川的影响并不甚大，虽然伊川《易传》曾多次引用安定《易》说，然而大多止于文义会通。而伊川尝劝人读安定《易》说，亦是以通贯文义为要：

《易》有百余家，难为遍观，如素未读，不晓文义，且须看王弼、胡先生、荆公三家。理会得文义，且要熟读，然后却有用心处。（《遗书》卷十九）

当然，在解《易》的理路上，伊川《易传》在一定程度上也受到了安定《易》学的影响。然而，若称伊川《易》学本自于安定之教，则又过矣。事实上，在未曾进入太学，或是游太学之初，伊川《易》学便已经具备一定基础，否则以《易》闻名而讲《易》京师的横渠，也就不会在与二程讨论《易经》之后，声称“比见二程，深明《易》道，吾所弗及”。而依据《颜子所好何学论》，又可知在游太学之前，伊川之学已然奠定了根本。就此，笔者以为伊川之学得益于安定之处少而浅，得益于濂溪之处则多且深。伊川曾自述其学与濂溪之教的关系：

昔吾受《易》于周子，使吾求仲尼、颜子之所乐。要哉此言！二三子志之！（《河南程氏粹言》卷一）

关乎濂溪与二程之间的道学传承关系，自五峰先生（胡宏）始，便已有定论。延至南轩、朱子之时，已成公认。

吾先生（濂溪）起于远方，乃超然有所自得于其心。本乎《易》之太极、《中庸》之诚，以极乎天地万物之变化。其教人使之“志伊尹之志，学颜子之学”；推之于治，先王礼乐刑政，可举而行，如指诸掌。于是河南二程先生兄弟从而得其说，推明究极之，广大精微，殆无余蕴。学者始知夫孔孟之所教，盖在此而不在乎他。学可以至于圣，治不可以不本于学，而道德性命初不外乎日用之实。其于致知力行具有条理，而诐、淫、邪、遁之说皆无以自隐，可谓盛矣！然则，先生发端之功，顾不大哉！（张栻《道州重建濂溪周先生祠堂记》）

若濂溪先生者，其天之所畀而得乎斯道之传者与？不然，何其绝之久而续之易，晦之甚而明之亟也。盖自周衰，孟轲氏没，而此道之传不属。更秦及汉，历晋、隋、唐以至于我有宋，圣祖受命，五星集奎，实开文明之运。然后气之漓者醇，判者合，清明之禀得以全付乎人，而先生出焉，不繇师传，默契道体，建图属书，根极领要。当时见而知之有程氏者，遂扩大而推明之，使夫天理之微、人伦之著、事物之众、鬼神之幽，莫不洞然毕贯于一，而周公、孔子、孟氏之传焕然复明于当世。有志之士得以探讨服行而不失其正，如出于三代之前者。呜呼盛哉！非天所畀，其孰能与于此？（朱熹《江州重建濂溪先生书堂记》）

其时，各地建构濂溪先生祠堂，则必以二程作为配享。又有建三先生堂者，所谓“三先生”者，濂溪、明道、伊川是也。从中亦可见周程授受乃是颇为广泛的社会认识。因近代学人好疑古，不信前人之言，多以二程之学与濂溪关系不大，故而不惮辞费，略略辩解如上。

在《颜子所好何学论》之前，伊川另有《养鱼记》一文，足见其好生之仁：

书斋之前有石盆池，家人买鱼子食猫，见其煦沫也，不忍，因择可生者，得百余，养其中，大者如指，细者如箸。支颐而观之者竟日。始舍之，洋洋然，鱼之得其所也；终观之，戚戚焉，吾之感于中也。

吾读古圣人书，观古圣人之政禁，数罟不得入洿池，鱼尾不盈尺不中杀，市不得鬻，人不得食。圣人之仁，养物而不伤也如是。物获如是，则吾人之乐其生，遂其性，宜何如哉？思是鱼之于是时，宁有是困耶？推是鱼，孰不可见耶？

鱼乎！鱼乎！细钩密网，吾不得禁之于彼；炮燔咀嚼，吾得免尔于此。吾知江海之大，足使尔遂其性，思置汝于彼，而未得其路，徒能以斗斛之水，生汝之命。生汝诚吾心，汝得生已多，万类天地中，吾心将奈何？鱼乎！鱼乎！感吾心之戚戚者，岂止鱼而已乎？因作《养鱼记》。

至和甲午季夏记。

此文作于二十二岁时，可见其时伊川已怀有天地万物皆得生生之志。元丰二年（1079），伊川四十七岁那年，于故稿中偶见此文，亦自以为“少而有志”，且颇感惭愧，“观昔日之所知，循今日之所至，愧负初心，不几于自弃者乎？”故而，“不忍毁去”，而“示诸小子，当以吾为戒”。

嘉祐二年（1057），伊川二十五岁，曾上书仁宗，自比孔明，议论时政，“劝仁宗以王道为心，生灵为念，黜世俗之论，期非常之功，且乞召对，面陈所学，不报”（朱熹《伊川先生年谱》，以下简称《年谱》）。此书虽不免年少气盛，然于中亦可见伊川论政，志在恢复三代之治。（上书仁宗事，朱子《年谱》记为皇祐二年，时伊川年仅十八。然经后人考证，皇祐当为嘉祐之误，今从。）

嘉祐四年（1059），伊川尝举进士，南省合格，及廷试，报罢，遂不复试。自此，直至元丰八年（1085）岁末，长约二十六年的时间内，伊川几乎都是随侍在太中公身边，一边治学，一边与门人朋友讲学论道。期间，伊川曾先后得到数次举荐，悉皆被他推辞。如治平元年（1064），吕公著判太学，尝“命众博士即先生之居，敦请为太学正”，伊川固辞。治平三年（1066），吕公著出知蔡州，将行，上奏举荐伊川，伊川再次以学问不足而推辞。明道于监察御史里行任上，亦曾举荐过伊川。此外，太中公曾“前后五得任子”，亦未及伊川，而“以均诸父子孙”。

虽然身为一介处士，伊川却并未忘记关注国事，且常为人代书上奏，议论国政。如治平二年（1065），曾代彭思永上英宗论濮王典礼疏，代太中公应诏上英宗皇帝书；治平四年（1067），代太中公上神宗皇帝论薄葬书；熙宁八年（1075）十月，代吕公著应诏上神宗皇帝书；元丰三年（1080），又曾代富弼上神宗皇帝论永昭陵疏，等等。此诸上书大多对应时事而议，然亦有数篇，可以体现伊川的为政理路，如代太中公应诏上英宗皇帝书，该书指出当世之务所尤先者有三，一曰立志，二曰责任，三曰求贤。三者之中，又以人君立志为本：

……今虽纳嘉谋，陈善算，非君志先立，其能听而用之乎？君欲用之，非责任宰辅，其孰承而行之乎？君相协心，非贤者任职，其能施于天下乎？三者，本也；制于事者，用也。有其本，不患无其用。三者之中，复以立志为本，君志立而天下治矣。所谓立志者，至诚一心，以道自任，以圣人之训为可必信，先王之治为可必行，不狃滞于近规，不迁惑于众口，必期致天下如三代之世，此之谓也。夫以一夫之身，立志不笃，则不能自修，况天下之大，非体乾刚健，其能治乎？自昔人君，孰不欲天下之治？然而，或欲为而不知所措，或始锐而不克其终，或安于积久之弊而不能改为，或惑于众多之论而莫知适用。此皆上志不立故也。（《为家君应诏上英宗皇帝书》）

伊川此论，与明道几乎全然一致。明道任监察御史里行之初，曾上一札子，亦以“天下之治”“在乎君志先定”，而“所谓定志者，一心诚意，择善而固执之也”：

臣伏谓：君道之大，在乎稽古正学，明善恶之归，辨忠邪之分，晓然趋道之正。故在乎君志先定，君志定而天下之治成矣。所谓定志者，一心诚意，择善而固执之也。夫义理不先尽，则多听而易惑；志意不先定，则守善而或移。惟在以圣人之训为必当从，先王之治为必可法，不为后世驳杂之政所牵制，不为流俗因循之论所迁惑，自知极于明，信道极于笃，任贤勿贰，去邪勿疑，必期致世如三代之隆而后已也。（《上殿札子》）

于此可见，二程兄弟皆怀有尧、舜其君，恢复三代之治之志，且都意识到欲得天下之治，其要在于促进人君先立定成就三代之治之志。后来，伊川任崇政殿说书，所致力者无非如此。

伊川讲学授道甚早，早在游太学时，“同学吕希哲少先生才数岁，与先生临斋，察其议论，大异，首以师礼事之”，其后，杨国宝、邢恕、吕希纯等人皆以师尊伊川（姚名达《程伊川年谱》）。伊川讲学，大多本于生命，陈述成圣之学。后文论述二程之学处间有述及，此则不复赘述，仅记其劝导横渠涵养之事如下。

熙宁二年（1069）年底，横渠应诏至京师，居京师之日，他时常与明道相聚论学，亦常将心得写信与时随侍太中公而远在汉州的伊川商量，伊川覆书，劝横渠“完养思虑，涵泳义理”：

观吾叔之见，至正而谨严。如“虚无即气，则虚无”之语，深探远赜，岂后世学者所尝虑及也？然此语未能无过。余所论，以大概气象言之，则有苦心极力之象，而无宽裕温厚之气，非明睿所照，而考索至此，故意屡偏而言多窒，小出入时有之。（明所照者，如目所睹，纤微尽识之矣。考索至者，如揣料于物，约见仿佛尔，能无差乎？）更愿完养思虑，涵泳义理，他日自当条畅。（《答横渠先生书》）

元丰八年（1085），哲宗嗣位。是年九月，门下侍郎司马光、尚书左丞吕公著、知河南府兼西京留守韩绛同上札子，述伊川行义于朝。其奏曰：

臣等窃见河南处士程颐，力学好古，安贫守道，言必忠信，动遵礼义，年逾五十，不求仕进，真儒者之高蹈，圣世之逸民。伏望圣慈，特加召命，擢以不次，足以矜式士类，裨益风化。取进止。

十一月二十六日，奉旨除伊川汝州团练推官，充西京国子监教授（李心传《道命录》）。伊川随即上表请辞，其后又得旨，不许辞免，伊川再上辞表，随后复得旨，“令乘递马赴阙”。次年（元祐元年）二月，伊川至京师。是月，左正言朱光庭上奏乞请以伊川为经筵讲官，其奏曰：“先生乃天民之先觉，圣世真儒，揆其贤，陈抟、种放未必能过之；若其道，则抟、放有不及知者。”又曰：“先生有经天纬地之才，有制礼作乐之具，圣人之道至此而传，况天子进学之初，若俾真儒得侍经席，岂不盛哉？”（同上）其后，监察御史王岩叟又上奏曰：

臣闻孔子曰：“举逸民，天下之民归心焉。”臣以谓举之易也，而禄之难；禄之易也，而尽其用难。非待之有礼，处之有方，则不可得而禄矣，不可得而尽其用矣。伏见西京国子监教授程颐，学极圣人之精微，行全君子之纯粹，早与其兄颢，俱以德名显于时。陛下方欲用颢而颢卒，贤士大夫无不相与咨嗟，以为朝廷之恨。今者，幸陛下复起颐而用之，颐趋召以来，待诏阙下，四方俊乂，莫不翘首向风，以观朝廷所以待之者如何，处之者当否，而将议焉。则陛下此举系天下之心，臣愿陛下加所以待之之礼，择所以处之之方，而使高贤得为陛下尽其用，则所得不独颐一人而已，四海潜光隐德之士，皆将相招而为朝廷出矣。愚臣区区欲以广陛下之美者，其诚心如此，惟圣主留意。幸甚！（《续资治通鉴长编》）

奏数上，朝廷除伊川宣德郎、秘书省校书郎，伊川上状辞免，并恳请面君：

……祗命而来，未获进见，遽然有此除授。伏念臣草莱之人，既蒙赐召，礼合见君，先受恩命，义理未安。况祖宗朝布衣

被召者，故事具存。伏望圣慈，令臣入见。所降诰命，不敢当受。（《辞免馆职状》）

王岩叟再次上奏，乞请“陛下一召见之”，“一见而后命之以官，则颐当之而无愧，陛下与之而不悔，授受之间，两得之矣”。于是召对。太皇太后面谕，将以伊川为崇政殿说书。伊川面辞，不允。其后，伊川上札子，乞请再次上殿论经筵事：

……窃以知人则哲，帝尧所难。虽陛下圣鉴之明，然臣方获进对于顷刻之间，陛下见其何者，遽加擢任？今取臣于畎亩之中，骤置经筵，盖非常之举，朝廷责其报效，天下之所观瞩。苟或不当，则失望于今而贻讥于后，可不慎哉？臣亦未敢必辞，只乞再令臣上殿，进札子三道，言经筵事。所言而是，则陛下用臣为不误，臣之受命为无愧；所言而非，是其才不足用也，固可听其辞避。如此则朝廷无举动之过，愚臣得去就之宜。（《乞再上殿论经筵事札子》）

并上论经筵三札子，其要如下：

其一，以上富于春秋，辅养为急，宜选贤德，以备讲官，因使陪侍宿直，陈说道义，所以涵养气质，熏陶德性。其二，请上左右内侍宫人，皆选老成厚重之人，不使侈靡之物、浅俗之言接于耳目，仍置经筵祗应内臣十人，使伺上在宫中动息，以语讲官，其或小有违失，得以随事规谏。其三，请令讲官坐讲，以养人主尊儒重道之心，寅畏祗惧之德。（《年谱》）

三月二十四日，朝廷下诏，以伊川为通直郎、充崇政殿说书。然而，并未曾让伊川再次上殿论事。故而，伊川得旨，上《辞免崇政殿说书表》，旋有旨，不许辞免。伊川再上辞免状，仍旧不允，乃就职。

此上即为伊川出任帝师——崇政殿说书之始末，之所以于此不厌其烦，详加引述，是因为从中可见伊川出处之义。诚如朱子所说："先生出处语默之际，其义固已精矣。"（《年谱》）伊川曾有一段夫子自道，可见其出处悉皆出于本心，进退无不合义：

臣愚鄙之人，自少不喜进取，以读书求道为事，于兹几三十年矣。当英祖朝暨神宗之初，屡为当途者称荐。臣于斯时，自顾学之不足，不愿仕也。及皇帝陛下嗣位，太皇太后陛下临朝，求贤愿治，大臣上体圣意，搜扬岩穴，首及微贱，蒙恩除西京学官。臣于斯时，未有意于仕也。辞避方再，而遽有召命。臣门下学者，促臣行者半，劝臣勿行者半。促臣行者则曰："君命召，礼不俟驾。"劝臣勿行者则曰："古之儒者，召之则不往。"臣以为召而不往，惟子思、孟轲则可。盖二人者，处宾师之位，不往，所以规其君也。已之微贱，食土之毛而为王民，召而不至，邦有常宪，是以奔走应命。到阙，蒙恩授馆职，方以义辞，遂蒙召对。臣于斯时，尚未有意于仕也。进至帘前，咫尺天光，未尝敢以一言及朝政。陛下视臣，岂求进者哉？既而亲奉德音，擢至经筵，事出望外，惘然惊惕。臣窃内思，儒者得以道学辅人主，盖非常之遇，使臣自择所处，亦无过于此矣。臣于斯时，虽以不才而辞，然许国之心实已萌矣。尚虑陛下贪贤乐善，果于取人，知之或未审也，故又进其狂言，以觊详察，如小有可用，则敢不就职！或狂妄无取，则乞听辞避。章再上，再命祇受，是陛下不以为妄也。臣于是受命。（《上太皇太后书》）

伊川任职之后，“夙夜毕精竭虑，惟欲主上德如尧、舜，异日天下享尧、舜之治，庙社固无穷之基”，故而一心以“辅导养德”为己责。伊川在崇政殿说书任上，前后不足十七个月（元祐元年三月底至元祐二年八月），然观其言，察其行，则无非辅导人主，薰养其德。

伊川初上任，仅得两番进讲，便因天气渐热，中止经筵讲学。伊川认为如此甚非“辅道养德之意”，于是上札子议论此事：

臣窃以为朝廷置劝讲之官，辅导人主，岂止讲明经义？所以熏陶性质。古所谓承弼厥辟，出入起居者焉，宜朝夕纳诲，以辅上德。自来暑热罢讲，直至中秋，方御经筵。数月之间，讲读官无由进见。夫以文、武之齐圣，而欲旦夕承弼。今乃数月不接儒臣，甚非先王辅导养德之意。方主上春秋之富，辅养之道，岂可疏略如此？臣欲乞未御讲筵，每遇六参日，宰臣奏事退，许讲读官上殿问圣体。数日一对儒臣，不惟有益人主，在劝讲之礼亦当然。伏望圣慈，特赐俞允。（《乞六参日上殿札子》）

札子上后，未得回应。五月，旨差伊川“同孙觉、顾临及国子监长贰，看详国子监条制”，伊川撰有《三学看详文》及《论改学制事目》，对既定学制多有修正。“先生所定，大概以为学校礼义相先之地，而月使之争，殊非教养之道，请改试为课，有所未至，则学官召而教之，更不考定高下；制尊贤堂，以延天下道德之士；镌解额，以去利诱；省繁文，以专委任；励行检，以厚风教；及置待宾吏师斋，立观光法，如是者亦数十条”。伊川所论，无不切中肯綮，然亦引发了守旧者的不满。如礼部尚书胡宗愈谓：“先帝聚士以学，教人以经，三舍科条固已精密，宜一切仍旧。”且因此而痛诋伊川，谓：“不宜使在朝廷。”（《年谱》）而此时的伊川，一心“辅导养德”，以成就尧、舜之君。因前番所上札子（指前引《乞六参日上殿札子》）未得回应，时至六月，伊川再次上疏太皇太后，此疏深思熟虑，洋洋洒洒数千余言，涉及“辅导养德”之方方面面。现择要如下：

首先，指示根本，并举周公为辅养楷模，其意当效仿周公，辅养幼帝：

臣以为今日至大至急，为宗社生灵长久之计，惟是辅养上德而已。历观前古，辅养幼主之道，莫备于周公。周公之为，万世之法也。臣愿陛下扩高世之间，以圣人之言为可必信，先王之道为可必行，勿狃滞于近规，勿迁惑于众口。古人所谓周公，岂欺我哉？

又举“周公作《立政》之书”，指明“人主跬步不可离正人也”。“盖所以涵养气质，熏陶德性，故能习与智长，化与心成”，而“后世不复知此，以为人主就学，所以涉书史，览古今也”。其实，则“涉书史，览古今，乃一端尔。若止于如是，则能文宫人可以备劝讲，知书内侍可以充辅导，何用置官设职，精求贤德哉？”进而，指明历代帝王之中“完德有道之君至少”，皆因“辅养不得其道，而位势使之然也”。

接着，伊川针对现状，一一提出建议，究其用心，则莫不在于“辅导养德”：

臣供职以来，六侍讲筵，但见诸臣拱手默坐，当讲者立案傍，解释数行而退。如此，虽弥年积岁，所益几何？与周公辅养成王之道，殊不同也。或以为主上方幼，且当如此，此不知本之论也。古人生子，能食能言而教之小学之法，以豫为先。人之幼也，知思未有所主，便当以格言至论日陈于前。虽未晓知，且当薰聒，使盈耳充腹，久自安习，若固有之，虽以他言惑之，不能入也。若为之不豫，及乎稍长，私意偏好生于内，众口辩言铄于外，欲其纯完，不可得也。故所急在先入，岂有太早者乎？

此即《礼记·学记》所云教之“豫”法：“禁于未发之谓豫。”

或又以为主上天资至美，自无违道，不须过虑。此尤非至论。夫圣，莫圣于舜，而禹、皋陶未尝忘规戒，至曰：“无若丹朱好慢游，作傲虐。”且舜之不为慢游、傲虐，虽至愚亦当知之，岂禹而不知乎？盖处崇高之位，儆戒之道不得不如是也。且人心岂有常哉？以唐太宗之英睿，躬历艰难，力平祸乱，年亦长矣，始恶隋炀侈丽，毁其层观广殿，不六七年，复欲治乾阳殿。是人心果可常乎？所以圣贤虽明盛之际，不废规戒，为虑岂不深远也哉？况冲幼之君，闲邪拂违之道，可少懈乎？

“规戒”无非是为了辅养上德。其后，伊川又重申四月所上札子之意，建议初秋渐凉，或在内殿，或在后苑清凉处，“召见当日讲官，俾陈说道义”，亦不至于数月不见儒臣，丧失涵养。并提出当“一人独对”，利于辅导：

又一人独对，与众见不同，自然情意易通，不三五次，便当习熟。若不如此渐致，待其自然，是辅导官都不为力，将安用之？将来伏假既开，且乞依旧轮次直日，所贵常得一员独对。

“开发之道，盖自有方，朋习之益，最为至切。故周公辅成王，使伯禽与之处”，伊川亦拟效仿周公，“乞择臣僚家子弟，十岁已上，十二已下，端谨颖悟者三人，侍上左右。上所读之书，亦使读之，辨色则入，昏而罢归。常令二人入侍，一人便休……年才十三，便令罢去，岁月之间，自觉其益”。

又“自来宰臣十日一至经筵，亦止于默坐而已”，而“间日讲读”，则有“史官一人立侍”，“言动必书”，“主上方问学之初，宜心泰体舒，乃能悦怿。今则前对大臣，动虞有失，旁立史官，言出辄书。使上欲游其志，得乎？欲发于言，敢乎？”故而，伊川以为“深妨问学，不得不改”。

另因迩英殿迫狭，乞请“只于延和殿讲读”，并请太皇太后在政事稀简之时，“垂帘下观讲官进说”，“不惟省察主上进业，于陛下圣聪，未必无补”。

最后，建议经筵讲官应当专职，而不应另兼他职，因为要感动人主，务必要以至诚之意：

> 夫告人者，非积其诚意，不能感而入也。故圣人以蒲卢喻政，谓以诚化之也。今夫钟，怒而击之则武，悲而击之则哀，诚意之感而入也。告于人亦如是。古人所以斋戒而告君者，何谓也？臣前后两得进讲，未尝敢不宿斋豫戒，潜思存诚，觊感动于上心。若使营营于职事，纷纷其思虑，待至上前，然后善其辞说，徒以颊舌感人，不亦浅乎？此理非知学者不能晓也。道衰学废，世俗何尝闻此？虽闻之，必以为迂诞。陛下高识远见，当蒙鉴知。以朝廷之大，人主之重，置二三臣专职辅导，极非过当。

伊川诸论，无不志于“辅导养德”，可惜的是最终“不蒙施行一事”（《又上太皇太后疏》）。而时至八月，竟又有旨差其兼权判登闻鼓院，伊川自然力辞不就，终得免。

为了辅养上德，伊川每番进讲，必怀至诚之心，“而其为说，常于文义之外，反复推明，归之人主”。一日，当讲《论语》“颜子不改其乐”章，“门人或疑此章非有人君事也，将何以为说”，及讲，讲完文义之后，伊川接着说：“陋巷之士，仁义在躬，忘其贫贱；人主崇高，奉养备极，苟不知学，安能不为富贵所移？且颜子，王佐之才也，而箪食、瓢饮；季氏，鲁国之蠹也，而富于周公。鲁君用舍如此，非后世之鉴乎？”闻者莫不为之叹服（《年谱》）。伊川讲说，真可谓尽心竭力！然而，此亦是得力于其学之圆熟，方能“博引广喻，以晓悟人主”（《外书》卷十二）。亦因为此，伊川为众人赞誉为“真侍讲”：

文潞公尝与吕、范诸公入侍经筵，闻先生讲说，退相与叹曰："真侍讲也！"（《年谱》）

伊川又时常相机而教，启发哲宗：

尝闻上在宫中起行漱水，必避蝼蚁，因请之曰："有是乎？"上曰："然。诚恐伤之尔。"先生曰："愿陛下推此心以及四海，则天下幸甚。"（《年谱》）

读此，不免令人想起孟子教导齐宣王之事：

（齐宣王）坐于堂上，有牵牛而过堂下者，王见之，曰："牛何之？"对曰："将以衅钟。"王曰："舍之！吾不忍其觳觫，若无罪而就死地。"对曰："然则废衅钟与？"曰："何可废也。以羊易之。"（《孟子·梁惠王上》）

宣王舍牛之事，与哲宗漱水避蝼蚁一般，皆为好生之仁的体现。孟子听闻之后，指出"是乃仁术"，并激发宣王推此仁心于百姓。

然因伊川性情刚正，缺少温润之气，且以师道自重，竟致哲宗对他有些畏惧：

正叔以师道自居，侍上讲，色甚庄，以讽谏，上畏之。潞公对上甚恭，进士唱名，侍立终日。上屡曰："太师少休。"顿首谢立不去，时年八十矣。或谓正叔曰："君之倨视潞公之恭，议者以为未尽。"正叔曰："潞公三朝大臣，事幼主，不得不恭；

吾以布衣为上师傅，其敢不自重？吾与潞公所以不同也。”识者服其言。（《邵氏闻见录》）

伊川也自知自己过于严正，故而与司马温公商量，希望能够让范祖禹亦居经筵讲席：

八月，先生谓司马光曰：“更得范纯夫在经筵尤好。”光曰：“他见修史，自有门路。”先生曰：“不问有无门路，但筵中须得他。”光问何故，先生曰：“自度少温润之气，纯夫色温而气和，尤可以开陈是非，道人主之意。”光纳其言，遂请用著作郎范祖禹兼侍讲。（姚名达《程伊川年谱》）

然而，伊川终究还是会令哲宗深感不快：

一日，讲罢未退，上忽起凭槛，戏折柳枝。先生进曰：“方春发生，不可无故摧折。”上不悦。（《年谱》）

元祐二年（1087）春，因去岁上疏所论诸事皆未曾得以落实，伊川再次上疏，申述己意。给事中顾临则“以殿上讲读为不可”，且以为延和执政得一赐坐啜茶，已为至荣，岂可使讲读小臣坐殿上。伊川闻后，再次上疏太皇太后，力请坐讲，并指出“今临之意，不过以尊君为说，而不知尊君之道。若以其言为是，则误主上知见”（《年谱》）。此番上疏，时在四月。此时，朝中对伊川的议论逐渐多了起来，尤其是与东坡（苏轼）结怨之后（详见后述），伊川便常受倾轧。有人亦开始寻找机会参劾伊川，而机会很快就来了。

一日，赴讲，会上疮疹，不坐已累日。先生退，诣宰臣，问：“上不御殿，知否？”曰：“不知。”先生曰：“二圣临朝，上不御殿，太皇太后不当独坐。且人主有疾，而大臣不知，可乎？”翌日，宰臣以先生言，奏请问疾，由是大臣亦多不悦。（《年谱》）

谏议大夫孔文仲随即上疏，参劾伊川，其言极尽诬诋之能：

谨按，通直郎、崇政殿说书程颐，人物纤污，天资憸巧。贪黩请求，元无乡曲之行，奔走交结，常在公卿之门，不独交口褒美，又至连章论奏，一见而除朝籍，再见而升经筵。臣顷任起居舍人，屡侍讲席，观颐陈说，凡经义所在，全无发明，必因藉一事，泛滥援引，借无根之语，以摇撼圣听，推难考之迹，以眩惑渊虑。上德未有嗜好，而常启以无近酒色；上意未有信向，而常开以勿用小人。岂惟劝导以所不为，实亦矫欺以所无有。每至讲罢，必曲为卑佞附合之语……（《外书》卷十二）

此诸文字，真可谓指白为黑，用心奸诈。小人之诚可畏也，于此一见。亦有云孔文仲本亦伉直之人，只是蠢然不晓事，为轻薄之辈所驱使。而文仲晚年亦知自己为小人所用，乃至于愤郁吐血而亡。然以笔者之见，能写就如此迂曲、险恶文字的人，纵是伉直，其伉直恐亦只是遮人耳目罢了。

八月二日，有旨降，罢伊川崇政殿说书，差管勾西京国子监。伊川“知是责命，礼当奔走就职”，故而，不作任何辩解，及时赴任。既就职，再上奏乞归田里。

此上即伊川任职经筵之始末，于笔者之见，伊川诚《礼记·儒行》中所谓“难进而易退”者也！

伊川于崇政殿说书任上，尚有诸事可见其出处之义：

君实尝问先生云：“欲除一人给事中，谁可为者？愿为光说一人。”先生曰：“相公何为若此言也？如当初泛论人才却可，今既如此，某虽有其人，何可言？”君实曰：“出于公口，入于光耳，又何害？”先生终不言。（《遗书》卷十九）

程子在讲筵，执政有欲用之为谏官者。子闻，以书谢曰：“公知射乎？有人执弓于此，发而多中，人皆以为善射矣。一日，使羿立于其傍，道之彀率之法，不从，羿且怒而去矣；从之，则戾其故习而失多中之功。故不若处羿于无事之地，则羿得尽其言，而用舍羿不恤也。某，才非羿也，然闻羿之道矣，虑其害公之多中也。”（《遗书》卷二十一上）

先生在讲筵，尝典钱使，诸公因问，必是俸给大段不足，后乃知到任不曾请俸。诸公遂牒户部，问不支俸钱。户部索前任历子，先生云：“某起自草莱，无前任历子。”（旧例，初入京官时，用下状出给料钱历。其意谓朝廷起我，便当廪人继粟，庖人继肉也。）遂令户部自为出券历，户部只欲与折支，诸公又理会，馆阁尚请见钱，岂有经筵官只请折支？又检例，已无崇政殿说书多时，户部遂定已前未请者只与折支，自后来为始支见钱。（《遗书》卷十九）

先生在经筵时，与赵侍郎、范纯甫同在后省行，见晓示，至节令，命妇进表，贺太皇及太后太妃。赵、范更问备办，因问先生，先生云：“某家无命妇。”二公愕然，问何不叙封，先生曰："某当时起自草莱，三辞然后受命，岂有今日乃为妻求封之理？"其夫人至今无封号。问："今人陈乞恩例，义当然否？人皆以为本分者不为害。"先生曰："只为而今士大夫道得个'乞'字惯却，动不动又是乞也。"因问："陈乞封父祖，如何？"先生曰："此事体又别。"再三请益，但云："其说甚长，待别时说。"（同上）

韩持国罢门下侍郎，出帅南阳，已出国门，程子往见之。子时在讲筵，公惊曰："子来见我乎？子亦危矣！"程子曰："只知履安地，不知其危。"坐顷之，公不言。子曰："公有不豫色，何也？"公曰："在维固无足道，所虑者，贻兄姊之忧耳。"子曰："领帅南阳，兄姊何所忧？"公悟曰："正为定力不固耳。"（《遗书》卷二十一上）

因长于礼，故伊川在经筵任上，时常论礼。今《河南程氏文集》中，存有《论冬至称贺札子》及《论开乐御宴奏状》，文中，伊川义正辞严，一则曰"若受表贺，大失居丧之礼，万方后世，轻笑朝廷，无以风化天下"；一则曰"今若为开乐张宴，则是特为一喜庆之事。失礼意，害人情，无大于此"。亦因伊川恪守礼法，竟蒙受东坡诸人怨恨。笔者少年时，喜好舞文弄墨，颇喜东坡居士，及长，读至其与伊川交怨之事，甚感其鄙陋，诚不足道，自此则不复读其文、习其书。

伊川、东坡之怨，始于温公葬礼：

明堂降赦，臣僚称贺讫，而两省官欲往奠司马光。是时，程颐言曰："子于是日哭，则不歌。岂可贺赦才了，却往吊丧？"

坐客有难之曰："子于是日哭，则不歌，即不言歌则不哭。今已贺赦了，却往吊丧，于礼无害。"苏轼遂以鄙语戏程颐，众皆大笑，结怨之端，盖自此始。（《年谱》）

据《外书》卷十一所载，则东坡鄙语为"鏖糟陂里叔孙通也"，极言伊川山野，且以腐儒视之。

伊川主温公丧事，子瞻（苏轼字）周视无阙礼，乃曰："正叔丧礼何其熟也？"又曰："轼闻居丧未葬读丧礼，太中康宁，何为读丧礼乎？"伊川不答。邹至完闻之曰："伊川之母先亡，独不可以治丧礼乎？"（《外书》卷十一）

温公丧事，足可见东坡之轻薄无礼。而东坡常以深谙佛学自负居士，且时与佛门中人若佛印辈谈玄论道，一次却因吃素事揶揄伊川，足以令人失笑：

国忌行香，伊川令供素馔，子瞻诘之曰："正叔不好佛，胡为食素？"先生曰："礼，居丧不饮酒，不食肉。忌日，丧之余也。"子瞻令具肉食，曰："为刘氏者左袒。"于是，范醇夫辈食素，秦、黄辈食肉。（《年谱》）

当然，伊川为人刚毅中正，一丝不苟，本便为轻狂自负、戏谑无状的东坡所厌恶，东坡甚至斥之为"奸"："臣素疾程某之奸，未尝假以辞色。"此实当时理学家与文人之差异，理学家多严谨，文人多轻率；理学家斥文人轻薄，文人则贬理学家为虚伪。然究其实，则文人轻薄者为多，理学家虚伪者为少。盖宋明理学家大多体贴得天理，识得人之为人之本，只是顺道而为，如此者岂可谓之为虚伪，谓之为“奸”？又有人谓理学家不任事，“平时袖手谈心性，临危一死报君王”，然而，但凡于明道、伊川生平略有些了解的人，便不会有如此之偏见。其他若范文正、张南轩、王阳明诸大儒，不但任事，而且悉皆长于政治。所谓临危只知一死以报君王者，实为明末之俗儒，与理学家无干矣！

而伊川以作文、学诗为害道，亦是使得以诗文闻名于世的东坡不满的重要原因之一：

问：“作文害道否？”曰：“害也。凡为文，不专意则不工，若专意则志局于此，又安能与天地同其大也？《书》曰‘玩物丧志’，为文亦玩物也。吕与叔有诗云：‘学如元凯方成癖，文似相如始类俳；独立孔门无一事，只输颜氏得心斋。’此诗甚好。古之学者，惟务养情性，其佗则不学；今为文者，专务章句，悦人耳目。既务悦人，非俳优而何？”曰：“古者学为文否？”曰：“人见六经，便以谓圣人亦作文，不知圣人亦摅发胸中所蕴，自成文耳，所谓‘有德者必有言’也。”曰：“游、夏称文学，何也？”曰：“游、夏亦何尝秉笔学为词章也？且如‘观乎天文，以察时变；观乎人文，以化成天下’，此岂词章之文也？”（《遗书》卷十八）

或问：“诗可学否？”曰：“既学时，须是用功，方合诗人格。既用功，甚妨事。古人诗云‘吟成五个字，用破一生心’，又谓‘可惜一生心，用在五字上’。此言甚当。”（同上）

而伊川对于文人的轻狂亦从不假以辞色，也往往会使得东坡一辈人物下不了台：

一日，偶见秦少游，问：“‘天若知也和天瘦’是公词否？”少游意伊川称赏之，拱手逊谢，伊川云：“上穹尊严，安得易而侮之？”少游面色骍然。（《外书》卷十二）

当然，东坡之排斥伊川，更有其出于利害关系之考究：

时吕申公为相，凡事有疑，必质于伊川。进退人才，二苏疑伊川有力，故极诋之。（《年谱》）

此又实是以小人之心度君子之腹了。据温公问“除一人给事中”事，可知，伊川或会在政治大体方面于申公多有启悟，若是“进退人才”，恐怕也不会有所置喙。然东坡于伊川之怨似已无从化解，据说挑唆孔文仲上疏参劾伊川者，正是东坡诸人。

伊川就职西京之后，先后上有三状，乞归田里。其意自身本为草莱之人，因大臣所荐，而蒙朝廷擢任，寘于经筵，而今既然有罪，则所授之职理当夺还。状上，皆不得允。不得已，伊川又改为上乞致仕状。伊川三番乞归田里不得，今又乞致仕，虽仍不得允，然而，亦已引起诸多议论。伊川闻讯，再上乞致仕状，且对众人议论作了辩解，言明自己的去就、进退，无不循于经义：

不知臣者，不以臣为忿躁，必以臣为沽激，臣岂然哉！臣身传至学，心存事道，不得行于时，尚当行于己；不见信于今，尚

期信于后，安肯失礼害义，以自毁于后世乎？盖质之圣贤，考之经义，为当然尔。（《乞致仕第二状》）

此番乞致仕，依旧未得允许。直至元祐五年（1090）正月，太中公卒，伊川终于得以丁忧去职。时俗治丧皆用浮图，伊川治丧，则不随时俗：

某家治丧，不用浮图。在洛亦有一二人家化之，自不用。释氏道场之用螺钹，盖胡人之乐也。今用之死者之侧，是以其乐临死者也。天竺之人重僧，见僧必饭之，因使作乐于前。今乃以为之于死者之前，至如庆祷亦杂用之，是甚义理？如此事，被他欺谩，千百年无一人理会者。（《遗书》卷十）

其葬，则以昭穆定穴，自测地气：

程氏自先生兄弟，所葬以昭穆定穴，不用墓师，以五色帛埋旬日，视色明暗，卜地气善否。（《外书》卷十一）

元祐七年（1092）三月，伊川服除，延和奏事，三省进呈，欲与馆职，判检院。时东坡之弟苏辙执政，才进禀，便云："但恐不肯靖。"太皇太后从其说，授伊川左通直郎、直秘阁，依旧权判西京国子监（《年谱》）。伊川本已无意从政，故收到河南府差人送来的诰命之后，随即便寄纳河南府，并上状请辞。状上，不允。伊川再上辞表，此表"极论儒者进退之道"（《年谱》），可谓伊川出任经筵以来之总结陈词：

……伏念臣力学有年，以身任道，惟知耕养以求志，不希闻达以干时。皇帝陛下诏起臣于草野之中，面授臣以讲说之职。臣窃思之，得以讲学侍人主，苟能致人主得尧、舜、禹、汤、文、武之道，则天下享唐、虞、夏、商、周之治。儒者逢时，孰过于此？臣是以慨然有许国之心。在职岁余，夙夜毕精竭虑，盖非徒为辩辞解释文义，惟欲积其诚意，感通圣心，徯交发志之孚，方进沃心之论，实觊不传之学复明于今日，作圣之效远继于先王。自二年春后来，臣每进说，陛下常首肯应臣。臣知陛下圣资乐学，诚自以谓千载之遇也。而不思道大则难容，迹孤者易踬。入朝见嫉，世俗之常态；名高毁甚，史册之明言。如臣至愚，岂免众口？不能取信于上，而欲为继古之事，成希世之功，人皆知其难也。臣何狂简，敢而觊幸？宜其获罪明时，见嗟公论。志既乖于事道，义当致于为臣。屡恳请而未从，俄遭忧而罢去。衔恤既终于丧制，退身当遂于初心。岂舍王哉？忠恋之诚虽至，不得已也，去就之义当然。

自惟衰迈之躯，得就安闲之地。闻今传后，更有望于残年；行道致君，甘息心于圣世。岂期矜贷，尚俾甄升？恩虽甚隆，义则难处。前日朝廷不知其不肖，使之劝学人主。不用则亦已矣，若复无耻以苟禄位，孟子所谓“是为垄断也”。儒者进退，当如是乎？臣非苟自重，实惧上累圣明，使天下后世谓朝廷特起之士乃贪利苟得之人，甚可羞也。臣犹羞之，况朝廷乎？在臣无可受之理，敢冒万死，上还恩命。伏乞检会臣前后累奏，特赐指挥。（《再辞免表》）

表上，殿中侍御史吴立礼、监察御史董敦逸先后上奏劾伊川。一则有云“今来窃见颐上表辞免，观其辞语，略不引咎自讼，乃敢要君，乞归田里。人臣很愎，公然肆无忌惮，未见有如此者”；一则有云“今颐犹不自揆，肆为狂言，至引孔、孟、伊尹以为比，又自谓得儒者进退之义，惑众慢上，无甚于此”。（《续资治通鉴长编》）此二人者，盖皆唯唯诺诺之奴才，故见不得依理而为、仗义而言者也。五月十日，有诏准伊川辞免直秘阁、权判西京国子监，却又差伊川管勾嵩山崇福宫。伊川则不再固违朝命，上《谢管勾崇福宫状》，然因为“见患腰跨，拜受未得”，故而申请“候痊损日，谢恩就职次”。时至八月，因“未得痊安”，上状乞寻医。

元祐八年（1093）九月，太皇太后卒。十一月，哲宗始亲政，未及两月，念及伊川，重申直秘阁、权判西京国子监之命，伊川再辞不就。哲宗不准。伊川再上辞免状，重申进退之义：

……臣昨被恩命，即具奏陈，乞将臣丁忧服阕之初辞免表状，特赐省览，则知臣所以辞者，盖守古义，非出私意。今奉圣旨，不许辞免。臣诚至愚，不喻朝廷之意，不知以臣前日所陈进退之义为是乎？为非乎？若以为是，则受为非义。臣四十年学圣人之道，敢以非义而受，致朝廷于过举乎？若以臣前日所陈为非是，臣狂妄不知义理，狂妄不知义理之人，使去宜也，岂可处教导之职？不知使臣以何义受之？臣窃思之：岂非朝廷以臣微贱，去就不足为轻重，故忽弃其言，陛下不经省览，而辅臣莫以告也？臣诚微贱，然臣之言，本诸圣贤之言；臣之进退，守儒者进退之道。虽朝廷不见省察，臣恐天下后世有诵其言、思其义，而以进退儒者之道议朝廷也。故臣区区爱君之意，不能自已，尚冀

微诚，感悟圣心。谨昧死以闻，不敢受命。再渎宸严，臣无任。（《再辞免状》）

“岂非朝廷以臣微贱，去就不足为轻重，故忽弃其言，陛下不经省览，而辅臣莫以告也”，话已说到这个地步，哲宗自然亦不好勉强。然亦有人以伊川之所为为“固”：

有人云：“先生除国子监之命不受，是固也。”先生因言：“近煞有人以此相勉，颐答之曰：‘待饥饿不能出门户时，当别相度。’”（姚名达《程伊川年谱》）

哲宗亲政之后，一心想着继承神宗富国强兵的遗志，次年改年号为绍圣，意谓绍述先圣（指神宗）之志。重新启用原荆公一派诸人，如章惇、蔡京之辈。此诸人甫一上台，便开始对君子党人进行打击，于是，君子党被称作为“奸党”。随着斗争的逐渐深入，时至绍圣四年（1097）二月，朝廷有旨追毁伊川出身以来文字，放归田里。十一月，中书省有言曰：“契勘得放归田里人程颐，原系司马光荐引，同恶相济，的系奸党，宜下河南府收押，转送涪州编管，以示惩艾。”时李清臣知河南府事，即日差人迫遣上道，伊川欲入内拜别叔母，亦不许（李心传《道命录》）。此时伊川涵养益深，惟修身俟命而已：

门人谢良佐曰：“是行也，良佐知之，乃族子公孙与邢恕之为尔。”先生曰：“族子至愚不足责，故人情厚不敢疑。孟子既知天，焉用尤臧氏？”（《年谱》）

自绍圣四年（1097）十一月，直至元符三年（1100）二月，伊川编管涪州，先后约两年零三个月。期间，伊川不忘著述，其最重要的学术著作《周易程氏传》正是在这一时期完成的。时有涪州人谯定从伊川问学，深得伊川《易》学要旨。

元符三年（1100）正月，哲宗卒，皇弟赵佶继位，是为徽宗。二月，伊川移峡州编管。四月，大赦天下，伊川复宣德郎，任便居住。伊川谪居涪州时，释《周易》，与门人讲学，不以为忧；遇赦得归，不以为喜。范文正有云："不以物喜，不以己悲。"若伊川，可谓是也！而归途中一事，更见此意：

伊川先生贬涪州，渡汉江，中流船几覆，舟中人皆号哭，伊川独正襟安坐如常，已而及岸，同舟有老父问曰："当船危时，君正坐色甚庄，何也？"伊川曰："心存诚敬耳。"老父曰："心存诚敬固善，然不若无心。"伊川欲与之言，而老父径去。（《邵氏闻见录》）

此事令人想及孔子之遇楚狂人事：楚狂接舆歌而过孔子曰："凤兮凤兮！何德之衰！往者不可谏，来者犹可追。已而，已而，今之从政者殆而！"孔子下，欲与之言，趋而避之，不得与之言。（《论语·微子第十八》）盖此老父与楚狂一般，皆为崇尚自然无为之学道认。然其所谓"无心"者，是心无挂碍者也。如此则固然为善，然如此一来，则天理人伦亦随之而丧，已非道也！伊川所谓"心存诚敬"者，则主一无适，无非天理，此正儒者之道的至善处。

伊川自涪州归，气貌、容色、髭发皆胜于往昔，门人皆惊异，问何以得如此？伊川答曰："学之力也。大凡学者，学处患难贫贱，若富贵荣达，即不须学也。"（《外书》卷十二）可见修身得益于磨砺处深矣！

其时，诸多重要的程门弟子如刘绚、李籲、杨国宝、朱光庭等皆已逝，而其他门人又"多从佛学"，伊川亦不禁慨然："某自涪陵归，见门人皆已支离，不知他日身后又如何也！但得个信时，便自有长进处。"（《外书》卷三）

是年十月，因李邦直、范彝叟奏请恢复伊川官职，有旨复通直郎、权判西京国子监。此番任命，伊川未曾推辞，随即上《谢复官表》。"既受命，即谒告，欲迁延为寻医计，既而供职"，门人尹焞深疑之，伊川曰："上初即位，首被大恩，不如是，则何以仰承德意？然吾之不能仕，盖已决矣。受一月之俸焉，然后唯吾所欲尔。"（《年谱》）

然世事多变，崇宁元年（1102）七月，蔡京拜右仆射，创办讲义司，颁发学制于天下。至是，元祐学术政事之禁开始，史称元祐学禁，凡二十四年有余，直至靖康元年（1126）二月金人围京师，乃罢。八月，颁布元祐党人姓名，下监司长吏厅刻石，凡九十有七，司马光、文彦博、吕公著为首，伊川则位于余官第二十三位。先生于是屏居伊阙之南，语四方学者曰："各尊所闻，行所知可矣，不必及吾门也。"（同上）然虽学禁甚严，尹焞、张绎等门人依然前来问学不辍，更有若马伸者不顾众议，坚持求学：

崇宁初，元祐学有禁，奸人用事，出其党为诸路学使，专纠其事。伊川程先生之门，学者无几，虽宿素从游，间以趋利叛去。公方自吏部求为西京司法曹事，锐然为亲依之计，至，则因先生高弟张绎以求见。先生初以非其时，恐贻公累。公执贽凡十反，愈恭，且曰："使伸得闻道，虽死何憾！况不至于列者乎！"先生闻而叹曰："此真有志者。"遂引而进之。自尔出入凡三年，公暇虽风雨，必日一造焉，同僚相忌，至以飞语中伤之，不顾也。（朱熹《伊洛渊源录》）

崇宁二年（1103），伊川尝有入山著书之念，随即殿中侍御史范致明上奏，竭尽其能，诬陷伊川，直至谓伊川为"真乡愿之乱德，治世之奸民也！原其罪恶，不在邓析、少正卯之下"，奏上，有旨追毁伊川出身以来文字，诏除名，所著书令监司严切觉察（李心传《道命录》）。

崇宁五年（1106）正月戊戌日，彗出西方，其长竟天，遂以星变，诏毁元祐党人碑，恢复贬谪者仕籍。丁未日，太白昼见，复下诏赦天下，除党人之禁，然学禁未解。就此，伊川得命复宣议郎，致仕。是年，伊川得风痹症。起先，伊川《易传》成书甚久，然学者莫得其传，或以为请，伊川曰："自量精力未衰，尚觊有少进耳。"至此，乃以《易传》授尹焞、张绎，曰："只说得七分，后人更须自体究。"（《外书》卷十一）

大观元年（1107），伊川病逝，时九月十七日。尹焞尝记伊川临终前一日之状：

先生年七十四，得风痹疾，服大承气汤则小愈。是年九月，服之辄利，医者语家人曰："侍讲病不比常时。"时大观元年九月也。十六日入视，先生以白夹被被体，坐竹床，举手相揖，焞

喜，以为疾去，先生曰："疾去而气复者，安候也，颐愈觉羸劣。"焞既还，十七日有叩门者，报先生倾殁。（《外书》卷十一）

又有人尝记伊川临终之言：

伊川先生病革，门人郭忠孝往视之，子瞑目而卧。忠孝曰："夫子平生所学，正要此时用。"子曰："道着用便不是。"忠孝未出寝门而子卒。（一本作"或人"，仍载尹子之言曰："非忠孝也。忠孝自党事起，不与先生往来，先生卒，亦不致奠。"）（《遗书》卷二十一下）

伊川安葬之时，洛人畏入元祐党，无有敢送葬者，惟门人尹焞、张绎、范域、孟厚四人助理葬事，乙夜，康节之孙邵溥着素衣骑白马前来参加葬事。

伊川逝时，昔日之门人高弟多已亡故，"无有能形容其德美者"（《年谱》），今观所存诸祭文，惟张绎所撰者或可得之六七：

呜呼！利害生于身，礼义根于心。伊此心丧于利害，而礼义以为虚也。故先生踽踽独行斯世，而众乃以为迂也。惟尚德者以为卓绝之行，而忠信者以为孚也；立义者以为不可犯，而达权者以为不可拘也。在吾先生，曾何有意？心与道合，泯然无际。无欲可以系羁兮，自克者知其难也；不立意以为言兮，知言者识其要也。德輶如毛，毛犹有伦；无声无臭，夫何可亲？呜呼！先生之道，不可得而名也，伊言者反以为病兮，此心终不得而形也。惟泰山以为高兮，日月以为明也；春风以为和兮，严霜以为清也。

在昔诸儒，各行其志，或得于数，或观于礼，学者趣之，世济其美。独吾先生，淡乎无味，得味之真，死其乃已！某等受教，七年于兹，含孕化育，以蕃以滋。天地其容我兮，父母其生之；君亲其临我兮，夫子其成之。欲报之心，何日忘之？先生有言，见于文字者有七分之心，绘于丹青者有七分之仪。七分之仪，固不可益；七分之心，犹或可推。而今而后，将筑室于伊、洛之滨，望先生之墓，以毕吾此生也。

呜呼！夫子没而微言绝，则固不可得而闻也。然天不言而四时行，地不言而百物生。惟与二三子洗心去智，格物去意，期默契斯道，在先生为未亡也。

呜呼！二三子之志，不待物而后见；先生之行，不待诔而后征。然而山颓梁坏，何以寄情？凄风一奠，敬祀于庭；百年之恨，并此以倾。

张绎祭文用情不可谓不深，其志亦不可谓不明，然于伊川之学究竟无所述及，不免遗憾。二十八年后，绍兴五年（1135），因谏臣陈公辅上疏诋毁伊川，文定先生（胡安国）愤然上奏，其奏状中对伊川之学行有一较为妥当之陈述，颇值一读：

夫圣人之道，所以垂训万世，无非中庸，非有甚高难行之说，此诚不可易之至论也。然中庸之义不明久矣，自颐兄弟始发明之，然后其义可思而得。不然，则或谓高明所以处已，中庸所以接物，本末上下，析为二途，而其义愈不明矣。士大夫之学，宜以孔、孟为师，庶几言行相称，可济时用。此亦不可易之至论也。然孔、孟之道不传久矣，自颐兄弟始发明之，而后其道可学而至也。不然，则或以六经、《语》《孟》之书资口耳、取世资而干利禄，愈不得其门而入矣。今欲使学者蹈中庸、师孔、孟，而禁使不得从颐之学，是入室而不由户也，不亦误乎？

夫颐之文，于《易》，则因理以明象，而知体用之一原；于《春秋》，则见诸行事，而知圣人之大用；于诸经、《语》《孟》，则发其微旨，而知求仁之方、入德之序。

文定未曾问学于二程先生，惟尝从程门弟子如龟山、上蔡诸人游，其学则私淑二程而得，颇具伊洛之学神韵。文定倾其一生之力，研习《春秋》学，所撰之《春秋传》，乃《春秋》学史上跨时代之著述。究其实，则本于伊川《春秋》学。笔者尝撰有文定先生《春秋传》导读文字，详述了伊川《春秋》学之于文定《春秋》学之影响，此则不复赘言。

四

此上概述了明道、伊川二先生的生平，差别甚大。明道较伊川少活了二十年，且自中举之后，大半时间都在从政，即便是算上闲职，其专心于读书讲学的时间，也不过十年左右。伊川则绝然不同，几乎终身都在读书讲学，即便是出仕，也要么是帝王之师，要么是学子之师，抑或是管勾崇福宫的闲职，依旧是读书讲学。伊川的一生，可谓治学、讲学的一生。亦因为此，伊川所留下来的撰述文字较明道为多，包括完整的解经文字（《周易程氏传》），以及诸多未及完稿却已指示出范式的解经文字，如《诗解》《春秋传》《论语解》等，对后世学者产生了巨大影响。

应该说，二者撰述少与多的差异，源于二者生平的差异。以笔者之见，倘若明道亦有大段的时间治学、论学，想必也会留下一些解经文字。伊川在《明道先生行状》中亦云："先生进将觉斯人，退将明之书，不幸早世，皆未及也。"且尝"欲著《乐》书"，而引发朱子思量：若明道不早逝，又会作出何样的文字?

尝见门人有祭明道文云："先生欲著《乐》书，有志未就。"不知其书要如何作。（《朱子语类》卷九十三）

然而，后世学者却就此而将二程之学截然二分，将明道归结为尊德性，伊川则归结为道问学，并以后世若象山、阳明一路，本乎明道，而朱子、东莱一路，则本于伊川。此实非确论。且不论《中庸》之云"尊德性"与"道问学"实不可二分，即就二程先生而言，亦不可谓明道不曾"道问学"，而伊川更非不曾"尊德性"。如此分法，实属牵强。又有牟离中先生（宗三）将宋明理学分为三系：濂溪、横渠、明道一系，下开五峰、蕺山；象山、阳明一系；伊川、朱子一系。又以伊川、朱子一系为旁枝，后来却占据学统主导，故而谓之为"别子为宗"（牟宗三《心体与性体》）。如此之论，乃是就表象立论，且心中先横有一个知见，而后生搬硬套，自圆其说，不足为据。笔者以为，明道、伊川二先生固不免乎有异，然二先生之异，实本于天生禀赋而成就之气象，却绝非学问。

明道随和通达，伊川谨严慎思，二先生之气象迥然有别，此已为古今学者所共识。这段记载尤能体现二者之异：

朱公掞来见明道于汝，归，谓人曰："光庭在春风里坐了一个月。"游、杨初见伊川，伊川瞑目而坐，二子侍立。既觉，顾谓曰："贤辈尚在此乎？日既晚，且休矣。"及出门，门外之雪深一尺。（《外书》卷十二）

此即如沐春风、程门立雪二成语之由来。由此可见，明道一团和气，与之相处，令人轻松愉悦；伊川则庄严中正，往往令人油然而生敬意。亦因为此，门人大多愿意亲近明道：

明道、伊川随侍太中知汉州，宿一僧寺。明道入门而右，从者皆随之；伊川入门而左，独行至法堂上相会。伊川自谓："此是颐不及家兄处。"盖明道和易，人皆亲近；伊川严重，人不敢近也。（朱熹《伊洛渊源录》）

气象不同，教学自然不同：

明道先生每与门人讲论，有不合者，则曰"更有商量"，伊川则直曰"不然"。（《外书》卷十一）

故而，明道往往能够不拘一格，因材施教，伊川则可以尊严师道，令人敬学。明道对此甚为明了，曾对伊川说：

"异日能尊师道，是二哥。若接引后学，随人才成就之，则不敢让。"（《外书》卷十二）

气象不同，与人交流亦会有所不同：

伊川与君实语，终日无一句相合；明道与语，直是道得下。（《外书》卷十二）

太过谨严，自然就会让人觉得拘束。故而，康节临终时尚提醒伊川："面前路径常令宽，路径窄则无着身处，况能使人行耶？"

当然，随和也有随和的毛病：

先生（王蘋）曰："明道犹有谑语，若伊川则全无。"问："如何谑语？"曰："明道闻司马温公解《中庸》，至人莫不饮食，鲜能知味，有疑遂止，笑曰：'我将谓从天命之谓性便疑了。'伊川直是谨严，坐间无问尊卑长幼，莫不肃然。"（同上）

亦因为此，二者论学亦会有所分别：

明道语宏大，伊川语亲切。

明道说话，一看便好，转看转好；伊川说话，初看未甚好，久看方好。

明道言语尽宽平；伊川言语初难看，细读有滋味。

……（《朱子语类》卷九十三）

二先生既有如此之不同，自然会引发他人去分别个高下，如横渠便有云：

昔尝谓伯淳优于正叔，今见之果然，其救世之志甚诚切，亦

于今日天下之事尽记得熟。（《遗书》卷十）

笔者旧日亦曾据此而论，以为伊川不及明道。后来方识得实非如此。盖横渠所论者，乃伊川涵养未熟之时，其时伊川方才四十四岁。而其晚年，尤其在出入经筵及管编涪陵之后，涵养深造有得，其境界实不可轻易妄议也。惟其临终之言——“道着用便不是”，实乃纯然天理之境，亦即孔子所谓“从心所欲不逾矩”之境，若如此，则伊川晚年，亦可谓入乎圣境矣！

二程先生之异，在于气象。之于二先生之学，则当以伊川的夫子自道为准的：

先生尝谓张绎曰：“我昔状明道先生之行，我之道盖与明道同。异时欲知我者，求之于此文可也。”（《年谱》）

伊川之意甚为明了，其道与明道同。其实，对二程先生早期求学经历略有些了解的人，都会明了二先生之学本无差异。二程兄弟最初一并受教于濂溪，濂溪之教重在启悟。诚如旭辉兄所言，濂溪之教“对两个处于生命启蒙阶段年轻人的修习产生了根本的影响”（《校理二程全书前言》）。而因为濂溪之学本于《易》，又深于《中庸》《论语》《孟子》《诗经》诸经典，故而，二程在少年时便对经学产生了莫大的兴趣，不到二十岁时，便已开始解释经义。后来，尽管曾“出入佛、老”，然而，源于学问根本已立，学以成圣人之志已立，故而，能够“返求诸六经而后得之”，“得不传之学于遗经”。故知，二程之学的根本不在别处，即在遗经之中。亦因为此，二程在讲学过程中，时常会引述经义。伊川又因有着大量时间研习群经，故而，为群经一一作解。

概言之，明道、伊川二先生虽然气象有所差异，然其学则并无不同。以孔门为喻，则明道近于颜子，伊川近于曾子。颜、曾之学，其本一也，二程之学同样如此。

二程对于经学的发展有着诸多重要的贡献。其中之一便是他们奠定了四书学，将四书的影响提升至五经之上。学人皆知朱子对于四书学的贡献，却不知朱子之四书学，实本自于二程，尤其是伊川之四书学。诚如元人邓文原所云："四书之学始明于河南二程先生，而大阐于考亭朱夫子。"（《巴西集》）另一个则是他们为经典诠释提供了一个新的范式——理学范式，此项工作主要由伊川完成，其解《春秋》、解《诗经》、解《周易》、解《论语》，莫不如此。对后世产生了重大影响，其后，诸如文定、朱子诸人解析经典，悉皆遵循于他所奠定的范式。这两个贡献都是跨时代的，具有无可替代的重大意义。"继往圣，开来学"，这六个字用在二程（尤其是伊川）身上可谓恰到好处！关于二程于经学方面的贡献，姜海军先生有着数部专著，如《二程经学思想研究》《宋代经学思想发展史》。蔡方鹿先生亦曾多有陈述，如《中国经学与宋明理学研究》。二位先生虽然偏重于学术性，然诸多论述依然颇值一读，梳理也较为清晰，有兴趣者可自行去参阅。

二程于经学发展的贡献之大，古往今来，罕有人及。然而，笔者以为他们最重要的贡献仍不在此，却在于他们本于天理指示出一套生命体证之学。儒家之学，乃为性命之心、身心之学，概言之，亦即为生命之学。故而，举凡是儒者，必定会于生命体证有所指示，如与二程同时代的濂溪、横渠、康节诸人莫不如此。

至于后世，则更是如此。朱子、象山、白沙（陈献章）、阳明、蕺山等悉皆于生命体证之学有着诸多陈述。然而，二程生命体证之学之所以重要，既有其时代之因，也有其普适之由。在二程之前，固有濂溪、康节二先生已然指示生命体证之学（横渠则与二程同时，甚或略迟）。然而，濂溪之学虽本于《易》指明天人关系，又以诚为本，指示希圣成圣之道。然终究过于简略，有待完备。诚如旭辉兄所言："濂溪之学高明有余，可让后学具体践行的工夫则不足，仍处于发展到程子之学的中转阶段。"（《〈太极图说〉导读》）当然，濂溪之学有破暗之功，意义深远，此则又无可替代。康节之学乃以"穷理尽性，以至于命"为纲要，且指示"观物"之方，观其一生，所得自不容妄议。然其学实涉玄妙，非常人之所可学，不具足普适性，其学于后世竟不得传，即是明证。之于后世诸大儒，则或多或少都受到了二程的影响。之于二程对于经学的贡献，以笔者之浅见，究其本，亦在于其生命之学：二程之所以推举四书，乃是因为由四书入手，更易于将生命之学落实到个体生命的切实体证上来，这一点，姜海军先生亦已有见：

将理论建构的重心转向了基于《论语》《孟子》《大学》《中庸》等四书诠释对心性修养论的探究上，希望将客观的道体、易、天理、天命与主观的仁、心、性相融贯，进而是实现了本体与工夫的合一，成就儒家圣人品质。（《二程经学思想研究》）

而其诠释经典的新范式，又悉皆以其所体贴得之"天理"为基点。此中既有一贯之意，又有所新发明。——二程既“得不传之学于遗经”，又顺应时代要求，以“不传之学”重新诠释经典，这便是伊川解经的新范式。笔者曾对此后之宋、元、明、清诸学略作梳理，终而发现无不可在二程之学处找到发端，故窃以为二程之学或可为后世诸学之纲领，吾人欲研习后世之学，但能切实究明二程之学，亦可谓思过半矣。关乎二程生命修证之学的普适性意义，旭辉兄有着一番极富洞见的陈述：

> 二程子将儒家学问从两汉以来的系统严密之知识型学问即“传经之学”，转换成囊括一切的生命学问即“身心性命之学”，后世称为新儒学。但这并非为儒学增加了新内容，他们讲的东西，原本就存在于孔、孟学问之中，孔子之学，其大无外，其小无内，所谓新儒学，只是如今时代发生了根本性变化，二程子对接时代，将孔、孟学问在不同的时代转了一下视角，发挥出孔、孟精神中不被之前学者们所发现的内涵，提炼并调整讲述策略，逐渐形成了新的一套语言系统。至此，儒家学问完成了跨时代的调整和完善，有宗旨，有教法，能使得一代代学习者遵循而行，拾级而上，自我完善，才能逐渐深入民族的整体性格和血脉中，养育了黄河、长江岸上的整个族群。（《〈太极图说〉导读》）

二程之学，即是孔、孟之学。之所以面目似有不同，乃是顺应时代要求的必然，其根本特质与精神则是一以贯之的。儒家之学生生不已，正在于此。而今，我们所在的时空又发生了重大的变化，最重要的变化便是全球化所引发的全球诸种文明的交流与碰撞，一代人有一代人的使命，在这样的一个时代下，作为儒家文化的传承者，我们又该如何顺应时代的新要求，让孔、孟之学（二程之学）散发出新的光芒，为全球的和谐融合做出应有的贡献？这需要我们展开更为深入的思考。此处则且以今人所易理解之方式对二程生命体证之学作一个结构化的陈述，之所以要做这项工作，乃是因为二程生命之学尽管“有宗旨，有教法”，然而却星星点点地散落在其诸多的语录及文集之中。

二程生命体证之学的根本宗旨，笔者已经揭之于前：圣人可以学而至。二程兄弟少年之时，在濂溪的启悟下，“锐然欲学圣人”。观二者毕生之出处，则皆以道己任；观二者论学，则皆以成圣为要。

> 二程之学，以圣人为必可学而至，而己必欲学而至于圣人。（《外书》卷十二）

故而，二程之学，又可称作为成圣之学。接下来，笔者便从两个方面对二程生命体证之学作一番阐述：一、何谓圣人？二、如何学以成圣？

儒家之学以成圣为归宗，儒者修身所能抵达的极至便是圣人。然而，先秦诸圣谈及圣人时，往往都是立足于境界或事功展开论述。如《论语》中，夫子自道“从心所欲不逾矩”，以及以“博施于民而能济众”为“必也圣乎”。又如《孟子》有云“大而化之之谓圣”。到了二程，为了复兴儒门成圣之学，他们以天理为本，重新诠释了成圣之学，构建了一套有法可循的生命体证之学。在二程这里，圣人不再是抽象的、模糊的形象，而是具体的可以学而至的对象。概而言之，圣人即是与理合而为一的人：

圣人与理为一，故无过，无不及，中而已矣。其他皆以心处这个道理，故贤者常失之过，不肖者常失之不及。（《遗书》卷二十三）

“大而化之”，只是谓理与己一。其未化者，如人操尺度量物，用之尚不免有差，若至于化者，则己便是尺度，尺度便是己。（《遗书》卷十五）

圣人与理浑然合一，圣人即是理，即是尺度。那么，何谓理？理是二程之学的根本，抽离了理，二程之学便失去了灵魂。而要明白这一个理，就必须先去探究一下二程的宇宙万物生成论（简称宇宙论）。二程的宇宙论延续了濂溪的《太极图说》，今且概述如下：

宇宙本体乃是即理即气、理气不二的。有气，理方有载体；有理，气方是活气。究其实，则理是气具之理，气是载理之气，理气二者浑然为一，这就是宇宙的本体。旧论论宇宙本体，或以理为本，或以气为本，其实都不甚妥当：没有气，理就成了悬空的理，无法落实；没有理，气便成了死气，无从化生。单纯的理与单纯的气，都不足以担负起宇宙本体。宇宙本体所涵有的理乃是生生之理，气即是生生之气。既为生生之气，就必定会运动，动而生阳，动到极致就会转变方向，进而生阴，于是，生生之气便有了两种状态：阳气和阴气。升者为阳气，降者为阴气。阳气与阴气在此消彼长的过程之中有会产生四种状态：太阳、少阳、太阴、少阴，再加上中枢，便成了五种状态，这便是五行之气的由来。有了五行之气，便有了构成万物的基础元素。五行之气在时空中随机聚合，化生万物。这就是由生生之气而化生万物的过程：生生之气→阴阳二气→五行之气→宇宙万物。在这个过程之中，生生之理会依次转化为阴阳二气之理、五行之气之理以及宇宙万物之理。这一个宇宙本体所涵有的生生之理，落实到万物上来，就被称作为万物的性。也就是说，万物的性全都是生生之性。

此处，需要指明的一点是：由生生之气而化生万物，中间似乎存有一个过程：生生之气先分为阴阳二气，阴阳二气再分为五行之气，而后再由五行之气随机聚合而化生万物。其实不然。因为生生之气是时刻都在运转的，所以时刻都在生阴生阳；阴阳二气又时刻都在此消彼长，所以时刻都有五行之气，我们甚至可以说宇宙间弥漫着的正是五行之气。五行之气又随机化生万物。也即是说，自生生之气而化生万物，这其中乃是当下的、即时的。由此可知，宇宙本体与宇宙万物的关系乃是双重的，那就是创生与呈现并存。创生的是万物，呈现的是万象。

宇宙本体，通常又被称作为“天”，如《中庸》有云：“天命之谓性。”而宇宙本体所涵有的生生之理，通常会被称作为天理。明道先生所谓“天理二字却是自家体贴出来”的“天理”，正是这一个生生之理。天理落实到万物上来，便是万物的性。就此可知，万物倘若做到了率性而为，便是在履行天理。遗憾的是，宇宙万物，惟有人是由五行的秀气所化生，而能够去思量、去推求，进而明了自身的性而率性而为。也即是说，惟有人才可以履行天理。然而，于人而言，仅仅自身做到率性而为还远远不够，还要让宇宙间的万事万物全都合乎于天理，也就是让普天之下的每一个事物都能够按照其本然之性而存在。这就是儒家“成物”之愿，也就是“赞天地之化育”：

“唯天下至诚，为能尽其性；能尽其性，则能尽人之性；能尽人之性，则能尽物之性；能尽物之性，则可以赞天地之化育；可以赞天地之化育，则可以与天地参矣。”（《中庸》）

在二程这里，“成物”则被称作为“物各付物”：

人不止于事，只是揽他事，不能使物各付物。物各付物，则是役物；为物所役，则是役于物。有物必有则，须是止于事。（《遗书》卷十五）

盖人，万物皆备，遇事时各因其心之所重者，更互而出，才见得这事重，便有这事出。若能物各付物，便自不出来也。（《遗书》卷十八）

圣人即是做到了“物各付物”的人，也就是做到了既成己，又成物。

天理，亦即生生之理，落实到万物上来，便是万物的性。也即是说，天理体现在天（指自然之天）、地、人、事、物上，也就成了天、地、人、事、物之性。性即理也，天、地、人、事、物之性，即为天、地、人、事、物之理。这便是理一分殊。理一之理，即是天理；分殊之理，即是天、地、人、事、物之理。所谓天、地、人、事、物之理，即是天、地、人、事、物之为天、地、人、事、物之理。此处且以人为例，人之理即人之为人之理。一个人只有履行了人之为人之理，方才算是真正的人。亦就是说，圣人其实即是真正的人。人之为人之理，即为人伦。圣人便是完全履行了人伦的人，“圣人，人伦之至。伦，理也。既通人理之极，更不可以有加。”（《遗书》卷十八）同样，事之理即事之为事之理，只有完全遵循于事之为事之理去处事，才能成事；物之理即为物之为物之理，只有完全遵循于物之为物之理去处物，才能成物。

就此，我们可以知晓：理分为理一之理——天理，与分殊之理——天、地、人、事、物之理。天、地、人、事、物之理，虽然各有各的体现，然而，究其根本，则悉皆本于天理。所以，要了解天、地、人、事、物之理，根本在于把握天理；同样，要掌握天理，也可以到天、地、人、事、物上去探究、去体贴。——理一分殊乃是二程生命体证之学中一个根本性的架构。

理有两个层面，一是该摄的理一之理，亦即天理；一是体现在天、地、人、事、物上的分殊之理。圣人浑然与理合一，既合于天理，又合于天、地、人、事、物之理。所以说，圣人“与天地合其德，与日月合其明，与四时合其序，与鬼神合其吉凶。先天而天弗违，后天而奉天时”（《周易·乾·文言》）。二程所谓的理，则兼摄二者。有时侧重于理一之理，有时则侧重于分殊之理，此则须读者随文体认。

如此一来，对于二程的诸多表述，相信大家便都可以一目了然了。今且择其要者简述之：

1. 天以生为道；

“生生之谓易”，是天之所以为道也。天只是以生为道，继此生理者，即是善也。善便有一个元底意思。“元者，善之长”，万物皆有春意，便是“继之者，善也”。“成之者，性

也”，成却待佗万物自成其性须得。（《遗书》卷二上）

天地中只是一个生。（《遗书》卷十八）

子曰：“天以生为道。”（《粹言》卷一）

此中一、三条所谓“天”，即宇宙本体。宇宙本体即理即气，理气不二，理是生生之理，气是生生之气，盈天地（即宇宙）间，惟是一个生，故曰“天只是以生为道”，故曰“天地中只是一个生”。

道则自然生万物。今夫春生夏长了一番，皆是道之生，后来生长，不可道却将既生之气，后来却要生长。道则自然生生不息。（《遗书》卷十五）

“道”即天（宇宙本体）道，亦即生道。既是生道，“自然生万物”，“自然生生不息”。

2. 万物皆只是一个天理；

万物皆只是一个天理，己何与焉？至如言“天讨有罪，五刑五用哉！天命有德，五服五章哉！”此都只是天理自然当如此。人几时与？与则便是私意。（《遗书》卷二上）

道未始有天人之别，但在天则为天道，在地则为地道，在人则为人道。（《遗书》卷二十二上）

天、地、人、事、物之理，悉皆本于天理，故曰“万物皆只是一个天理”，而“道未始有天人之别”。若道有天人之别，则非一本。而既然“万物皆只是一个天理”，则遵循天理之自然去处理，即可成万物，而人则无所参与。所谓人无所参与，即只是个顺应天理而为。

子曰："至公无私，大同无我，虽眇然一身，在天地之间，而与天地无以异也，夫何疑焉？"（《粹言》卷一）

就人之一身，于天地而言，差异自然甚大。然而，就一身之理与天地之理而言，则悉皆本于天理，平等不二，故我"虽眇然一身"，却"与天地无以异也"。宇宙间的万物之形虽然千差万别，万物之理却是本来齐等，故而，物不须齐：

孟敦夫问："庄子《齐物论》如何？"曰："庄子之意，欲齐物理耶！物理从来齐，何待庄子而后齐？若齐物形，物形从来不齐，如何齐得？此意是庄子见道浅，不奈胸中所得何，遂著此论也。"（《遗书》卷二十二上）

3. 万物一体；

所以谓万物一体者，皆有此理，只为从那里来。"生生之谓易"，生则一时生，皆完此理。人则能推，物则气昏推不得，不可道他物不与有也。人只为自私，将自家躯壳上头起意，故看得道理小了佗底。放这身来，都在万物中一例看，大小大快活。（《遗书》卷二上）

"万物皆备于我"，不独人尔，物皆然，都自这里出去。只是物不能推，人则能推之。虽能推之，几时添得一分？不能推之，几时减得一分？百理具在，平铺放着。几时道尧尽君道，添

得些君道多；舜尽子道，添得些孝道多？元来依旧。（同上）

“万物一体”为很多人所误解，他们将之视作为一种观点，实不知万物本来一体，“万物一体”乃是事实，不是观点。“万物一体”的“一体”，要在“皆有此理”：

万物悉皆本于宇宙本体而生，其形本于生生之气，其理本于生生之理。在生生之气化生万物的过程中，生生之理会随即转化为万物之理。万物之理悉皆本于生生之理，故曰“皆有此理”，故曰“物皆然”。这其中，所谓的“那里”也好，“这里”也罢，都是指宇宙本体。万物有着同一个本源，故虽似各各独立，其实一体。

之于“人则能推”，则在于人由五行之秀气化生而成。又有人会问：“为什么现在的许多物并不是化生的呢？”关于这个问题，二程也有着清晰的答案：

万物之始，皆气化；既形，然后以形相禅，有形化。形化长，则气化渐消。（《遗书》卷五）

4. 理外无物；

二程并无“理外无物”的说法，然而，无论是“道外无物”，还是“心外无事”，亦或是“性外无物”，究其实，则皆为“理外无物”：

道之外无物，物之外无道，是天地之间，无适而非道也。（《遗书》卷四）

子曰：“道外无物，物外无道。在父子则亲，在君臣则敬。

有适有莫，于道已为有间，又况夫毁发而弃人伦者乎？”（《粹言》卷一）

所谓“道”，即是理之用。循理即为道。无一物不是天理的呈现，故而“道外无物”；无一物不是天理的载体，故而，“物外无道”。

夫事外无心，心外无事。世人只被为物所役，便觉苦事多。若物各付物，便役物也。（《遗书》卷十九）

刘安节问：“心有限量乎？”曰：“天下无性外之物，以有限量之形气用之，不以其道，安能广大其心？心则性也，在天为命，在人为性，所主为心，实一道也。通乎道，则何限量之有？必曰有限量，是性外有物乎？”（《粹言》卷二）

心为性之主，故“心则性也”；理为心具之理，故“理与心一”（《粹言》卷二）。天下焉有理外之事、理外之物？故曰“心外无事”，故曰“性外无物”，反之亦然。

5. 有物必有则；

天下物皆可以理照，有物必有则，一物须有一理。（《遗书》卷十八）

万物之生，本于宇宙本体。一物在生成之时，生生之理随即转化为该物之理，故而物物具理。有理必有则。所谓则，即是循理。例如于人而言，为人之则，即是遵循于人之为人之理而为。

正因为“有物必有则”，故而，孔子提倡“正名”：

子路曰："卫君待子而为政，子将奚先？"子曰："必也正名乎！"子路曰："有是哉，子之迂也，奚其正？"子曰："野哉，由也！君子于其所不知，盖阙如也。名不正则言不顺，言不顺则事不成，事不成则礼乐不兴，礼乐不兴则刑罚不中，刑罚不中则民无所错手足。故君子名之必可言也，言之必可行也。君子于其言，无所苟而已矣。"（《论语·子路第十三》）

所谓"正名"，即规正万事万物之名。"凡有物有形则有名，有名则有理。如以大为小，以高为下，则言不顺，至于民无所措手足也。"（《外书》卷六）故知，"正名"即"正理"，"正理"则天下之物各得其理，也就是物各付物。此即所谓"名分正则天下定"（《遗书》卷二十一下）。儒家"名教"的意义正在于此。

6. 圣人本天；

《书》言天叙、天秩，天有是理，圣人循而行之，所谓道也。圣人本天，释氏本心。（《遗书》卷二十一下）

"圣人本天，释氏本心"八字，乃是伊川对儒、佛的判定之言。"圣人本天"，这一个"天"乃是宇宙本体。儒家体认到宇宙万物悉皆本于宇宙本体而生而现，万物之理本于生生之理，万物之形本于生生之气，就此贯通了宇宙与人生，所以说"圣人本天"。之于"释氏本心"，当源于佛家所谓的"一切唯心造"。

7. 人性本善；

二程将人性分为气禀之性和天理之性。顾名思义，所谓气禀之性，本自于气。无论是气化，还是形化，万物依然是由五行之气凝合而成。五行之气各有各的禀性，这些禀性又会反映在由它们所凝合而成的万物上，而成为万物的禀性。对于人而言，同样如此。濂溪曾对气禀之性作过一个陈述：

性者，刚、柔、善、恶、中而已矣。……刚善，为义，为直，为断，为严毅，为干固；恶，为猛，为隘，为强梁。柔善，为慈，为顺，为巽；恶，为懦弱，为无断，为邪妄。（《通书·师第七》）

大体而言，气禀之性分为三大类：刚、柔、中。刚、柔二类，本于五行之气的阴阳偏重，阳气偏重者，为刚；阴气偏重者，为柔。刚、柔二类又分别会表现出善、恶：刚善、刚恶和柔善、柔恶。刚善与刚恶、柔善与柔恶往往又是相对待的。无论是刚，还是柔，都是有所偏颇的。惟有中，阴阳平衡，五气和谐，无所偏倚，中正和平。故而，气禀之性为中的人，往往都是生而知之的天生贤圣。此即所谓“元气会则生圣贤”（《遗书》卷六）。气禀之性有刚有柔，刚、柔二类又各有善、恶，亦即是说，气禀之性有善有恶。正因为此，二程认为“善固性也，然恶亦不可不谓之性也”：

人生气禀，理有善恶，然不是性中元有此两物相对而生也。有自幼而善，有自幼而恶，（后稷之克岐克嶷，子越椒始生，人知其必灭若敖氏之类。）是气禀有然也。善固性也，然恶亦不可不谓之性也。（《遗书》卷一）

告子所谓“生之谓性”的“性”，孔子所谓“性相近，习相远”的“性”，皆为气禀之性。

“‘性相近也，习相远也’，性一也，何以言相近？”曰：“此只是言气质之性。如俗言性急性缓之类，性安有缓急？此言性者，生之谓性也。”又问：“‘上智、下愚不移’，是性否？”曰：“此是才。须理会得性与才所以分处。”又问：“‘中人以上，可以语上；中人以下，不可以语上’，是才否？”曰：“固是，然此只是大纲说。言中人以上，可以与之说近上话；中人以下，不可以与说近上话也。”“生之谓性？”“凡言性处，须看他立意如何。且如言人性善，性之本也；生之谓性，论其所禀也。孔子言‘性相近’，若论其本，岂可言相近？只论其所禀也。告子所云固是，为孟子问佗，他说便不是也。”（《遗书》卷十八）

此中所谓“气质之性”，亦即气禀之性。

所谓天理之性，即天理之在人，也就是“性即理也”的“性”，这一个“性”即是天理，天理自然是纯善无恶的。孟子“道性善”的“性”，即是天理之性，也就是“性之本”：

棣问：“孔、孟言性不同，如何？”曰：“孟子言性之善，是性之本；孔子言性相近，谓其禀受处不相远也。人性皆善，所以善者，于四端之情可见，故孟子曰：‘是岂人之情也哉？’至于不能顺其情而悖天理，则流而至于恶，故曰：‘乃若其情，则可以为善矣。’‘若’，顺也。”又问：“才出于气否？”曰：

“气清则才善，气浊则才恶。禀得至清之气生者为圣人，禀得至浊之气生者为愚人。如韩愈所言、公都子所问之人是也。然此论生知之圣人，若夫学而知之，气无清浊，皆可至于善而复性之本。所谓‘尧、舜，性之’，是生知也；‘汤、武，反之’，是学而知之也。孔子所言上知、下愚不移，亦无不移之理，所以不移，只有二，自暴、自弃是也。”又问：“如何是才？”曰：“如材植是也。譬如木，曲直者，性也；可以为轮辕，可以为梁栋，可以为榱桷者，才也。今人说有才，乃是言才之美者也。才乃人之资质，循性修之，虽至恶可胜而为善。”又问：“性如何？”曰：“性即理也，所谓理，性是也。天下之理，原其所自，未有不善。喜怒哀乐未发，何尝不善？发而中节，则无往而不善。凡言善恶，皆先善而后恶；言吉凶，皆先吉而后凶；言是非，皆先是而后非。”（《遗书》卷二十二上）

儒者论性，则当论“性之本”，亦即是天理之性：

“天下言性，则故而已”者，言性当推其元本，推其元本，无伤其性也。（《遗书》卷二十四）

“元本”，即万物之为万物的根源，亦即天理之在万物，也就是天理之性。“言性当推其元本”，意谓谈性应当谈天理之性。故而，荀子、扬雄等就气禀之性谈性者，遭到了伊川的批评：

荀子极偏驳，只一句“性恶”，大本已失。扬子虽少过，然已自不识性，更说甚道？（《遗书》卷十九）

8. 天人无二；

子曰："天人无二，不必以合言；性无内外，不可以分语。"（《粹言》卷二）

"天人无二"即天人合一。天人本来合一，所以不需要讲求"合"；性没有内外之分，所以不可以讲"分"。那么，天人为何无二？因为天人一理，天理即人理，人理亦即天理。人若能尽人理，便是与天为一。儒家哲学讲天人合一，正是从这一个层面而言的。

9. 道器不二。

盖上天之载，无声无臭，其体则谓之易，其理则谓之道，其用则谓之神，其命于人则谓之性，率性则谓之道，修道则谓之教。孟子去其中又发挥出浩然之气，可谓尽矣。故说神"如在其上，如在其左右"，大小大事，而只曰"诚之不可掩如此夫"。彻上彻下，不过如此。形而上为道，形而下为器，须着如此说，器亦道，道亦器，但得道在，不系今与后、己与人。（《遗书》卷一）

万物悉皆本于宇宙本体而生而现，万物之理本于生生之理，万物之形本于生生之气；本于生生之理者为形而上，本于生生之气者为形而下；形而上者为道，形而下者为器。宇宙本体即理即气，理气不二，生生之理与生生之气浑然一体，故知形而上与形而下亦不二，道与器亦不二。所以说"道亦器，器亦道"。

“上天之载”，指的是天理。“无声无臭”，则是说天理无声气、无形象、无方所，不可以见闻觉知。其体即生生之气，其理即生生之理，其用即生生不息。

正因为体认到宇宙本体即理即气，理气不二，故而，二程论性（理）不离气，论气也不离性（理）：

论性不论气，不备；论气不论性，不明。二之则不是。（《遗书》卷六）

性即理也。理与气本来合一，故不可分而论之。

此上诸条，皆为二程之学的精要部分，是我们理解二程生命体证之学的基础，于此亦可见二程学之博大、思之深邃。

与此同时，对于二程关于天理的论述，自然也是心领神会了：

天理云者，这一个道理，更有甚穷已？不为尧存，不为桀亡。人得之者，故大行不加，穷居不损。这上头来，更怎生说得存亡、加减？是佗元无少欠，百理具备。得这个天理，是谓大人；以其道变通无穷，故谓之圣；不疾而速，不行而至，须默而识之处，故谓之神。（《遗书》卷二上）

天理，即宇宙本体所涵有的生生之理，此理恒在，不因人存，不因人亡；不因人增，不因人减。若是因人而存而亡，因人而增而减，则非天理。

莫之为而为，莫之致而致，便是天理。（《遗书》卷十八）

天理只是个生生，天理恒存，故生生不息。其生，无适无莫，一切随时应机，自然而生，故“莫之为而为，莫之致而致”。

二程之学，以天理为本，这一个天理乃是经由他们亲身体贴而得。然而，若非濂溪为他们陈述宇宙论，指明宇宙本体，并指示体贴之方，要体贴得天理却也并不容易。亦因为此，二程希望学者皆能体贴得天理，皆能学以至圣，故而依循宇宙论构建了一套生命体证之学，用今天的话来讲，这便是人生论。宇宙论的根本在于解决宇宙的真相，人生论所要解决的则是生命的问题。人是宇宙间的万物之一，故而人生论不能脱离宇宙论，脱离于宇宙论的人生论乃是无本之木、无源之水。二程的人生论正是基于他们的宇宙论，乃是宇宙论在个体生命层面的落实，故而，极其完备而无所欠缺。而天理二字便是贯通宇宙与人生的核心纽带。

天理乃宇宙本体所涵有的生生之理，体现在人即是人之为人之理，体现在事即是事之为事之理，体现在物即是物之为物之理，若是能够纯然遵循天理而为，便既可以成己成人，又可以成事成物，如此则即是圣人。这就是二程生命体证之学的基本纲要，以成圣为归宗。而学而成圣正在于一步一步地与天理完全融合，达到我即天理、天理即我之生命境地。经过反复探究、体贴，笔者将二程生命体证之学分为四个阶段：一、明天理；二、体天理；三、循天理；四、合天理。通过这四个阶段，可以清晰的掌握生命体证的进程，而在每一个阶段，二程悉皆指示了切实可行的修学之法。笔者以为只要能够遵循他们所指示的修学之法，踏踏实实，切实躬行，不躐等，不自弃，人人皆可成贤入圣。这绝非盲目自信，而是本于人人皆具天理。每一个人都是本于宇宙本体而生，悉皆生而具足天理，既然如此，就全都具备成就圣贤的基础。而今又有了切实可行的方法和路径，所需要的只是笃实的信而行之。当然，也有一种人是无法成就圣贤的，那就是“自暴自弃”的人：

问：“人性本明，因何有蔽？”曰：“此须索理会也。孟子言人性善是也。虽荀、杨亦不知性。孟子所以独出诸儒者，以能明性也。性无不善，而有不善者，才也。性即理也，理则自尧、舜至于途人，一也。才禀于气，气有清浊。禀其清者为贤，禀其浊者为愚。”又问：“愚可变否？”曰：“可。孔子谓上智与下愚不移，然亦有可移之理，惟自暴自弃者则不移也。”曰：“下愚所以自暴自弃者，才乎？”曰：“固是也。然却道佗不可移不得。性只一般，岂不可移？却被他自暴自弃，不肯去学，故移不得；使肯学时，亦有可移之理。”（《遗书》卷十八）

无论是尧、舜，还是大街上的行人，全都生而具足天理。从这一个层面来讲，人人皆可成圣贤。而人之所以有贤愚之别，则是因为“才”，“才”禀于五行之气。因为时空不同，聚合成人的五行之气各各不同，从而导致了“才”有贤有愚。然而，因为“性只一般”，即便是愚者，只要“肯学”，也是可以有所改变而成贤入圣的。至于“自暴自弃”的人，只是因为“不肯去学，故移不得”，终而无法成就圣贤。究其实，则自暴自弃的人“使肯学时，亦有可移之理”，也还是可以成就圣贤的。由此可见，能否成就圣贤，关键取决于各人自身的选择。因此，二程生命修证之学的首要在于立志：

问："学者须志于大，如何？"曰："志无大小。且莫说道将第一等让与别人，且做第二等。才如此说，便是自弃，虽与不能居仁由义者差等不同，其自小一也。言学便以道为志，言人便以圣为志。自谓不能者，自贼者也；谓其君不能者，贼其君者也。"（《遗书》卷十八）

笔者当年读至此段文字时，情不禁为之一震，自此便逐渐放弃了"为人"之学，而致力于"为己"之学。所谓"为己"之学，即为学则"以道为志"，为人则"以圣为志"。

然而，在明天理之前，立志其实只是立下一份志愿，并不笃实，也不自信。唯有在明天理之后，认识到自身确实生而具足天理，只要能够循天理而尽天理，便可以成贤入圣，就此方才能够真正立定成圣之志。《大学》有云"知止而后有定"，此之谓也。如孔子自述，"十有五而志于学"，只是立下了一个志愿；"三十而立"，"立者，志立也"（王阳明《示弟立志说》），方才是真正立定成圣的志愿。故知孔子自十五岁开始明理，时至三十方才真正明悟，就此立定成圣之志。明天理之后所立的志，才是真正的志。当然，最初能否立下志愿也极为重要，决定着一个人是否会去探究去思考，从而明天理。所以，当一个人立下志愿时，哪怕只是一份朦朦胧胧的向往，也会产生强大的驱动力。

立下志愿是为学之始，而要真正立定成圣之志，则在于先明天理。明天理，明，明悟也。明悟不单单是明白、知晓，而是真切的领悟。用二程的话来讲，便是“真知”：

真知与常知异。常见一田夫，曾被虎伤，有人说虎伤人，众莫不惊，独田夫色动异于众。若虎能伤人，虽三尺童子莫不知之，然未尝真知。真知须如田夫乃是。故人知不善而犹为不善，是亦未尝真知。若真知，决不为矣。（《遗书》卷二上）

明天理，要在“真知”。“真知”自然笃行，“学者须是真知，才知得是，便泰然行将去也”（《遗书》卷十八）。若是知而不行，只是“知得浅”，只是“常知”：

知至则当至之，知终则当终之，须以知为本。知之深，则行之必至，无有知之而不能行者。知而不能行，只是知得浅。饥而不食乌喙，人不蹈水火，只是知。人为不善，只为不知。“知至而至之”，知几之事，故“可与几”；“知终而终之”，故“可与存义”。知至是致知，博学、明辨、审问、慎思，皆致知、知至之事；笃行便是终之。如始条理，终条理，因其始条理，故能终条理，犹知至即能终之。（《遗书》卷十五）

故而，学者以“真知”为本。所谓“真知”，即是“知之深”，即是知得真切。倘若是知得不真切，便贸然采取行动，往往会走上歧途而不自知。如此一来，则或许会陷入“异端之惑”：

子曰：“君子以识为主，行次焉。今有人，力能行之，而识不足以知之，则有异端之惑，将流荡而不知反，好恶失其宜，是非乱其真，虽有尾生之信、曾子之孝，吾弗贵也。”（《粹言》

卷二）

所以，生命修证要在先“烛理”，“人最可畏者是便做，要在烛理”（《遗书》卷十一），“烛理明，自然乐循理”（《遗书》卷十八），故而，二程常说“学莫大于致知”，且以“致知”为学之始：

“知至至之”，致知也。求知所至而后至之，知之在先，故“可与几”，所谓“始条理者，知之事也”；“知终终之”，力行也。既知所终，则力进而终之，守之在后，故“可与存义”，所谓“终条理者，圣之事也”。此学之始终也。（《周易程氏传·乾》）

二程生命修证之学“以知为本”，知则必须要“真知”，而明天理正是为了“真知”。关乎天理，上文中已经作了陈述，然而，要切实明悟天理，要“真知”，如此泛泛了解是远远不够的，所以还需要笃实的下工夫。那么，如何才能明天理？二程提供了诸多明悟天理之法，今且择其要者，陈述如下：

其一、由经穷理；

“由经穷理”（《遗书》卷十五），即通过读经、治经来究明天理。“经所以载道也”，在二程看来，圣人之言，无非明理而载道。

圣贤之言，不得已也。盖有是言，则是理明；无是言，则天下之理阙焉。如彼耒耜陶冶之器，一不制，则生人之道有不足矣。圣人之言，虽欲已，得乎？然其包涵尽天下之理，亦甚约

也。（《答朱长文书》）

故而，欲明天理，其要在于研读六经。

圣人之道，坦如大路，学者病不得其门耳，得其门，无远之不可到也。求其入门，不由于经乎？（《与方元寀手帖》）

“治经”绝非“空言无实”的虚学，恰恰相反，“治经”乃是“实学”：

治经，实学也，譬诸草木，区以别矣。道之在经，大小远近，高下精粗，森列于其中。譬诸日月在上，有人不见者，一人指之，不如众人指之自见也。如《中庸》一卷书，自至理便推之于事，如国家有九经，及历代圣人之迹，莫非实学也。（《遗书》卷一）

经既为载道之文，读经则务必要明道，不能明道，则读之无益：

经所以载道也，器所以适用也。学经而不知道，治器而不适用，奚益哉？（《遗书》卷六）

所以，读经自有读经的方法和次第。读经的方法，要在“玩味”：

“读书要玩味。”（《遗书》卷十四）

伯温问：“学者如何可以有所得？”曰：“但将圣人言语玩

味久，则自有所得。当深求于《论语》，将诸弟子问处便作己问，将圣人答处便作今日耳闻，自然有得。孔、孟复生，不过以此教人耳。若能于《论》《孟》中深求玩味，将来涵养成甚生气质！”（《遗书》卷二十二上）

《论语》《孟子》，只剩读着便自意足，学者须是玩味。若以语言解着，意便不足。某始作此二书文字，既而思之，又似剩。只有些先儒错会处，却待与整理过。（《外书》卷五）

读书“玩味”有得，则往往不知手之舞之足之蹈之：

先生云：“某自十七八读《论语》，当时已晓文义，读之愈久，但觉意味深长。《论语》，有读了后全无事者，有读了后其中得一两句喜者，有读了后知好之者，有读了后不知手之舞之足之蹈之者。”（《遗书》卷十九）

当然，要玩味经文，应当先“晓其文义”：

凡看文字，先须晓其文义，然后可求其意，未有文义不晓而见意者也。学者看一部《论语》，见圣人所以与弟子许多议论而无所得，是不易得也。读书虽多，亦奚以为？（《遗书》卷二十二上）

而要“解文字”，则当平心易气：

凡解文字，但易其心，自见理。理只是人理，甚分明，如一条平坦底道路。《诗》曰：“周道如砥，其直如矢。”此之谓

也。（《遗书》卷十八）

然而，一旦沉湎于文义训诂，则也是歧途之一，是为“学者之大患”：

古之学者一，今之学者三，异端不与焉。一曰文章之学，二曰训诂之学，三曰儒者之学。欲趋道，舍儒者之学不可。（《遗书》卷十八）

子曰：“读书将以穷理，将以致用也。今或滞心于章句之末，则无所用也。此学者之大患。”（《粹言》卷一）

读经，要在玩味圣人之言，体察圣人作经的用意与用心，并认识到自身与圣人之间的差距，就此究明天理，立定成圣之志：

读书者，当观圣人所以作经之意，与圣人所以用心，与圣人所以至圣人，而吾之所以未至者，所以未得者，句句而求之，昼诵而味之，中夜而思之，平其心，易其气，阙其疑，则圣人之意见矣。（《遗书》卷二十五）

故而，上蔡先生（谢良佐）“初以记问为学，自负该博，对明道举史书，成篇不遗一字”，明道则对他说：“贤却记得许多，可谓玩物丧志。”上蔡听后，汗流浃背，面红耳赤。概而言之，读经旨在明理，倘若不能够究明天理，则纵然是读遍群经，乃至于对经文倒背如流，也是毫无意义，等同于玩物丧志。

读经之法，要在“玩味”；读经之次第，则当以《大学》《论语》《孟子》为先：

《大学》乃孔氏遗书，须从此学则不差。（《遗书》卷二上）

棣初见先生，问："初学如何？"曰："入德之门，无如《大学》。今之学者，赖有此一篇书存，其他莫如《论》《孟》。"（《遗书》卷二十二上）

学者先须读《论》《孟》，穷得《论》《孟》，自有个要约处，以此观他经，甚省力。《论》《孟》如丈尺权衡相似，以此去量度事物，自然见得长短轻重。某尝语学者，必先看《论语》《孟子》。今人虽善问，未必如当时人，借使问如当时人，圣人所答，不过如此。今人看《论》《孟》之书，亦如见孔、孟何异！（《遗书》卷十八）

学者当以《论语》《孟子》为本。《论语》《孟子》既治，则六经可不治而明矣。（《遗书》卷二十五）

《中庸》亦极为重要：

《中庸》之言，放之则弥六合，卷之则退藏于密。（《遗书》卷十一）

《中庸》之书，是孔门传授，成于子思。《孟子》其书，虽是杂记，更不分精粗，一衮说了。今之语道，多说高便遗却卑，说本便遗却末。（《遗书》卷十五）

四书读完，则当读五经，《诗》《书》《易》皆为明理载道之文：

《诗》兴起人志意。（《遗书》卷六）

学之兴起，莫先于《诗》。《诗》有美刺，歌诵之以知善恶、治乱、废兴。（《遗书》卷十一）

学者不可以不看《诗》，看《诗》便使人长一格价。（《外书》卷十二）

《易》，圣人所以立道，穷神则无《易》矣。（《遗书》卷五）

圣人用意深处，全在《系辞》，《诗》《书》乃格言。（《遗书》卷二上）

《春秋》则又不同，乃为“圣人之用”，“是非较著，故穷理为要”：

学《春秋》亦善，一句是一事，是非便见于此，此亦穷理之要。然他经岂不可以穷？但他经论其义，《春秋》因其行事，是非较著，故穷理为要。尝语学者，且先读《论语》《孟子》，更读一经，然后看《春秋》。先识得个义理，方可看《春秋》。（《遗书》卷十五）

夫子删《诗》、赞《易》、叙《书》，皆是载圣人之道，然未见圣人之用，故作《春秋》。《春秋》，圣人之用也。如曰：“知我者，其惟《春秋》乎！罪我者，其惟《春秋》乎！”便是圣人用处。（《遗书》卷二十三）

《诗》《书》，载道之文；《春秋》，圣人之用。（一本此下云：五经之有《春秋》，犹法律之有断例也。律令惟言其法，至于断例，则始见其法之用也。）《诗》《书》如药方，《春秋》如用药治疾，圣人之用，全在此书，所谓“不如载之行事深切著明”者也。有重叠言

者，如征伐、盟会之类。盖欲成书，势须如此，不可事事各求异义。但一字有异，或上下文异，则义须别。（《遗书》卷二上）

至于《礼记》，除却《大学》《中庸》，则以《乐记》《表记》为“近道”，其余若《儒行》《经解》之类则大多不足观：

《礼记》除《中庸》《大学》，唯《乐记》为最近道，学者深思自求之。《礼记》之《表记》，其亦近道矣乎！其言正。（《遗书》卷二十五）

《礼记》《儒行》《经解》，全不是。因举吕与叔解亦云：“《儒行》夸大之语，非孔子之言，然亦不害义理。”先生曰：“煞害义理。恰限《易》，便只‘洁静精微’了却；《诗》，便只‘温柔敦厚’了却；皆不是也。”（《遗书》卷十九）

其二、格物穷理；

所谓“格物穷理”，即“即物而穷其理”（朱熹《大学章句》）。《大学》有云：“致知在格物。”又云：“物格而后知至。”就此则知，“格物穷理”是为了“致知”：

康仲问：“人之学非愿有差，只为不知之故，遂流于不同，不知如何持守？”先生言：“且未说到持守。持守甚事？须先在致知。致知，尽知也。穷理格物，便是致知。”（《遗书》卷十五）

“致知”之要，在于“尽知”。所谓“尽知”，即尽知天下万事万物之理。或许有人会问：“万事万物之理，如何能够尽知？”这其中的关键在于：事物虽有千千万万，然而，究其根本，则万事万物之理，只是一理。

理，则天下只是一个理，故推至四海而准，须是质诸天地、考诸三王不易之理。（《遗书》卷二上）

这一个理，即是天理。天下既只是一个理，则“一物之理，即万物之理”（《遗书》卷二上），而“天地之间，万物之理，无有不同”（《经说》卷一）。故而，但能“于一事上穷尽”，对于其他事物之理便“可以类推”：

格物穷理，非是要尽穷天下之物，但于一事上穷尽，其他可以类推。至如言孝，其所以为孝者如何。穷理，如一事上穷不得，且别穷一事。或先其易者，或先其难者，各随人深浅，如千蹊万径，皆可适国，但得一道入得便可。所以能穷者，只为万物皆是一理，至如一物一事，虽小，皆有是理。（《遗书》卷十五）

当然，也不可就此认为穷得一事一物之理，即可穷尽万事万物之理。当然，由一事一物之理便可贯通者，乃是生而知之的圣人。若是常人，则需要一个渐渐累积的过程：

所务于穷理者，非道须尽穷了天下万物之理，又不道是穷得一理便到，只是要积累多后，自然见去。（《遗书》卷二上）

人要明理，若止一物上明之，亦未济事，须是集众理，然后脱然自有悟处。然于物上理会也得，不理会也得。（且须于学上格

物，不可不诣理也。）（《遗书》卷十七）

或问："格物须物物格之，还只格一物而万理皆知？"曰："怎生便会该通？若只格一物便通众理，虽颜子亦不敢如此道。须是今日格一件，明日又格一件，积习既多，然后脱然自有贯通处。"（《遗书》卷十八）

但能遇一事物便穷一事物之理，如此"遍求"，到了后来，一旦"达理"，也就于天下万事万物之理无不可通了：

问："格物是外物，是性分中物？"曰："不拘。凡眼前无非是物，物物皆有理。如火之所以热，水之所以寒，至于君臣父子间皆是理。"又问："只穷一物，见此一物，还便见得诸理否？"曰："须是遍求。虽颜子亦只能'闻一知十'，若到后来达理了，虽亿万亦可通。"（《遗书》卷十九）

与此同时，自然就会发现万事万物原本"只是一理"：

人患事系累，思虑蔽固，只是不得其要。要在明善，明善在乎格物穷理。穷至于物理，则渐久后天下之物皆能穷，只是一理。（《遗书》卷十五）

果真到此地步，也就可以称得上是明悟天理了。由此可见，明悟天理是一个由渐而顿的过程，一路积累下来，到了某日，豁然贯通，觉悟天理：

即凡天下之物，莫不因其已知之理而益穷之，以求至乎其

极。至于用力之久，而一旦豁然贯通焉，则众物之表里精粗无不到，而吾心之全体大用无不明矣。（朱熹《大学章句》）

那么，又该如何去“格物穷理”呢？二程的建议是：由观“万物之生意”入手。

只理会生是如何。（《遗书》卷七）

“天地之大德曰生”，“天地絪缊，万物化醇”。……万物之生意最可观，此“元者，善之长也”，斯所谓仁也。人与天地，一物也，而人特自小之，何耶？（《遗书》卷十一）

观“万物之生意”，就此体会天地间所弥漫的生生之意，进而领会“天地生物气象”。如此探求下去，自然就能体究到生生之理。观物是儒门重要的格物之方，然而，所观的乃是“万物之生意”，并非其他。

其三、思而穷理。

经以载道，故由经可以穷理；万事万物之理悉皆本于天理，故格物可以穷理。然而，无论是读经，还是格物，不思则不能穷理。

“格物”者，格，至也；物者，凡遇事皆物也。欲以穷至物理也。穷至物理，无他，唯思而已矣。“思与睿，睿作圣”，圣人亦自思而得，况于事物乎？（《外书》卷四）

不思则不可能有所得。

子曰："不深思则不能造其学。"或曰："学者亦有无思而得者乎？"子曰："漠然未尝思，自以为得之者，未之有也。"（《粹言》卷一）

正因为此，二程以为"学原于思"（《遗书》卷六），"为学之道，必本于思。思则得之，不思则不得也"（《遗书》卷二十五）。思之所以重要，乃是因为唯有思，方才能够有所觉悟，"须是思方有感悟处"（《遗书》卷十八）。虽然经以载道，然而，不思则仅仅止于文义，而不能够有所觉悟。同样，虽然天地间的万物无不体现着生意，然而，不思便不能够有所觉知。然而，思本于疑，无疑则不会生思。故而，"学者要先会疑"（《外书》卷十一），"会疑"方会思。所谓"会疑"，简单而言，便是会问为什么。时时都问个为什么，事事都追根溯源，便是"会疑"。一旦如此，自然就会去思。

思也有法则。一则不可"强思"：

"思曰睿"，思虑久后，睿自然生。若于一事上思未得，且别换一事思之，不可专守着这一事。盖人之知识，于这里蔽着，虽强思亦不通也。（《遗书》卷十八）

思能否通达，很大程度上取决于我们所掌握的知识。若是缺乏相关知识，纵然是"强思"，往往也难以通达。在这种状况下，不如暂且放下，从熟悉处开始思，思得久了，自然就能够会通，而以往思不通的地方往往也能够自然通达。反之，倘若是"强思"，或许就会陷入苦思，这是不适当的。"思虑，不得至于苦”（《外书》卷七）。而且，“强思”似有所得，其实未得：

欲知得与不得，于心气上验之。思虑有得，中心悦豫，沛然有裕者，实得也；思虑有得，心气劳耗者，实未得也，强揣度耳。尝有人言：“比因学道，思虑心虚。”曰：“人之血气，固有虚实。疾病之来，圣贤所不免，然未闻自古圣贤因学而致心疾者。”（《遗书》卷二上）

二则曰思愈久愈明：

能致知，则思一日愈明一日，久而后有觉也。（《遗书》卷十八）

“思曰睿，睿作圣”，致思如掘井，初有浑水，久后稍引动得清者出来。人思虑，始皆溷浊，久自明快。（同上）

思，自然越思越通达，越思越明快，如此一路思来，到了某日，自然就会豁然有悟。

三则曰“近思”：

亨仲问：“如何是近思？”曰：“以类而推。”（《遗书》卷二十二上）

“近思”本于《论语·子张第十九》：子夏曰：“博学而笃志，切问而近思，仁在其中矣。”“近思”即由切近之处展开思量。切近之处，是指已知的、熟悉的地方。从自己已知的、熟悉的地方类推至未知的、不熟悉的地方，便是“近思”。“近思”则有本，不易走失。

四则曰“深思”：

不深思则不能造于道，不深思而得者，其得易失。（《遗书》卷二十五）

思要深入，不能深入，则无从体道。也惟有深入思考所得的，方才能够牢记不忘。反之，若非深思所得，则失之也易。

由经、格物、思，乃为明天理的三种要法。当然，明天理也还有其他方法，如明师指教、朋友切磋、读史等，然而，论其要者，则在于此三者。我们若是能够遵循于二程之教，切实去读经、格物、思量，明悟天理应当并不很难。

体天理，体即体贴。明天理后，还要体天理；明天理是知层面事，体天理则是行层面事。知而不行，等于未知。明天理只是究明了这一个天理，体天理方才是落实天理——将天理落实到个体生命上来。天理若是不能够落实到自身的生命上来，那就只是所知的一个对象罢了，与生命无关。故而，明天理之后，务必要体天理。唯有如此，才是“自得”之学。“自得”本于孟子之教：

孟子曰：“君子深造之以道，欲其自得之也。自得之，则居之安；居之安，则资之深；资之深，则取之左右逢其源。故君子欲其自得之也。”（《孟子·离娄下》）

所谓“自得”，有着两层含义：一、所得的不是外在之物，而是自身所本自具足的。“学莫贵于自得，得非外也，故曰自得。”（《遗书》卷二十五）二、自身体贴所得。如明道所云：“吾学虽有所受，天理二字却是自家体贴出来。”

于二程生命体证之学而言，所“自得”的自然便是天理。天理，人人生而具足，完满无缺，然而，除了生而知之的天生圣贤，绝大多数人并不知晓自己生而具足天理，故而需要学以知之。惟有“自得”天理，天理才可以落实到一己的生命上来，故而，二程反复强调“学要在自得”：

学要在自得。古人教人，唯指其非，故曰：“举一隅不以三隅反，则不复也。”言三隅，举其近。若夫“告诸往而知来者”，则其知已远矣。（佛氏言“印证”者，岂自得也？其自得者，虽甚人言，亦不动。待人之言为是，何自得之有？）（《遗书》卷十一）

同伯温见先生，先生曰：“从来觉有所得否？学者要自得。六经浩渺，乍来难尽晓，且见得路径后，各自立得一个门庭，归而求之可矣。”（《遗书》卷二十二上）

子曰：“学莫贵乎自得，非在人也。”（《粹言》卷一）

而惟有心上体贴得来，天理方才可以落实为自身所有：

心得之，然后可以为己物。（《外书》卷一）

一旦天理落实为自身所有，则自然守得定，并且自信不疑：

自得者所守固，而自信者所行不疑。（《遗书》二十五）

然而，“自得”着实不易，即便是长久从学于程门的弟子也少有“自得”者：

南方学者从伊川既久，有归者。或问曰：“学者久从学于门，谁最是有得者？”伊川曰：“岂便敢道他有得处，且只是指与得个歧径，令他寻将去不错了，已是忒大煞。若夫自得，尤难其人。谓之得者，便是己有也，岂不难哉？若论随力量而有见处，则不无其人也。”（《外书》卷十二）

此段亦可见明天理与体天理的差距。所谓“有见处”，即是明天理。而“自得”者，“便是己有也”，惟有体贴得天理的人，才算是“己有”。“有见处”者，“不无其人”；“若夫自得”，则“尤难其人”，由此则可见明天理为易，而体天理为难。

然则，何以“自得”？其必曰：“默识心通。”

或问：“如何学，可谓之有得？”曰：“大凡学问，闻之、知之，皆不为得。得者，须默识心通。学者欲有所得，须是笃，诚意烛理。上知，则颖悟自别；其次，须以义理涵养而得之。”（《遗书》卷十七）

“默识”，即默默体贴；“心通”，即心中通达。“默识心通”，即在默默的体贴中达到心中通达。所体贴的自然是天理。由此可见“默识心通”是一个在心上体认天理的过程。在这个过程中，我们将体会到天理即是心具之理。要做到这一点并不容易，需要一个“义理涵养”的过程：

六经之言，在涵畜中默识心通。（精义为本。）（《遗书》卷十五）

故而，虽然“自得”要在“默识心通”，却也绝不可以急于求成，而是应当先去下涵养工夫，长久积累，而后方才可以“自得”：

学者须敬守此心，不可急迫，当栽培深厚，涵泳于其间，然后可以自得。但急迫求之，只是私己，终不足以达道。（《遗书》卷二上）

说书必非古意，转使人薄。学者须是潜心积虑，优游涵养，使之自得。今一日说尽，只是教得薄。至如汉时说下帷讲诵，犹未必说书。（《遗书》卷十五）

“默识心通”的工夫又在“默识”，惟有在默默的体贴中，方才有“心通”的可能。故而，二程往往更加注重“默而识之”：

《系辞》曰：“形而上者谓之道，形而下者谓之器。”又曰：“立天之道，曰阴与阳；立地之道，曰柔与刚；立人之道，曰仁与义。”又曰：“一阴一阳之谓道。”阴阳，亦形而下者也，而曰道者，惟此语截得上下最分明，元来只此是道，要在人默而识之也。（《遗书》卷十一）

“《诗》《书》、执礼，皆雅言”，雅，素所言也。至于“性与天道”，则子贡亦“不可得而闻”，盖要在“默而识之”也。（同上）

不但读经时“默而识之”，应事时、观物时，悉皆需要“默而识之”：

随事观理，而天下之理得矣；天下之理得，然后可以至于圣人。君子之学，将以反躬而已矣。反躬在致知，致知在格物。（《遗书》卷二十五）

此中“反躬”，乃为“默识”的主要方法之一。“随事观理”，可以究明天下之事理。“反躬”则是将天下之事理反过来推充到自己身上来。天下之事理，莫不本于天理，将天理推充到自己身上来，便是天理在自身上的落实。随着“反躬”工夫的深入，最终达到观物即是察己，“才明彼即晓此”，到此地步，便可谓真正做到了“默识心通”：

问：“观物察己，还因见物反求诸身否？”曰：“不必如此说。物我一理，才明彼即晓此，合内外之道也。语其大，至天地之高厚；语其小，至一物之所以然，学者皆当理会。”（《遗书》卷十八）

观物理以察己，既能烛理，则无往而不识。（同上）

到此地步，则于所见所闻，悉皆能够“默而识之”而心通无碍。如曾子者，即是如此：

子曰：“参乎！吾道一以贯之。”曾子曰：“唯。”子出，门人问曰：“何谓也？”曾子曰：“夫子之道，忠恕而已矣。”（《论语·里仁第四》）

孔子示“一以贯之”之教于曾子，曾子答以“唯”，非“默识心通”者何以至此？当然，为二程所推许的“默识心通”者，乃为颜子。

至如孔子，道如日星之明，犹患门人未能尽晓，故曰：‘予欲无言。’如颜子，则便默识，其他未免疑问，故曰‘小子何述’，又曰：‘天何言哉？四时行焉，百物生焉。’可谓明白矣。（《遗书》卷一）

“默而识之”，乃所谓学也，惟颜子能之。故孔子曰：“吾与回言终日，不违如愚。”“退而省其私”者，言颜子退而省其在己者，亦足以发此，故仲尼知其不愚，可谓善学者也。（《遗书》卷九）（注：此处“退而省其私”，程子之解略有偏失。当为颜子退后，孔子省其私，见颜子亦足以发，而知颜子其实不愚。）

颜子默识，曾子笃信，得圣人之道者，二人也。（曾子曰：“吾得正而毙焉，斯已矣。”）（《遗书》卷十一）

“默识心通”乃为“自得”之要，故而，二程反复提倡学要学颜子：

圣人之德行，固不可得而名状。若颜子底一个气象，吾曹亦心知之，欲学圣人，且须学颜子。（《遗书》卷二上）

学者要学得不错，须是学颜子。（有准的。）（《遗书》卷三）

人之学，当以大人为标垛，然上面更有化尔。人当学颜子之学。（《遗书》卷十二）

子曰："学者欲得正，必以颜子为准的。"（《粹言》卷一）

在提倡学习颜子之时，二程又常常会以孟子作对比，且指出孟子不当学：

孟子才高，学之无可依据。学者当学颜子，入圣人为近，有用力处。（《遗书》卷二上）

孟子有功于道，为万世之师，其才雄。只见雄才，便是不及孔子处。人须当学颜子，便入圣人气象。（《遗书》卷五）

颜、孟之于圣人，其知之深浅同，只是颜子尤温淳渊懿，于道得之更渊粹，近圣人气象。（《遗书》卷十五）

笔者曾为此倍感困惑：孟子如何便不当学？孟子所指示的"察端""扩充"不正是生命体证的最佳入手处吗？孟子所指示的"尽心""知性"而"知天"，"存心""养性"以"事天"，"修身以俟命"，不正是极为完善的生命体证之学吗？且二程于孟子也是推崇备至：

孟子有功于圣门不可言。如仲尼只说一个"仁"字，（立人之道，曰仁与义。）孟子开口便说"仁义"；仲尼只说一个"志"，孟子便说许多"养气"出来。只此二字，其功甚多。（《遗书》卷十八）

二程称"孟子没而圣学不传"，而愿上续孟子，"以兴起斯文为己任"。二程语录及文集中论及孟子之学如"养气""性善”“俟命”等处数不胜数，且时常将《孟子》与《论语》并举，指示学者当以《论语》《孟子》为本。为何却又以孟子为不当学呢？这一困惑萦绕在笔者心头长达数年，直到领会到二程生命之学要在“自得”，而学要“自得”又在于“默而识之”，方才体认到二程提倡“学者当学颜子”的用心。这份用心便是学者应当学颜子的“默而识之”。颜子“默而识之”的最佳体现则是“不违，如愚”：

子曰：“吾与回言终日，不违，如愚。退而省其私，亦足以发，回也不愚。”（《论语·为政第二》）

孔子凡有所教，颜子皆能“默而识之”，故而，“不违”而“如愚”。等到颜子退下，孔子省察其私下的状态时，发现他能够对所学有所发挥，由此可见，颜子不但“默识”，而且“心通”，故而，孔子感叹道：“回也不愚。”

“不违，如愚”正体现了颜子“默识心通”而“自得”，故而，二程指出颜子所示教的正是“不违，如愚”：

子曰：“颜子示‘不违，如愚’之学于后世，和气自然，不言而化者也。孟子则显其才用，盖亦时焉而已矣。学者以颜子为师，则于圣人之气象类矣。”（《粹言》卷二）

颜子乃学而知之者，其学要在“默而识之”，其“不迁怒，不贰过”，其闻“四勿”之教而“请事斯语”等，悉皆源于其“默识心通”。其宛若“春生”、宛若“和风庆云”的气象，也是本于“默而识之”。概言之，则颜子之学由潜思默体所得，故更觉其自然，更觉其浑厚。学者学颜子，则可在潜移默化中变换气质。之于孟子，则颇有几分生而知之的意味，然而，涵养尚未纯粹，故有“英气”，而呈现为“泰山岩岩之气象”，既如此，则无从可学。

孟子却宽舒，只是中间有些英气，才有英气，便有圭角。英气甚害事。如颜子便浑厚不同。颜子去圣人，只毫发之间。孟子大贤，亚圣之次也。（《遗书》卷十八）

子曰：“颜子具体，顾微耳，在充之而已；孟子生而大全，顾未粹耳，在养之而已。”（《粹言》卷二）

故知，二程所谓不当学孟子，乃为不当学其人，而非不当学其学。盖其人天禀卓异，“生而大全”，实不可学。

体天理，要在“自得”，“自得”则在于“默识心通”。学者欲“自得”，则必要“默而识之”，故当以颜子为榜样。

明天理之要在于思，体天理之要在于默识，那么，思与默识又有着何样的差别？两者的差别很显然：思是为了求知，天理乃是所知的对象；默识则是为了在心上体认，天理渐渐成为生命的准则。体天理的意义正在于此：体认到天理乃是心具之理，乃为生命之准则。

体天理则识得天理乃是心具之理，乃为我人生命之准则。其后便当循天理。体天理是将天理落实到己身上来，循天理则是将天理落实到生活中去，应事应物时，时时都求个天理，时时都遵循着天理而为，如此则事事皆成、物各付物。然而，体得天理并不意味着即可循得天理，因为人常常为私欲所诱而“至于天理灭”：

人于天理昏者，是只为嗜欲乱着佗。庄子言“其嗜欲深者，其天机浅”，此言却最是。（《遗书》卷二上）

人之为不善，欲诱之也。诱之而弗知，则至于天理灭而不知反。故目则欲色，耳则欲声，以至鼻则欲香，口则欲味，体则欲安，此皆有以使之也。（《遗书》卷二十五）

学者又有“近名”之欲，一旦“有意近名”，天理也会尽失：

学者须是务实，不要近名，方是。有意近名，则大本已失，更学何事？为名而学，则是伪也。今之学者，大抵为名。为名与为利，清浊虽不同，然其利心则一也。今市井闾巷之人，却不为名。为名而学者，志于名而足矣，然其心犹恐人之不知。韩退之直是会道言语，曰：‘内不足者，急于人知；沛然有余，厥闻四驰。’大抵为名者，只是内不足；内足者，自是无意于名。如孔子言‘疾没世而名不称’，此一句，人多错理会。此只是言君子惟患无善之可称，当汲汲为善，非是使人求名也。”（《遗书》卷十八）

又会因为生长环境的熏染，形成种种客气，以至天理“日日消铄”：

今人自少所见皆不善，才能言便习秽恶，日日消铄，更有甚天理？须人理皆尽，然尚以些秉彝消铄尽不得，故且恁过，一日之中，起多少巧伪，萌多少机穽！（《遗书》卷二上）

故而，要循天理，其要在于先复天理。所谓复天理，即从为私欲、客气所牵引的状态返归到随顺天理的生命状态。明道将之称作为“复天德”：

圣贤论天德，盖谓自家元是天然完全自足之物，若无所污坏，即当直而行之；若小有污坏，即敬以治之，使复如旧。所以能使如旧者，盖为自家本质元是完足之物。若合修治而修治之，是义也；若不消修治而不修治，亦是义也，故常简易明白而易行。（《遗书》卷一）

所谓“天德”，即天理之在人。天理，即生生之理。生生之理之在人，往往体现为五者：好生、利生、尊生、护生、守生，亦即仁、义、礼、智、信五德。人人生而具足天理，人人生而具足五德，生而具足，故谓之“天德”。“天德”是二程之学中的一个核心概念，较之天理，更觉亲切，惜乎尚未曾引起学界的广泛关注。“天德”之所以会“污坏”，乃是因为出于私欲与客气的牵引。而要“复如旧”，则当克除私欲和客气。

又有“澄治”之喻：

凡人说性，只是说“继之者善”也，孟子言人性善是也。夫所谓“继之者善”也者，犹水流而就下也。皆水也，有流而至海，终无所污，此何烦人力之为也？有流而未远，固已渐浊；有出而甚远，方有所浊。有浊之多者，有浊之少者。清浊虽不同，然不可以浊者不为水也。如此，则人不可以不加澄治之功。故用力敏勇则疾清，用力缓怠则迟清，及其清也，则却只是元初水

也。（《遗书》卷一）

此中以水作喻，元初的清水喻本善之性，在流动的过程之中变得浑浊，同样是因为出于私欲与客气的“污坏”，故而“澄治”之要，亦在于克除私欲和客气。

私欲与客气所形成的乃是人的自我意识，这个自我意识，常常被称作为“己”。故而，克除私欲和客气，又被称作为“克己”。“克己”本于孔子之教：

颜渊问仁，子曰：“克己复礼为仁。一日克己复礼，天下归仁焉。为仁由己，而由人乎哉？”颜渊曰：“请问其目？”子曰：“非礼勿视，非礼勿听，非礼勿言，非礼勿动。”颜渊曰：“回虽不敏，请事斯语矣。”（《论语·颜渊第十二》）

伊川极其重视“克己”之教，曾依据孔子“四勿”写出《四箴》，以为自警：

四　箴

颜渊问“克己复礼”之目，夫子曰：“非礼勿视，非礼勿听，非礼勿言，非礼勿动。”四者，身之用也。由乎中而应乎外，制于外，所以养其中也。颜渊事斯语，所以进于圣人。后之学圣人者，宜服膺而勿失也。因箴以自警。

视　箴

心兮本虚，应物无迹。操之有要，视为之则。蔽交于前，其中则迁；制之于外，以安其内。克己复礼，久而诚矣。

听箴

人有秉彝，本乎天性；知诱物化，遂亡其正。卓彼先觉，知止有定；闲邪存诚，非礼勿听。

言箴

人心之动，因言以宣；发禁躁妄，内斯静专。矧是枢机，兴戎出好；吉凶荣辱，惟其所召。伤易则诞，伤烦则支；己肆物忤，出悖来违。非法不道，钦哉训辞！

动箴

哲人知几，诚之于思；志士厉行，守之于为。顺理则裕，从欲惟危。造次克念，战兢自持；习与性成，圣贤同归。

“克己”自非易事，“克己最难”（《遗书》卷十一），“‘克’者，胜也。难胜莫如己，胜己之私则能有诸己，是反身而诚者也”（《外书》卷三）。“克己”之所以难，乃是因为“大抵人有身，便有自私之理”（《遗书》卷三）。“人有身”，往往会将自身从天地间独立出来，视作为独立的个体，一旦如此，势必会自私。而要认识到我们原本浑然与天地万物同体，就必须要明悟天理；而要返归到浑然与天地万物同体的生命状态，又必须要体天理而循天理，终而合天理。而其中的关键便在于能否“克己”。然则，何以“克己”？二程并未曾明确指示“克己”之法，笔者依据所存语录，梳理出以下三个较为切实的方法：

1. 由切近处着手；

多惊、多怒、多忧，只去一事所偏处自克，克得一件，其余自正。（《遗书》卷六）

“多惊、多怒、多忧”，皆是因为有我，若是无我，又何来的惊、怒、忧？然而，也不必一一克去，只要能够把握住对于自身而言最切近的一件，笃实克去，其余也就会随之而克。程门弟子中，上蔡（谢良佐）“克己”可谓如此：

谢子与伊川别一年，往见之。伊川曰：“相别又一年，做得甚工夫？”谢曰：“也只去个‘矜’字。”曰：“何故？”曰：“子细检点得来，病痛尽在这里。若按伏得这个罪过，方有向进处。”伊川点头，因语在坐同志者曰：“此人为学，切问近思者也。”（《外书》卷十二）

2. 寡欲；

“寡欲”本于孟子之教：

孟子曰：“养心莫善于寡欲。其为人也寡欲，虽有不存焉者，寡矣；其为人也多欲，虽有存焉者，寡矣。”（《孟子·尽心下》）

所谓“寡欲”，便是减少私欲。“寡欲”若是能够“寡焉以至于无”，便是“诚立、明通”，也就是圣贤了，“诚立，贤也；明通，圣也”（周敦颐《养心亭说》）。“寡欲”而能“寡焉以至于无”，则便是“灭私欲”，私欲灭尽，则天理自明：

人心，私欲，故危殆；道心，天理，故精微。灭私欲则天理明矣。（《遗书》卷二十四）

故而，二程提倡“寡欲”之功：

养心者，且须是教他寡欲，又差有功。（《遗书》卷二上）

“养心，莫善于寡欲”，不欲则不惑。所欲不必沉溺，只有所向便是欲。（《遗书》卷十五）

此中所需注意者，乃为“只有所向便是欲”。由此可见，私欲不单单是“嗜欲”，而是只要心中有个倾向在，便是有欲。

3. 心上不系于一物；

“人心不得有所系。”（《遗书》卷十一）

盖人心上有系，便会为之所牵，应事应物时，往往就会偏离天理。关于这一点，明道有着亲身体验：

伯淳在澶州日，修桥少一长梁，曾博求之民间。后因出入，见林木之佳者，必起计度之心，因语以戒学者：“心不可有一事。”（《遗书》卷三）

“克己”，旨在克尽私欲与客气，私欲与客气克尽，自然纯是天理发用。至此，则便需要守天理，所谓守天理，即在应事应物时，抵制住一切干扰而全然遵循天理而为。守的工夫极其重要，守得定便是循天理，守不定则为背天理，与小人无二。故而，孔子有“守死善道”之教（《论语·泰伯第八》），又有“造次必于是，颠沛必于是”之教（《论语·里仁第四》），而颜子则“择乎中庸，得一善则拳拳服膺而弗失之矣”（《中庸》）。

守天理，要在闲邪，要在事上磨炼。

“闲邪”本于《周易·乾·文言》：“庸言之信，庸行之谨，闲邪存其诚，善世而不伐，德博而化。”“闲”，防也。“闲邪”即防止邪恶的念头。对于已然复天理的人而言，只要能够“闲邪”，自然时刻遵循于天理，遵循于天理，便是诚，所以说“闲邪存其诚”。

“闲邪存诚”，闲邪则诚自存。如人有室，垣墙不修，不能防寇，寇从东来，逐之则复有自西入；逐得一人，一人复至。不如修其垣墙，则寇自不至，故欲“闲邪”也。（《遗书》卷十五）

“闲邪”之道则在于“敬”：

敬是闲邪之道。“闲邪存其诚”，虽是两事，然亦只是一事，闲邪则诚自存矣。天下有一个善，一个恶。去善即是恶，去恶即是善。譬如门，不出便入，岂出入外更别有一事也？（《遗书》卷十八）

在二程这里，“敬”是彻上彻下的修身工夫。明天理要敬，体天理要敬，循天理要敬，由循天理而合天理，也在于敬。然而，论其要者，则敬是涵养之功。所谓“涵养须用敬，进学则在致知”（《遗书》卷十八）。介于敬是由循天理而合天理的涵养要法，故而关乎敬，将置于下文中再作陈述，此则不赘。

“闲邪”的工夫要严实，密不透风，“只外面有些罅隙，便走了”（《遗书》卷七）。

事上磨炼，更见工夫。修身之人无事时往往自觉已然立得定，可是一遇到事，便会发现心中仍是一片混乱，根本就立不定。事上磨炼，要在有磨砺，若是一帆风顺，却也并不能够有所补益：

尧夫解“他山之石，可以攻玉”：“玉者，温润之物，若将两块玉来相磨，必磨不成，须是得佗个粗砺底物方磨得出。譬如君子与小人处，为小人侵陵，则修省畏避，动心忍性，增益预防，如此便道理出来。”（《遗书》卷二上）

故而，于生命体证而言，遭遇磨砺是幸事。这便是孟子所谓的“天将降大任于是人也，必先苦其心志，劳其筋骨，饿其体肤，空乏其身，行拂乱其所为，所以动心忍性，曾益其所不能”（《孟子·告子下》）。如阳明先生（王守仁）便是在事上磨炼而入乎圣境的，他曾对事上磨炼作过一个譬喻，极为生动：“譬之真金之遇烈焰，愈锻炼愈发光辉。”（王畿《读先师再报海日翁吉安起兵书序》）在磨炼中，时时刻刻，一念一想，悉皆守定天理，不动不摇，久而久之，自然事事循天理，而物物皆得其所。

复天理而后守天理，自然可以循天理。到此地步，天理真正成为生命的准则，然而，还只是个准则，还没有与之纯然融为一体，所以，还有工夫要下。

合天理，即与天理浑然合一，到此地步，即是圣人："圣人与理为一，故无过，无不及，中而已矣。"（《遗书》卷二十三）此即所谓"大而化之"。

可欲之谓善，有诸己之谓信，充实之谓美，充实而有光辉之谓大，大而化之之谓圣，圣而不可知之之谓神。（《孟子·尽心下》）

此中需注意者，为儒家修身的归宗在"圣"，"神"并非超出"圣"的另一境地，而只是对"圣而不可知之"的形容：

"大而化之之谓圣，圣而不可知之之谓神"，非是圣人上别有一等神人，但圣人有不可知处便是神也。（《遗书》卷十八）

"大"与"化"正是循天理与合天理之别。若颜子，已然抵达"大"——循天理，却未能抵达"化"——合天理。惟孔子"从心所欲不逾矩"，则可谓入于"化"境：

"大而化之"，只是谓理与己一。其未化者，如人操尺度量物，用之尚不免有差；若至于化者，则己便是尺度，尺度便是己。颜子正在此，若化则便是仲尼也。"在前"是不及，"在后"是过之。此过、不及甚微，惟颜子自知，他人不与。"卓

尔”是圣人立处，颜子见之，但未至尔。（《遗书》卷十五）

于颜子而言，已然可以做到时时遵循天理，事事不违天理，然而，天理还只是一个准则，所以，需要“思而后得”“勉而后中”：

颜子所事，则曰：“非礼勿视，非礼勿听，非礼勿言，非礼勿动。”仲尼称之，则曰：“得一善，则拳拳服膺而弗失之矣。”又曰：“不迁怒，不贰过。”“有不善未尝不知，知之未尝复行也。”此好之、笃学之之道也。视听言动皆礼矣，所异于圣人者，盖圣人则不思而得，不勉而中，从容中道；颜子则必思而后得，必勉而后中。故曰：“颜子之与圣人，相去一息。”孟子曰：“充实而有光辉之谓大，大而化之之谓圣，圣而不可知之之谓神。”颜子之德，可谓“充实而有光辉”矣，所未至者，守之也，非化之也。以其好学之心，假之以年，则不日而化矣。（《颜子所好何学论》）

概言之，则循天理者若能“化之”——与天理融为一体，天理即是己，己即是天理，便是成圣。然则，何以“大而化之”？由“大”而“化”，惟在涵养，别无他法。所谓涵养，即时时刻刻都遵循于天理而不违失。究其实，则时时循天理即是涵养。涵养是一个由熟而化的过程。经由复天理、守天理而循天理，于天理已然是熟，然而，尚未能够化而为一，故需日益涵养。涵养时久，熟之又熟，自然一举一动、一言一行无不合乎天理，而更无遵循之意。如此便是“化”。

涵养之要，在于“敬”：

“涵养须用敬，进学则在致知。”（《遗书》卷十八）

在二程生命体证之学中，敬是一个彻上彻下的工夫，贯穿着由凡即圣的始终。其始只是个专心致知，如明天理时，“入道莫如敬，未有能致知而不在敬者”（《遗书》卷三）；到了体天理时，则在于摄心不放，“学者须敬守此心，不可急迫，当栽培深厚，涵泳于其间，然后可以自得”（《遗书》卷二上）；体得天理之后，敬则转而为“主一”。所谓“主一”，即一于天理。亦即始终恪守天理而不违失。“敬只是主一也。主一，则既不之东，又不之西，如是则只是中；既不之此，又不之彼，如是则只是内。存此，则自然天理明。”（《遗书》卷十五）“主一”则一于天理而不违失也，故能守天理而循之。

由循天理而合天理，在于涵养。涵养之敬，亦只是个“主一”。两者又有何不同？虽然同是“主一”，差别却甚大，在守天理而循之的阶段，“主一”旨在“闲邪”，所谓“敬胜百邪”（《遗书》卷十一），其要则在于笃守，须用力。到了循天理而涵养之时，因“主一”工夫已熟，虽还未曾合一，却也已然从容自如，无须把持。如颜子“有自然之和气”，即在于此。

涵养在于“敬”，“敬”要在“主一无适”，“主一无适”即“敬而无失”，“敬而无失”则所发悉皆合于天理：

敬而无失，便是“喜怒哀乐未发谓之中”也。敬不可谓之中，但敬而无失，即所以中也。（《遗书》卷二上）

二程常借孟子“必有事焉”来讲“敬”：

“必有事焉”，谓必有所事，是敬也；“勿正”，正之为言轻；“勿忘”是敬也。正之之甚，遂至于助长。（《遗书》卷十五）

“必有事焉”，见于《孟子·公孙丑上》：“必有事焉，而勿正，心勿忘，勿助长也。”此中“必有事焉”与“心勿忘”同，“勿正”与“勿助长”同。“勿忘”自然“必有事”。“敬只是主一”，“主一”即一于天理，但有所忘，则不可以谓之为“主一”。然而，却又不能“助长”，所谓“助长”，即是刻意而为之。由此可见，“敬”要在自然、从容。果真如此笃实的“敬”下去，到了一日，则不敬而敬，这便是“忘敬”，也就是入于化境了：

忘敬而后无不敬。（《遗书》卷三）

然而，只讲求“敬”，则往往会令学者忽略“集义”，如此“却都无事也”：

问：“‘必有事焉’，当用敬否？”曰：“敬只是涵养一事。‘必有事焉’，须当‘集义’。只知用敬，不知集义，却是都无事也。”又问：“义莫是中理否？”曰：“中理在事，义在心内。苟不主义，浩然之气从何而生？理只是发而见于外者。且如恭敬，币之未将也恭敬，虽因币帛威仪而后发见于外，然须心有此恭敬，然后著见。若心无恭敬，何以能尔？所谓德者，得也，须是得于己，然后谓之德也。”（币之未将之时，已有恭敬，非因币帛而后有恭敬也。）问：“敬、义，何别？”曰：“敬只是持己之道，义便知有是有非。顺理而行，是为义也。若只守一个敬，不知集义，却是都无事也。且如欲为孝，不成只守着一个孝字？须是知所以为孝之道，所以侍奉当如何，温凊当如何，然后能尽孝道也。”又问：“义只在事上，如何？”曰：“内外一理，岂特事上求合义也？”（《遗书》卷十八）

故而，涵养又当“敬、义夹持”：

敬、义夹持，直上达天德自此。（《遗书》卷五）

“敬义夹持”本于《周易·坤·文言》：“君子敬以直内，义以方外，敬义立而德不孤。”二程论涵养，常以“敬以直内，义以方外”为纲：

学者不必远求，近取诸身，只明人理，敬而已矣，便是约处。《易》之《乾》卦言圣人之学，《坤》卦言贤人之学，惟言“敬以直内，义以方外，敬义立而德不孤”。至于圣人，亦止如是，更无别途。（《遗书》卷二上）

由贤人进于圣人，止在于“敬以直内，义以方外”而“更无别途”。

君子主敬以直其内，守义以方其外。敬立而内直，义形而外方。义形于外，非在外也。敬、义既立，其德盛矣，不期大而大

矣。（《周易程氏传·坤》）

但能“敬、义夹持”，则“不期大而大”，自然熟而化也。当然，“敬以直内，义以方外”合而言之，亦是为了救学者之偏，究其实，则仍以“敬以直内”为要：

“敬以直内”，则“义以方外”。（《遗书》卷十一）

切要之道，无如“敬以直内”。（《遗书》十五）

概而言之，则“敬”“义”并举，要在“合内外”为一：

“敬以直内，义以方外”，合内外之道也。（《遗书》卷十一）

实能“合内外为一”，则即是“诚”：

诚者，非自成己而已也，所以成物也。成己，仁也；成物，知也。性之德也，合外内之道也，故时措之宜也。（《中庸》）

“敬、义夹持”，一路涵养下去，由“诚”而至于“至诚”，则合天理而成圣矣。

二程生命体证之学，其实便是《中庸》中所指出的“诚之者”，亦即“自诚明”：

“诚之者，择善而固执之者也。博学之，审问之，慎思之，明辨之，笃行之。有弗学，学之弗能弗措也；有弗问，问之弗知弗措也；有弗思，思之弗得弗措也；有弗辨，辨之弗明弗措也；有弗行，行之弗笃弗措也。人一能之，己百之；人十能之，己千之。果能此道矣，虽愚必明，虽柔必强。”

此乃学而知之的路径，具有普适性，人人皆可依此而由凡即圣。

至此，笔者就明天理、体天理、循天理、合天理四个阶段，对二程生命体证之学作了一个概述，至于细节，则散落在二程先生文字之中，还需诸位自去体究。生命体证之学要在“自得”，故而，若是有人于读此诸文字之后，兴起而修学之，则可谓无负于二程之教，亦实为笔者之幸！

五

八九年前，笔者因研习朱子学，而上溯至二程之学，其后，中华版《二程集》曾有很长一段时间就放在随手可取的案头，以便随时翻阅。其时，缘于自身的学养无足，于二程之学并无太深的体味，惟于《定性书》《识仁篇》《颜子所好何学论》等诸文字颇有些喜好。2016 年冬，潜居邹城，复读《二程集》，油然欣喜，颇多相契，渐识得二程先生体道之深、任道之切。2017 年夏末，首番赴伊川拜谒二程先生墓，其间亦尝一观鸣皋书院，且拜谒康节、范文正二公之墓。2018年于沪上得遇旭辉兄，相谈甚契，旭辉兄生长于伊川，年底返乡，便相约来年再度前去拜谒二程先生。次年元宵，遂成此行。时旭辉兄引我再度拜谒二程、康节、范文正诸公之墓，寻访伊尹墓、安乐书院，又尝至二程故里——嵩县程村拜谒二程祠，一路畅谈，终而依依相别于伊阙之畔。其后，又多番蒙旭辉兄指示，于二程之学体味日深，加之深慕孟圣之磅礴气象，渐弃异学，而归心乎儒。其后，又曾数番赴伊川拜谒诸公之墓。近日来，撰述此导读文字，诸多情景不禁于眼前重现。岁月消磨，须发渐白，于学则一无所成，于世亦一无所补，想来不免黯然神伤，悲从中来。

《河南程氏遗书》虽非二程亲笔著述，且诸弟子所记或有未及处，或有重复处，然亦因其本于二程日常之言行、教学所记，故颇为亲切，常有极生动处。笔者读之再三，常有情不自禁而手之舞之足之蹈之之状，尤值反复玩味。故而，为之点校、导读，以飨读者。近年来，学界对于《遗书》的研究亦渐渐增多，亦有用心至细解析入微者，如申绪璐之《人能弘道：二程语录与洛学门人研究》等。此番点校之底本，乃为清同治十年涂宗瀛刻本，参以今人点校本如中华版《二程集》、山东人民出版社子海精华编《河南程氏遗书 河南程氏外书》等。倏忽数月，先后三校，及至导读文字撰成，已是经年。其中自不免武断、浅薄之处，尚祈方家不吝教正。

壬寅季春，射阳邵逝夫于浮海草堂临渊履冰小轩。

河南程氏遗书

原目

卷第四　二先生语四

游定夫所录　游酢，字定夫，建州人，元丰中从学。

卷第五　二先生语五

此四篇本无篇名，不知何人所记，以其不分二先生语，故附于此。

卷第六　二先生语六

同上篇。此与下一篇，间有疑误不可晓处，今悉存之，不敢删去，以俟知者。

卷第七　二先生语七

同上篇。

卷第八　二先生语八

本自为一篇，专说《论》《孟》，似诸别录，然不与诸篇相杂，故附于此。

卷第九　二先生语九

少日所闻诸师友说　元本在《端伯传师说》之后，不知何人所记，以其不分二先生语，故附于此。

卷第十　二先生语十

洛阳议论　熙宁十年，横渠先生过洛，与二先生议论。此最在诸录之前，以杂有横渠议论，故附于此。

苏昞季明录　关中人，张氏门人也。

卷第十一　明道先生语一

师训　刘绚质夫录　缑氏人。

卷第十二　明道先生语二

戌冬见伯淳先生洛中所闻　元丰五年壬戌。刘绚质夫录

卷第十三　明道先生语三

亥八月见先生于洛所闻　元丰六年癸亥。刘绚质夫录。

卷第十四　明道先生语四

亥九月过汝所闻　时先生监汝州酒税。刘绚质夫录

卷第十五 伊川先生语一　或云明道先生语

入关语录　关中学者所记。按《集》，先生元丰庚申、元祐辛未，皆尝至关中，但辛未年吕与叔已卒，此篇尚有与叔名字，疑庚申年也。

卷第十六　伊川先生语二

己巳冬所闻　不知何人所记。己巳，元祐四年也。本在《少日所闻诸师友说》后。

卷第十七　伊川先生语三

本无篇名，不知何人所记。或曰永嘉周行己恭叔，或云永嘉刘安节元承，或云关中学者所记，皆不能明也，故存其篇而阙其目。按，元祐三年，刘质夫卒，此篇有质夫名字，则三年前语也。

卷第十八　伊川先生语四

刘元承手编　刘安节，字元承，永嘉人。所记有元祐五年遭丧后、绍圣四年迁谪前事。延平陈渊几叟得之于元承之子，有题志在后。

卷第十九　伊川先生语五

杨遵道录　杨迪，字遵道，延平人，文靖公之长子也。所记有元符末归自涪陵后事。

卷第二十　伊川先生语六

周伯忱录　周孚先，字伯忱，毗陵人，建中靖国初从学。

卷第二十一上　伊川先生语七上

师说　门人张绎录　张绎，字思叔，寿安人。

卷第二十一下　伊川先生语七下

附师说后　胡文定公家本，除复重，得此数章，以其辞意类《师说》，故以附其后。

卷第二十二上　伊川先生语八上

伊川杂录　唐棣彦思　毗陵人。

卷第二十二下　伊川先生语八下

附杂录后　延平陈氏本，自为一篇，无名氏，间与《杂录》相出入，故以附之。

卷第二十三　伊川先生语九

鲍若雨录　永嘉人。字汝霖，一云商霖。

卷第二十四　伊川先生语十

邹德久本　毗陵邹柄，道乡公之子，未尝亲见先生，不知其所传授。旧附

《东见录》后。

卷第二十五　伊川先生语十一

畅潜道录　畅大隐，字潜道，名见《东见录》。此篇见《晁氏客语》中，不云何人之言，亦不云何人所记，独间见于延平罗氏《别录》，则注云畅本，然则潜道所记与？胡氏本亦有之，而题其上云：“张杲旸叔所传，识者疑其间多非先生语。”今考之信然，故附于此。

右《程氏遗书》二十五篇，二先生门人记其所见闻答问之书也。始，诸公各自为书，先生没而其传寖广，然散出并行，无所统一，传者颇以己意私窃窜易，历时既久，殆无全篇。熹家有先人旧藏数篇，皆著当时记录主名，语意相承，首尾通贯，盖未更后人之手，故其书最为精善。后益以类访求，得凡二十五篇，因稍以所闻岁月先后，第为此书，篇目皆因其旧，而又别为之录如此，以见分别次序之所以然者。然尝窃闻之：伊川先生无恙时，门人尹焞得朱光庭所钞先生语，奉而质诸先生，先生曰：“某在，何必读此书。若不得某之心，所记者徒彼意耳。”尹公自是不敢复读。夫以二先生倡明道学于孔、孟既没，千载不传之后，可谓盛矣。而当时从游之士，盖亦莫非天下之英材，其于先生之嘉言善行，又皆耳闻目见而手记之，宜其亲切不差，可以行远，而先生之戒犹且丁宁若是。岂不以学者未知心传之要，而滞于言语之间，或者失之毫厘，则其谬将有不可胜言者乎？又况后此且数十年，区区掇拾于残编坠简之余，传诵道说，玉石不分，而谓真足以尽得其精微严密之旨，其亦误矣。虽然，先生之学，其大要则可知已。读是书者，诚能主敬以立其本，穷理以进其知，使本立而知益明，知精而本益固，则日用之间，且将有以得乎先生之心，而于疑信之传可坐判矣。此外，诸家所钞尚众，率皆割裂补缀，非复本篇，异时得其所自来，当复出之，以附今录，无则亦将去其重复，别为《外书》，以待后之君子云尔。

附　录

明道先生行状　见《伊川先生文集》

门人朋友叙述并序　刘立之　朱光庭　邢　恕　范祖禹

书行状后　游　酢

哀　词　吕大临

明道先生墓表　见《伊川先生文集》

伊川先生年谱

祭　文　张　绎

奏状节略　胡安国

右附录一卷，《明道先生行状》之属，凡八篇，伊川先生祭文一篇，奏状一篇，皆其本文，无可议者。独伊川行事本末，当时无所论著，熹尝窃取《实录》所书，《文集》《内外书》所载，与凡他书之可证者，次其后先，以为年谱，既不敢以意形容，又不能保无谬误，故于每事之下，各系其所从得者，今亦辄取以著于篇，合为一卷，以附于二十五篇之后。呜呼！学者察言以求其心，考迹以观其用，而有以自得之，则斯道之传也，其庶几乎！乾道四年，岁在著雍困敦夏四月壬子，新安朱熹谨记。

卷第一　二先生语一

端伯传师说

伯淳先生尝语韩持国曰："如说妄说幻为不好底性，则请别寻一个好底性来，换了此不好底性着。道即性也。若道外寻性，性外寻道，便不是。圣贤论天德，盖谓自家元是天然完全自足之物，若无所污坏，即当直而行之；若小有污坏，即敬以治之，使复如旧。所以能使如旧者，盖为自家本质元是完足之物。若合修治而修治之，是义也；若不消修治而不修治，亦是义也，故常简易明白而易行。禅学者总是强生事，至如山河大地之说，是他山河大地，又干你何事？至如孔子，道如日星之明，犹患门人未能尽晓，故曰：'予欲无言。'如颜子，则便默识，其他未免疑问，故曰'小子何述'，又曰：'天何言哉？四时行焉，百物生焉。'可谓明白矣。若能于此言上看得破，便信是会禅，也非是未寻得，盖实是无去处说，此理本无二故也。"

王彦霖问立德、进德先后，曰："此有二，有立而后进，有进而至于立。立而后进，则是卓然定后有所进，立则是'三十而立'，进则是'吾见其进也'。有进而至于立，则进而至于立道处也，此进是'可与适道'者也，立是'可与立'者也。"

王彦霖以为："人之为善，须是他自肯为时，方有所得，亦难强。"曰："此言虽是，人须是自为善，然又不可为如此却都不管他，盖有教焉。‘修道之谓教’，岂可不修？”

王彦霖问：“道者，一心也，有曰‘仁者不忧’，有曰‘知者不惑’，有曰‘勇者不惧’，何也？”曰：“此只是名其德尔，其理一也。得此道而不忧者，仁者之事也，因其不忧，故曰此仁也。知、勇亦然。不成却以不忧谓之知，不惑谓之仁也？凡名其德，千百皆然，但此三者，达道之大也。”

苏季明尝以“治经为传道、居业之实，居常讲习，只是空言无益”，质之两先生。伯淳先生曰：“‘修辞立其诚’，不可不子细理会。言能修省言辞，便是要立诚。若只是修饰言辞为心，只是为伪也。若修其言辞，正为立己之诚意，乃是体当自家‘敬以直内，义以方外’之实事。道之浩浩，何处下手？惟立诚才有可居之处，有可居之处，则可以修业也。‘终日乾乾’，大小大事，却只是‘忠信，所以进德’为实下手处，‘修辞立其诚’为实修业处。”正叔先生曰：“治经，实学也。‘譬诸草木，区以别矣’，道之在经，大小远近，高下精粗，森列于其中。譬诸日月在上，有人不见者，一人指之，不如众人指之自见也。如《中庸》一卷书，自至理便推之于事。如国家有九经，及历代圣人之迹，莫非实学也。如登九层之台，自下而上者为是。人患居常讲习空言无实者，盖不自得也。为学，治经最好。苟不自得，则尽治五经，亦是空言。今有人心得识达，所得多矣。有虽好读书，却患在空虚者，未免此弊。”

天地生一世人，自足了一世事。但恨人不能尽用天下之才，此其不能大治。

天地生物，各无不足之理。常思天下君臣、父子、兄弟、夫妇，有多少不尽分处。

先生常论克己复礼，韩持国曰："道上更有甚克，莫错否？"曰："如公之言，只是说道也。克己复礼，乃所以为道也，更无别处。克己复礼之为道，亦何伤乎公之所谓道也！如公之言，即是一人自指其前一物，曰此道也，他本无可克者。若知道与己未尝相离，则若不克己复礼，何以体道？道在己，不是与己各为一物，可跳身而入者也。克己复礼，非道而何？至如公言，克不是道，亦是道也。实未尝离得，故曰'可离，非道也'，理甚分明。"又曰："道无真无假。"曰："既无真，又无假，却是都无物也。到底须是是者为真，不是者为假，便是道，大小大分明。"

古人见道分明，故曰"吾斯之未能信"，"从事于斯"，"无是，馁也"，"立之斯立"。

"佛学只是以生死恐动人。可怪二千年来，无一人觉此，是被他恐动也。圣贤以生死为本分事，无可惧，故不论死生。佛之学，为怕死生，故只管说不休。下俗之人固多惧，易以利动。至如禅学者，虽自曰异此，然要之只是此个意见，皆利心也。"籲曰："此学，不知是本来以公心求之，后有此蔽，或本只以利心上得之？"曰："本是利心上得来，故学者亦以利心信之。庄生云'不怛化'者，意亦如此也。如杨、墨之害，在今世则已无之。如道家之说，其害终小。惟佛学，今则人人谈之，弥漫滔天，其害无涯。旧尝问学佛者：'《传灯录》几人？'云：'千七百人。'某曰：'敢道此千七百人无一人达者。果有一人见得圣人"朝闻道，夕死可矣"与曾子"易箦"之理，临死须寻一尺布帛裹头而死，必不肯削发胡服而终。是诚无一人达者。'禅者曰：'此迹也，何不论其心？'曰：'心、迹一也，岂有迹非而心是者也？正如两脚方行，指其心曰：“我本不欲行，他两脚自行。”岂有此理？盖上下、本末、内外，都是一理也，方是道。庄子曰“游方之内”“游方之外”者，方何尝有内外？如此，则是道有隔断，内面是一处，外面又别是一处，岂有此理？’学禅者曰：‘草木、鸟兽之生，亦皆是幻。’曰：‘子以为生息于春夏，及至秋冬便却变坏，便以为幻，故亦以人生为幻，何不付与他？物生死成坏，自有此理，何者为幻？’”

天地之间，非独人为至灵，自家心便是草木、鸟兽之心也，但人受天地之中以生尔。一本此下云：人与物，但气有偏正耳。独阴不成，独阳不生。得阴阳之偏者，为鸟兽、草木、夷狄；受正气者，人也。

后汉人之名节，成于风俗，未必自得也，然一变可以至道。

先王之世，以道治天下；后世只是以法把持天下。

语仁，而曰“可谓仁之方也已”者，何也？盖若便以为仁，则反使不识仁，只以所言为仁也。故但曰“仁之方”，则使自得之以为仁也。

“忠信，所以进德”，“终日乾乾”，君子当终日“对越在天”也。盖上天之载，无声无臭，其体则谓之易，其理则谓之道，其用则谓之神，其命于人则谓之性，率性则谓之道，修道则谓之教。孟子去其中又发挥出浩然之气，可谓尽矣。故说神“如在其上，如在其左右”，大小大事，而只曰“诚之不可掩如此夫”。彻上彻下，不过如此。形而上为道，形而下为器，须着如此说，器亦道，道亦器，但得道在，不系今与后、己与人。

富贵骄人，固不善；学问骄人，害亦不细。

义理与客气常相胜，又看消长分数多少，为君子、小人之别。义理所得渐多，则自然知得客气消散得渐少，消尽者是大贤。

“兴于《诗》，立于礼”，自然见有着力处；至“成于乐”，自然见无所用力。一本云：“兴于诗”，便须见有着力处；“立于礼”，便须见有得力处；“成于乐”，便须见有无所用力处。

若不能存养，只是说话。

韩愈亦近世豪杰之士。如《原道》中言语虽有病，然自孟子而后，能将许大见识寻求者，才见此人。至如断曰：“孟氏醇乎醇。”又曰：“荀与杨，择焉而不精，语焉而不详。”若不是佗见得，岂千余年后便能断得如此分明也！如杨子看老子，则谓“言道德则有取，至如捶提仁义，绝灭礼学，则无取”。若以老子“剖斗折衡，圣人不死，大盗不止”，为救时反本之言为可取，却尚可恕。如老子言“失道而后德，失德而后仁，失仁而后义，失义而后礼”，则自不识道，已不成言语，却言其“言道德则有取”，盖自是杨子已不见道，岂得如愈也？

“予，天民之先觉者”，谓我乃天生此民中尽得民道而先觉者也。既为先觉之民，岂可不觉未觉者？及彼之觉，亦非分我之所有以予之，皆彼自有此义理，我但能觉之而已。

圣贤千言万语，只是欲人将已放之心，约之使反，复入身来，自能寻向上去，下学而上达也。

先生尝语王介甫曰：“公之谈道，正如说十三级塔上相轮，对望而谈，曰相轮者如此如此，极是分明。如某则戆直，不能如此，直入塔中，上寻相轮，辛勤登攀，逦迤而上，直至十三级时，虽犹未见相轮能如公之言，然某却实在塔中，去相轮渐近，要之须可以至也。至相轮中坐时，依旧见公对塔谈说此相轮如此如此。”介甫只是说道，云我知有个道如此如此。只佗说道时，已与道离。佗不知道，只说道时，便不是道也。有道者言自分明，只作寻常本分事说了。孟子言尧、舜“性之”，舜“由仁义行”，岂不是寻常说话？至于《易》，只道个“立人之道，曰仁与义”，则和性字、由字，也不消道，自已分明。阴阳、刚柔、仁义，只是此一个道理。

嘉礼不野合，野合则秕稗也。故生不野合，则死不墓祭。盖燕飨祭祀，乃宫室中事。后世习俗废礼，有踏青，藉草饮食，故墓亦有祭。如《礼》望墓为坛，并墓人为墓祭之尸，亦有时为之，非经礼也。后世在上者未能制礼，则随俗未免墓祭。既有墓祭，则祠堂之类，亦且为之可也。

《礼经》中，既不说墓祭，即是无墓祭之文也。

张横渠于墓祭合一，分食而祭之，故告墓之文，有曰“奔走荆棘，殽乱杯盘之列”之语，此亦未尽也。如献尸则可合而为一，鬼神如何可合而为一？

墓人墓祭则为尸，旧说为祭后土则为尸者，非也。盖古人祭社之外，更无所在有祭后土之礼。如今城隍神之类，皆不当祭。

家祭，凡拜，皆当以两拜为礼。今人事生，以四拜为再拜之礼者，盖中间有问安之事故也。“事死如事生”，诚意则当如此。至如死而问安，却是渎神。若祭祀有祝、有告、谢神等事，则自当有四拜、六拜之礼。

古人祭祀用尸，极有深意，不可不深思。盖人之魂气既散，孝子求神而祭，无尸则不飨，无主则不依。故《易》于《涣》《萃》，皆言“王假有庙”，即涣散之时事也。魂气必求其类而依之。人与人既为类，骨肉又为一家之类。己与尸，各既已洁斋，至诚相通，以此求神，宜其飨之。后世不知此，直以尊卑之势，遂不肯行尔。古人为尸者，亦自处如何，三代之末，已是不得已而废。

“宗子继别为宗”，言“别”，则非一也。如别子五人，五人各为大宗。所谓“兄弟宗之”者，谓别子之子、继祢者之兄弟宗其小宗子也。

凡人家法，须令每有族人远来，则为一会以合族，虽无事，亦当每月一为之。古人有花树韦家宗会法，可取也。然族人每有吉凶、嫁娶之类，更须相与为礼，使骨肉之意常相通。骨肉日疏者，只为不相见，情不相接尔。

世人多慎于择婿，而忽于择妇。其实婿易见，妇难知，所系甚重，岂可忽哉？

籲问：“每常遇事，即能知操存之意。无事时，如何存养得熟？”曰：“古之人，耳之于乐，目之于礼，左右起居，盘盂几杖，有铭有戒，动息皆有所养。今皆废此，独有理义之养心耳。但存此涵养意，久则自熟矣。‘敬以直内’，是涵养意。言不庄不敬，则鄙诈之心生矣；貌不庄不敬，则怠慢之心生矣。”

汉儒如毛苌、董仲舒，最得圣贤之意，然见道不甚分明。下此即至杨雄，规模窄狭。道即性也，言性已错，更何所得？

汉策贤良，犹是人举之。如公孙弘者，犹强起之，乃就对。至如后世贤良，乃自求举耳。若果有曰“我心只望廷对，欲直言天下事”，则亦可尚矣。若志在富贵，则得志便骄纵，失志则便放旷与悲愁而已。

《周官》，医以十全为上，非为十人皆愈为上。若十人不幸皆死病，则奈何？但知可治不可治者十人皆中，即为上。

有人劳正叔先生曰：“先生谨于礼四五十年，应甚劳苦。”先生曰：“吾日履安地，何劳何苦？佗人日践危地，此乃劳苦也。”

忧子弟之轻俊者，只教以经学念书，不得令作文字。

子弟，凡百玩好皆夺志。至于书札，于儒者事最近，然一向好着，亦自丧志。如王、虞、颜、柳辈，诚为好人则有之。曾见有善书者知道否？平生精力，一用于此，非惟徒废时日，于道便有妨处，足知丧志也。

王弼注《易》，元不见道，但却以老、庄之意解说而已。

吕与叔尝言："患思虑多，不能驱除。"曰："此正如破屋中御寇，东面一人来未逐得，西面又一人至矣，左右前后，驱逐不暇。盖其四面空疏，盗固易入，无缘作得主定。又如虚器入水，水自然入。若以一器实之以水，置之水中，水何能入来？盖中有主则实，实则外患不能入，自然无事。"

孔子曰："其如示诸斯乎。"指其掌。《中庸》便曰："明乎郊社之礼、禘尝之义，治国，其如示诸掌乎！"盖人有疑孔子之语，《中庸》又直指郊、禘之义以发之。曾子曰："夫子之道，忠恕而已矣。"《中庸》以曾子之言虽是如此，又恐人尚疑忠恕未可便为道，故曰："忠恕违道不远，施诸己而不愿，亦勿施于人。"此又掠下教人。

尧夫尝言："能物物，则我为物之人也；不能物物，则我为物之物也。"亦不消如此。人自人，物自物，道理甚分明。

伯淳近与吴师礼谈介甫之学错处，谓师礼曰："为我尽达诸介甫，我亦未敢自以为是。如有说，愿往复。此天下公理，无彼我。果能明辨，不有益于介甫，则必有益于我。"

人以料事为明，便骎骎入"逆诈""亿不信"去也。

射中鹄，舞中节，御中度，皆诚也。古人教人以射御象勺，所养之意如此。

凡物之名字，自与音义、气理相通。除其他有体质可以指论而得名者之外，如天之所以为天，天未名时，本亦无名，只是苍苍然也，何以便有此名？盖出自然之理，音声发于其气，遂有此名此字。如今之听声之精者便知人性，善卜者知人姓名，理由此也。

籲言：“赵泽尝云：‘临政事不合着心，惟恕上合着心。’是否？”曰：“彼谓着心勉而行恕则可，谓着心求恕则不可。盖恕，自有之理，举斯心加诸彼而已，不待求而后得。然此人之论，有心为恕，终必恕矣。”

诚者，合内外之道，不诚无物。

持国曰：“凡人志能使气者，能定其志，则气为吾使，志壹则动气矣。”先生曰：“诚然矣，志壹则动气，然亦不可不思气壹则动志。非独趋蹶，药也，酒也，亦是也。然志动气者多，气动志者少。虽气亦能动志，然亦在持其志而已。”

持国曰：“道家有三住，心住则气住，气住则神住，此所谓存三守一。”伯淳先生曰：“此三者，人终食之顷未有不离者，其要只在收放心。”

持国常患在下者多欺，伯淳先生曰：“欺有三：有为利而欺，则固可罪；有畏罪而欺者，在所恕；事有类欺者，在所察。”

人于外物奉身者，事事要好，只有自家一个身与心却不要好。苟得外面物好时，却不知道自家身与心却已先不好了也。

先生曰：“范景仁论性曰：‘岂有生为此，死又却为彼？’尽似见得。后却云‘自有鬼神’，又却迷也。”

少年时见物大、食物美，后不能然者，物自尔也，乃人与气有盛衰尔。

“生之谓性”，性即气，气即性，生之谓也。人生气禀，理有善恶，然不是性中元有此两物相对而生也。有自幼而善，有自幼而恶，后稷之克岐克嶷，子越椒始生，人知其必灭若敖氏之类。是气禀有然也。善固性也，然恶亦不可不谓之性也。盖“生之谓性”“人生而静”以上不容说，才说性时，便已不是性也。凡人说性，只是说“继之者善”也，孟子言人性善是也。夫所谓“继之者善”也者，犹水流而就下也。皆水也，有流而至海，终无所污，此何烦人力之为也？有流而未远，固已渐浊；有出而甚远，方有所浊。有浊之多者，有浊之少者，清浊虽不同，然不可以浊者不为水也。如此，则人不可以不加澄治之功。故用力敏勇则疾清，用力缓怠则迟清，及其清也，则却只是元初水也，亦不是将清来换却浊，亦不是取出浊来置在一隅也。水之清，则性善之谓也。故不是善与恶在性中为两物相对，各自出来。此理，天命也；顺而循之，则道也；循此而修之，各得其分，则教也。自天命以至于教，我无加损焉，此舜有天下而不与焉者也。

邢和叔言：“吾曹常须爱养精力，精力稍不足则倦，所以临事皆勉强而无诚意。”接宾客语言尚可见，况临大事乎？

尝与赵汝霖论为政，切忌临事着心，曰：“此诚是也，然唯恕上合着心。”

拾　遗

浩然之气，天地之正气，大则无所不在，刚则无所屈，以直道顺理而养，则充塞于天地之间。“配义与道”，气皆主于义而无不在道，一置私意，则馁矣。“是集义所生”，事事有理而在义也，非自外袭而取之也。告子外之者，盖不知义也。杨遵道所录伊川语中，辨此一段非明道语。

壹与一字同。一动气则动志，一动志则动气，为养气者而言也。若成德者，志已坚定，则气不能动志。

北宫黝之勇，在于必为；孟施舍之勇，能于无惧。子夏，笃志力行者也；曾子，明理守约者也。

“必有事”者，主养气而言，故必主于敬；“勿正”，勿作为也；“心勿忘”，必有事也；“助长”，乃正也。

“北方之强”，血气也；“南方之强”，乃理强，故圣人贵之。

人患乎慑怯者，盖气不充，不素养故也。

忿懥，怒也。治怒为难，治惧亦难。克己可以治怒，明理可以治惧。

侯世与云：“某年十五六时，明道先生与某讲《孟子》，至‘勿正心，勿忘，勿助长’处，云：‘二哥以“必有事焉而勿正”为一句，“心勿忘勿助长”为一句，亦得。’因举禅语为况云：‘事则不无，拟心则差。’某当时言下有省。”

卷第二上　二先生语二上

元丰己未吕与叔东见二先生语

古不必验。今之所患，止患不得为，不患不能为。正

“居处恭，执事敬，与人忠”，此是彻上彻下语，圣人元无二语。明

一人之心，即天地之心；一物之理，即万物之理；一日之运，即一岁之运。正

志道恳切，固是诚意，若迫切不中理，则反为不诚。盖实理中自有缓急，不容如是之迫，观天地之化乃可知。正

圣人用意深处，全在《系辞》，《诗》《书》乃格言。明

古之学者，皆有传授。如圣人作经，本欲明道。今人若不先明义理，不可治经，盖不得传授之意云尔。如《系辞》，本欲明《易》，若不先求卦义，则看《系辞》不得。

观《易》，须看时，然后观逐爻之才。一爻之间，常包涵数意，圣人常取其重者为之辞。亦有《易》中言之已多，取其未尝言者，亦不必重事。又有且言其时，不及其爻之才，皆临时参考。须先看卦，乃看得《系辞》。

有德者，得天理而用之，既有诸己，所用莫非中理。知巧之士，虽不自得，然才知稍高，亦能窥测见其一二，得而用之，乃自谓泄天机。若平心用之，亦莫不中理，但不有诸己，须用知

巧，亦有反失之，如苏、张之类。

教人之术，若童牛之牿，当其未能触时，已先制之，善之大者。其次，则豮豕之牙。豕之有牙，既已难制，以百方制之，终不能使之改，惟豮其势，则性自调伏，虽有牙亦不能为害。如有不率教之人，却须置其檟楚，别以道格其心，则不须檟楚，将自化矣。

事君须体"纳约自牖"之意。人君有过，以理开谕之，既不肯听，虽当救止，于此终不能回，却须求人君开纳处进说。牖乃开明处。如汉祖欲废太子，叔孙通言嫡庶根本，彼皆知之，既不肯听矣，纵使能言，无以易此。惟张良知四皓素为汉祖所敬，招之使事太子，汉祖知人心归太子，乃无废立意。及左师触龙事，亦相类。

天下善恶皆天理，谓之恶者非本恶，但或过或不及便如此，如杨、墨之类。明

仁、义、礼、智、信五者，性也。仁者，全体；四者，四支。仁，体也；义，宜也；礼，别也；智，知也；信，实也。

学者全体此心，学虽未尽，若事物之来，不可不应，但随分限应之，虽不中，不远矣。

学者须敬守此心，不可急迫，当栽培深厚，涵泳于其间，然后可以自得。但急迫求之，只是私己，终不足以达道。

学者全要识时。若不识时，不足以言学。颜子陋巷自乐，以有孔子在焉。若孟子之时，世既无人，安可不以道自任？

《订顽》一篇，意极完备，乃仁之体也。学者其体此意，令有诸己，其地位已高。到此地位，自别有见处，不可穷高极远，恐于道无补也。明

医书言手足痿痹为不仁，此言最善名状。仁者，以天地万物为一体，莫非己也。认得为己，何所不至？若不有诸己，自不与己相干。如手足不仁，气已不贯，皆不属己。故“博施济众”，乃圣之功用。仁至难言，故止曰“己欲立而立人，己欲达而达人。能近取譬，可谓仁之方也已”。欲令如是观仁，可以得仁之体。明

“博施济众”，云“必也圣乎”者，非谓仁不足以及此，言“博施济众”者乃功用也。明

尝喻以心知天，犹居京师往长安，但知出西门便可到长安。此犹是言作两处。若要诚实，只在京师，便是到长安，更不可别求长安。只心便是天，尽之便知性，知性便知天，当处便认取，更不可外求。

“穷理尽性，以至于命”，三事一时并了，元无次序，不可将穷理作知之事。若实穷得理，即性命亦可了。明

学者识得仁体，实有诸己，只要义理栽培。如求经义，皆栽培之意。

世间有鬼神冯依言语者，盖屡见之。未可全不信，此亦有理，“莫见乎隐，莫显乎微”而已。尝以所求语刘绚，其后以其思索相示，但言与不是，元未尝告之。近来求得稍亲。

昔受学于周茂叔，每令寻颜子、仲尼乐处，所乐何事。

真知与常知异。常见一田夫，曾被虎伤，有人说虎伤人，众莫不惊，独田夫色动异于众。若虎能伤人，虽三尺童子莫不知之，然未尝真知。真知须如田夫乃是。故人知不善而犹为不善，是亦未尝真知。若真知，决不为矣。

蒲人要盟事，知者所不为，况圣人乎？果要之，止不之卫可

也。盟而背之，若再遇蒲人，其将何辞以对？

尝言郑戬作县，定民陈氏为里正。既暮，有姓陈人乞分居，戬立笞之，曰："安有朝定里正，而夕乞分居？"既而察之，乞分居者，非定里正也。今夫赤子未能言，其志意嗜欲，人所未知，其母必不能知之，然不至误认其意者，何也？诚心爱敬而已。若使爱敬其民如其赤子，何错缪之有？故"心诚求之，虽不中，不远矣"。

欲知得与不得，于心气上验之。思虑有得，中心悦豫，沛然有裕者，实得也；思虑有得，心气劳耗者，实未得也，强揣度耳。尝有人言"比因学道，思虑心虚"，曰："人之血气，固有虚实，疾病之来，圣贤所不免，然未闻自古圣贤因学而致心疾者。"

学者须先识仁。仁者，浑然与物同体。义、礼、知、信，皆仁也。识得此理，以诚敬存之而已，不须防检，不须穷索。若心懈则有防，心苟不懈，何防之有？理有未得，故须穷索，存久自明，安待穷索？此道与物无对，大不足以名之，天地之用，皆我之用。孟子言"万物皆备于我"，须反身而诚，乃为大乐。若反身未诚，则犹是二物有对，以己合彼，终未有之，未有之，又安得乐？《订顽》意思，乃备言此体。以此意存之，更有何事？"必有事焉，而勿正；心勿忘，勿助长"，未尝致纤毫之力，此其存之之道。若存得，便合有得。盖良知、良能元不丧失，以昔日习心未除，却须存习此心，久则可夺旧习。此理至约，惟患不能守。既能体之而乐，亦不患不能守也。明

事有善有恶，皆天理也。天理中物，须有美恶。盖物之不齐，物之情也。但当察之，不可自入于恶，流于一物。明

昔见上称介甫之学，对曰："王安石之学不是。"上愕然问曰："何故？"对曰："臣不敢远引，止以近事明之。臣尝读《诗》，言周公之德，云：'公孙硕肤，赤舄几几。'周公盛德，形容如是之盛。如王安石，其身犹不能自治，何足以及此！"明○一本此下云：又尝称介甫，颢对曰："王安石博学多闻则有之，守约则未也。"

圣人，即天地也。天地中，何物不有？天地岂尝有心拣别善恶？一切涵容覆载，但处之有道尔。若善者亲之，不善者远之，则物不与者多矣，安得为天地？故圣人之志，止欲"老者安之，朋友信之，少者怀之"。

死生存亡，皆知所从来，胸中莹然无疑，止此理尔。孔子言"未知生，焉知死"，盖略言之。死之事，即生是也，更无别理。明

言"体天地之化"，已剩一"体"字，只此便是天地之化，不可对此个别有天地。明

胡安定在湖州置治道斋，学者有欲明治道者，讲之于中。如治兵、治民、水利、算数之类。尝言刘彝善治水利，后累为政，皆兴水利有功。

"睟面""盎背"，皆积盛致然；"四体不言而喻"，惟有德者能之。

《大学》乃孔氏遗书，须从此学则不差。明

孔子之列国，答聘而已，若有用我者，则从之。

居今之时，不安今之法令，非义也。若论为治，不为则已，如复为之，须于今之法度内处得其当，方为合义。若须更改而后为，则何义之有？

孟子言“养心，莫善于寡欲”，“欲寡”则心自诚。荀子言“养心，莫善于诚”，既诚矣，又何养？此已不识诚，又不知所以养。

贤者惟知义而已，命在其中。中人以下，乃以命处义。如言“求之有道，得之有命”，是求无益于得，知命之不可求，故自处以不求。若贤者则求之以道，得之以义，不必言命。

克己则私心去，自然能复礼，虽不学文，而礼意已得。明

今之监司，多不与州县一体。监司专欲伺察，州县专欲掩蔽。不若推诚心与之共治，有所不逮，可教者教之，可督者督之，至于不听，择其甚者去一二，使足以警众可也。

《诗》《书》，载道之文；《春秋》，圣人之用。一本此下云：五经之有《春秋》，犹法律之有断例也。律令惟言其法，至于断例，则始见其法之用也。《诗》《书》如药方，《春秋》如用药治疾，圣人之用，全在此书，所谓“不如载之行事深切著明”者也。有重叠言者，如征伐、盟会之类。盖欲成书，势须如此，不可事事各求异义。但一字有异，或上下文异，则义须别。

君实修《资治通鉴》，至唐事。正叔问曰：“敢与太宗、肃宗正篡名乎？”曰：“然。”又曰：“敢辩魏徵之罪乎？”曰：“何罪？”“魏徵事皇太子，太子死，遂忘戴天之仇而反事之，此王法所当诛。后世特以其后来立朝风节而掩其罪。有善有恶，安得相掩？”曰：“管仲不死子纠之难而事桓公，孔子称其能不死，曰：‘岂若匹夫匹妇之为谅也，自经于沟渎而莫之知也！’与徵何异？”曰：“管仲之事，与徵异。齐侯死，公子皆出。小白长而当立，子纠少亦欲立。管仲奉子纠奔鲁，小白入齐，既立，仲纳子纠以抗小白，以少犯长，又所不当立，义已不顺。既

而小白杀子纠，管仲以所事言之则可死，以义言之则未可死。故《春秋》书‘齐小白入于齐’，以国系齐，明当立也；又书‘公伐齐纳纠’，二《传》无‘子’字。纠去‘子’，明不当立也；至‘齐人取子纠杀之’，此复系‘子’者，罪齐大夫既盟而杀之也。与徵之事全异。”

知、仁、勇三者，天下之达德，所以行之者一。一则诚也。止是诚实此三者，三者之外，更别无诚。

孟子才高，学之无可依据。学者当学颜子，入圣人为近，有用力处。明

“若季氏则吾不能，以季、孟之间待之”，季氏强臣，君待之之礼极隆，然非所以待孔子。季、孟之间，则待之之礼为至矣。然复曰“吾老矣，不能用也”，此孔子不系待之轻重，特以不用而去。

谈经论道则有之，少有及治体者。“如有用我者”，正心以正身，正身以正家，正家以正朝廷百官，至于天下，此其序也。其间则又系用之浅深，临时裁酌而应之，难执一意。

天地之道，常垂象以示人，故曰“贞观”；日月常明而不息，故曰“贞明”。

学者不必远求，近取诸身，只明人理，敬而已矣，便是约处。《易》之《乾》卦言圣人之学，《坤》卦言贤人之学，惟言“敬以直内，义以方外，敬义立而德不孤”。至于圣人，亦止如是，更无别途。穿凿系累，自非道理。故有道有理，天人一也，更不分别。浩然之气，乃吾气也，养而不害，则塞乎天地；一为私心所蔽，则欿然而馁，却甚小也。“思无邪”，“毋不敬”，只此二句，循而行之，安得有差？有差者，皆由不敬不正也。明

良能、良知，皆无所由，乃出于天，不系于人。

德性谓天赋天资，才之美者也。

凡立言，欲涵蓄意思，不使知德者厌，无德者惑。

且省外事，但明乎善，惟进诚心，其文章，虽不中，不远矣。所守不约，泛滥无功。明

学者须学文，知道者进德而已。有德则“不习，无不利”，“未有学养子而后嫁”，盖先得是道矣。学文之功，学得一事是一事，二事是二事，触类至于百千，至于穷尽，亦只是学，不是德。有德者不如是。故此言可为知道者言，不可为学者言。如心得之，则“施于四体，四体不言而喻”。譬如学书，若未得者，须心手相须而学；苟得矣，下笔便能书，不必积学。

有有德之言，有造道之言，有述事之言。有德者，止言己分事。造道之言，如颜子言孔子，孟子言尧、舜，止是造道之深，所见如是。

所见所期，不可不远且大，然行之亦须量力有渐。志大心劳，力小任重，恐终败事。

某接人多矣，不杂者三人：张子厚、邵尧夫、司马君实。

圣不可知，谓圣之至妙，人所不能测。

立宗非朝廷之所禁，但患人自不能行之。

立清虚一大为万物之源，恐未安，须兼清浊虚实乃可言神。道体物不遗，不应有方所。

教人未见意趣，必不乐学。欲且教之歌舞，如古《诗》三百篇，皆古人作之。如《关雎》之类，正家之始，故用之乡人，用之邦国，日使人闻之。此等诗，其言简奥，今人未易晓。别欲作诗，略言教童子洒扫、应对、事长之节，令朝夕歌

之，似当有助。

“致知在格物”，格，至也，穷理而至于物，则物理尽。

今之学者，惟有义理以养其心。若威仪、辞让以养其体，文章、物采以养其目，声音以养其耳，舞蹈以养其血脉，皆所未备。

孟子之于道，若温淳渊懿，未有如颜子者，于圣人几矣，后世谓之亚圣，容有取焉。如“盍各言尔志”，子路、颜子、孔子皆一意，但有小大之差，皆与物共者也。颜子不自私己，故“无伐善”；知同于人，故“无施劳”。若圣人，则如天地，如“老者安之”之类。“孟”字疑误。

《大学》“在明明德”，先明此道；“在新民”者，使人用此道以自新；“在止于至善”者，见知所止。

得而后动，与虑而后动异。得在己，如自使手举物，无不从；虑则未在己，如手中持物以取物，知其不利。

圣人于文章，不讲而学。盖讲者有可否之疑，须问辨而后明。学者有所不知，问而知之，则可否自决，不待讲论。如孔子之盛德，惟官名、礼文有所未知，故问于郯子、老子，既知则遂行而已，更不须讲。

正叔言：“不当以体会为非心，以体会为非心，故有心小性大之说。圣人之神，与天地为一，安得有二？至于‘不勉而中，不思而得’，莫不在此。此心即与天地无异，不可小了佗，若或将心滞在知识上，故反以心为小。”时本注云：横渠云：“心御见闻，不弘于性。”

鼓舞万物，不与圣人同忧，此天与人异处。圣人有不能为天之所为处。

行礼不可全泥古，须当视时之风气自不同，故所处不得不与古异。如今人面貌，自与古人不同，若全用古物，亦不相称。虽圣人作，须有损益。

交神明之意，当在事生之后，则可以尽孝爱而得其飨。全用古事，恐神不享。

《订顽》之言，极纯无杂，秦、汉以来学者所未到。

君与夫人当异庙，故自无配。明

禘，王者之大祭；祫，诸侯之大祭。明

伯淳言："学者须守下学上达之语，乃学之要。"

嫂叔无服，先王之权。后圣有作，虽复制服可矣。

师不立服，不可立也，当以情之厚薄，事之大小处之。如颜、闵于孔子，虽斩衰三年可也，其成己之功，与君父并。其次，各有浅深，称其情而已。下至曲艺，莫不有师，岂可一概制服？

子厚以礼教学者，最善，使学者先有所据守。

斟酌去取古今，恐未易言，须尺度权衡在胸中无疑，乃可处之无差。

学礼者考文，必求先王之意，得意乃可以沿革。

凡学之杂者，终只是未有所止，内不自足也。譬之一物，悬在空中，苟无所倚着，则不之东则之西，故须着摸佗别道理，只为自家不内足也。譬之家藏良金，不索外求，贫者见人说金，须借他底看。

朋友讲习，更莫如相观而善工夫多。

昨日之会，大率谈禅，使人情思不乐，归而怅恨者久之。此说天下已成风，其何能救！古亦有释氏，盛时尚只是崇设像教，其害至小。今日之风，便先言性命道德，先驱了知者，才愈高明，则陷溺愈深。在某，则才卑德薄，无可奈何佗。然据今日次第，便有数孟子，亦无如之何。只看孟子时，杨、墨之害能有甚？况之今日，殊不足言。此事盖亦系时之污隆。清谈盛而晋室衰，然清谈为害，却只是闲言谈，又岂若今日之害道？今虽故人有一为此学而陷溺其中者，则既不可回，今只有望于诸君尔。直须置而不论，更休曰且待尝试。若尝试，则已化而自为之矣。要之，决无取。其术大概且是绝伦类，世上不容有此理。又其言待要出世，出那里去？又其迹须要出家，然则家者，不过君臣、父子、夫妇、兄弟，处此等事，皆以为寄寓，故其为忠孝仁义者，皆以为不得已尔。又要得脱世网，至愚迷者也。毕竟学之者，不过至似佛。佛者，一黠胡尔，佗本是个自私独善，枯槁山林，自适而已。若只如是，亦不过世上少这一个人。又却要周遍，谓既得本，则不患不周遍。要之，决无此理。一本此下云：然为其学者，诘之，理虽有屈时，又却乱说，卒不可凭考之。今日所患者，患在引取了中人以上者，其力有以自立，故不可回。若只中人以下，自不至此，亦有甚执持？今彼言世网者，只为些秉彝又殄灭不得，故当忠孝仁义之际，皆处于不得已，直欲和这些秉彝都消杀得尽，然后以为至道也，然而毕竟消杀不得。如人之有耳目口鼻，既有此气，则须有此识；所见者色，所闻者声，所食者味。人之有喜怒哀乐者，亦其性之自然，今强曰必尽绝为得天真，是所谓丧天真也。持国之为此学者三十年矣，其所得者，尽说得知有这道理，然至于“反身而诚”，却竟无得处。佗有一个觉之理，可以“敬以直内”矣，然无“义以方外”。其直内者，要之其本亦不是。譬之赞《易》，前后贯穿，都说得是有此道理，然须“默而成之，不言而信，存乎德行”处，是所谓自得也。谈禅者虽说得，盖未之有得。其徒亦有肯道佛卒不可以治天下国家者，然又须道得本则可以周遍。

有问：“若使天下尽为佛，可乎？”其徒言：“为其道则可，其迹则不可。”伯淳言：“若尽为佛，则是无伦类，天下却都没人去理；然自亦以天下国家为不足治，要逃世网，其说至于不可穷处，佗又有一个鬼神为说。”

“立人之道，曰仁与义”，据今日，合人道废则是。今尚不废者，犹只是有那些秉彝，卒殄灭不得。以此思之，天壤间，可谓孤立，其将谁告耶?

今日卓然不为此学者，惟范景仁与君实尔，然其所执理，有出于禅学之下者。一日做身主不得，为人驱过去里。

君实尝患思虑纷乱，有时中夜而作，达旦不寐，可谓良自苦。人都来多少血气？若此，则几何而不摧残以尽也。其后告人曰：“近得一术，常以‘中’为念。”则又是为“中”所乱。“中”又何形？如何念得佗？只是于名言之中，拣得一个好字。与其为“中”所乱，却不如与一串数珠。及与佗数珠，佗又不受。殊不知“中”之无益于治心，不如数珠之愈也。夜以安身，睡则合眼，不知苦苦思量个甚，只是不与心为主，三更常有人唤习也。

学者于释氏之说，直须如淫声美色以远之，不尔，则骎骎然入于其中矣。颜渊问为邦，孔子既告之以五帝、三王之事，而复戒以“放郑声，远佞人”，曰“郑声淫，佞人殆”。彼佞人者，是佗一边佞耳，然而于己则危，只是能使人移，故危也。至于禹之言曰：“何畏乎巧言令色？”“巧言令色”，直消言畏，只是须着如此戒慎，犹恐不免。释氏之学，更不消言，常戒到自家自信后，便不能乱得。

以书传道，与口相传煞不相干。相见而言，因事发明，则并意思一时传了；书虽言多，其实不尽。

观秦中气艳衰，边事所困，累岁不稔。昨来馈边丧亡，今日事未可知，大有可忧者。以至士人相继沦丧，为足妆点关中者，则遂化去。吁！可怪也。凡言王气者，实有此理。生一物，须有此气，不论美恶，须有许大气艳，故生是人。至如阙里，有许多气艳，故此道之流以至今日。昔横渠说出此道理，至此几乎衰矣。只介父一个，气艳大小大。

伯淳尝与子厚在兴国寺曾讲论终日，而曰："不知旧日曾有甚人于此处讲此事。"

与叔所问，今日宜不在有疑。今尚差池者，盖为昔亦有杂学，故今日疑所进有相似处，则遂疑养气为有助，便休信此说。盖为前日思虑纷扰，今要虚静，故以为有助。前日思虑纷扰，又非义理，又非事故，如是则只是狂妄人耳。惩此以为病，故要得虚静。其极，欲得如槁木死灰，又却不是。盖人，活物也，又安得为槁木死灰？既活，则须有动作，须有思虑。必欲为槁木死灰，除是死也。"忠信，所以进德"者，何也？闲邪则诚自存，诚存斯为忠信也。如何是闲邪？非礼而勿视、听、言、动，邪斯闲矣。以此言之，又几时要身如枯木，心如死灰？又如绝四后，毕竟如何，又几时须如枯木死灰？"敬以直内"，则须君则是君，臣则是臣。凡事如此，大小大直截也。

有言养气可以为养心之助。曰："敬则只是敬，敬字上更添不得。譬之敬父矣，又岂须得道更将敬兄助之？又如今端坐附火，是敬于向火矣，又岂须道更将敬于水以助之？犹之有人曾到东京，又曾到西京，又曾到长安，若一处上心来，则他处不容参然在心，心里着两件物不得。”

饮酒不可使醉，不及乱者，不独不可乱志，只血气亦不可使乱，但使浃洽而已，可也。

邢和叔后来亦染禅学，其为人明辩有才，后更晓练世事，其于学，亦“日月至焉”者也。尹子曰：“明辩有才而复染禅学，何所不为也？”

伯淳自谓：“只得佗人待做恶人，敬而远之。”尝有一朝士久不见，谓伯淳曰：“以伯淳如此聪明，因何许多时终不肯回头来？”伯淳答以“盖恐回头后错也”。

巽之凡相见须窒碍，盖有先定之意。与叔据理却合滞碍，而不然者，只是佗至诚便相信心直笃信。

理则须穷，性则须尽，命则不可言穷与尽，只是至于命也。横渠昔尝譬命是源，穷理与尽性如穿渠引源。然则渠与源是两物，后来此议必改来。

今语道，则须待要寂灭湛静，形便如槁木，心便如死灰。岂有直做墙壁木石而谓之道？所贵乎“智周天地万物而不遗”，又几时要如死灰？所贵乎“动容周旋中礼”，又几时要如槁木？论心术，无如孟子，也只谓“必有事焉”而“勿正心”。今既如槁木死灰，则却于何处有事？

君实之能忠孝诚实，只是天资，学则元不知学。尧夫之坦夷，无思虑纷扰之患，亦只是天资自美尔，皆非学之功也。

持国尝论克己复礼，以谓克却不是道。伯淳言：“克便是克之道。”持国又言：“道则不须克。”伯淳言：“道则不消克，却不是持国事。在圣人，则无事可克；今日持国，须克得己便然后复礼。”

游酢、杨时，是学得灵利高才也。杨时于新学极精，今日一有所问，能尽知其短而持之。介父之学，大抵支离。伯淳尝与杨时读了数篇，其后尽能推类以通之。

有问：“《诗》三百，非一人之作，难以一法推之。”伯淳曰：“不然。三百，三千中所择，不特合于《雅》《颂》之音，亦是择其合于教化者取之。篇中亦有次第浅深者，亦有元无次序者。”

新政之改，亦是吾党争之有太过，成就今日之事，涂炭天下，亦须两分其罪可也。当时天下，岌岌乎殆哉！介父欲去数矣。其时，介父直以数事上前卜去就，若青苗之议不行，则决其去。伯淳于上前，与孙莘老同得上意，要了当此事。大抵上意不欲抑介父，要得人担当了，而介父之意尚亦无必。伯淳尝言：“管仲犹能言‘出令当如流水，以顺人心’，今参政须要做不顺人心事，何故？”介父之意只恐始为人所沮，其后行不得。伯淳却道：“但做顺人心事，人谁不愿从也？”介父道：“此则感贤诚意。”却为天祺其日于中书大悖，缘是介父大怒，遂以死力争于上前，上为之一以听用，从此党分矣。莘老受约束而不肯行，遂坐贬。而伯淳遂待罪，既而除以京西提刑，伯淳复求对，遂见上。上言：“有甚文字？”伯淳云：“今咫尺天颜，尚不能少回天意，文字更复何用？”欲去，而上问者数四。伯淳每以陛下不宜轻用兵为言，朝廷群臣无能任陛下事者。以今日之患观之，犹是自家不善从容。至如青苗，且放过，又且何妨？伯淳当言职，苦不曾使文字，大纲只是于上前说了，其他些小文字，只是备礼而已。大抵自仁祖朝优容谏臣，当言职者，必以诋讦而去为贤，习以成风，惟恐人言不称职以去，为落便宜。昨来诸君，盖未免此。苟如是为，则是为己，尚有私意在，却不在朝廷，不干事理。

今日朝廷所以特恶忌伯淳者，以其可理会事，只是理会学，这里动，则于佗辈有所不便也，故特恶之深。

以吾自处，犹是自家当初学未至，意未诚，其德尚薄，无以感动佗天意，此自思则如此。然据今日许大气艳，当时欲一二人动之，诚如河滨之人捧土以塞孟津，复可笑也。据当时事势，又至于今日，岂不是命？

只着一个私意，便是馁，便是缺了佗浩然之气处。“诚者，物之终始，不诚无物”，这里缺了佗，则便这里没这物。浩然之气又不待外至，是集义所生者。这一个道理，不为尧存，不为桀亡。只是人不到佗这里，知此便是明善。

“生生之谓易”，是天之所以为道也。天只是以生为道，继此生理者，即是善也。善便有一个元底意思，“元者，善之长”，万物皆有春意，便是“继之者，善也”。“成之者，性也”，成却待佗万物自成其性须得。

告子云“生之谓性”则可，凡天地所生之物，须是谓之性。皆谓之性则可，于中却须分别牛之性、马之性，是他便只道一般。如释氏说蠢动含灵皆有佛性，如此则不可。“天命之谓性，率性之谓道”者，天降是于下，万物流形，各正性命者，是所谓性也。循其性而不失，是所谓道也。此亦通人物而言。循性者，马则为马之性，又不做牛底性；牛则为牛之性，又不为马底性。此所谓率性也。人在天地之间，与万物同流，天几时分别出是人是物？“修道之谓教”，此则专在人事，以失其本性，故修而求复之，则入于学。若元不失，则何修之有？是由仁义行也，则是性已失，故修之。“成性存存，道义之门”，亦是万物各有成性存存，亦是生生不已之意。天只是以生为道。

万物皆只是一个天理，己何与焉？至如言“天讨有罪，五刑五用哉！天命有德，五服五章哉！”此都只是天理自然当如此，人几时与？与则便是私意。有善有恶。善则理当喜，如五服自有一个次第以章显之；恶则理当怒，彼自绝于理，故五刑五用，曷尝容心喜怒于其间哉？舜举十六相，尧岂不知？只以佗善未著，故不自举。舜诛四凶，尧岂不察？只为佗恶未著，那诛得佗？举与诛，曷尝有毫发厕于其间哉？只有一个义理，义之与比。

人能放这一个身公共放在天地万物中一般看，则有甚妨碍？虽万身，曾何伤？乃知释氏苦根尘者，皆是自私者也。

要修持佗这天理，则在德，须有不言而信者。言难为形状。养之，则须直不愧屋漏与慎独，这是个持养底气象也。

知止则自定，万物挠不动，非是别将个定来助知止也。

《诗》《书》中凡有个主宰底意思者，皆言帝；有一个包涵遍覆底意思，则言天；有一个公共无私底意思，则言王。上下千百岁中，若合符契。

如天理底意思，诚只是诚此者也，敬只是敬此者也，非是别有一个诚，更有一个敬也。

天理云者，这一个道理，更有甚穷已？不为尧存，不为桀亡。人得之者，故大行不加，穷居不损。这上头来，更怎生说得存亡加减？是佗元无少欠，百理具备。胡本此下云：得这个天理，是谓大人。以其道变通无穷，故谓之圣；不疾而速，不行而至，须默而识之处，故谓之神。

“天地设位，而易行乎其中矣”，“乾、坤毁，则无以见易”，“易不可见，则乾、坤或几乎息矣”，易是个甚？易又不只是这一部书，是易之道也。不要将易又是一个事，只是尽天理，便是易也。

天地之化，既是二物，必动已不齐。譬之两扇磨行，便其齿齐，不得齿齐，既动，则物之出者，何可得齐？转则齿更不复得齐。从此参差万变，巧历不能穷也。

天地之间，有者只是有。譬之人之知识闻见，经历数十年，一日念之，了然胸中，这一个道理在那里放着来。

养心者，且须是教他寡欲，又差有功。

中心斯须不和不乐，则鄙诈之心入之矣。此与“敬以直内”同理。谓敬为和乐则不可，然敬须和乐，只是中心没事也。

大凡利害祸福，亦须致命。须得致之为言，直如人以力自致之谓也。得之不得，命固已定，君子须知佗命方得。“不知命，无以为君子”，盖命苟不知，无所不至。故君子于困穷之时，须致命便遂得志。其得祸得福，皆已自致，只要申其志而已。

“求之有道，得之有命，是求无益于得”，言求得不济事。此言犹只为中人言之，若为中人以上而言，却只道求之有道，非道则不求，更不消言命也。

尧夫，豪杰之士，根本不帖帖地。伯淳尝戏以乱世之奸雄中，道学之有所得者，然无礼不恭极甚。又尝戒以不仁，已犹不认，以为人不曾来学。伯淳言：“尧夫自是悠悠。”自言须如我与李之才方得道。

“天民之先觉”，譬之皆睡，佗人未觉来，以我先觉，故摇摆其未觉者亦使之觉，及其觉也，元无少欠。盖亦未尝有所增加也，适一般尔。“天民”云者，盖是全尽得天生斯民底事业。“天之生斯民也，将以道觉斯民”，盖言天生此民，将以此道觉此民，则元无少欠，亦无增加，未尝不足。“达可行于天下”者，谓其全尽天之生民之理，其术亦足以治天下国家故也。

“可欲之谓善”，便与“元者，善之长”同理。

礼乐不可斯须去身。

“不能反躬，天理灭矣”，天理云者，百理具备，元无少欠，故“反身而诚”，只是言得已上，更不可道甚道。

命之曰易，便有理。一本无此七字，但云：道理皆自然。若安排定，则更有甚理？天地阴阳之变，便如二扇磨，升降、盈亏、刚柔，初未尝停息，阳常盈，阴常亏，故便不齐。譬如磨既行，齿都不齐，既不齐，便生出万变。故物之不齐，物之情也。而庄周强要齐物，然而，物终不齐也。尧夫有言：“泥空终是着，齐物到头争。”此其肃如秋，其和如春。如秋，便是“义以方外”也；如春，观万物皆有春意。尧夫有诗云：“拍拍满怀都是春。”又曰：“芙蓉月向怀中照，杨柳风来面上吹。”不止风月，言皆有理。又曰：“卷舒万古兴亡手，出入几重云水身。”若庄周，大抵寓言，要入佗放荡之场。尧夫却皆有理，万事皆出于理，自以为皆有理，故要得纵心妄行总不妨。一本此下云：尧夫诗云：“圣人吃紧些儿事。”其言太急迫。此道理平铺地放着里，何必如此？

观天理，亦须放开意思，开阔得心胸，便可见，打揲了习心两漏三漏子。今如此混然说做一体，犹二本，那堪更二本三本？今虽知“可欲之为善”，亦须实有诸己，便可言诚，诚便合内外之道。今看得不一，只是心生。除了身，只是理，便说合天人。

合天人，已是为不知者引而致之。天人无间。夫不充塞，则不能化育，言赞化育，已是离人而言之。

须是大其心，使开阔，譬如为九层之台，须大做脚须得。

元、亨者，只是始而亨者也，此通人、物而言，谓始初发生，大概一例亨通也。及到利、贞，便是“各正性命”后，属人而言也。利、贞者，分在性与情，只性为本，情是性之动处，情又几时恶？“故者，以利为本”，只是顺利处为性，若情则须是正也。

医家以不认痛痒谓之不仁，人以不知觉、不认义理为不仁，譬最近。

所以谓万物一体者，皆有此理，只为从那里来。“生生之谓易”，生则一时生，皆完此理。人则能推，物则气昏，推不得，不可道他物不与有也。人只为自私，将自家躯壳上头起意，故看得道理小了佗底。放这身来，都在万物中一例看，大小大快活。释氏以不知此，去佗身上起意思，奈何那身不得，故却厌恶；要得去尽根尘，为心源不定，故要得如枯木死灰。然没此理，要有此理，除是死也。释氏其实是爱身，放不得，故说许多。譬如负贩之虫，已载不起，犹自更取物在身。又如抱石沉河，以其重愈沉，终不道放下石头，惟嫌重也。

孟子论四端处，则欲扩而充之；说约处，则博学详说而反说约。此内外交相养之道也。

“万物皆备于我”，不独人尔，物皆然，都自这里出去。只是物不能推，人则能推之。虽能推之，几时添得一分？不能推之，几时减得一分？百理具在，平铺放着。几时道尧尽君道，添得些君道多；舜尽子道，添得些孝道多？元来依旧。

横渠教人，本只是谓世学胶固，故说一个清虚一大，只图得人稍损得没去就道理来，然而人又更别处走。今日且只道敬。

圣人之德行，固不可得而名状。若颜子底一个气象，吾曹亦心知之，欲学圣人，且须学颜子。后来曾子、子夏，煞学得到上面也。

今学者敬而不见得，又不安者，只是心生，亦是太以敬来做事得重，此“恭而无礼则劳”也。恭者，私为恭之恭也；礼者，非体之礼，是自然底道理也。只恭，而不为自然底道理，故不自在也。须是恭而安。今容貌必端，言语必正者，非是道独善其身，要人道如何，只是天理合如此，本无私意，只是个循理而已。

尧夫解“他山之石，可以攻玉”：玉者，温润之物，若将两块玉来相磨，必磨不成，须是得佗个粗砺底物方磨得出。譬如君子与小人处，为小人侵陵，则修省畏避，动心忍性，增益预防，如此便道理出来。

公掞昨在洛有书室，两旁各一牖，牖各三十六隔，一书天道之要，一书仁义之道，中以一榜，书“毋不敬，思无邪”，中处之，此意亦好。

古人虽胎教与保傅之教，犹胜今日庠序乡党之教。古人自幼学，耳目游处，所见皆善，至长而不见异物，故易以成就。今人自少所见皆不善，才能言便习秽恶，日日消铄，更有甚天理？须人理皆尽，然尚以些秉彝消铄尽不得，故且恁过，一日之中，起多少巧伪，萌多少机穽。据此个薰蒸，以气动气，宜乎圣贤之不生，和气之不兆也。寻常间或有些时和岁丰，亦出于幸也。不然，何以古者或同时或同家并生圣人，及至后世，乃数千岁寂寥？

人多言天地外，不知天地如何说内外，外面毕竟是个甚？若言着外，则须似有个规模。

凡言“充塞”云者，却似个有规模底体面，将这气充实之，然此只是指而示之近耳。气则只是气，更说甚充塞？如化育则只是化育，更说甚赞？赞与充塞，又早却是别一件事也。

理之盛衰之说，与释氏初劫之言，如何到佗说便乱道，又却窥测得些？彼其言成、住、坏、空，曰成、坏则可，住与空则非也。如小儿既生，亦日日长行，元不曾住。是佗本理只是一个消长盈亏耳，更没别事。

极为天地中，是也，然论地中尽有说。据测景，以三万里为中，若有穷然。有至一边已及一万五千里，而天地之运盖如初也。然则中者，亦时中耳。地形有高下，无适而不为中，故其中不可定下。譬如杨氏为我，墨氏兼爱，子莫于此二者以执其中，则中者适未足为中也。故曰：“执中无权，犹执一也。”若是因地形高下，无适而不为中，则天地之化不可穷也。若定下不易之中，则须有左有右，有前有后，四隅既定，则各有远近之限，便至百千万亿，亦犹是有数。盖有数则终有尽处，不知如何为尽也。

日之形，人莫不见，似轮似饼。其形若有限，则其光亦须有限。若只在三万里中升降出没，则须有光所不到处，又安有此理？今天之苍苍，岂是天之形？视下也亦须如是。日固阳精也，然不如旧说，周回而行，中心是须弥山，日无适而不为精也。地既无适而不为中，则日无适而不为精也。气行满天地之中，然气须有精处，故其见如轮如饼。譬之铺一溜柴薪，从头爇着，火到处，其光皆一般，非是有一块物推着行将去。气行到寅，则寅上有光；行到卯，则卯上有光。气充塞，无所不到。若这上头得个意思，便知得生物之理。

观书者，亦须要知得随文害义。如《书》曰："汤既胜夏，欲迁其社，不可。"既处汤为圣人，圣人不容有妄举。若汤始欲迁社，众议以为不可而不迁，则是汤先有妄举也。不可者，汤不可之也。汤以为国既亡，则社自当迁；以为迁之不若不迁之愈，故但屋之。屋之，则与迁之无以异。既为亡国之社，则自王城至国都皆有之，使为戒也。故《春秋》书"亳社灾"，然则鲁有亳社，屋之，故有火灾。此制，计之必始于汤也。

长安西风而雨，终未晓此理。须是自东自北而风则雨，自南自西则不雨。何者？自东自北皆属阳，坎卦本阳。阳唱而阴和，故雨；自西自南，阴也，阴唱则阳不和。《蝃蝀》之诗曰："朝隮于西，崇朝其雨。"是阳来唱也，故雨；"蝃蝀在东"，则是阴先唱也；"莫之敢指"者，非谓手指莫敢指陈也，犹言不可道也。《易》言"密云不雨，自我西郊"，言自西则是阴先唱也，故云虽密而不雨。今西风而雨，恐是山势使然。

学者用了许多工夫，下头须落道了，是入异教。只为自家这下元未曾得个安泊处，那下说得成熟？世人所惑者，鬼神转化，佗总有说，又费力说道理，又打入个无底之壑，故一生出不得。今日须是自家这下照得理分明，则不走作。形而下、形而上者，亦须更分明须得。虽则心存默识，有难名状处，然须说尽心、知性、知天，亦须于此留意。

学则与佗"穷理尽性，以至于命"，则不失。异教之书，"虽小道，必有可观者焉"。然其流必乖，故不可以一事遂都取之。若杨、墨，亦同是尧、舜，同非桀、纣。是非则可也，其就上所说，则是成就他说也。非桀是尧，是吾依本分事，就上过说，则是佗私意说个。要之，只有个理。

讲学本不消得理会，然每与剔拨出，只是如今杂乱胶固，须着说破。

孟子论王道便实。“徒善不足为政，徒法不能自行”，便先从养生上说将去。既庶既富，然后以“饱食煖衣而无教”为不可，故教之也。孟子而后，却只有《原道》一篇，其间语固多病，然要之大意尽近理。若《西铭》，则是《原道》之宗祖也。《原道》却只说到道，元未到得《西铭》意思。据子厚之文，醇然无出此文也，自《孟子》后，盖未见此书。

圣人之教，以所贵率人，释氏以所贱率人。学佛者难吾言，谓“人皆可以为尧、舜，则无仆隶”，正叔言：“人皆可以为尧、舜，圣人所愿也；其不为尧、舜，是所可贱也，故以为仆隶。”

游酢、杨时，先知学禅，已知向里没安泊处，故来此，却恐不变也。畅大隐许多时学，乃方学禅，是于此盖未有所得也。吕进伯可爱，老而好学，理会直是到底。天祺自然有德气，似个贵人气象，只是却有气短处，规规太以事为重，伤于周至，却是气局小。景庸则只是才敏。须是天棋与景庸相济，乃为得中也。

子厚则高才，其学更先从杂博中过来。

理，则天下只是一个理，故推至四海而准，须是质诸天地、考诸三王不易之理。故敬则只是敬此者也，仁是仁此者也，信是信此者也。又曰：“颠沛造次必于是。”又言：“吾斯之未能信。”只是道得如此，更难为名状。

今异教之害，道家之说则更没可辟，唯释氏之说衍蔓迷溺至深。今日是释氏盛而道家萧索。方其盛时，天下之士往往自从其学，自难与之力争。惟当自明吾理，吾理自立，则彼不必与争。然在今日，释氏却未消理会，大患者却是介甫之学。譬之卢从史在潞州，知朝廷将讨之，当时便使一处逐其节度使。朝廷之议，要讨逐节度者，而李文饶之意，要先讨潞州，则不必治彼而自败矣。如今日，却要先整顿介甫之学，坏了后生学者。

异教之说，其盛如此，其久又如是，亦须是有命，然吾辈不谓之命也。

人之于患难，只有一个处置，尽人谋之后，却须泰然处之。有人遇一事，则心心念念不肯舍，毕竟何益？若不会处置了放下，便是无义无命也。

“道之不明也，贤者过之，不肖者不及也”，贤者则只过当，不肖又却都休。

冬至，一阳生，却须斗寒，正如欲晓而反暗也。阴阳之际，亦不可截然不相接，厮侵过便是道理。天地之间，如是者极多。《艮》之为义，终万物，始万物。此理最妙，须玩索这个理。

古言乾、坤退处不用之地，而用六子。若人，则便分君道无为，臣道有为。若天，则谁与佗安排？佗如是，须有道理。故如八卦之义，须要玩索。

早梅冬至已前发，方一阳未生，然则发生者何也？其荣其枯，此万物一个阴阳升降大节也。然逐枝自有一个荣枯，分限不齐，此各有一乾、坤也。各自有个消长，只是个消息。惟其消息，此所以不穷。至如松柏，亦不是不凋，只是后凋，凋得不觉，怎少得消息？方夏生长时，却有夏枯者，则冬寒之际有发生之物，何足怪也！

物理最好玩。

阴阳于天地间，虽无截然为阴为阳之理，须去参错，然一个升降、生杀之分，不可无也。

动植之分，有得天气多者，有得地气多者，“本乎天者，亲上；本乎地者，亲下”。然要之，虽木植亦兼有五行之性在其中，只是偏得土之气，故重浊也。

伯淳言：“《西铭》，某得此意，只是须得佗子厚有如此笔力，佗人无缘做得。孟子以后，未有人及此。得此文字，省多少言语。且教佗人读书，要之仁孝之理备于此，须臾而不于此，则便不仁不孝也。”

《诗》前序必是当时人所传，国史明乎得失之迹者是也。不得此，则何缘知得此篇是甚意思？《大序》则是仲尼所作，其余则未必然。要之，皆得大意，只是后之观《诗》者亦添入。

《诗》有六体，须篇篇求之，或有兼备者，或有偏得一二者。今之解《诗》者，风则分付与《国风》矣，雅则分付与《大小雅》矣，颂即分付与《颂》矣。《诗》中且没却这三般体，如何看得《诗》？风之为言，便有风动之意；兴便有一兴喻之意；比则直比之而已，蛾眉瓠犀是也；赋则赋陈其事，如“齐侯之子，卫侯之妻”是也；雅则正言其事；颂则称美之言也，如“于嗟乎驺虞”之类是也。

《关雎》之诗，如言“乐得淑女，以配君子；忧在进贤，不淫其色”，非后妃之事，明知此意是作诗者之意也。如此类推之。

《诗》言后妃夫人者，非必谓文王之妻也，特陈后妃夫人之事，如斯而已。然其后亦有当时诗附入之者，《汝坟》是也。且

《二南》之诗，必是周公所作，佗人恐不及此。以其为教于衽席之上，闺门之内，上下贵贱之所同也。故用之乡人、邦国，而谓之《国风》也。化天下只是一个风，至如《鹿鸣》之诗数篇，如燕群臣、遣戍役、劳还卒之类，皆是为国之常政，其诗亦恐是周公所作，如后人之为乐章是也。

《论语》中言“唐棣之华”者，因权而言逸诗也。孔子删《诗》，岂只取合于雅、颂之音而已，亦是谓合此义理也。如《皇矣》《烝民》《文王》《大明》之类，其义理，非人人学至于此，安能及此？作诗者又非一人，上下数千年，若合符节，只为合这一个理，若不合义理，孔子必不取也。

夫子言“兴于《诗》”，观其言，是兴起人善意，汪洋浩大，皆是此意。如言“秉心塞渊，騋牝三千”，须是“塞渊”，然后“騋牝三千”。“塞渊”有义理。又如《駉》之诗，坰牧是贱事，其中却言“思无邪”。“《诗》三百，一言以蔽之”者，在此一句。坰牧而必要“思无邪”者，盖为非此则不能坰牧。又如《考槃》之诗，解者谓贤人永誓不复告君，不复见君，又自誓不诈而实如此也，据此安得有贤者气象？孟子之于齐，是甚君臣？然其去，未尝不迟迟顾恋。今此君才不用，便躁忿如此，是不可矶也。乃知此诗，解者之误。此诗是贤者退而穷处，心不忘君，怨慕之深者也。君臣犹父子，安得不怨？故直至于寤寐弗忘，永陈其不得见君与告君，又陈其此诚之不诈也。

尧与舜更无优劣，及至汤、武便别。孟子言“性之”“反之”，自古无人如此说，只孟子分别出来，便知得尧、舜是生而知之，汤、武是学而能之。文王之德则似尧、舜，禹之德则似汤、武，要之皆是圣人。

《诗》云："上天之载，无声无臭。仪刑文王，万邦作孚。"上天又无声臭之可闻，只看文王便万邦取信也。又曰："维天之命，於穆不已。"盖曰天之所以为天也。"文王之德之纯"，盖曰文王之所以为文也。然则文王之德，直是似天，"昊天曰明，及尔出王；昊天曰旦，及尔游衍"，只为常是这个道理。此理亦须待佗心熟，便自然别。

"乐则生，生则乌可已也"，须是熟方能如此。"苟为不熟，不如稊稗"。

"是集义所生，非义袭而取之也"，须"集义"，这上头莫非义也。

"仁、义、礼、智根于心，其生色"，言四者本于心而生色也；"睟于面，盎于背，施于四体，四体不言而喻"，孟子非自及此，焉能道得到此？

今志于义理而心不安乐者，何也？此则正是剩一个助之长。虽则心操之则存，舍之则亡，然而持之太甚，便是必有事焉而正之也。亦须且恁去如此者，只是德孤。"德不孤，必有邻"，到德盛后，自无窒碍，左右逢其原也。

《中庸》言"礼仪三百，威仪三千"，方是说"优优大哉"。又却非如异教之说，须得如枯木死灰以为得也。

得此义理在此，甚事不尽？更有甚事出得？视世之功名、事业，真譬如闲；视世之仁义者，甚煦煦孑孑，如匹夫匹妇之为谅也。自视天来大事，处以此理，又曾何足论？若知得这个义理，便有进处；若不知得，则何缘仰高、钻坚，在前、在后也？"竭吾才"，则又见其"卓尔"。

德者，得也，须是实到这里须得。

言“反身而诚，乐莫大焉”，却是着人上说。

邵尧夫于物理上尽说得，亦大段漏泄佗天机。

人于天理昏者，是只为嗜欲乱着佗。庄子言“其嗜欲深者，其天机浅”，此言却最是。

这个义理，仁者又看做仁了也，知者又看做知了也，百姓又日用而不知，此所以“君子之道，鲜矣”。此个亦不少，亦不剩，只是人看他不见。

今天下之士人，在朝者又不能言，退者遂忘之，又不肯言，此非朝廷吉祥。虽未见从，又不曾有大横见加，便岂可自绝也？君臣，父子也，父子之义不可绝。岂有身为侍从，尚食其禄，视其危亡，曾不论列，君臣之义，固如此乎？

“寂然不动，感而遂通”者，天理具备，元无欠少，不为尧存，不为桀亡。父子君臣，常理不易，何曾动来？因不动，故言“寂然”；虽不动，感便通，感非自外也。

若不一本，则安得“先天而天不违，后天而奉天时”？

所务于穷理者，非道须尽穷了天下万物之理，又不道是穷得一理便到，只是要积累多后，自然见去。

天地安有内外？言天地之外，便是不识天地也。人之在天地，如鱼在水，不知有水，直待出水，方知动不得。

礼一失则为夷狄，再失则为禽兽。圣人初恐人入于禽兽也，故于《春秋》之法极谨严。中国而用夷狄礼，则便夷狄之。韩愈言“《春秋》谨严”，深得其旨。韩愈，道佗不知又不得，其言曰：“《易》奇而法，《诗》正而葩，《春秋》谨严，《左氏》浮夸。”其名理皆善。

当春秋、战国之际，天下小国介于大国，奔命不暇，然足以自维持数百年。此势却似稻塍，各有界分约束。后世遂有土崩之势，道坏便一时坏。陈涉一叛，天下遂不支梧。今日堂堂天下，只西方一败，朝廷遂震，何也？盖天下之势，正如稻塍，各有限隔，则卒不能坏。今天下却似一个万顷陂，要起卒起不得，及一起则汹涌，遂奈何不得。以祖宗德泽仁厚，涵养百余年间，一时柔了人心，虽有豪杰，无个端倪起得，便只要安静，不宜使摇动。虽夷狄亦散兵却斗，恃此非中国之福也。

贾谊有五饵之说，当时笑其迂疏，今日朝廷正使着，故得许多时宁息。

天地动静之理，天圜则须转，地方则须安静。南北之位，岂可不定下？所以定南北者，在坎、离也。坎、离又不是人安排得来，莫非自然也。

《论语》为书，传道立言，深得圣人之学者矣。如《乡党》形容圣人，不知者岂能及是？

“不愧屋漏”，便是个持养气象。

孔、孟之分，只是要别个圣人贤人。如孟子若为孔子事业，则尽做得，只是难似圣人。譬如翦彩以为花，花则无不似处，只是无他造化功。“绥斯来，动斯和”，此是不可及处。

只是这个理，以上却难言也。如言“吾斯之未能信”，皆是古人此理已明故也。

敬而无失，便是“喜怒哀乐未发之谓中”也。敬不可谓之中，但敬而无失，即所以中也。

微仲之学杂，其恺悌严重宽大处多，惟心艰于取人，自以才高故尔。语近学，则不过入于禅谈。不常议论，则以苟为有诘难，亦不克易其言，不必信心，自以才高也。

和叔常言“及相见则不复有疑，既相别则不能无疑”，然亦未知果能终不疑。不知佗既已不疑，而终复有疑，何故？伯淳言：“何不问他？疑甚不如剧论。”

和叔任道担当，其风力甚劲，然深潜缜密，有所不逮于与叔。蔡州谢良佐，虽时学中因议州举学试得失，便不复计较。建州游酢，非昔日之游酢也，固是颖，然资质温厚。南剑州杨时，虽不逮酢，然煞颖悟。林大节虽差鲁，然所问便能躬行。刘质夫久于其事，自小来便在此。李端伯相聚虽不久，未见佗操履，然才识颖悟，自是不能已也。

介父当初，只是要行己志，恐天下有异同，故只去上心上把得定，佗人不能摇，以是拒绝言路，进用柔佞之人，使之奉行新法。今则是佗已去，不知今日却留下害事。

昨春边事权罢，是皆李舜举之力也。今不幸适丧此人，亦深足怜也。此等事皆是重不幸。

李宪本意，佗只是要固兰会，恐覆其功，必不肯主这下事。元丰四年取兴、灵事。

新进游、杨辈数人入太学，不惟议论须异，且动作亦必有异，故为学中以异类待之，又皆学《春秋》，愈骇俗矣。

尧夫之学，先从理上推意，言象数，言天下之理，须出于四者，推到理处，曰：“我得此大者，则万事由我，无有不定。”然未必有术，要之，亦难以治天下国家。其为人则直是无礼不恭，惟是侮玩，虽天地，亦为之侮玩。如《无名公传》言“问诸天地，天地不对；弄丸余暇，时往时来”之类。

尧夫诗“雪月风花未品题”，佗便把这些事便与尧、舜、三代一般。此等语，自孟子后，无人曾敢如此言来，直是无端。又如言文字呈上，尧夫皆不恭之甚。“须信画前元有《易》，自从删后更无《诗》”，这个意思，古元未有人道来。

“行己须行诚尽处”，正叔谓：“意则善矣，然言诚尽，则诚之为道，非能尽也。”尧夫戏谓：“且就平侧。”

司马子微尝作《坐忘论》，是所谓坐驰也。

伯淳昔在长安仓中闲坐，后见长廊柱，以意数之，已尚不疑，再数之不合，不免令人一一声言而数之，乃与初数者无差，则知越着心把捉越不定。

吕与叔以气不足而养之，此犹只是自养求无疾，如道家修养亦何伤，若须要存想飞升，此则不可。

徐禧，奴才也，善兵者有二万人未必死，彼虽十万人，亦未必能胜二万人。古者，以少击众而取胜者多，盖兵多亦不足恃。昔者袁绍以十万阻官渡，而曹操只以万卒取之；王莽百万之众，而光武昆阳之众有八千，仍有在城中者，然则只是数千人取之；苻坚下淮百万，而谢玄才二万人，一麾而乱。以此观之，兵众则易老，适足以资敌人，一败不支，则自相蹂践。至如闻风声鹤唳，皆以为晋军之至，则是自相残也。譬之一人躯干极大，一人轻捷，两人相当，则拥肿者迟钝，为轻捷者出入左右之，则必困矣。自古师旅胜败，不能无之。然今日边事，至号疏旷，前古未之闻也。其源在不任将帅，将帅不慎任人。阃外之事，将军处之，一一中覆，皆受庙算，上下相徇，安得不如此？元丰五年永乐城事。

杨定鬼神之说，只是道人心有感通。如有人平生不识一字，一日病作，却念得一部杜甫诗，却有此理。天地间事，只是一个有，一个无，既有即有，无即无。如杜甫诗者，是世界上实有杜甫诗，故人之心病及至精一，有个道理，自相感通。以至人心在此，托梦在彼，亦有是理，只是心之感通也。死者托梦，亦容有此理。有人过江，其妻堕水，意其为必死矣，故过金山寺为作佛事。方追荐次，忽其婢子通传堕水之妻，意度在某处作甚事，是诚死也。及三二日，有渔人撑舟，以其妻还之，乃未尝死也，盖旋于急流中救活之。然则其婢子之通传是何也？亦是心相感通。既说心有感通，更说甚生死古今之别？

天祺自然有德气，望之有贵人之象，只是气局小，太规规于事为重也。昔在司竹，常爱用一卒长，及将代，自见其人盗笋皮，遂治之无少贷。罪已正，待之复如初，略不介意，人观其德量如此。

正叔谓子厚："越狱，以谓卿监已上不追摄之者，以其贵朝廷。有旨追摄，可也；又请枷项，非也。不已太辱矣？贵贵，以其近于君。"子厚谓："若终不伏，则将奈何？"正叔谓："宁使公事勘不成则休，朝廷大义不可亏也。"子厚以为然。

俗人酷畏鬼神，久亦不复敬畏。

冬至，一阳生，而每遇至后则倍寒，何也？阴阳消长之际，无截然断绝之理，故相搀掩过。如天将晓，复至阴黑，亦是理也。大抵终始万物，莫盛乎《艮》，此尽神妙，须尽研穷此理。

今尺长于古尺。欲尺度权衡之正，须起于律。律取黄钟，黄钟之声，亦不难定。世自有知音者，将上下声考之，既得其正，便将黍以实其管，看管实几粒，然后推而定法可也。古法：律管当实千二百粒黍，今羊头山黍不相应，则将数等验之，看如何大小者方应其数，然后为正。昔胡先生定乐，取羊头山黍，用三等筛子筛之，取中等者用之，此特未为定也。此尺是器上所定，更有因人而制。如言深衣之袂一尺二寸，若古人身材只用一尺二寸，岂可运肘？即知因人身而定。

既是为人后者，便须将所后者呼之以为父，以为母。不如是，则不正也，却当甚为人后？后之立疑义者，只见礼不杖期内，有为人后者为其父母报，便道须是称亲。礼文，盖言出为人后，则本父母反呼之以为叔为伯也，故须著道为其父母以别之，非谓却将本父母亦称父母也。

哲庙取孟后诏云："孟元孙女。"后，孟在女也，而以孟元孙女诏者，伊川云："自古天子不娶小国，盖孟元，将校，曾随文潞公贝州获功，官至团练使，而在是时止是小使臣耳。"此一段非元丰时事，疑后人记。

卷第二下　二先生语二下

附东见录后

今许大西事，无一人敢议者。自古举事，不能无可否是非，亦须有议论。如苻坚寿春之役，其朝廷宗室，固多有言者，以至宫女有张夫人者，犹上书谏。西晋平吴，当取也，主之者，惟张华一人而已。然当时虽羊叔子建议，而朝廷亦不能无言。又如唐师取蔡州，此则在中国容其数十年恣睢，然当时以为不宜取者，固无义理，然亦是有议论。今则庙堂之上无一人言者，几何不一言而丧邦也！元丰四年，用种谔、沈括之谋伐西夏。

今日西师，正惟事本不正，更说甚去就！君子于任事之际，须成败之由在己，则自当生死以之。今致其身，使祸福、死生、利害由人处之，是不可也。如昨军兴事务繁夥，是亦学也。但恐只了佗纷纷底，则又何益？如从军者之行，必竟是为利禄，为功名。由今之举，便使得人一城一国，又是甚功名？君子耻之。今日从宦，苟有军事，不能免此，是复蹈前事也。然则，既如此，曷为而不已也？

胎息之说，谓之愈疾则可，谓之道，则与圣人之学不干事，圣人未尝说着。若言神住则气住，则是浮屠入定之法。虽谓养气犹是第二节事，亦须以心为主，其心欲慈惠安静，故于道为有助，亦不然。孟子说浩然之气，又不如此。今若言存心养气，只是专为此气，又所为者小。舍大务小，舍本趋末，又济甚事？今言有助于道者，只为奈何心不下，故要得寂湛而已，又不似释氏摄心之术。论学若如是，则大段杂也。亦不须得道，只闭目静坐为可以养心。“坐如尸，立如斋”，只是要养其志，岂只待为养这些气来？又不如是也。

浮屠之术，最善化诱，故人多向之。然其术所以化众人也，故人亦有向有不向者。如介甫之学，佗便只是去人主心术处加功，故今日靡然而同，无有异者，所谓一正君而国定也。此学极有害。以介甫才辩，遽施之学者，谁能出其右？始则且以利而从其说，久而遂安其学。今天下之新法害事处，但只消一日除了便没事。其学化革了人心，为害最甚，其如之何！故天下只是一个风，风如是，则靡然无不向也。

今日西事要已，亦有甚难？前事亦何足耻？只朝廷推一宽大天地之量，许之自新，莫须相从。然此恐未易。朝廷之意，今日不得已，须着如此。但夏人更重有所要，以坚吾约，则边患未已也。

范希文前日西举，以虚声而走敌人。今日又不知谁能为希文者。

关中学者，以今日观之，师死而遂倍之，却未见其人，只是更不复讲。

馈运之术，虽自古亦无不烦民、不动摇而足者。然于古则有兵车，其中载糗粮，百人破二十五人。然古者行兵在中国，又不远敌，若是深入远处，则决无省力。且如秦运海隅之粟以馈边，率三十钟而致一石，是二百倍以来。今日师行，一兵行，一夫馈，只可供七日，其余日必俱乏食也。且计之，须三夫而助一兵，仍须十五日便回，一日不回，则一日乏食。以此校之，无善术。故兵也者，古人必不得已而后用者，知此耳。

目畏尖物，此事不得放过，便与克下。室中率置尖物，须以理胜佗，尖必不刺人也，何畏之有?

横渠墓祭为一位，恐难推同几之义。同几，唯设一位祭之，谓夫妇同牢而祭也。吕氏定一岁疏数之节，有所不及，恐未合人情。雨露既濡，霜露既降，皆有所感。若四时之祭有所未及，则不得契感之意。今祭祀，其敬斋礼文之类，尚皆可缓，且是要大者先正始得。今程氏之家祭，只是男女异位，及大有害义者，稍变得一二，佗所未遑也。吾曹所急正在此。凡祭祀，须是及祖。知母而不知父，狗彘是也；知父而不知祖，飞鸟是也。人须去上面立一等，求所以自异始得。

自古治乱相承，亦常事。君子多而小人少，则治；小人多而君子少，则乱。然在古，亦须朝廷之中君子小人杂进，不似今日剪截得直是齐整，不惟不得进用，更直憔悴善类，略去近道，则须憔悴旧日交游。只改节者，便于世事差遂。此道理，不知为甚？正叔近病，人有言之，曰："在佗人则有追驳斥放，正叔无此等事，故只有病耳。"

介甫今日亦不必诛杀，人人靡然自从，盖只消除尽在朝异己者。在古，虽大恶在上，一面诛杀，亦断不得人议论，今便都无异者。

卜筮之能应，祭祀之能享，亦只是一个理。蓍龟虽无情，然所以为卦，而卦有吉凶，莫非有此理。以其有是理也，故以是问焉，其应也如响。若以私心及错卦象而问之，便不应，盖没此理。今日之理与前日已定之理，只是一个理，故应也。至如祭祀之享亦同。鬼神之理在彼，我以此理向之，故享也。不容有二三，只是一理也。如处药治病，亦只是一个理。此药治个如何气，有此病服之即应，若理不契，则药不应。

古之言鬼神，不过著于祭祀，亦只是言如闻叹息之声，亦不曾道闻如何言语，亦不曾道见如何形状。如汉武帝之见李夫人，只为道士先说与在甚处，使端目其地，故想出也。然武帝作诗，亦曰“是耶非耶”。尝问好谈鬼神者，皆所未曾闻见，皆是见说，烛理不明，便传以为信也。假使实所闻见，亦未足信，或是心病，或是目病。如孔子言“人之所信者目，目亦有不足信者耶”，此言极善。

今日杂信鬼怪异说者，只是不先烛理。若于事上一一理会，则有甚尽期，须只于学上理会。

师巫在此，降言在彼，只是抛得远，决无此理。又言留下药，尤知其不然。生气尽则死，死则谓之鬼可也。但不知世俗所谓鬼神，何也？聪明如邵尧夫，犹不免致疑在此，尝言：“有人家若虚空中闻人马之声。”某谓：“既是人马，须有鞍鞯之类皆全，这个是何处得来？”尧夫言：“天地之间，亦有一般不有不无底物。”某谓：“如此说，则须有不有不无底人马。”凡百皆尔，深不然也。

风肃然起于人心恐怖。要之，风是天地间气，非土偶人所能为也。汉时神君，今日二郎庙，皆有之。

人心作主不定，正如一个翻车，流转动摇，无须臾停，所感万端。又如悬镜空中，无物不入其中，有甚定形？不学则却都不察，及有所学，便觉察得是为害。着一个意思，则与人成就得个甚好见识？心若不做一个主，怎生奈何？张天祺昔常言：“自约数年，自上着床，便不得思量事。”不思量事后，须强把佗这心来制缚，亦须寄寓在一个形象，皆非自然。君实自谓：“吾得术矣，只管念个‘中’字。”此则又为“中”系缚。且“中”字亦何形象？若愚夫不思虑，冥然无知，此又过与不及之分也。有人胸中常若有两人焉，欲为善，如有恶以为之间；欲为不善，又若有羞恶之心者。本无二人，此正交战之验也。持其志，便气不能乱，此大可验。要之，圣贤必不害心疾，其佗疾却未可知。佗藏府，只为元不曾养，养之却在修养家。

仁祖时，北使进言：“高丽自来臣属北朝，近来职贡全缺，殊失臣礼，今欲加兵。又闻臣属南朝，今来报知。”仁祖不答，及将去也，召而前，语之曰：“适议高丽事，朕思之，只是王子罪，不干百姓事。今既加兵，王子未必能诛得，且是屠戮百姓。”北使遂屈无答，不觉汗流浃背，俯伏于地，归而寝兵。佗都不言彼兵事势，只看这一个天地之量，亦至诚有以格佗也。

人心缘境，出入无时，人亦不觉。

人梦不惟闻见思想，亦有五藏所感者。

天下之或寒或燠，只缘佗地形高下。如屋阴则寒，屋阳则燠，不可言于此所寒，于此所热。且以尺五之表定日中一万五千里，就外观未必然。

人有寿考者，其气血脉息自深，便有一般深根固蒂底道理。人脉起于阳明，周旋而下，至于两气口，自然匀长，故于此视脉。又一道自头而下，至足大冲，亦如气口。此等事最切于身，然而人安然恬于不知。至如人为人问：“你身上有几条骨头？血脉如何行动？腹中有多少藏府？”皆冥然莫晓。今人于家里有多少家活屋舍，被人问着，己不能知，却知为不智，于此不知，曾不介意，只道是皮包裹，不到少欠，大小大不察。近取诸身，一身之上，百理具备，甚物是没底？背在上，故为阳；胸在下，故为阴，至如男女之生，已有此象。天有五行，人有五藏。心，火也，着些天地间风气乘之，便须发燥；肝，木也，着些天地间风气乘之，便须发怒。推之五藏，皆然。孟子将四端便为四体，仁便是一个木气象，恻隐之心便是一个生物春底气象，羞恶之心便是一个秋底气象，只有一个去就断割底气象，便是义也。推之四端，皆然。此个事，又着个甚安排得也？此个道理，虽牛马血气之类亦然，都恁备具，只是流形不同，各随形气，后便昏了佗气。如其子爱其母，母爱其子，亦有木底气象，又岂无羞恶之心？如避害就利，别所爱恶，一一理完。更如猕猴尤似人，故于兽中最为智巧，童昏之人见解不及者多矣。然而，唯人气最清，可以辅相裁成，“天地设位，圣人成能”，直行乎天地之中，所以为三才。天地本一物，地亦天也。只是人为天地心，是心之动，则分了天为上，地为下，兼三才而两之，故六也。

天地之气，远近异像，则知愈远则愈异。至如人形有异，曾何足论？如史册有鬼国狗国，百种怪异，固亦有之，要之，这个理则一般。其必异者，譬如海中之虫鱼鸟兽，不啻百千万亿，卒无有同于陆上之物。虽极其异，要之，只是水族而已。

天地之中，理必相直，则四边当有空阙处。空阙处如何？地之下岂无天？今所谓地者，特于天中一物尔。如云气之聚，以其久而不散也，故为对。凡地动者，只是气动。凡所指地者，只是土，土亦一物尔，不可言地。更须要知坤元承天，是地之道也。

古者百亩，今四十一亩余。若以土地计之，所收似不足以供九人之食。曰：“百亩，九人固不足，通天下计之则亦可。家有九人，只十六已别受田，其余皆老少也，故可供。有不足者，又有补助之政，又有乡党赒救之义，故亦可足。”

后世虽有作者，虞帝不可及也。犹之田也，其初开荒莳种甚盛，以次遂渐薄，虞帝当其盛时故也。其间有如夏衰，殷衰，周衰，有盛则有衰，又是其间之盛衰，推之后世，皆若是也。如一树，方其荣时，亦有发生，亦有凋谢。桑榆既衰矣，亦有发生，亦有凋谢。又如一岁之中，四时之气已有盛衰，一时之中又有盛衰，推之至，如一辰，须有辰初、辰正、辰末之差也。今言天下之盛衰，又且只据书传所有，闻见所及。天地之广，其气不齐，又安可计？譬之一国有几家，一家有几人，人之盛衰休戚未有齐者。姓之所以蕃庶者，由受姓之祖，其流之盛也。

《内则》谓请醻、请浴之类，虽古人谨礼，恐不如是之烦。

古人乘车，车中不内顾，不亲指，不远视，行则鸣环佩，在车则闻和鸾，式则视马尾，自然有个君子大人气象。自五胡乱华以来，惟知鞍马为便利，虽万乘之尊，犹执鞭上马。执鞭，非贵人事。

使人谓之哑御史犹可，且只是格君心。

正叔尝为《葬说》，有五事：相地，须使异日决不为路，不置城郭，不为沟渠，不为贵人所夺，不致耕犁所及，此大要也。其穴之次，设如尊穴南向北首，陪葬者前为两列，亦须北首，各于其穴安夫妇之位。坐于堂上，则男东而女西，卧于室中，则男外而女内也。推此为法观之。葬，须为坎室为安。若直下便以土实之，则许大一块虚土，压底四向，流水必趋土虚处，大不便也。且棺椁虽坚，恐不能胜许多土头，有失“比化者，无使土亲肤”之义。

心所感通者，只是理也。知天下事有即有，无即无，无古今前后。至如梦寐皆无形，只是有此理。若言涉于形声之类，则是气也。物生则气聚，死则散而归尽。有声则须是口，既触则须是身。其质既坏，又安得有此？乃知无此理，便不可信。

草木，土在下，因升降而食土气；动物却土在中，脾在内也。非土，则无由生。

《礼》言“惟天地之祭，为越绋而行事”，此事难行。既言“越绋”，则是犹在殡宫，于时无由致得斋，又安能脱丧服衣祭服？此皆难行。纵天地之祀为不可废，只消使冢宰摄尔。昔者英宗初即位，有人以此问，先生答曰：“古人居丧，百事皆此有阙字。如常，特于祭祀废之，则不若无废为愈也。”子厚正之曰：“父在为母丧，则不敢见其父，不敢以非礼见也。今天子为父之丧，以此见上帝，是以非礼见上帝也，故不如无祭。”

“万物皆备于我”，此通人、物而言。禽兽与人绝相似，只是不能推。然禽兽之性却自然，不待学，不待教，如营巢、养子之类是也。人虽是灵，却椓丧处极多，只有一件，婴儿饮乳是自然，非学也，其佗皆诱之也。欲得人家婴儿善，且自小不要引佗，留佗真性，待他自然，亦须完得些本性须别也。

勿谓小儿无记性，所历事皆能不忘。故善养子者，当其婴孩，鞠之使得所养，全其和气，乃至长而性美，教之示以好恶有常。至如养犬者，不欲其升堂，则时其升堂而扑之。若既扑其升堂，又复食之丁堂，则使孰从？虽日挞而求其不升，不可得也。养异类且尔，况人乎？故养正者，圣人也。

极，须为天下之中。天地之中，理必相直。今人所定天体，只是且以眼定，视所极处不见，遂以为尽。然向曾有于海上见南极下有大星十，则今所见天体盖未定。虽似不可穷，然以土圭之法验之，日月升降不过三万里中。故以尺五之表测之，每一寸当一千里。然而，中国只到鄯善、莎车，已是一万五千里。若就彼观日，尚只是三万里中也。天下之或寒或煖，只缘地形高下。如屋阴则寒，屋阳则燠，不可言于此所寒矣，屋之西北又益寒。伯淳在泽州，尝三次食韭黄，始食怀州韭，次食泽州，又次食并州，则知数百里间气候争三月矣。若都以此差之，则须争半岁。如是，则有在此冬至，在彼夏至者。虽然，又没此事，只是一般为冬为夏而已。

贵姓子弟于饮食、玩好之物之类，直是一生将身伏事不懈，如管城之陈醋瓶，洛中之史画匣是也。更有甚事？伯淳与君实尝同观史画，犹能题品奈烦。伯淳问君实："能如此与佗画否？"君实曰："自家一个身，犹不能事持得，更有甚工夫到此？"

电者，阴阳相轧；雷者，阴阳相击也。轧者，如石相磨而火光出者，电便有雷击者是也。或传京师少闻雷，恐是地有高下也。

神农作《本草》，古传一日食药七十死，非也。若小毒，亦不当尝；若大毒，一尝而死矣，安得生？其所以得知者，自然视色嗅味，知得是甚气，作此药，便可攻此病。须是学至此，则知自至此。

或以谓原壤之为人，敢慢圣人，及母死而歌，疑是庄周，非也。只是一个乡里粗鄙人，不识义理，观夫子责之辞，可以见其为人也。一本此下云：若是庄周，夫子亦不敢叩之责之，适足以启其不逊尔，彼亦必须有答。

古人适异方死，不必归葬故里，如季子是也。其言骨肉归于土，若夫魂气，则无不之也。然观季子所处，要之非知礼者也。

古人之法，必犯大恶则焚其尸。今风俗之弊，遂以为礼，虽孝子慈孙，亦不以为异。更是公方明立条贯，元不为禁：如言军人出戍，许令烧焚，将骨殖归；又言郊坛须三里外方得烧人，则是别有焚尸之法。此事只是习惯，便不以为事。今有狂夫醉人，妄以其先人棺榇一弹，则便以为深仇巨怨，及亲拽其亲而纳之火中，则略不以为怪，可不哀哉！

英宗欲改葬西陵，当是时，潞公对以祸福，遂止。其语虽若诡对，要之却济事。

父子异宫者，为命士以上，愈贵则愈严。故父子异宫，犹今有逐位，非如异居也。

卷第三　二先生语三

谢显道记忆平日语

“鸢飞戾天，鱼跃于渊，言其上下察也”，此一段，子思吃紧为人处，与“必有事焉，而勿正心”之意同，活泼泼地。会得时，活泼泼地；不会得时，只是弄精神。

切脉最可体仁。郑毂云：“尝见显道先生问此语，云：‘是某与明道切脉时，坐间有此语。’”

观鸡雏。此可观仁。

汉成帝梦上帝败我濯龙渊，打不过。

问鬼神有无。曰：“待说与贤道没时，古人却因甚如此道？待说与贤道有时，又却恐贤问某寻。”

射法具而不满者，无志者也。

尸居却龙见，渊默却雷声。

须是合内外之道，一天人，齐上下，下学而上达，极高明而道中庸。

既得后，便须放开，不然，却只是守。

《诗》，可以兴。某自再见茂叔后，吟风弄月以归，有“吾与点也”之意。

古人互相点检，如今之学射者亦然。

铁剑利而倡优拙。此重则彼轻。

自“舜发于吠亩之中”至“孙叔敖举于海”，若要熟，也须从这里过。

《萃》《涣》皆“享于帝，立庙”，因其精神之聚而形于此，为其涣散，故立此以收之。

“隘与不恭，君子不由”，非是瑕疵夷、惠之语，其弊至此。

赵普除节度使权，便是乌重胤之策，以兵付逐州刺史。

以记诵博识为玩物丧志。时以经语录作一册。○郑毂云：“尝见显道先生云：‘某从洛中学时，录古人善行别作一册，洛中见之，云是玩物丧志，盖言心中不宜容丝发事。’”

张子厚、邵尧夫，善自开大者也。

弹琴，心不在便不成声，所以谓“琴者，禁也”，禁人之邪心。

舞蹈本要长袖，欲以舒其性情。某尝观舞正乐，其袖往必反，有盈而反之意。今之舞者，反收拾袖子结在一处。

周茂叔窗前草不除去，问之，云：“与自家意思一般。”子厚观驴鸣，亦谓如此。

张子厚闻生皇子，喜甚；见饿莩者，食便不美。

某写字时甚敬，非是要字好，只此是学。

一日，游许之西湖，在石坛上坐，少顷脚踏处便湿，举起云：“便是天地升降道理。”

一日，见火边烧汤瓶，指之曰：“此便是阴阳消长之义。”

“鸢飞戾天”，向上更有天在；“鱼跃于渊”，向下更有地在。此两句去作人材上说更好。○郑毂云：“尝问此二句，显道先生云：‘非是极其上下而言，盖真个见得如此，正是子思吃紧道与人处。若从此解悟，便可入尧、舜气象。’”

因论口将言而嗫嚅，云：“若合开口时，要他头，也须开口，如荆轲于樊於期。须是‘听其言也厉’。”

舜由仁义行，非行仁义也。

与善人处，坏了人；须是与不善人处，方成就得人。他山之石，可以攻玉。

又言：“不哭底孩儿，谁抱不得？”

须是就事上学。《蛊》，“振民育德”，然有所知后，方能如此。“何必读书，然后为学？”

“士不可以不弘毅，任重而道远”，重担子须是硬脊梁汉方担得。

《诗》《书》，只说帝与天。

有人疑伊尹出处合于孔子，可以仕则仕，可以止则止，不得为圣之时，何也？曰：“终是任底意思在。”

一行，岂所以名圣人？至于圣，则自不可见。何尝道圣人孝，圣人廉？

太山为高矣，然太山顶上已不属太山。虽尧、舜之事，亦只是如太虚中一点浮云过目。

执事须是敬，又不可矜持太过。

孟子知言，正如人在堂上，方能辨堂下人曲直。若自下去堂下，则却辨不得。

勿忘、勿助长之间，正当处也。

颜子合下完具，只是小，要渐渐恢廓；孟子合下大，只是未粹，索学以充之。

学者要学得不错，须是学颜子。有准的。

参也，竟以鲁得之。

“默而识之，不言而信，存乎德行。”

“毛犹有伦”，入毫厘丝忽终不尽。

满腔子是恻隐之心。

众人安则不恭，恭则不安。

“君子以言有物而行有恒。”

邢恕日三点检，谓亦可哀也，何时不点检？

学射者互相点检病痛，“朋友攸摄，摄以威仪”。

有甚你管得我？有甚我管得你？教人致却太平后，某愿为太平之民。

右明道先生语

三王不足四，无四三王之理。如忠、质、文之所尚，子、丑、寅之所建，岁三月为一时之理。秦强以亥为正，毕竟不能行。孔子知是理，故其志不欲为一王之法，欲为百王之通法，如语颜渊为邦是也，其法度又一寓之《春秋》。已后别有说。

西北东南，人材不同。

以律管定尺，乃是以天地之气为准，非秬黍之比也。秬黍积数，在先王时，惟此为适与度量合，故可用，今时则不同。

物之可卜者，惟龟与羊髀骨可用，盖其坼可验吉凶。

李觏谓“若教管仲身长在，宫内何妨更六人？”此语不然。管仲时，桓公之心特未蠹也。若已蠹，虽管仲可奈何？未有心蠹，尚能用管仲之理。

孟子言性，当随文看。不以告子“生之谓性”为不然者，此亦性也，彼命受生之后谓之性尔，故不同。继之以“犬之性犹牛之性，牛之性犹人之性与”，然不害为一。若乃孟子之言善者，乃极本穷源之性。

日月之形，如人有身须有目，目必面前，故太阳无北观者。

仁则一，不仁则二。

仁道难名，惟公近之，非以公便为仁。

禅家之言性，犹太阳之下置器，其间方圆小大不同，特欲倾此于彼尔。然在太阳几时动？又其学善遁，若人语以此理，必曰“我无修无证”。

先生少时，多与禅客语，欲观其所学浅深，后来更不问。盖察言不如观貌，言犹可以所闻强勉，至于貌则不可强。

气，形而下者。

语学者以所见未到之理，不惟所闻不深彻，久将理低看了。

性不可以内外言。

神是极妙之语。

神与性元不相离，则其死也，何合之有？如禅家谓别有一物常在，偷胎夺阴之说，则无是理。

魂谓精魂，其死也魂气归于天，消散之意。

某欲以金作器比性成形。先生谓：“金可以比气，不可以比性。”

唐人伎艺，亦有精绝过今人处。

日月谓一日一个亦得，谓通古今只一个亦得。

《易》言天亦不同。如“天道亏盈而益谦”，此通上下理亦如此，天道之运亦如此；如言“天且弗违，况于人乎？况于鬼神乎？”此直谓形而上者言，以鬼神为天地矣。

庄生形容道体之语，尽有好处。老氏“谷神不死”一章最佳。

禅家出世之说，如闭目不见鼻，然鼻自在。

圣人不记事，所以常记得。今人忘事，以其记事。不能记事，处事不精，皆出于养之不完固。

陈恒弑其君，夫子请讨，当时夫子已去位矣。曾为大夫。

人固可以前知，然其理须是用则知，不用则不知。知不如不知之愈，盖用便近二，所以释子谓又不是野狐精也。

二三立，则一之名亡矣。

“感而遂通天下之故”，以其寂然不动，小则事物之至，大则无时而不感。

人之禀赋有无可奈何者，圣人所以戒忿疾于顽。

释氏处死生之际，不动者有二：有英明不以为事者，亦有昏愚为人所误，以前路自有去处者。

心欲穷四方上下所至，且以无穷，置却则得。若要真得，须是体合。

有剪桐之戏，则随事箴规；违养生之戒，则即时谏止。

未有不能体道而能无思者，故坐忘即是坐驰，有忘之心，乃思也。

许渤与其子隔一窗而寝，乃不闻其子读书与不读书。先生谓：“此人持敬如此。”曷尝有如此圣人？

伯淳在澶州日，修桥少一长梁，曾博求之民间。后因出入，见林木之佳者，必起计度之心，因语以戒学者：“心不可有一事。”

阅机事之久，机心必生。盖方其阅时，心必喜，既喜，则如种下种子。

见一学者忙迫，先生问其故，曰：“欲了几处人事。”曰：“某非不欲周旋人事者，曷尝似贤急迫？”

忘物与累物之弊等。

疑病者，未有事至时，先有疑端在心；周罗事者，先有周事之端在心，皆病也。

较事大小，其弊为枉尺直寻之病。

忘敬而后无不敬。

圣人之心，未尝有在，亦无不在，盖其道合内外，体万物。

事神易，为尸难。苟孝子有思亲之心，以至诚持之，皆可以尽其道。惟尸象神，其所以祖考来格者以此。后世巫觋，立尸之遗意，但其流入于妄伪，岂有通幽明之理？

死者不可谓有知，不可谓无知。

尝问先生：“其有知之原，当俱禀得？”先生谓：“不曾禀得，何处交割得来？”又语及太虚，曰：“亦无太虚。”遂指虚曰：“皆是理，安得谓之虚？天下无实于理者。”

罪己责躬不可无，然亦不当长留在心胸为悔。

有恐惧心，亦是烛理不明，亦是气不足。须知“义理之悦我心，犹刍豢之悦我口”，玩理以养心如此。盖人有小称意事，犹喜悦，有沦肌浃骨如春和意思，何况见理？然穷理亦当知用心缓急，但苦劳而不知悦处，岂能养心？

入道莫如敬，未有能致知而不在敬者。今人主心不定，视心如寇贼而不可制，不是事累心，乃是心累事。当知天下无一物是合少得者，不可恶也。

或谓许大太虚。先生谓：“此语便不是，这里论甚大与小？”

大抵人有身，便有自私之理，宜其与道难一。

人之于仪形，有是持养者，有是修饰者。

人之于性，犹器之受光于日，日本不动之物。

须是识在所行之先，譬如行路，须得光照。

伯有为厉之事，别是一理。

“一阴一阳之谓道”，道非阴阳也，所以一阴一阳，道也。如一阖一辟谓之变。

右伊川先生语

拾　遗

许渤初起，问人天气寒温，加减衣服，一加减定，即终日不换。

许渤在润州，与范文正、胡宿、周茂叔游。

古人立尸之意甚高。

“万取千焉，千取百焉。”齐语谓某处取某处远近。

“夫天未欲平治天下也，如欲平治天下，当今之世，舍我其谁？”此是有所受命之语。若孔子谓“天之将丧斯文也，后死者不得与于斯文也；天之未丧斯文也，匡人其如予何？”丧乃我丧，未丧乃我未丧，我自做着天里，圣人之言，气象自别。

张横渠谓范文正才气老成。笑指挥赵俞。

古人求法器。

礼乐只在进反之间，便得性情之正。

孟子答公孙丑问“何谓浩然之气”，曰“难言也”。只这里便见得是孟子实有浩然之气。若他人便乱说道是如何，是如何。

子路亦百世之师。人告之以有过，则喜。

右明道先生语

先生在经筵日，有二同列论武侯事业，谓：“战伐所丧亦多，非‘杀一不辜而得天下，不为’之事。”先生谓：“二公语过矣。‘杀一不辜而得天下，不为’，谓杀不辜以私己。武侯以天子之命，讨天下之贼，何害？”

汉儒近似者三人：董仲舒、大毛公、扬雄。

右伊川先生语

卷第四　二先生语四

游定夫所录

善言治天下者，不患法度之不立，而患人材之不成；善言人材者，不患器质之不美，而患师学之不明。人材不成，虽有良法美意，孰与行之？师学不明，虽有受道之质，孰与成之？

行之失，莫甚于恶，则亦改之而已矣；事之失，莫甚于乱，则亦治之而已矣。苟非自暴自弃者，孰不可与为君子？

人有习他经，既而舍之，习《戴记》。问其故，曰："决科之利也。"先生曰："汝之是心，已不可入于尧、舜之道矣。夫子贡之高识，曷尝规规于货利哉？特于丰约之间，不能无留情耳。且贫富有命，彼乃留情于其间，多见其不信道也。故圣人谓之'不受命'。有志于道者，要当去此心而后可语也。"一本云：明道知扶沟县事，伊川侍行，谢显道将归应举。伊川曰："何不止试于太学？"显道对曰："蔡人鲜习《礼记》，决科之利也。"先生云云，显道乃止。是岁登第。注云：尹子言其详如此。

先生不好佛语。或曰："佛之道是也，其迹非也。"曰："所谓迹者，果不出于道乎？然吾所攻，其迹耳，其道，则吾不知也。使其道不合于先王，固不愿学也；如其合于先王，则求之六经足矣，奚必佛？"

汉儒之中，吾必以杨子为贤。然于出处之际，不能无过也。

其言曰："明哲煌煌，旁烛无疆；孙于不虞，以保天命。""孙于不虞"则有之，"旁烛无疆"则未也。光武之兴，使雄不死，能免诛乎？观于朱泚之事可见矣。古之所谓言逊者，迫不得已，如《剧秦美新》之类，非得已者乎？

天下之习，皆缘世变。秦以弃儒术而亡不旋踵，故汉兴，颇知尊显经术，而天下厌之，故有东晋之放旷。

人有语导气者，问先生曰："君亦有术乎？"曰："吾尝夏葛而冬裘，饥食而渴饮，节嗜欲，定心气，如斯而已矣。"

世有以读书为文为艺者，曰："为文谓之艺，犹之可也；读书谓之艺，则求诸书者浅矣。"

万物本乎天，人本乎祖，故冬至祭天而祖配之。以冬至者，气至之始故也。万物成形于地，而人成形于父，故以季秋享帝而父配之。以季秋者，物成之时故也。

世之信道笃而不惑异端者，洛之尧夫、秦之子厚而已。

孟子之时，去先王为未远，其学比后世为尤详，又载籍未经秦火，然而，班爵禄之制，已不闻其详。今之礼书，皆掇拾于煨烬之余，而多出于汉儒一时之傅会，奈何欲尽信而句为之解乎？然则，其事固不可一二追复矣。明道

人必有仁义之心，然后仁与义之气睟然达于外，故"不得于心，勿求于气，可也"。明道

君子之教人，或引之，或拒之，各因其所亏者成之而已。孟子之不受曹交，以交未尝知道固在我而不在人也，故使"归而求之"。

孟子论三代之学，其名与《王制》所记不同，恐汉儒所记未必是也。

“象忧亦忧，象喜亦喜”，盖天理人情于是为至。舜之于象，周公之于管叔，其用心一也。夫管叔未尝有恶也，使周公逆知其将畔，果何心哉？惟其管叔之畔，非周公所能知也，则其过有所不免矣。故孟子曰：“周公之过，不亦宜乎？”

孟子言舜完廪、浚井之说，恐未必有此事，论其理而已。尧在上而使百官事舜于畎亩之中，岂容象得以杀兄，而使二嫂治其栖乎？学孟子者，“以意逆志”可也。

或谓佛之理比孔子为径，曰：“天下果有径理，则仲尼岂欲使学者迂远而难至乎？故外仲尼之道而由径，则是冒险阻、犯荆棘而已。”侍讲

穷经，将以致用也。如“诵《诗》三百，授之以政，不达；使于四方，不能专对，虽多，亦奚以为？”今世之号为穷经者，果能达于政事、专对之间乎？则其所谓穷经者，章句之末耳，此学者之大患也。

问：“‘我于辞命则不能’，恐非孟子语。盖自谓不能辞命，则以善言德行自居矣，恐君子或不然。”曰：“然。孔子兼之，而自谓不能者，使学者务本而已。”明道

孟子曰：“事亲，若曾子可也。”吾以谓“事君，若周公可也”。盖子之事父，臣之事君，闻有自知其不足者矣，未闻其为有余也。周公之功固大矣，然臣子之分所当为也，安得独用天子之礼乎？其因袭之弊，遂使季氏僭八佾，三家僭《雍》彻，故仲尼论而非之，以谓“周公其衰矣”。侍讲

师保之任，古人难之。故召公不说者，不敢安于保也；周公作书以勉之，以为在昔人君所以致治者，皆赖其臣，而使召公谋所以裕己也。

“复子明辟”，如称告嗣天子王矣。

工尹商阳自谓“朝不坐宴，不与杀三人，足以反命”，慢君莫甚焉，安在为有礼？夫君子立乎人之本朝，则当引其君于道，志于仁而后已。彼商阳者，士卒耳，惟当致力于君命，而乃行私情于其间，孔子盖不与也。所谓“杀人之中又有礼焉”者，疑记者谬。

盟，可用也，要之则不可。故孔子与蒲人盟而适卫者，特行其本情耳。盖与之盟与未尝盟同，故孔子适卫无疑。使要盟而可用，则卖国背君亦可要矣。

不知天，则于人之愚智、贤否有所不能知，虽知之有所不尽，故“思知人，不可以不知天”。不知人，则所亲者或非其人，所由者或非其道，而辱身危亲者有之，故“思事亲，不可不知人”。故尧之亲九族，亦明俊德之人为先。盖有天下者，以知人为难，以亲贤为急。

《二南》之诗，盖圣人取之以为天下国家之法，使邦家乡人皆得歌咏之也。有天下国家者，未有不自齐家始。先言后妃，次言夫人，又次言大夫妻。而古之人，有能修之身以化在位者，文王是也，故继之以文王之诗。《关雎》诗所谓“窈窕淑女”，即后妃也，故《序》以为配君子。所谓“乐而不淫，哀而不伤”，盖《关雎》之义如此，非谓后妃之心为然也。

安定之门人往往知稽古爱民矣，则于为政也何有？

古者，乡田同井，而民之出入相友，故无争斗之狱。今之郡邑之讼，往往出于愚民，以戾气相拘，善为政者勿听焉可也。又时取强暴而好讥侮者痛惩之，则柔良者安，斗讼可息矣。

君子之遇事，无巨细，一于敬而已。简细故以自崇，非敬也；饰私智以为奇，非敬也。要之，无敢慢而已。《语》曰：“居处恭，执事敬，虽之夷狄，不可弃也。”然则“执事敬”者，固为仁之端也。推是心而成之，则“笃恭而天下平”矣。

士之所难者，在“有诸己”而已。能“有诸己”，则“居之安，资之深”，而“美”且“大”可以驯致矣。徒知“可欲”之“善”，而若存若亡而已，则能不受变于俗者，鲜矣。

冯道更相数主，皆其仇也。安定以为当五代之季，生民不至于肝脑涂地者，道有力焉，虽事仇无伤也。荀彧佐曹操诛伐，而卒死于操。君实以为东汉之衰，彧与攸视天下无足与安刘氏者，惟操为可依，故俯首从之，方是时，未知操有他志也。君子曰：“在道为不忠，在彧为不智。如以为事固有轻重之权，吾方以天下为心，未暇恤人议己也，则枉己者未有能直人者也。”

世之议子云者，多疑其投阁之事。以《法言》观之，盖未必有。又天禄阁世传以为高百尺，宜不可投。然子云之罪，特不在此，黾勉于莽、贤之间，畏死而不敢去，是安得为大丈夫哉？

公山弗扰以费叛，不以召叛人逆党而召孔子，则其志欲迁善悔过，而未知其术耳。使孔子而不欲往，是沮人为善也，何足以为孔子？

道之外无物，物之外无道，是天地之间，无适而非道也。即父子，而父子在所亲；即君臣，而君臣在所严。以至为夫妇、为长幼、为朋友，无所为而非道，此道所以不可须臾离也。然则，毁人伦、去四大者，其分于道也远矣。故“君子之于天下也，无适也，无莫也，义之与比”。若有适有莫，则于道为有间，非天地之全也。彼释氏之学，于“敬以直内”则有之矣，“义以方外”则未之有也，故滞固者入于枯槁，疏通者归于肆恣，此佛之教所以为隘也。吾道则不然，率性而已。斯理也，圣人于《易》备言之。

《乾》，圣人之分也，“可欲”之“善”属焉；《坤》，学者之分也，“有诸己”之“信”属焉。

仲尼言仁，未尝兼义，独于《易》曰：“立人之道，曰仁与义。”而孟子言仁必以义配。盖仁者，体也；义者，用也，知义之为用而不外焉者，可与语道矣。世之所论，于义者多外之，不然则混而无别，非知仁义之说者也。

门人有曰：“吾与人居，视其有过而不告，则于心有所不安，告之而人不受，则奈何？”曰：“与之处而不告其过，非忠也。要使诚意之交通在于未言之前，则言出而人信矣。”

“刚、毅、木、讷”，质之近乎仁也；“力行”，学之近乎仁也。若夫至仁，则天地为一身，而天地之间，品物万形为四肢百体。夫人岂有视四肢百体而不爱者哉？圣人，仁之至也，独能体是心而已，曷尝支离多端而求之自外乎？故“能近取譬”者，仲尼所以示子贡以“为仁之方”也。医书有以手足风顽谓之四体不仁，为其疾痛不以累其心故也。夫手足在我，而疾痛不与知焉，非不仁而何？世之忍心无恩者，其自弃，亦若是而已。

一物不该，非中也；一事不为，非中也；一息不存，非中也。何哉？为其偏而已矣。故曰：“道也者，不可须臾离也，可离非道也。”修此道者，“戒慎乎其所不睹，恐惧乎其所不闻”而已。由是而不息焉，则“上天之载，无声无臭”可以驯致也。

君子之于中庸也，无适而不中，则其心与中庸无异体矣。小人之于中庸，无所忌惮，则与戒慎、恐惧者异矣，是其所以反中庸也。

责善之道，要使诚有余而言不足，则于人有益，而在我者无自辱矣。

卷第五　二先生语五

理与心一，而人不能会之为一。

仲尼，元气也；颜子，春生也；孟子，并秋杀尽见。仲尼，无所不包；颜子，示“不违，如愚”之学于后世，有自然之和气，不言而化者也；孟子则露其才，盖亦时然而已。仲尼，天地也；颜子，和风庆云也；孟子，泰山岩岩之气象也。观其言，皆可以见之矣。仲尼无迹，颜子微有迹，孟子其迹著。

人心常要活，则周流无穷，而不滞于一隅。

老子曰“无为”，又曰“无为而无不为”。当有为而以无为为之，是乃有为为也。圣人作《易》，未尝言无为，惟曰“无思也，无为也”，此戒夫作为也；然下即曰“寂然不动，感而遂通天下之故”，是动静之理，未尝为一偏之说矣。

语圣则不异，事功则有异，“夫子贤于尧、舜”，语事功也。

孔子言语，句句是自然；孟子言语，句句是实事。

论学便要明理，论治便须识体。

《蹇》便是处蹇之道，《困》便是处困之道，道无时不可行。

孟子有功于道，为万世之师，其才雄。只见雄才，便是不及孔子处。人须当学颜子，便入圣人气象。

父子君臣，天下之定理，无所逃于天地之间，安得有私心？“行一不义，杀一不辜，有所不为”，有分毫私，便不是王者事。

《订顽》立心，便达得天德。

孔子尽是明快人，颜子尽岂弟，孟子尽雄辩。

孔子为中都宰，“知其不可而为之”，不仁；不知而为之，不知。岂有圣人不尽仁、知？

责上责下，而中自恕己，岂可任职分？

万物无一物失所，便是天理时中。

“公孙硕肤，赤舄几几。”

为君尽君道，为臣尽臣道，过此则无理。

“坤作成物”，是积学处；“乾知大始”，是成德处。

孔子请讨田恒，当时得行，便有举义为周之意。

九二“利见大人”，九五“利见大人”，圣人固有在上者、在下者。

虽公天下事，若用私意为之，便是私。

“唯上智与下愚不移”，移则不可知。上之为圣，下之为狂，在人一心念不念为进退耳。

“居处恭，执事敬，与人忠”，充此便睟面、盎背，有诸中，必形诸外，观其气象便见得。

天命不已，文王纯于天道亦不已。纯则无二无杂，不已则无间断先后。

不能动人，只是诚不至；于事厌倦，皆是无诚处。

气，直养而无害，便塞乎天地之间；有少私意，即是气亏。无不义便是集义，有私意便是馁。

心具天德。心有不尽处，便是天德处未能尽，何缘知性、知天？尽己心，则能尽人尽物，与天地参，赞化育。赞，则直养之而已。

“鼓万物而不与圣人同忧”，天理鼓动万物如此。圣人循天理而欲万物同之，所以有忧患。

章，外见之物。“含章可贞”，“来章有庆”，须要反己。

敬、义夹持，直上达天德自此。

舞、射便见人诚。古之教人，莫非使之成己，自洒扫应对上，便可到圣人事。

“乐莫大焉”，“乐亦在其中”，“不改其乐”，须知所乐者何事。

乾、坤，古无此二字，作《易》者特立此二字，以明难明之道，乾、坤毁，则无以见《易》，须以意明之。以此形容天地间事。

《易》，圣人所以立道，穷神则无《易》矣。

孔子为宰则为宰，为陪臣则为陪臣，皆能发明大道。孟子必得宾师之位，然后能明其道。犹之有许大形象，然后为太山；许多水，然后为海。以此未及孔子。

夷、惠有异于圣人大成处，然“行一不义，虽得天下不为”，与孔子同者，以其诚一也。

颜子作得禹、稷、汤、武事功，若德，则别论。

《诗》言天命，《书》言天。存心则上帝临女。

文章成功，有形象可见，只是极致事业，然所以成此事功者，即是圣也。

万物之始，皆气化；既形，然后以形相禅，有形化；形化长，则气化渐消。

《中庸》言“无声无臭”，胜如释氏言“非黄非白”。

心有所存，眸子先发见。

张兄言气，自是张兄作用，立标以明道。张兄，一作横渠，后同。

《乾》是圣人道理，《坤》是贤人道理。

《易》之有象，犹人之守礼法。

待物生，以时雨润之，使之自化。

恭而安。张兄十五年学。

卷第六　二先生语六

此卷间有不可晓处，今悉存之，不敢删去。

质夫沛然；择之茫然，未知所得；季明安。

兄厚临终过西郊，却相疑，平生不相疑。

叔不排释、老。

惟善变通，便是圣人。

圣人于天下事，自不合与，只顺得天理，茂对时，育万物。

尧、舜、共、鲧、皋陶，时与孔子异。

正名。养老。荀文若。利。魏郑公。正当辨。

学原于思。

仁，人此；义，宜此。事亲，仁之实；从兄，义之实，须去一道中别出。

孔子言仁，只说“出门如见大宾，使民如承大祭”。看其气象，便须“心广体胖”，“动容周旋中礼”，惟“慎独”便是守之之法。圣人“修己以敬，以安百姓”，“笃恭而天下平”。惟上下一于恭敬，则天地自位，万物自育，气无不和，四灵何有不至？此体信达顺之道，聪明睿智皆由是出。以此事天飨帝，故《中庸》言“鬼神之德盛”，而终之以“微之显，诚之不可掩如此”。

“博施济众”，非圣不能，何曾干仁事？故特曰“夫仁者，达人，立人，取譬，可谓仁之方而已”，使人求之，自反便见得也。虽然，圣人未有不尽仁，然教人不得如此指杀。一本此下云：绕塔说相轮，不如便入塔登之，始登时虽不见，及上到顶，则相轮为我有。

四体不仁。

鬼是往而不反之义。

天人本无二，不必言合。

“俨然，即之温，言厉”，佗人温则不厉，俨然则不温，惟孔子全之。

大圭黄钟，全冲和气。

李宏中力田养亲。

节嗜欲，定心气。即是天气下降，地气上腾。心气定，便和无疾。

看一部《华严经》，不如看一《艮》卦。《经》只言一止观。

论性不论气，不备；论气不论性，不明。一本此下云：二之则不是。

人自孩提，圣人之质已完，只先于偏胜处发。或仁，或义，或孝，或弟。

觉悟便是信。

自“幼子常视无诳”以上，便是教以圣人事。

人之知思，因神以发。

成己须是仁，推成己之道成物便是智。

怒、惊，皆是主心不定。不迁怒。

非礼不视、听、言、动，积习尽有功，礼在何处？

去气偏处发，便是致曲；去性上修，便是直养，然同归于诚。

“不有躬，无攸利”，不立己，后虽向好事，犹为化物，不得以天下万物挠己。己立后，自能了当得天下万物。

地不改辟，民不改聚，只修治便了。

饥食渴饮，冬裘夏葛，若致些私吝心在，便是废天职。

“忠信进德，修辞立其诚”，所以居业、修立在人。

日月，阴阳发见盛处。

月受日光。父子。龙敏。挝鼓。

鼓动万物，圣人之神知则不可名。

凡物，参和交感则生，不和分散则死。

凡有气，莫非天；凡有形，莫非地。

气有偏胜处。

二气、五行，刚柔万殊，圣人所由，惟一理，人须要复其初。

元气会则生圣贤。理自生。

天只主施，成之者，地也。

须要有所止。止于仁，止于孝，止于大分。

有形总是气，无形只是道。

《咸》六四言“贞吉，悔亡”，言感之不可以心也。不得只恁地看过，更留心。

存养熟后，泰然行将去，便有进。

《艮》卦，只明使万物各有止，止分便定。“艮其背，不获其身，不见其人。”

曾子疾病，只要以正，不虑死，与武王“杀一不辜，行一不义，得天下不为”同心。

百官万务、金革百万之众，“饮水曲肱，乐在其中”。万变皆在人，其实无一事。

蜀山人不起念十年，便能前知。

只是一个诚。天地、万物、鬼神，本无二。

“清明在躬，志气如神。”贵熟。

观天地生物气象。周茂叔看。

“在帝左右”，帝指何帝？

卜筮在精诚，疑则不应。一本注云：疑心微生，便是不应。杨子江依凭事是此理。

懈意一生，便是自弃自暴。

“勿忘，勿助长，必有事焉”，只中道上行。

忠信而入，忠信而出。油火上竿禁蜈蚣。

涵养着乐处，养心便到清明高远。

天下之悦不可极，惟朋友讲习，虽过悦无害。兑泽有相滋益处。一本注云：兑泽有自相滋益之意。

凝然不动，便是圣人。

多惊、多怒、多忧，只去一事所偏处自克，克得一件，其余自正。

人少长须激昂自进，中年已后，渐至德成，方可自安。

“致知在格物”，物来则知起。物各付物，不役其知，则意诚不动。意诚自定则心正，始学之事也。

斋戒以神明其德。

明德、新民，岂分人我？是成德者事。

天无形，地有形。

虚心实腹。

静后，见万物自然皆有春意。

天之生物无穷，物之所成却有别。

致曲，不要说来大。

和平依磬声，玉磬声之最和平者养心。

羊头山老子说一稃二米秬黍，则是天地气和，十分丰熟。山上便有，山下亦或有之。

八十四声，清者极吹尽清，浊者极吹尽浊，就其中以中声上生下生。

霜露，星之气，异乎雨雪。

“密云不雨”，尚往则气散。先阴变风，气随风散。

苔木气为水土所发。

草类竹节可见。黄钟牛鸣，胎息气。

意言象数。邵尧夫。

周茂叔穷禅客。

明善在明，守善在诚。

《复》卦非天地之心，“复，则见天地之心”。圣人无复，故未尝见其心。

管摄天下人心，收宗族，厚风俗，使人不忘本，须是明谱系世族与立宗子法。一年有一年工夫。

忿欲忍与不忍，便见有德无德。

《周南》《召南》如《乾》《坤》。

今之祭祀无乐，今之乐又不可用，然又却不见得缓急之节。

叔一生不曾看《庄》《列》，非礼勿动、勿视，出于天与，从幼小有如是才识。

夷、惠，其道“隘与不恭”，乃心无罪。

孔子所遇而安，无所择。自子路观孔子，孔子为不恭；自孔子观吾辈，吾辈便隘。惟其与万物同流，便能与天地同流。

去健羡，毋意，义之与比。亲于其身为不善，直是不入。

山林之士，只是意欲不出。

重，主道也。士大夫得有重，应当有主。既埋重，不可一日无主，故设苴；及其已作主，即不用苴。

有庙即当有主。

技击不足以当节制，节制不足以当仁义。使人人有子弟卫父兄之心，则制梃以挞秦、楚之兵矣。

不应为，总是罪过。

《诗》兴起人志意。

小人小丈夫，不合小了，他本不是恶。

语默犹昼夜，昼夜犹生死，生死犹古今。消息。

慎终追远。不止为丧祭。

铅铁性殊，点化为金，则不辨铅铁之性。

民须仁之，物则爱之。

圣人缘人情以制礼，事则以义制之。

息，止也，生也。止则便生，不止则不生。《艮》，始终万物。

不常其德，则所胜来复；正常其理，则所胜同化。《素问》。

曾点、漆雕已见大意，故圣人与之。

颜子所言不及孔子，“无伐善，无施劳”，是他颜子性分上事；孔子言“安之，信之，怀之”，是天理上事。

大抵有题目事易合。

心风人力倍平常。将死者识能预知，只是他不着别事杂乱，兼无昏气。人须致一如此。

孔子之时，事虽有不可为，孔子任道，岂有不可为？鲁君、齐君，孔、孟岂不知其不足与有为？

人虽睡着，其识知自完，只是人与唤觉，便是他自然理会得。

诚则自然无累，不诚便有累。

贫子宝珠。

君实笃厚，晦叔谨严，尧夫放旷。

根本须是先培壅，然后可立趋向也。趋向既正，所造有浅深，则由勉与不勉也。正

人多昏其心，圣贤则去其昏。

以富贵为贤者不欲，却反人情。

闻见如登九层之台。

《中说》有后人缀缉之。

观两汉已前文章，凡为文者皆似。

杨子之学实，韩子之学华，华则涉道浅。

祭而立尸，只是古人质。

颜子箪、瓢，非乐也，忘也。

孟子"知言"，则便是知道。

夷、惠圣人，传者之误。"不念旧恶"，此清者之量。

"思与乡人处"，此孟子拔本塞源。

庾公之斯，取其不背学而已。

杨、墨，皆学仁义而流者也。墨子似子张，杨子似子夏。

伊尹不可言蔽，亦是圣之时。伯夷不蔽于为己，只是隘。

孔子免匡人之围，亦苟脱也。

四端不言信，信本无在。在《易》，则是至理；在孟子，则是气。

子产语子太叔，因其才而教之。

《序卦》非《易》之蕴，此不合道。韩康伯注。

“仰之弥高”，见其高而未能至也；“钻之弥坚”，测其坚而未能达也。此颜子知圣人之学而善形容者也。

义之精者，须是自求得之，如此则善求义也。

读《论语》《孟子》而不知道，所谓“虽多，亦奚以为”。

汤既胜夏，欲迁其社，不可。圣人所欲不逾矩，既欲迁社，而又以为不可，欲迁是，则不可为非矣；不可是，则欲迁为非矣。然则，圣人亦有过乎？曰：“非也，圣人无过。”夫亡国之社迁之，礼也，汤存之以为后世戒，故曰欲迁则不可也。《记》曰：“丧国之社屋之，不受天阳也。”又曰：“亳社北牖，使阴明也。”《春秋》书“亳社灾”，然则皆自汤之不迁始也。

五亩之宅，田二亩半，郭二亩半，耕则居田，休则居郭。三易，再易，不易。三易，三百亩，三岁一耕；再易，二百亩，二岁一耕；不易，岁，岁耕之。此地之肥瘠不同也。

古者，百步为亩，百亩当今之四十一亩也。古以今之四十一亩之田，八口之家可以无饥；今以古之二百五十亩，犹不足，农之勤惰相悬乃如此。

古之时，民居少，人各就高而居，中国虽有水，亦未为害也。及尧之时，人渐多，渐就平广而居，水泛滥，乃始为害。当是时，龙门未辟，伊阙未析，砥柱未凿，尧乃因水之泛滥而治之，以为天下后世无穷之利。非尧时水特为害也，盖已久矣。上世人少，就高而居则不为害；后世人多，就下而处则为害也。

四凶之才，皆可用。尧之时，圣人在上，皆以其才任大位，而不敢露其不善之心。尧非不知其不善也，伏则圣人亦不得而诛之。及尧举舜于匹夫之中而禅之位，则是四人者始怀愤怨不平之心而显其恶，故舜得以因其迹而诛窜之也。

人无父母，生日当倍悲痛，更安忍置酒张乐以为乐？若具庆者，可矣。

今人以影祭，或画工所传，一髭发不当，则所祭已是别人，大不便。

今之税，实轻于什一，但敛之无法与不均耳。

有一物而可以相离者，如形无影不害其成形，水无波不害其为水。有两物而必相须者，如心无目则不能视，目无心则不能见。

古者，八十丝为一升，斩衰三升，则是二百四十丝，于今之布为已细。缌麻十五升，则是千有二百丝，今盖无有矣。

“古之学者为己，今之学者为人”；古之仕者为人，今之仕者为己；古之强有力者将以行礼，今之强有力者将以为乱。

方今有古之所无者二：兵与释、老也。

言而不行，是欺也。君子欺乎哉？不欺也。

泛乎其思，不若约之可守也。思则来，舍则去，思之不熟也。

二经简编，后分者不是。

《诗》大率后人追作，马迁非。

圣人于忧劳中，其心则安静，安静中却是有至忧。

圣人之言远如天，贤者小如地。

天之付与之谓命，禀之在我之谓性，见于事业之谓理。

“事君，有犯无隐；事亲，有隐无犯”，有时而可分。

治必有为治之因，乱必有为乱之因。

受命之符不足怪。

射则观其至诚而已。

学行之上也，名誉以崇之，皆杨子之失。

“由之瑟，奚为于丘之门”，言其声之不和，与己不同。

“视其所以”，观人之大概；“察其所安”，心之所安也。

子绝四：毋自任私意，毋必为，毋固执，毋有己。

“居是邦也，不非其大夫”，此理最好。

“出入”，可也；出，须是同归。

“博施济众”，仁者无穷意。

“知和而和”，执辞时不完。

“无欲速”，心速；“七年”，理速。

养亲之心则无极，外事极时须为之极，莫若极“贵贵”之义，莫若极“尊贤”之宜。

发于外者谓之恭，有诸中者谓之敬。

诚然后能敬，未及诚时，却须敬而后能诚。

无妄之谓诚，不欺，其次矣。一本云：李邦直云：“不欺之谓诚。”便以不欺为诚。徐仲车云：“不息之谓诚。”《中庸》言“至诚无息”，非以“无息”解“诚”也。或以问先生，先生曰云云。

赞马迁、巷伯之伦，此班固微词。

石奢不当死，然纵法当固辞乞罪，不罪他时，可以坚请出践更钱，此最没义。

《易》爻应则有时而应，又远近相取而悔吝生。

王通《家人》卦是。《易传》言“明内齐外，非取象意”，疑此“是”字上脱一“不”字也。

《诗序》必是同时所作，然亦有后人添者。如《白华》只是刺幽王，其下更解不行；《绵蛮》序“不肯饮食教载之”，只见

《诗》中云“饮之食之，教之诲之，命彼后车，谓之载之”，便云教载，绝不成言语也。又如“高子曰：‘灵星之尸也。’”分明是高子言，更何疑？

文王望至治之道而未之见，若曰民虽使至治，止由之而已，安知圣人？《二南》以天子在上，诸侯善化及民，安得谓之至？其有不合周公之心固无此。设若有不合者，周公之心必如是勤劳。

“五世”，依约。君子小人在上为政，其流泽三四世不已，五世而后斩。当时门人只知辟杨、墨为孟子之功，故孟子发此一说，以推尊孔子之道，言“予未得为孔子徒也”。孔子流泽至此未五世，其泽尚在于人，予则私善于人而已。

邪说则终不能胜正道，人有秉彝，然亦恶乱人之心。

“无耻之耻。”注是。

“行之不著”，如此人多。若至论，虽孔门中亦有由而不知者，又更有不知则不能由。

“送死”，天下之至重。人心苟能竭力尽此一事，则可以当天下之大事；“养生”，人之常，此相对而言。若舜、曾子养生，其心如此，又安得不能当大事？人未有自致，必也亲丧乎！

王者之《诗》亡、《雅》亡，政教号令不及于天下。

“仁言”，为政者道其所为；“仁声”，民所称道。

“不得于言，勿求于心，不可”，养气以心为主，若言失中，心不动亦不妨。

“一言而可以折狱者，其由也与！”言由之见信如此，刑法国人尚取信，其他可知。

若臧武仲之知，又公绰之不欲，卞庄子之勇，冉求之艺，合此四人之偏，文之以礼乐，方成圣人，则尽之矣。

“先进于礼乐”，质也；“后进于礼乐”，文也。“文质彬彬，然后君子”，其下则史，孔子从之，矫枉欲救文之弊。然而，“吾从周”，此上文一事，又有不从处，“乘商之辂”。

《中庸》，首先言本人之情、性，次言学，次便言三王酌损以成王道，余外更无意。三王下到今，更无圣人，若有时，须当作四王。王者制作时，用先代之宜世者。今也法当用《周礼》，自汉以来用。

有爱人之心，然而使民亦有不时处，此则至浅。言当时治千乘之国若如此时，亦可以治矣。圣人之言，虽至近，上下皆通。此三句，若推其极，尧、舜之治亦不过此。若常人之言近时，便即是浅近去。

齐经管仲霸政之后，风俗尚权诈，急衣食。鲁之风俗不如此，又仲尼居之。当时风俗亦甚美，到汉尚言齐、鲁之学天性。此只说风俗，若谓圣贤，则周公自不之鲁，太公亦未可知。又谓齐经田恒弑君，无君臣上下之分，也不然。

“色难”，形下面“有事，服劳”而言，“服劳”更浅。若谓谕父母于道，能“养志”使父母说，却与此辞不相合。然推其极时，“养志”如曾子、大舜可也，曾元是曾子之子，尚不能。

在邦而己心无怨，孔子发明仲弓，使知仁字。然舜在家亦怨，周公狼跋亦怨。又引《文中子》。

“不有祝鮀之佞与宋朝之美”，才辩。难免世之害矣。

当孔子时，传《易》者支离，故言“五十以学《易》”。言“学”者，谦辞。学《易》可以无大过差。《易》之书，惟孔子能正之，使无过差。

“《诗》《书》”，统言；“执礼”，人所执守。

贤者能远照，故能避一世事；其次避地，不居乱邦。

“不愧屋漏”，则心安而体舒。

子曰：“君子博学于文，约之以礼，亦可以弗畔矣夫！”此非自得也，勉而能守也。“多闻，择其善者而从之，多见而识之，知之次也”，以勉中人之学也。

经，所以载道也；器，所以适用也。学经而不知道，治器而不适用，奚益哉？一本云：经者，载道之器，须明其用。如诵《诗》，须达于从政，能专对也。

今之学者，歧而为三：能文者，谓之文士；谈经者，泥为讲师；惟知道者，乃儒学也。

夫内之得有浅深，外之来有轻重。内重则可以胜外之轻，得深则可以见诱之小。

卷第七　二先生语七

此卷亦有不可晓处，今悉存之，不敢删去。

与人为善。

始初便去性分上立。晦叔

猎，自谓今无此好。周茂叔曰："何言之易也！但此心潜隐未发，一日萌动，复如前矣。"后十二年，因见，果知未。一本注云：明道年十六七时，好田猎，十二年暮归，在田野间见田猎者，不觉有喜心。

周公不作膳夫、庖人、匠人事，只会兼众有司之所能。

有田即有民，有民即有兵，乡遂皆起兵。

禅学只到止处，无用处，无礼义。

槁鞂、大羹、鸾刀，须用诚相副。

介甫致一。

尧、舜，知他几千年，其心至今在。

心要在腔子里。

体道，少能体即贤，尽能体即圣。

孔子门人善形容圣人。

尧夫道虽偏驳，然卷舒作用极熟，又能谨细行。

"虚而不屈，动而愈出。"

只外面有些罅隙，便走了。

只学颜子"不贰过"。

“忠恕，违道不远”，“可谓仁之方”，“力行近乎仁”，“求仁莫近焉”，仁道难言，故止曰“近”“不远”而已；苟以“力行”便为仁，则失之矣。“施诸己而不愿，亦勿施于人”，“夫子之道，忠恕”，非曾子不能知道之要，舍此则不可言。

圣人之明犹日月，不可过也，过则不明。

愚者指东为东，指西为西，随众所见而已；知者知东不必为东，西不必为西。唯圣人明于定分，须以东为东，以西为西。

邵尧夫犹空中楼阁。

兵法远交近攻，须是审行此道。“知崇礼卑”之意。

只是论得规矩准绳，巧则在人。

庄子有大底意思，无礼无本。

体须要大。

外面事不患不知，只患不见自己。

“雍也，仁而不佞。”晦叔

人当审己如何，不必恤浮议。志在浮议，则心不在内，不可应卒处事。

三命是律，星辰是历。

静坐独处不难，居广居、应天下为难。

保民而王。今之城郭，不为保民。

行兵须不失家计。游兵夹持。○夹，一作挟。

事，往往急便坏了。

与、夺、翕、张，固有此理，老子说着便不是。

诚、神，不可语。

见之非易，见不可及。

孔子弟子少有会问者，只颜子能问，又却“终日如愚”。

只理会生是如何。

静中便有动，动中自有静。

洒扫应对，与佛家默然处合。

丧事，人所不勉处；酒，人所困处；孔子于中间处之得宜。

玩心神明，上下同流。

敬下驴不起。世人所谓高者却是小，陈先生大分守不足。〇足，一作定。

尧、舜极圣，生朱、均；瞽、鲧极愚，生舜、禹。无所不用其极。

开物成务，有济时之才。

禹不矜不伐，至柔也，然乃见刚。

以诚意气楪子，何不可？若有为果子，系在他上，便不是。信得及便是也。

九德最好。

不学，便老而衰。

应卒处事。

不见其大，便大。

职事不可以巧免。

雍置师，内郡养耕，外郡御守。

兵能聚散为上。

把得性分定，做事直是不得放过。

韩信多多益办，只是分数明。

微仲焚禁山契书。

义勇也是拘束太急，便性轶轻劣。大凡长育人材，且须缓缓。

兵阵须先立定家计，然后以游骑旋，旋量力分外面与敌人合，此便是合内外之道。若游骑太远，则却归不得。至如听金鼓声，亦不忘却自家如何。如苻坚养民，一败便不可支持，无本故也。

坐井观天，非天小，只被自家入井中，被井筒拘束了。然井何罪？亦何可废？但出井中，便见天大。已见天如此大，不为井所拘，却入井中也不害。

“致知”，但知“止于至善”，“为人子，止于孝；为人父，止于慈”之类，不须外面，只务观物理，泛然正如游骑无所归也。

即目所学便持。“吾斯之未能信”，道着“信”，便是止也。

《晋书》谓“吾家书籍当尽与之”，岂止“与之”，当再拜而献之。

病昏不为他物所夺，只有正气，然犹有力，知识远过于人，况吾合天地之道，安有不可？

须是“无终食之间违仁”，即道日益明矣。

不偏之谓中，不易之谓庸。中者，天下之正道；庸者，天下之定理。

卷第八　二先生语八

“传不习乎”，不习而传与人。

“学则不固”，连上说。

“有马者借人乘之”，吾力犹能补史之阙文。当史之职而能阙疑以待后人，是犹“有马者借人乘之”也。

能言不怍者难。

“君子义以为质”四句，只是一事，以义为本。

可使之往，不可陷以罔。

“君子矜而不争”，矜尚之矜。

南宫适以禹、稷比孔子，故夫子不答也。

“果哉，末之难矣”，果敢之果。不知更有难事，他所未晓，轻议圣人。孔子击磬，何尝无心，荷蒉于此知之。

辟世、辟言、辟色，非有优劣，只说大小次第。

灵公问陈，孔子遂行，言语不相投。

“不占而已”，有吉凶便占，无常之人更不待占。

三代直道而行，毁誉公。

“践迹”如言循途守辙。善人虽不循守旧迹，亦不能入圣人之室。

“论笃是与”，言笃实时，与君子？与色庄？

“鲁、卫之政，兄弟也”，言相近也。

“知及”，“仁守”，“庄莅”，“动礼”，为政始末。

"民之于仁也，甚于水火"，不肯为仁，如蹈水火。

"致远恐泥"，不可行远。

"先传""后倦"，君子教人有序。先传以小者近者，而后教以大者远者，非是先传以近小，而后不教以远大也。

"吾其为东周乎！"东迁以后，诸侯大夫强僭，圣人岂为是乎？匏瓜"系而不食"，匏瓜，无所为之物，系而不动。

"子乐"，弟子各尽其诚实，不少加饰，故孔子知由之"不得其死"。

"性相近也"，生质之性。

"小知""大受"，不可以小知君子，而可以当大事。

"天下有道，丘不与易也"，"其谁以易之？"谁肯以夫子之道易己所为？

佛肸召，欲往而不往者，何也？圣人示之以迹，子路不谕"九夷""浮海"之类。

尧曰："予小子履。"少"汤"字。

周公谓鲁公三句，反复说，不独不弛其亲，又当使大臣不怨，至公不可忘私，又当全故旧。

"大德""小德"，如大节小节。

"虽有周亲，不如仁人"，至亲不如仁贤。

"因不失其亲"，信本不及义，恭本不及礼，然"信近于义"者，以"言可复也"；"恭近于礼"者，以"远耻辱也"；因恭、信不失其所以，亲近于礼、义，故"亦可宗也"。如言礼、义不可得见，得见恭、信者，斯可矣。

子张、子夏论交，子夏、子张告人各有所以，初学与成德者事不同。

“贫与贱，不以其道得之，不去也”，不以其道得去贫贱，如患得之。

“卿以下，必有圭田”，祭祀之田也，禄外之田也。

“余夫二十五亩”，一夫上父母下妻子，以五口至八口为率，受田百亩，如有弟，是余夫也，俟其成家别受田也。

“廛而不征”，市宅之地，已有廛税，更不征其物。

“法而不廛”，税有常法，不以廛故而厚其税。

“廛无夫里之布”，廛自有税，更无此二布。

“国有道，不变塞”，所守不变，所行不塞。

“广居”，“正位”，“大道”，所居者广，所位者正，所道者大，天下至中至大之所。

“配义与道”，浩气已成，合道与义。道，本也。义，用也。

“集义所生者”，集众义而生浩然之气，非义外袭我而取之也。

卷第九　二先生语九

少日所闻诸师友说

仁者，公也，人此者也；义者，宜也，权量轻重之极；礼者，别也；定分。知者，知也；信者，有此者也。万物皆有性，此五常，性也。若夫恻隐之类，皆情也，凡动者，谓之情。性者自然完具，信只是有此，因不信然后见，故四端不言信。

先生曰："孔子曰：'仁者，己欲立而立人，己欲达而达人。能近取譬，可谓仁之方也已。'尝谓孔子之语仁以教人者，唯此为尽，要之不出于公也。"

孟子曰："天民者，达可行于天下而后行之者也；大人者，正己而物正者也。"曰"天民"者，能尽天民之道者也，"践形"者是也，如伊尹可当之矣。民之名，则似不得位者，必"达可行于天下而后行之者也"。"大人"者，则如《乾》之九二，"利见大人""天下文明"者也。"天民"，"大人"，亦系乎时与不时尔。

"君子不重则不威，学则不固"，言君子不重则不威严，而学则亦不能坚固也。

信非义也，以其"言可复"，故曰"近义"；恭非礼也，以其"远耻辱"，故曰"近礼"；因其事而不失其所亲，"亦可宗也"，况于尽礼、义者乎？

“思无邪”，诚也。

“十有五而志于学，三十而立，四十而不惑”，明善之彻矣。圣人不言诚之一节者，言不惑则自诚矣。“五十而知天命”，思而知之也。“六十而耳顺”，耳者，在人之最末者也。至耳而顺，则是不思而得也，然犹滞于迹焉。至于“七十从心所欲不逾矩”，则圣人之道终矣。此教之序也。

对孟懿子问孝，告众人者也；对孟武伯者，以武伯多可忧之事也；子游能养，而或失于敬；子夏能直义，而或少温润之色。各因其人材高下与其所失而教之也。

“默而识之”，乃所谓学也，惟颜子能之。故孔子曰：“吾与回言终日，不违如愚。”“退而省其私”者，言颜子退而省其在己者，亦足以发此，故仲尼知其不愚，可谓善学者也。

“夷狄之有君，不如诸夏之亡也”，此孔子言当时天下大乱，无君之甚。若曰夷狄犹有君，不若是诸夏之亡君也。

“君子无所争，必也射乎！故曰揖让而升，下而饮，其争也君子”，言不争也。若曰其争也，是君子乎？

“子曰：‘禘，自既灌而往者，吾不欲观之矣。’”禘者，鲁僭天子之大祭也。灌者，祭之始也。以其僭上之祭，故圣人自灌以往，不欲观之矣。“或问禘之说，子曰‘不知也’”者，不欲斥言也。“‘知其说者，之于天下也，其如视诸斯乎！’指其掌”，此圣人言知此理者，其于治天下，如指其掌，甚易明也。盖名分正则天下定矣。

子贡之器，如宗庙之中可观之贵器，故曰“瑚琏也”。

或问辩，曰：“或曰：‘雍也仁而不佞。’子曰：‘焉用佞？御人以口给，屡憎于人，不知其仁，焉用佞？’苟仁矣，则口无择言，言满天下无口过，佞何害哉？若不知其仁，则佞焉用也？”

子曰：“由也好勇过我，无所取材。”“材”与“裁”同，言由但好勇过孔子，而不能裁度适于义也。

子路曰：“愿车马、衣轻裘与朋友共，敝之而无憾。”此勇于义者。观其志，岂可以势利拘之哉？盖亚于“浴沂”者也。颜渊“愿无伐善，无施劳”，此仁矣，然尚未免于有为，盖滞迹于此，不得不尔也。子曰：“老者安之，朋友信之，少者怀之。”此圣人之事也。颜子，大贤之事也。子路，有志者之事也。

子曰：“中人以上，可以语上也；中人以下，不可以语上也。”此谓才也。然则中人以下者，终于此而已乎？曰：“亦有可进之道也。”

子曰：“齐一变，至于鲁；鲁一变，至于道。”言鲁国虽衰，而君臣父子之大伦犹在，愈于齐国，故可一变而至于道。

子曰：“志于道。”凡物皆有理，精微要妙无穷，当志之尔。德者，得也，在己者可以据。“依于仁”者，凡所行必依着于仁，兼内外而言之也。

子在齐，闻《韶》，三月不知肉味，曰：“不图为乐之至于斯也。”曰：“圣人不凝滞于物，安有闻《韶》虽美，直至三月不知肉味者乎？‘三月’字误，当作‘音’字。此圣人闻《韶》音之美，当食不知肉味，乃叹曰：‘不图为乐之至于斯也。’门人因以记之。”

“子所雅言，《诗》《书》、执礼，皆雅言也。”雅，雅素之雅；礼，当时所执行，而非书也。“《诗》《书》、执礼”，皆孔子素所常言也。

人有斗筲之量者，有钟鼎之量者，有江河之量者，有天地之量者。斗筲之量者，固不足算；若钟鼎、江河者，亦已大矣，然满则溢也；唯天地之量，无得而损益，苟非圣人，孰能当之！

子曰："吾未见刚者。"或曰："申枨。"子曰："枨也欲，焉得刚？"凡人有欲则不刚。至大至刚之气，在养之可以至焉。

孟子曰："我知言。"孟子不欲自言"我知道"耳。

孟子常自尊其道而人不尊，孔子益自卑而人益尊之，圣贤固有间矣。

董仲舒谓："正其义，不谋其利；明其道，不计其功。"孙思邈曰："胆欲大而心欲小，智欲圆而行欲方。"可以法矣。今人皆反之者也。"如临深渊，如履薄冰"，谓小心也；"赳赳武夫，公侯干城"，谓大胆也；"不为利回，不为义疚"，行之方也；"见几而作，不俟终日"，知之圆也。此言极有理。

舍己从人，最为难事。己者，我之所有，虽痛舍之，犹惧守己者固而从人者轻也。

"参也鲁"，然颜子没后，终得圣人之道者，曾子也。观其启手足之时之言，可以见矣。所传者，子思、孟子，皆其学也。

"毋意"者，不妄意也；"毋我"者，循理不守己也。

子曰："先进于礼乐，野人也。"言其质胜文也；"后进于礼乐，君子也"，言其文质彬彬也；"如用之，则吾从先进"，言若用于时，救文之弊，则吾从先进，《小过》之义也。"麻冕，礼也，今也纯俭，吾从众；奢则不孙，俭则固，与其不孙也，宁固"，此之谓也，不必惑"从周"之说。

子曰："赐不受命而货殖焉。"命，谓爵命也，言不受爵命而货殖者，以见其私于利之深，而足以明颜子“屡空”之贤也。

子曰：“论笃是与，君子者乎？色庄者乎？”不可以言取人，今以其论笃而与之，是谓君子者乎？徒能色庄者乎？

仲弓之仁，安己而敬人，故曰：“雍也可使南面。”对樊迟之问，亦是仁之目也，然樊迟失于粗俗，圣人勉使为仁，曰：“虽之夷狄，不可弃也。”司马牛多言而躁，故但告以“其言也讱”。

“克、伐、怨、欲不行焉，可以为仁矣”，若无克、伐、怨、欲，固为仁已，唯颜子而上乃能之。如有而不行焉，则亦可以为难，而未足以为仁也。孔子盖欲宪疑而再问之，而宪未之能问也。

管仲之仁，仁之功也。

卷第十　二先生语十

洛阳议论苏昞季明录

子厚谓程卿："夙兴干事，良由人气清则勤，闲不得。"正叔谓："不可。若此，则是专为气所使。"子厚谓："此则自然也。"伯淳言："虽自然，且欲凡事皆不恤以恬养则好。"子厚谓："此则在学者也。"

伯淳谓："天下之士，亦有其志在朝廷而才不足，才可以为而诚不足。今日正须才与至诚合一，方能有济。"子厚谓："才与诚，须二物只是一物。"伯淳言："才而不诚，犹不是也。若非至诚，虽有忠义功业，亦出于事为，浮气几何时而不尽也！"

伯淳道："君实之语，自谓如人参、甘草，病未甚时可用也，病甚则非所能及。观其自处，必是有救之之术。"

正叔谓："某接人，治经论道者亦甚多，肯言及治体者，诚未有如子厚。"

二程谓："地形不必谓宽平可以画方，只可用算法折计地亩以授民。"子厚谓："必先正经界，经界不正，则法终不定。地有坳垤处不管，只观四标竿中间地，虽不平饶，与民无害。就一夫之间，所争亦不多。又侧峻处，田亦不甚美。又经界必须正南北，假使地形有宽狭尖斜，经界则不避山河之曲，其田则就得井处为井，不能就成处，或五七，或三四，或一夫，其实田数则在。又或就不成一夫处，亦可计百亩之数而授之，无不可行者。如此，则经界随山随河，皆不害于画之也。苟如此画定，虽便使暴君污吏，亦数百年坏不得。经界之坏，亦非专在秦时，其来亦远，渐有坏矣。”正叔云：“至如鲁，二，吾犹不足，如何得至十一也？”子厚言：“百亩而彻，言彻取之彻，则无义，是透彻之彻。透彻而耕，则功力均，且相驱率，无一家得惰者。及已收获，则计亩数裒分之，以裒分之数，取十一之数，亦可。”或谓：“井议不可轻示人，恐致笑及有议论。”子厚谓：“有笑有议论，则方有益也。”“若有人闻其说，取之以为己功。”先生云：“如有能者，则己愿受一廛而为氓，亦幸也。”伯淳言：“井田，今取民田使贫富均，则愿者众，不愿者寡。”正叔言：“亦未可言民情怨怒，止论可不可尔。”“须使上下都无怨怒，方可行。”正叔言：“议法既大备，却在所以行之之道。”子厚言：“岂敢！某止欲成书，庶有取之者。”正叔言：“不行于当时，行于后世，一也。”子厚曰：“徒善不足以为政，徒法不能以自行。须是行之之道。又虽有仁心仁闻，而政不行者，不由先王之道也，须是法先王。”正叔言：“孟子于此善为言。只极目力，焉能尽方圆平直？须是要规矩。”

二程问：“官户占田过制者，如何？”“如文曾有田极多，只消与五十里采地尽多。”又问：“其他如何？”“今之公卿，非如古之公卿。旧有田多者，与之采地多。概与之，则无以别有田者无田者。”

正叔说：“尧夫对上之词，言陛下富国强兵后待做甚？以为非是。此言安足谕人主？如《周礼》，岂不是富国之术存焉？”子厚言：“尧夫抑上富强之说，正犹为汉武帝言神仙之学，长年不足惜，言岂可入？圣贤之晓人，不如此之拙。如梁惠王问何以利国，则说利不可言之理，极言之以至‘不夺不餍’。”

正叔言：“人志于王道，是天下之公议，反以为私说，何也？”子厚言：“只为心不大，心大则做得大。”正叔言：“只是做一喜好之事为之，不知只是合做。”

伯淳言：“邵尧夫病革，且言试与观化一遭。”子厚言：“观化他人便观得自家，自家又如何观得化？尝观尧夫诗意，才做得识道理，却于儒术未见所得。”

正叔言：“蜥蜴含水，随雨雹起。”子厚言：“未必然。雹尽有大者，岂尽蜥蜴所致也？今以蜥蜴求雨，枉求他，他又何道致雨？”正叔言：“伯淳守官南方，长吏使往茅山请龙，辞之，谓祈请鬼神，当使信向者则有应，今先怀不信，便非义理。既到茅山岩，敕使人于水中捕得二龙，持之归，并无他异，复为小儿玩之致死。此只为鱼虾之类，但形状差异，如龙之状尔。此虫，广南亦有之，其形状同，只啮人有害，不如茅山不害人也。”

正叔言：“永叔诗：‘笑杀颍阴常处士，十年骑马听朝鸡。’夙兴趋朝，非可笑之事，不必如此说。”又言：“常秩晚为利昏，元来便有在，此乡党莫之尊也。”

正叔言：“今责罪官吏，殊无养士君子廉耻之道。必断言徒流杖数，赎之以铜，便非养士君子之意。如古人责其罪，皆不深指斥其恶，如责以不廉，则曰‘俎豆不修’。”

有人言：“今日士大夫未见贤者。”正叔言：“不可谓士大夫有不贤者，便为朝廷之官人不用贤也。”

彭汝砺恳辞台职，正叔言：“报上之效已了邪？上冒天下议论，显拔致此，曾此为报上之意已足？”

正叔言：“礼院者，天下之事无不关。此但得其人，则事尽可以考占立法；苟非其人，只是从俗而已。”

正叔言：“昏礼结发无义，欲去久矣，不能言。结发为夫妇者，只是指其少小也。如言结发事君，李广言结发事匈奴，只言初上头时也，岂谓合髻子？”子厚云：“绝非礼义，便当去之。古人凡礼，讲修已定，家家行之，皆得如此。今无定制，每家各定，此所谓家殊俗也。至如朝廷之礼，皆不中节。”

正叔论安南事：“当初边上不便，令逐近点集，应急救援。其时，虽将帅革兵冒涉炎瘴，朝廷以赤子为忧，亦有所不恤也。其时不救应，放令纵恣，战杀至数万。今既后时，又不候至秋凉迄冬，一直趋寇，亦可以前食岭北，食积于岭南搬运。今乃正于七月过岭，以瘴死者自数分。及过境，又粮不继，深至贼巢，以桄渡五百人过江，且砍且焚，破其竹寨几重，不能得，复棹其空桄，续以救兵，反为贼兵会合禽杀，吾众无救，或死或逃，遂不成功。所争者，二十五里耳。欲再往，又无舟可渡，无粮以戍。此谬算，未之有也。犹得贼辞差顺，遂得有词，且承当了。若使其言犹未顺，如何处之？运粮者死八万，战兵瘴死十一万，余得二万八千人生还，尚多病者，又先为贼戮数万，都不下三十万口。其昏谬无谋，如此甚也。”

有人言：“郭璞以鸠斗占吉凶。”子厚言：“此为他诚实信之，所以就而占得吉凶。”正叔言：“但有意向此，便可以兆也，非鸠可以占吉凶耳。”

正叔言：“郭逵新贵时，众论喧然，未知其人如何。后闻人言，欲买韩王宅，更不问，可知也。如韩王者，当代功臣，一宅已致而欲有之，大煞不识好恶。”子厚言：“昔年，有人欲为范希文买绿野堂，希文不肯，识道理自不然。在唐如晋公者，是可尊也。一旦取其物而有之，如何得安？在他人犹可，如王维庄之类，独有晋公则不可，宁使耕坏，及他有力者致之，己则不可取。”

正叔言：“管辖人亦须有法，徒严不济事。今帅千人，能使千人依时及节得饭吃，只如此者，能有几人？尝谓军中夜惊，亚夫坚卧不起，不起，善矣，然犹夜惊，何也？亦是未尽善。”

正叔谓：“今唱名，何不使伊儒冠徐步进见？何用二人把见趋走，得不使殿上大臣有愧色？”子厚言：“只先出榜，使之见其先后，何用旋开卷呼名？”

正叔言：“某见居位者百事不理会，只恁个大肚皮。于子厚，却愿奈烦处之。”

子厚言：“关中学者，用礼渐成俗。”正叔言：“自是关中人刚劲敢为。”子厚言：“亦是自家规矩太宽。”

正叔言：“某家治丧，不用浮图。在洛亦有一二人家化之，自不用释氏。道场之用螺钹，盖胡人之乐也，今用之死者之侧，是以其乐临死者也。天竺之人重僧，见僧必饭之，因使作乐于前。今乃以为之于死者之前，至如庆祷，亦杂用之，是甚义理？如此事，被他欺谩，千百年，无一人理会者。”

正叔谓：“何以谓之君子？何以谓之小人？君子则所见者大，小人则所见者小且近。君子之志所虑者，岂止其一身？直虑及天下千万世。小人之虑，一朝之忿，曾不遑恤其身。”

伯淳谓：“才与诚一物，则周天下之治。”子厚因谓：“此何事于仁，必也圣乎！”

吕进伯老而好学，理会直是到底。正叔谓："老喜学者尤可爱。人少壮则自当勉，至于老矣，志力须倦，又虑学之不能及，又年数之不多。不曰'朝闻道，夕死可矣'乎？学不多，年数之不足，不犹愈于终不闻乎？"

子厚言："十诗之作，止是欲验天心于语默间耳。"正叔谓："若有他言语，又乌得已也？"子厚言："十篇次叙，固自有先后。"

正叔言："成周，恐只是统名，洛邑是都也。成周，犹今言西京也；洛邑，犹今言河南府。孔安国以成周为下邑，非也。岂有以师保治于下邑？白马寺之所，恐是迁顽民之处。洛州，有言中州、南州之名，恐是作邑分为九州后始言；成周，恐是旧城坏而复城之，或是其始为邑，不为城墙，故后始城。"

二程解"穷理尽性，以至于命"："只穷理，便是至于命。"子厚谓："亦是失于太快，此义尽有次序。须是穷理，便能尽得己之性，则推类又尽人之性；既尽得人之性，须是并万物之性一齐尽得，如此然后至于天道也。其间煞有事，岂有当下理会了？学者须是穷理为先，如此则方有学。今言知命与至于命，尽有近远，岂可以知便谓之至也？"

正叔谓："洛俗恐难化于秦人。"子厚谓："秦俗之化，亦先自和叔有力焉，亦是士人敦厚，东方亦恐难肯向风。"

正叔辨周都言："谷、洛斗，毁王宫，今谷、洛相合处，在七里店南，既言毁王宫，则周室亦恐不远于今之宫阙也。"

子厚谓："昔尝谓伯淳优于正叔，今见之果然。其救世之志甚诚切，亦于今日天下之事尽记得熟。"

子厚言："今日之往来，俱无益，不如闲居，与学者讲论，资养后生，却成得事。”正叔言：“何必然？义当来则来，当往则往尔。”

二程言：“人不易知。”子厚言：“人诚知之为艰，然至于伎术能否，人情善恶，便可知。惟以秦武阳杀人于市，见秦始皇惧，此则不可知。”

卷第十一　明道先生语一

师训刘绚质夫录

“毋不敬，俨若思，安定辞，安民哉”，君德也。君德即天德也。

“思无邪。”

“敬以直内，义以方外，敬义立而德不孤。”“德不孤”，与物同，故不孤也。

“夫子之道，忠恕而已矣。”

“圣人以此斋戒，以神明其德夫！”

“天命之谓性，率性之谓道，修道之谓教。”

孟子曰：“我善养吾浩然之气。其为气也，至大至刚，以直养而无害，则塞乎天地之间。其为气也，配义与道，无是，馁也。是集义所生者，非义袭而取之也。”

天位乎上，地位乎下，人位乎中。无人，则无以见天地。《书》曰：“惟天地，万物父母；惟人，万物之灵。”《易》曰：“天地设位，而易行乎其中；乾坤毁，则无以见易。易不可见，则乾坤或几乎息矣。”

道，一本也。或谓以心包诚，不若以诚包心；以至诚参天地，不若以至诚体人、物，是二本也。知不二本，便是“笃恭而天下平”之道。

"形而上者谓之道，形而下者谓之器"，若如或者以清虚一大为天道，则乃以器言，而非道也。

"范围天地之化而不过"者，模范出一天地尔，非在外也。如此曲成万物，岂有遗哉？

"天地设位，而易行其中"，何不言人行其中？盖人亦物也。若言神行乎其中，则人只于鬼神上求矣。若言理、言诚，亦可也，而特言易者，欲使人默识而自得之也。

《系辞》曰："形而上者谓之道，形而下者谓之器。"又曰："立天之道，曰阴与阳；立地之道，曰柔与刚；立人之道，曰仁与义。"又曰："一阴一阳之谓道。"阴阳，亦形而下者也，而曰道者，惟此语截得上下最分明，元来只此是道，要在人默而识之也。

"立天之道，曰阴与阳；立地之道，曰柔与刚；立人之道，曰仁与义。兼三才一之也。而两之。"不两则无用。

"天地设位，而易行乎其中"，只是敬也。敬则无间断，体物而不可遗者，诚敬而已矣，不诚则无物也。《诗》曰："维天之命，於穆不已，於乎不显，文王之德之纯。""纯亦不已"，纯则无间断。

"毋不敬，俨若思，安定辞，安民哉"，君道也。君道即天道也。"出门如见大宾，使民如承大祭"，此仲弓之问仁而仲尼所以告之者，以仲弓为可以事斯语也。"雍也，可使南面"，有君之德也。"毋不敬"，可以对越上帝。

"祭如在，祭神如神在。"

"敬以直内，义以方外"，合内外之道也。释氏，内外之道不备者也。

克勤小物最难。

自下而达上者，惟“造次必于是，颠沛必于是”。

“鼓万物，而不与圣人同忧”，圣人，人也，故不能无忧；天则不为尧存，不为桀亡者也。

《咸》《恒》，体用也。体用无先后。

“《易》，穷则变，变则通，通则久。”

天则不言而信，神则不怒而威。

颜子默识，曾子笃信，得圣人之道者，二人也。曾子曰：“吾得正而毙焉，斯已矣。”

天地之正气，恭作肃，肃便雍也。

理则极高明，行之只是中庸也。

《中庸》言诚便是神。

天人无间断。

耳目能视听而不能远者，气有限耳，心则无远近也。

学在诚知诚养。

学要信与熟。

“正己而物正”，大人之事，学须如此。

敬胜百邪。

“万物皆备于我矣，反身而诚，乐莫大焉。”

欲当大任，须是笃实。

“大人者，与天地合其德，与日月合其明”，非在外也。

“失之毫厘，缪以千里”，深可戒慎。

“平康正直。”

“己欲立而立人，己欲达而达人，能近取譬者，可谓仁之方也已”，“博施而能济众”，固仁也，而仁不足以尽之，故曰：

“必也圣乎！”

孟子曰：“仁也者，人也；合而言之，道也。”《中庸》所谓“率性之谓道”是也。仁者，人此者也。“敬以直内，义以方外”，仁也。若以敬直内，则便不直矣。行仁义，岂有直乎？“必有事焉，而勿正”，则直也。夫能“敬以直内，义以方外”，则与物同矣，故曰：“敬义立而德不孤。”是以仁者无对，放之东海而准，放之西海而准，放之南海而准，放之北海而准。医家言四体不仁，最能体仁之名也。

“天地之大德曰生”，“天地细缊，万物化醇”，“生之谓性”，告子此言是，而谓“犬之性犹牛之性，牛之性犹人之性”，则非也。万物之生意最可观，此“元者，善之长也”，斯所谓仁也。人与天地，一物也，而人特自小之，何耶？

人贤不肖，国家治乱，不可以言命。

至诚可以赞化育者，可以回造化。

“惟神也，故不疾而速，不行而至”，神无速，亦无至，须如此言者，不如是不足以形容故也。

天地万物之理，无独必有对，皆自然而然，非有安排也。每中夜以思，不知手之舞之足之蹈之也。

老子之言，窃弄阖辟者也。

冬寒夏暑，阴阳也；所以运动变化者，神也。“神无方”，故“易无体”。若如或者别立一天，谓人不可以包天，则有方矣，是二本也。

“穷神知化”，化之妙者，神也。

“穷理尽性，以至于命”，一物也。

天地只是设位，易行乎其中者，神也。

气外无神，神外无气。或者谓清者神，则浊者非神乎？

大抵学不言而自得者，乃自得也；有安排布置者，皆非自得也。

言“有无”，则多“有”字；言“无无”，则多“无”字。有无，与动静同。如冬至之前，天地闭，可谓静矣；而日月星辰亦自运行而不息，谓之无动，可乎？但人不识有无、动静尔。

正名，声气名理，形名理。名实相须，一事苟，则其余皆苟矣。

忠信者，以人言之。要之，则实理也。

“天下雷行，物与无妄”，天下雷行，付与无妄，天性岂有妄耶？圣人“以茂对时，育万物”，各使得其性也。无妄则一毫不可加，安可往也，往则妄矣。《无妄》，震下乾上，动以天，安有妄乎？动以人，则有妄矣。

“犯而不校”，校则私，非乐天者也。犯有当报者，则是循理而已。

“意”者，任意；“必”者，必行；“固”者，固执；“我”者，私己。

“绥之斯来，动之斯和”，圣人之神化，“上下与天地同流”者也。

《礼》云：“后世虽有作者，虞帝弗可及已。”如“凤凰来仪”“百兽率舞”之事，三代以降，无此也。

《泰誓》《武成》称“一月”者，商正已绝，周正未建，故只言一月。

中之理，至矣。独阴不生，独阳不生，偏则为禽兽，为夷狄，中则为人。中则不偏，常则不易，惟中不足以尽之，故曰中庸。

阴阳盈缩不齐，不能无差，故历家有岁差法。

日月薄蚀而旋复者，不能夺其常也。

古今异宜，不惟人有所不便，至于风气亦自别也。日月星辰，皆气也，亦自别。

时者，圣人所不能违，然人之智愚，世之治乱，圣人必示可易之道，岂徒为教哉？盖亦有其理故也。

学要在自得。古人教人，唯指其非，故曰："举一隅不以三隅反，则不复也。"言三隅，举其近。若夫"告诸往而知来者"，则其知已远矣。佛氏言"印证"者，岂自得也？其自得者，虽甚人言，亦不动。待人之言为是，何自得之有？

"行夏之时，乘殷之辂，服周之冕"，与"从周"之文不悖；"从先进"，则为时之弊言之，彼各有当也。

"臧武仲之知，公绰之不欲，卞庄子之勇，冉求之艺"，备此数者，而"文之以礼乐，亦可以为成人矣"。又曰"今之成人者，何必然？见利思义，见危授命，久要不忘平生之言，亦可以为成人矣"者，只是言忠信也。忠信者，实也；礼乐者，文也。语成人之名，自非圣人，谁能当之？孟子曰："唯圣人然后可以践形。"如此，方足以称成人之名。

"《诗》曰：'天生烝民，有物有则；民之秉彝，好是懿德。'故有物必有则，民之秉彝也，故好是懿德"，万物皆有理，顺之则易，逆之则难，各循其理，何劳于己力哉？

人心莫不有知，惟蔽于人欲，则亡天德也。

皆实理也，人知而信者为难。孔子曰："朝闻道，夕死可矣。"死生亦大矣，非诚知道，则岂以夕死为可乎？

万物莫不有对，一阴一阳，一善一恶，阳长则阴消，善增则恶减。斯理也，推之其远乎？人只要知此耳。

“言寡尤，行寡悔，禄在其中矣”，此孔子所以告子张者也。若颜、闵则无此问，孔子告之亦不如此。或疑如此亦有不得禄者，孔子盖曰：“耕也，馁在其中矣。”唯理可为者，为之而已矣。

孔子闻卫乱，曰：“柴也其来乎！由也其死矣！”二者盖皆适于义。孔悝受命立辄，若纳蒯聩则失职，与辄拒父则不义；如辄避位，则拒蒯聩可也；如辄拒父，则奉身而退可也。故子路欲劝孔悝无与于此，忠于所事也。而孔悝既被胁矣，此子路不得不死耳。然燔台之事，则过于勇暴也。公子郢志可嘉，然当立而不立，以致卫乱，亦圣人所当罪也，而《春秋》不书，事可疑耳。

“事君数，斯辱矣；朋友数，斯疏矣”，数者，烦数也。

以己及物，仁也；推己及物，恕也。“违道不远”是也。忠恕一以贯之。忠者，天理；恕者，人道。忠者，无妄；恕者，所以行乎忠也。忠者，体；恕者，用，大本达道也。此与“违道不远”异者，动以天尔。

“必有事焉，而勿正，事者，事事之事。心勿忘，勿助长”，养气之道当如此。

志动气者，十九；气动志者，十一。

“祖考来格”者，惟至诚为有感必通。

“动容周旋中礼”者，盛德之至；“君子行法以俟命”，“朝闻道，夕死”之意也。

大凡出义则入利，出利则入义。天下之事，惟义利而已。

汤、武，“反之”“身之”者，学而复者也。

“视其所以，以，用也，所为也。观其所由，由，所从之道也。察其所安。志意所安也，所存也。”

北宫黝要之以必为，孟施舍推之以不惧，北宫黝或未能无惧。故黝不如施舍之守约也。子夏信道，曾子明理，故二子各有所似。

公孙丑谓夫子加齐之卿相，得行道焉，如此则能无畏惧而动心乎？故孟子曰：“否，我四十不动心。”

人心不得有所系。

“刚”者强而不屈，“毅”者有所发，“木”者质朴，“讷”者迟钝。

礼者，理也，文也；理者，实也，本也；文者，华也，末也。理是一物，文是一物。文过则奢，实过则俭。奢自文所生，俭自实所出，故林放问礼之本，子曰：“礼，与其奢也，宁俭。”言俭近本也。此与形影类矣。推此理，则甚有事也。

以物待物，不以己待物，则无我也。圣人制行不以己。言则是矣，而理似未尽于此言。夫天之生物也，有长有短，有大有小。君子得其大矣，安可使小者亦大乎？天理如此，岂可逆哉？以天下之大，万物之多，用一心而处之，必得其要，斯可矣。然则，古人处事，岂不优乎！

志可克气，气胜则愦乱矣。今之人以恐惧而胜气者多矣，而以义理胜气者鲜也。

“乐天知命”，通上下之言也。圣人“乐天”，则不须言“知命”。“知命”者，知有命而信之者尔，“不知命，无以为君子”是矣。命者，所以辅义，一循于义，则何庸断之以命哉？若夫圣人之“知天命”，则异于此。

“仁者不忧”，乐天者也。

"孝弟也者，其为仁之本与！"言为仁之本，非仁之本也。

"仁者不忧，知者不惑，勇者不惧"，德之序也；"知者不惑，仁者不忧，勇者不惧"，学之序也。知以知之，仁以守之，勇以行之。

言天之自然者，谓之天道；言天之付与万物者，谓之天命。

"德性"者，言性之可贵，与言性善，其实一也；"性之德"者，言性之所有，如卦之德，乃卦之韫也。

"肫肫其仁"，盖言厚也。

"自明而诚"，虽多由"致曲"，然亦有自大体中便诚者，虽亦是"自明而诚"，谓之"致曲"则不可。

"体群臣"者，体察也，心诚求之，则无不察矣，忠厚之至也。故曰："忠信重禄，所以劝士。"言尽其忠信而厚其禄食，此所以劝士也。

"敬鬼神而远之"，所以不黩也，知之事也；"先难后获"，先事后得之义也，仁之事也。若"知者利仁"，乃先得后事之义也。

"人心惟危"，人欲也；"道心惟微"，天理也。"惟精惟一"，所以至之；"允执厥中"，所以行之。用也。

"仁者，其言也讱"，难其出也。

治道在于立志，责任求贤。

知、仁、勇三者，天下之达德，学之要也。

操约者，敬而已矣。

颜子不动声气，孟子则动声气矣。

《无妄》，震下乾上。圣人之动以天，贤人之动以人。若颜子之有不善，岂如众人哉？惟只在于此间尔，盖犹有己焉。至于无我，则圣人也。颜子切于圣人，未达一息尔。“不迁怒，不贰过”“无伐善，无施劳”“三月不违仁”者，此意也。

子曰：“语之而不惰者，其回也与！”颜子之不惰者，敬也。

诚者，天之道；敬者，人事之本。敬者，用也。敬则诚。

“敬以直内”，则“义以方外”；“义以为质”，则“礼以行之，孙以出之，信以成之”。孙，顺也，不止于言。

圣人言忠信者，多矣，人道只在忠信。不诚则无物，且“出入无时，莫知其乡”者，人心也。若无忠信，岂复有物乎？

“和顺于道德，而理于义”者，体用也。

学者须识圣贤之体。圣人，化工也；贤人，巧也。

有有德之言，有造道之言。孟子言己志者，有德之言也；言圣人之事，造道之言也。

学至于乐，则成矣。笃信好学，未知自得之为乐。造道者也。好之者，如游佗人园圃；乐之者，则己物尔。然人只能信道，亦是人之难能也。

三代之治，顺理者也；两汉以下，皆把持天下者也。

服牛乘马，皆因其性而为之。胡不乘牛而服马乎？理之所不可。

祭者，所以尽诚。或者以礼为一事，人器与鬼器等，则非所以尽诚而失其本矣。

礼者，因人情者也；人情之所宜，则义也。三年之服，礼之至，义之尽也。

致知养气。

克己最难。《中庸》曰：“天下、国家可均也，爵禄可辞也，白刃可蹈也，中庸不可能也。”

“生生之谓易”，生生之用，则神也。

子贡之知，亚于颜子，知至而未至之也。

“先甲三日”，以穷其所以然而处其事；“后甲三日”，以究其将然而为之防。甲者，事之始也；庚者，有所革也。自甲乙至于戊己，春夏生物之气已备。庚者，秋冬成物之气也，故有所革。别一般气。

《随》之上六，才与位皆阴，柔随之极也，故曰：“拘系之，乃从维之，又从而维之。王用亨于岐山。”唯太王之事，民心固结而不可解者也，其佗皆不可如是之固也。

学之兴起，莫先于《诗》。《诗》有美刺，歌诵之以知善恶、治乱、废兴。礼者，所以立也，“不学礼，无以立”。乐者，所以成德，乐则生矣，生则恶可已也？恶可已，则不知手之舞之足之蹈之也。若夫乐则安，安则久，久则天，天则神，天则不言而信，神则不怒而威。至于如此，则又非手舞足蹈之事也。

《绿衣》，卫庄姜伤已无德以致之，行有不得者，反求诸己而已矣。故曰：“绿兮丝兮，女所治兮，我思古人，俾无訧兮。絺兮绤兮，凄其以风，我思古人，实获我心。”丝之绿，由女之染治以成，言有所自也。絺绤，所以来风也。

《螽斯》，惟言不妒忌，若《芣苢》则更和平。妇人乐有子，谓妾御皆无所恐惧，而乐有子矣。

居仁由义，守礼寡欲。

“君子上达，小人下达”，下学而上达，意在言表也。

有实则有名，名、实，一物也。若夫好名者，则徇名为虚矣。如“君子疾没世而名不称”，谓无善可称耳，非徇名也。

“万物皆备于我矣，反身而诚，乐莫大焉”，不诚则逆于物而不顺也。

乾，阳也，不动则不刚。“其静也专，专一。其动也直直遂。”，不专一则不能直遂；坤，阴也，不静则不柔。“其静也翕，翕聚。其动也辟发散。”，不翕聚则不能发散。

“致知在格物”，格，至也。或以格为止物，是二本矣。

人须知自慊之道。

“乾元者，始而亨者也；利贞者，性情也”，性情，犹言资质体段。亭毒、化育，皆利也。不有其功，常久而不已者，贞也。《诗》曰“维天之命，於穆不已”者，贞也。

天地、日月一般。月受日光而日不为之亏，然月之光乃日之光也；地气不上腾，则天气不下降。天气降而至于地，地中生物者，皆天气也。惟无成而代有终者，地之道也。

识变知化为难。古今风气不同，故器用亦异宜。是以圣人通其变，使民不倦，各随其时而已矣。后世虽有作者，虞帝为不可及已。盖当是时，风气未开，而虞帝之德又如此，故后世莫可及也。若三代之治，后世决可复。不以三代为治者，终苟道也。

动乎血气者，其怒必迁。若鉴之照物，妍媸在彼，随物以应之，怒不在此，何迁之有？

圣人之言，冲和之气也，贯彻上下。

人须学颜子。有颜子之德，则孟子之事功自有。孟子者，禹、稷之事功也。

《中庸》之言，放之则弥六合，卷之则退藏于密。

孔子谓颜渊曰："用之则行，舍之则藏，惟我与尔有是夫！""君子所性，虽大行不加焉，虽穷居不损焉，不为尧存，不为桀亡"者也，"用之则行，舍之则藏"，皆不累于己尔。

"回也，非助我者也，于吾言无所不说"，与圣人同尔。

人须知自慊之道。自慊者，无不足也。若有所不足，则张子厚所谓"有外之心，不足以合天心"者也。

"文王陟降，在帝左右，不识不知，顺帝之则。"不作聪明，顺天理也。

"狼跋其胡，载疐其尾，公孙硕肤，赤舄几几"，取狼为兴者，狼前后停，兴周公之德终始一也。称"公孙"云者，言其积德之厚；"赤舄几几"，盛德之容也。

"《诗》者，志之所之也。在心为志，发言为诗。情动于中而形于言，言之不足，故嗟叹之，嗟叹之不足，故咏歌之，咏歌之不足，不知手之舞之足之蹈之也。"有节故有余，止乎礼义者，节也。

月不受日光，故食。不受日光者，月正相当，阴盛亢阳也。鼓者所以助阳。然则，日月之眚，皆可鼓也。月不下日，与日正相对，故食。

季冬行春令，命之曰逆者，子克母也。

《太玄》，《中》首"中，阳气潜萌于黄宫，信无不在乎中"；《养》首"一，藏心于渊，美厥灵根。《测》曰：'藏心于渊，神不外也。'"杨子云之学，盖尝至此地位也。

颜子短命之类，以一人言之，谓之不幸可也；以大目观之，天地之间无损益，无进退。譬如一家之事，有子五人焉，三人富贵而二人贫贱，以二人言之则不足，以父母一家言之则有余矣。

若孔子之至德，又处盛位，则是化工之全尔。以孔、颜言之，于一人有所不足，以尧、舜、禹、汤、文、武、周公群圣人言之，则天地之间亦富有余也。“惠迪吉，从逆凶”，常行之理也。

视听、思虑、动作，皆天也，人但于其中要识得真与妄尔。

东周之乱，无君臣上下，故孔子曰：“如有用我者，吾其为东周乎？”言不为东周也。

“素履”者，雅素之履也。初九刚阳，素履已定，但行其志尔，故曰“独行愿也”。

“视履考祥”，居履之终，反观吉凶之祥，周至则善吉也，故曰“其旋元吉”。

“比之无首，凶”，比之始不善，则凶。

“豮豕之牙，吉”，不去其牙而豮其势，则自善矣。治民者，不止其争而教之让之，类是也。

“介于石”，理素定也。理素定，故见几而作，何俟终日哉？

豫者，备豫也，逸豫也。事豫故逸乐，其义一也。

谦者，治盈之道，故曰：“裒多益寡，称物平施。”

凡为人言者，理胜则事明，气胜则招怫。

感慨杀身者易，从容就义者为难。

“成性存存，道义之门”，道无体，义有方也。

“中者，天下之大本”，天地之间，亭亭当当，直上直下之正理，出则不是，唯敬而无失最尽。

孟子谓“必有事焉，而勿正，心勿忘，勿助长”，“正”是着意，“忘”则无物。

天者，理也；神者，妙万物而为言者也；帝者，以主宰事而名。

《易》要玩索，“斋戒以神明其德夫”。

学只要鞭辟近里，着己而已，故“切问而近思”，则“仁在其中矣”。“言忠信，行笃敬，虽蛮貊之邦，行矣；言不忠信，行不笃敬，虽州里，行乎哉？立则见其参于前也，在舆则见其倚于衡也，夫然后行”，只此是学质美者，明得尽，查滓便浑化，却与天地同体；其次，惟庄敬持养，及其至，则一也。

人最可畏者是便做，要在烛理。一本此下云：子路有闻，未之能行，惟恐有闻。

宰予昼寝，以其质恶，因是而言。

颜子“屡空”，空中受道；子贡“不受天命而货殖，亿则屡中”，役聪明亿度而知，此子贡始时事，至于言“夫子之言性与天道，不可得而闻”，乃后来事。其言如此，则必不至于“不受命而货殖”也。

“天生德于予”，及“文王既没，文不在兹乎”，此圣人极断置以理。

“文不在兹”，言文未尝亡。倡道在孔子，圣人以为己任。

“《诗》《书》、执礼，皆雅言”，雅，素所言也。至于“性与天道”，则子贡亦“不可得而闻”，盖要在“默而识之”也。

“君子坦荡荡”，心广体胖。

尽己之谓忠，以实之谓信。发己自尽为忠，循物无违谓信，表里之义也。

理义，体用也。理义之说我心。

居之以正，行之以和。

“艮其止，止其所也”，各止其所，父子止于恩，君臣止于义之谓。“艮其背”，止于所不见也。

至诚，可以“赞天地之化育”，则可以“与天地参”。赞者，参赞之义，“先天而天弗违，后天而奉天时”之谓也，非谓赞助。只有一个诚，何助之有？

知至则便意诚，若有知而不诚者，皆知未至尔。知至而至之者，知至而往至之，乃吉之先见，故曰“可与几”也。知终而终之，则“可与存义”也。“知至至之”主知，“知终终之”主终。

“忠信，所以进德；修辞立其诚，所以居业”者，乾道也；“敬以直内，义以方外”者，坤道也。

“修辞立其诚”，文质之义。

“天下皆忧，吾独得不忧；天下皆疑，吾独得不疑”，与“乐天知命，吾何忧？穷理尽性，吾何疑？”皆心也。自分“心”“迹”以下一段，皆非。

“息”训为生者，盖息则生矣。一事息，则一事生，中无间断。“硕果不食”，则便为复也。“寒往则暑来，暑往则寒来，寒暑相推而岁成焉”。

“日新之谓盛德，生生之谓易，阴阳不测之谓神”，要思而得之。

为政须要有纲纪文章，先有司、乡官读法、平价、谨权量，皆不可阙也。人各亲其亲，然后能不独亲其亲。仲弓曰：“焉知贤才而举之？”子曰：“举尔所知，尔所不知，人其舍诸？”便见仲弓与圣人用心之大小。推此义，则一心可以丧邦，一心可以兴邦，只在公私之间尔。

子夏问政，子曰：“无欲速，无见小利。”子夏之病，常在近小。子张问政，子曰：“居之无倦，行之以忠。”子张常过高而未仁，故以切己之事答之。

“其为气也，配义与道”，道有冲漠之气象。

“圣人以此洗心，退藏于密”，“圣人以此斋戒，以神明其德夫！”

卷第十二　明道先生语二

戌冬见伯淳先生洛中所闻刘绚质夫录

“纯亦不已”，天德也；“造次必于是，颠沛必于是”，“三月不违仁”之气象也；又其次，则“日月至焉”者矣。

“一阴一阳之谓道”，自然之道也。“继之者，善也”，有道则有用，“元者，善之长”也。“成之者”却只是性，“各正性命”者也。故曰：“仁者见之谓之仁，知者见之谓之知，百姓日用而不知，故君子之道鲜矣。”如此，则亦无始，亦无终，亦无因甚有，亦无因甚无，亦无有处有，亦无无处无。

“民受天地之中以生”，“天命之谓性”也。“人之生也直”，意亦如此。若以生为生养之生，却是“修道之谓教”也。至下文始自云“不能者败以取祸”，则乃是教也。

且唤做中，若以四方之中为中，则四边无中乎？若以中外之中为中，则外面无中乎？如“生生之谓易，天地设位，而易行乎其中”，岂可只以今之《易》书为易乎？中者，且谓之中，不可捉一个中来为中。

颜子在陋巷，“人不堪其忧，回也不改其乐”，箪瓢、陋巷非可乐，盖自有其乐耳。“其”字，当玩味，自有深意。

《大学》之道，“在明明德”，明此理也；“在止于至善”，反己守约是也。

杨子出处，使人难说，孟子必不肯为杨子事。

孔子“与点”，盖与圣人之志同，便是尧、舜气象也，诚“异三子者之撰”，特行有不掩焉者，真所谓狂矣。子路等所见者小。子路只为不达“为国以礼”道理，所以为夫子笑；若知“为国以礼”之道，便却是这气象也。

人之学，当以大人为标垛，然上面更有化尔。人当学颜子之学。

“穷理尽性”矣，曰“以至于命”，则全无着力处。如“成于乐”，“乐则生矣”之意同。

子贡曰：“夫子之文章，可得而闻也；夫子之言性与天道，不可得而闻也。”子贡盖于是始有所得而叹之。以子贡之才，从夫子如此之久，方叹“不可得而闻”，亦可谓之钝矣。观其孔子没，筑室于场，六年然后归，则子贡之志亦可见矣。他人如子贡之才，六年中待作多少事，岂肯如此？

“生生之谓易”，“天地设位，而易行乎其中”，“乾坤毁，则无以见易，易不可见，乾坤或几乎息矣”，易毕竟是甚？又指而言曰：“圣人以此洗心，退藏于密。”圣人示人之意，至此深且明矣，终无人理会。易也，此也，密也，是甚物？人能至此深思，当自得之。

“喜怒哀乐之未发，谓之中；发而皆中节，谓之和。中也者，天下之大本也；和也者，天下之达道也。致中和，天地位焉，万物育焉”，“致”与“位”字，非圣人不能言，子思盖特传之耳。

颜子曰“仰之弥高，钻之弥坚”，则是深知道之无穷也；“瞻之在前，忽焉在后”，他人见孔子甚远，颜子瞻之，只在前后，但只未在中间尔。若孔子，乃在其中焉，此未达一间者也。

“成性存存”，便是“道义之门”。

凡人才学，便须知着力处；既学，便须知得力处。

卷第十三　明道先生语三

亥八月见先生于洛所闻刘绚质夫录

“公族有罪，磬于甸人，如其伦之丧，无服”，明无罪者有服也。

杨、墨之害，甚于申、韩；佛、老之害，甚于杨、墨。杨氏为我，疑于仁；墨氏兼爱，疑于义。申、韩则浅陋易见。故孟子只辟杨、墨，为其惑世之甚也。佛、老其言近理，又非杨、墨之比，此所以害尤甚。杨、墨之害，亦经孟子辟之，所以廓如也。

《礼》云“惟祭天地、社稷，为越绋而行事”，似亦太早。虽不以卑废尊，若既葬而行之，宜亦可也。盖未葬时，哀戚方甚，人有所不能祭尔。

“艮其止，止其所也”，八元有善而举之，四凶有罪而诛之，各止其所也。释氏只曰止，安知止乎？

释氏无实。

释氏说道，譬之以管窥天，只务直上去，惟见一偏，不见四旁，故皆不能处事。圣人之道，则如在平野之中，四方莫不见也。

释氏本怖死生，为利岂是公道？唯务上达而无下学，然则其上达处，岂有是也？元不相连属，但有间断，非道也。孟子曰：“尽其心者，知其性也。”彼所谓“识心见性”是也。若“存心养性”一段事，则无矣。彼固曰出家独善，便于道体自不足。或曰：“释氏地狱之类，皆是为下根之人设此，怖令为善。”先生曰：“至诚贯天地，人尚有不化，岂有立伪教而人可化乎？”

曾子易箦之意，心是理，理是心，声为律，身为度也。

洒扫应对便是形而上者，理无大小故也，故君子只在慎独。

知之明，信之笃，行之果，知、仁、勇也。若孔子所谓成人，亦不出此三者。臧武仲，知也；孟公绰，仁也；卞庄子，勇也。

卷第十四　明道先生语四

亥九月过汝所闻刘绚质夫录

绚问："先生相别，求所以教。"曰："人之相爱者，相告戒，必曰凡事当善处。然只在仗忠信，只不忠信，便是不善处也。"

有人治园圃，役知力甚劳。先生曰："《蛊》之《象》：'君子以振民育德。'君子之事，惟有此二者，余无他为。二者，为己、为人之道也。"

"博学而笃志，切问而近思"，何以言"仁在其中矣"？学者要思得之，了此，便是彻上彻下之道。

曾子曰："士不可以不弘毅，任重而道远。"先生曰："弘而不毅，则难立；毅而不弘，则无以居之。"《西铭》言弘之道。

读书要玩味。

《中庸》始言一理，中散为万事，末复合为一理。

《中庸》曰："大哉，圣人之道！洋洋乎，发育万物，峻极于天。优优大哉！礼仪三百，威仪三千，待其人而后行。故曰：'苟不至德，至道不凝焉。'"皆是一贯。

持国曰："若有人便明得了者，伯淳信乎？"曰："若有人，则岂不信？盖必有生知者，然未之见也。凡云为学者，皆为此以下论。孟子曰：'尽其心者，知其性也；知性，则知天矣。

存其心，养其性，所以事天。’便是至言。”

佛氏不识阴阳、昼夜、死生、古今，安得谓形而上者与圣人同乎？

佛言前后际断，“纯亦不已”是也，彼安知此哉？子在川上曰：“逝者如斯夫！不舍昼夜。”自汉以来儒者，皆不识此义，此见圣人之心“纯亦不已”也。《诗》曰：“维天之命，於穆不已。”盖曰天之所以为天也；“於乎不显，文王之德之纯”，盖曰文王之所以为文也。“纯亦不已”，此乃天德也。有天德，便可语王道，其要只在慎独。

学，要在敬也、诚也，中间便有个仁，“博学而笃志，切问而近思，仁在其中矣”之意。敬主事。

人之学不进，只是不勇。

或问：“《系辞》自天道言，《中庸》自人事言，似不同。”曰：“同。《系辞》虽始从天地、阴阳、鬼神言之，然卒曰：‘默而成之，不言而信，存乎德行。’《中庸》亦曰：‘鬼神之为德，其盛矣乎！视之而不见，听之而不闻，体物而不可遗，使天下之人斋明盛服以承祭祀。洋洋乎如在其上，如在其左右。《诗》曰：“神之格思，不可度思，矧可射思。”夫微之显，诚之不可掩如此夫！’是岂不同？”

人多言广心浩大，然未见其人也。

“乐则行之，忧则违之”，乐与忧皆道也，非己之私也。

圣人致公，心尽天地万物之理，各当其分；佛氏总为一己之私，是安得同乎？圣人循理，故平直而易行；异端造作，大小大费力，非自然也，故失之远。

《易》中只是言反复、往来、上下。

伊尹曰："天之生斯民也，使先知觉后知，使先觉觉后觉。予，天民之先觉者也，予将以斯道觉斯民也。"释氏之云"觉"，甚底是觉斯道？甚底是觉斯民？

卷第十五　伊川先生语一

入关语录或云明道先生语

志，气之帅，不可小观。

知知，仁守，勇决。

涵养吾一。

主一无适，敬以直内，便有浩然之气。浩然，须要实识得他刚、大、直，不习无不利。

敬即便是礼，无己可克。

大而化，则己与理一，一则无己。

致知则有知，有知则能择。

安有识得《易》后，不知退藏于密？密是甚？

六经之言，在涵畜中默识心通。精义为本。

道无精粗，言无高下。

物即事也，凡事上穷极其理，则无不通。

有主则虚，无主则实，必有所事。

知不专为藏往，《易》言"知来藏往"，主蓍卦而言。

物形便有大小精粗，神则无精粗。神则是神，不必言作用。三十辐共一毂，则为车。若无毂辐，何以见车之用？

人患事系累，思虑蔽固，只是不得其要。要在明善，明善在乎格物穷理。穷至于物理，则渐久后天下之物皆能穷，只是一理。

人多思虑不能自宁，只是做他心主不定。要作得心主定，惟是止于事，“为人君，止于仁”之类。如舜之诛四凶，四凶已作恶，舜从而诛之，舜何与焉？人不止于事，只是揽他事，不能使物各付物。物各付物，则是役物；为物所役，则是役于物。有物必有则，须是止于事。

视、听、言、动，非理不为，即是礼，礼即是理也。不是天理，便是私欲。人虽有意于为善，亦是非礼。无人欲，即皆天理。

公则一，私则万殊。至当归一，精义无二。人心不同如面，只是私心。

人不能祛思虑，只是吝。吝，故无浩然之气。

“所过者化”，身之所经历处；“所存者神”，存主处便是神。如“立之斯立，道之斯行，绥之斯来，动之斯和”，固非小补，伯者是小补而已。

孔子教人常俯就，不俯就则门人不亲；孟子教人常高致，不高致则门人不尊。

古之学者，优柔厌饫，有先后次序；今之学者，却只做一场话说，务高而已。常爱杜元凯语：“若江海之浸，膏泽之润，涣然冰释，怡然理顺。”然后为得也。今之学者，往往以游、夏为小，不足学。然游、夏一言一事，却总是实。如子路、公西赤言志如此，圣人许之，亦以此自是实事。后之学者好高，如人游心于千里之外，然自身却只在此。

人皆称柳下惠为圣人，只是因循前人之语，非自见。假如人言孔子为圣人，也须直待己实见圣处，方可信。

合而听之则圣，公则自同。若有私心便不同，同即是天心。

曾子传圣人学，其德后来不可测，安知其不至圣人？如言“吾得正而毙”，且休理会文字，只看他气象极好，被他所见处大。后人虽有好言语，只被气象卑，终不类道。

闻之知之，得之有之。耳剽臆度。

“养心，莫善于寡欲”，不欲则不惑。所欲不必沉溺，只有所向便是欲。

人恶多事，或人悯之。世事虽多，尽是人事。人事不教人做，更责谁何？

要息思虑，便是不息思虑。

圣人尽道，以其身所行率天下，是欲天下皆至于圣人。佛以其所贱者教天下，是误天下也。人愈才明，往往所陷溺愈深。

“小德川流，大德敦化”，只是言孔子川流是日用处，大德是存主处。“敦”，如俗言敦礼义、敦本之意。

或曰：“正叔所定婚仪，复有婿往谢之礼，何谓也？”曰：“如此乃是与时称。今将一古鼎古敦音队。用之，自是人情不称，兼亦与天地风气不宜。礼，时为大，须当损益。夏、商、周，所因损益可知，则能继周者亦必有所损益。如云‘行夏之时，乘殷之辂，服周之冕，乐则《韶》舞’，是夏时之类可从则从之。盖古人今人，自是年之寿夭、形之大小不同。古之被衣冠者，魁伟质厚，气象自别。若使今人衣古冠冕，情性自不相称。盖自是气有淳漓。正如春气盛时，生得物如何，春气衰时，生得物如何，必然别。今之始开荒田，初岁种之，可得数倍，及其久，则一岁薄于一岁，此乃常理。观三代之时，生多少圣人，后世至今，何故寂寥未闻，盖气自是有盛则必有衰，衰则终必复盛。若冬不春，夜不昼，则气化息矣。圣人主化，如禹之治水，顺则当顺之，治则须治之。古之伏羲，岂不能垂衣裳，必待尧、舜然后垂衣裳？据如此事，只是一个圣人都做得了，然必须数世然后成，亦因时而已。所谓‘溥博渊泉，而时出之’也，须是先有溥博渊泉也，方始能时出。自无溥博渊泉，岂能时出之？大抵气化，在天在人一般，圣人其中，只有功用。放勋曰：‘劳之来之，匡之直之，辅之翼之。’正须如此。徇流俗，非随时。知事可正，严毅独立，乃是随时也。举礼文，却只是一时事。要所补大，可以风后世，却只是明道。孟子言‘五百年必有王者兴，其间必有名世者’，大数则是，然不消催促他。”

冠礼废，则天下无成人。或人欲如鲁公十二而冠，此不可。冠所以责成人，十二年非可责之时。既冠矣，且不责以成人事，则终其身不以成人望他也，徒行此节文何益？虽天子诸侯，亦必二十而冠。

“信而后谏”，唯能信便发得人志。

龙女衣冠不可定。龙，兽也。衣冠，人所被，岂有禽兽可以被人衣冠？若以为一龙，不当立数十庙；若以为数十龙，不当同为善济夫人也。大抵决塞，莫非天地之祐、社稷之福、谋臣之功、兵卒之力。不知在此，彼龙何能为？

人苟有“朝闻道，夕死可矣”之志，则不肯一日安其所不安也。何止一日？须臾不能。如曾子易箦，须要如此乃安。人不能若此者，只为不见实理。实理者，实见得是，实见得非。凡实理，得之于心自别。若耳闻口道者，心实不见。若见得，必不肯安于所不安。人之一身，尽有所不肯为，及至他事又不然。若士者，虽杀之使为穿窬，必不为，其他事未必然。至如执卷者，莫不知说礼义。又如王公大人皆能言轩冕外物，及其临利害，则不知就义理，却就富贵。如此者，只是说得，不实见。及其蹈水火，则人皆避之，是实见得。须是有“见不善，如探汤”之心，则自然别。昔若经伤于虎者，他人语虎，则虽三尺童子，皆知虎之可畏，终不似曾经伤者，神色慑惧，至诚畏之，是实见得也。得之于心，是谓有德，不待勉强，然学者则须勉强。古人有捐躯陨命者，若不实见得，则乌能如此？须是实见得生不重于义，生不安于死也。故有杀身成仁者，只是成就一个是而已。

学者患心虑纷乱，不能宁静，此则天下公病。学者只要立个心，此上头尽有商量。

得之于心，谓之有德，自然“睟然见于面，盎于背，施于四体，四体不言而喻”，岂待勉强也？

葬埋所虑者，水与虫耳。晋郭文举为王导所致，及其病，乞还山，欲枕石而死，贵人留之曰：“深山为虎狼食，不其酷哉？”曰：“深山为虎狼食，贵人为蝼蚁食，一也。”故葬者鲜不被虫者，虽极深，亦有土虫。故思木之不坏者，得柏心为久，后又见松脂锢之又益久，故用松脂涂棺。

语高则旨远，言约则义微。大率六经之言涵蓄，无有精粗。欲言精微，言多则愈粗。

凡物有本末，不可分本末为两段事。洒扫应对是其然，必有所以然。

浩然之气，既言气，则已是大段有形体之物。如言志，有甚迹？然亦尽有形象。浩然之气，是集义所生者，既生得此气，语其体，则与道合；语其用，则莫不是义。譬之以金为器，及其器成，方命得此是金器。

若谓既返之气复将为方伸之气，必资于此，则殊与天地之化不相似。天地之化，自然生生不穷，更何复资于既毙之形，既返之气，以为造化？近取诸身，其开阖往来，见之鼻息，然不必须假吸复入以为呼。气则自然生。人气之生，生于真元。天之气，亦自然生生不穷。至如海水，因阳盛而涸，及阴盛而生，亦不是将已涸之气却生水。自然能生，往来、屈伸，只是理也。盛则便有衰，昼则便有夜，往则便有来。天地中如洪炉，何物不销铄了？

“范围天地之化”，天本廓然无穷，但人以目力所及，见其寒暑之序、日月之行，立此规模，以窥测他。天地之化，不是天地之化其体有如城郭之类，都盛其气。假使言日升降于三万里，不可道三万里外更无物；又如言天地升降于八万里中，不可道八万里外天地尽。学者要默体天地之化。如此言之，甚与天地不相似，其卒必有窒碍。有人言无西海，便使无西海，亦须是有山。无阴阳处，便无日月。

闲邪则诚自存，不是外面捉一个诚将来存着。今人外面役役于不善，于不善中寻个善来存着，如此则岂有入善之理？只是闲邪，则诚自存。故孟子言性善，皆由内出。只为诚便存，闲邪更着甚工夫？但惟是动容貌、整思虑，则自然生敬。敬只是主一也。主一，则既不之东，又不之西，如是则只是中；既不之此，又不之彼，如是则只是内。存此，则自然天理明。学者须是将敬以直内涵养此意，直内是本。

天地之化，虽廓然无穷，然而，阴阳之度，日月、寒暑、昼夜之变，莫不有常，此道之所以为中庸。

道则自然生万物。今夫春生夏长了一番，皆是道之生，后来生长，不可道却将既生之气，后来却要生长。道则自然生生不息。

释氏之学，更不消对圣人之学比较，要之必不同，便可置之。今穷其说，未必能穷得他，比至穷得，自家已化而为释氏矣。今且以迹上观之。佛逃父出家，便绝人伦，只为自家独处于山林，人乡里岂容有此物？大率以所贱所轻施于人，此不惟非圣人之心，亦不可为君子之心。释氏自己不为君臣、父子、夫妇之道，而谓他人不能如是，容人为之而己不为，别做一等人。若以此率人，是绝类也。至如言理性，亦只是为死生，其情本怖死爱生，是利也。

“敬以直内”，有主于内则虚，自然无非僻之心。如是，则安得不虚？“必有事焉”，须把敬来做件事着。此道最是简，最是易，又省工夫。为此语，虽近似常人所论，然持之久必别。

天子七庙，亦恐只是一日行礼。考之古，则戊辰同祀文、武；考之今，则宗庙之祀亦是一日。

祭无大小，其所以交于神明、接鬼神之义，一也。必齐，不齐则何以交神明？

历象之法，大抵主于日，日一事正，则其他皆可推。洛下闳作历，言数百年后当差一日，其差，理必然。何承天以其差，遂立岁差法。其法，以所差分数，摊在所历之年，看一岁差着几分，其差后亦不定。独邵尧夫立差法，冠绝古今，却于日月交感之际，以阴阳亏盈求之，遂不差。大抵阴常亏，阳常盈，故只于这里差了。历上若是通理，所通为多。尧夫之学，大抵似杨雄，然亦不尽如之。常穷味有二万八千六百，此非人所合和，是自然也；色有二万八千六百，又非人所染画得，亦是自然也；独声之数，只得一半数不行，盖声阳也，只是于日出地上数得，到日入地下，遂数不行，此皆有理。譬之有形斯有影，不可谓今日之影，却收以为来日之影。据《皇极经世》，色味皆一万七千二十四，疑此记者之误。

君子宜获祐，然而，有贫悴短夭，以至无继者，天意如何？气钟于贤者，固有所不周也。

闲邪则固一矣，然主一则不消言闲邪。有以一为难见，不可下工夫。如何一者，无他，只是整齐严肃，则心便一，一则自是无非僻之奸。此意但涵养久之，则天理自然明。

“必有事焉”，有事于此也；“勿正”者，若思此而曰善，然后为之，是正也。“勿忘”，则是“必有事”也；“勿助长”，则是“勿正”也。后言之渐重，须默识取主一之意。

修养之所以引年，国祚之所以祈天永命，常人之至于圣贤，皆工夫到这里，则有此应。

宗子法坏，则人不自知来处，以至流转四方，往往亲未绝，不相识。今且试以一二巨公之家行之，其术要得拘守得须是。且如唐时立庙院，仍不得分割了祖业，使一人主之。

释氏尊宿者，自言觉悟，是既已达道，又却须要印证，则是未知也；得他人道是，然后无疑，则是信人言语，不可言自信。若果自信，则虽甚人言语，亦不听。

学者之流必谈禅者，只是为无处捞摸，故须入此。

“大德敦化”，于化育处敦本也；“小德川流”，日用处也。此言仲尼与天地同德。

有言：“未感时，知心何所寓？”曰：“‘操则存，舍则亡，出入无时，莫知其乡’，更怎生寻所寓？只是有操而已。操之之道，‘敬以直内’也。”

“刚、毅、木、讷”，何求而曰“近仁”？只为轻浮巧利，于仁甚远，故以此为“近仁”。此正与“巧言令色”相反。

有土地，要之耕而种粟以养人，乃宜。今以种果实，只做果子吃了，种糯，使之化为水饮之，皆不济事，不稳当。

颜、孟之于圣人，其知之深浅同，只是颜子尤温淳渊懿，于道得之更渊粹，近圣人气象。

率气者，在志；养志者，在直内。

“率性之谓道”，率，循也。若言道不消先立下名义，则茫茫地何处下手？何处着心？

文字上无闲暇，终是少工夫，然思虑则尽不废；于外事虽奔迫，然思虑尽悠悠。

释氏之学，又不可道他不知，亦尽极乎高深，然要之卒归乎自私自利之规模。何以言之？天地之间，有生便有死，有乐便有哀。释氏所在，便须觅一个缀奸打讹处，言免死生，齐烦恼，卒归乎自私。老氏之学，更挟些权诈，若言与之，乃意在取之；张之，乃意在翕之。又大意在愚其民而自智，然则秦之愚黔首，其术盖亦出于此。

天地之间，只有一个感与应而已，更有甚事？

《老子》言甚杂，如《阴符经》却不杂，然皆窥测天道之未尽者也。

人于天地间，并无窒碍处，大小大快活。

生知者，只是他生自知义理，不待学而知。纵使孔子是生知，亦何害于学？如问礼于老聃，访官名于郯子，何害于孔子？礼文、官名，既欲知旧物，又不可凿空撰得出，须是问他先知者始得。

萧何大营宫室，其心便不好，只是要得敛怨自安；谢安之营宫室，却是随时之宜，以东晋之微，寓于江表，其气奄奄欲尽，且以慰安人心。

高祖其势可以守关，不放入项王，然而，须放他入来者，有三事：一是有未坑二十万秦子弟在外，恐内有父兄为变；二是汉王父母、妻子在楚；三是有怀王。

圣人之道，更无精粗，从洒扫应对至精义入神，通贯只一理。虽洒扫应对，只看所以然者如何。

切要之道，无如“敬以直内”。

立人、达人，为仁之方，强恕，求仁莫近，言得不济事，亦须实见得近处，其理固不出乎公平。公平固在，用意更有浅深，只要自家各自体认得。

冲漠无朕，万象森然已具。未应不是先，已应不是后。如百尺之木，自根本至枝叶，皆是一贯，不可道上面一段事，无形无兆，却待人旋安排引入来，教入途辙。既是途辙，却只是一个途辙。

“安安”，下字为义，安其所安也。安安，是义也。

“原始反终，故知死生之说”，但穷得，则自知死生之说，不须将死生便做一个道理求。

“道二，仁与不仁而已”，自然理如此。道无无对，有阴则有阳，有善则有恶，有是则有非，无一亦无三。故《易》曰：“三人行，则损一人；一人行，则得其友。”只是二也。

曾子言“夫子之道，忠恕”，果可以一贯。若使他人言之，便未足信，或未尽忠恕之道，曾子言之，必是尽仍是。又于《中庸》特举此二义，言“忠恕，违道不远”，恐人不喻，故指而示之近，欲以喻人。又如禘尝之义，如视诸掌，《中庸》亦指而示之近，皆是恐人不喻，故特语之详。然则《中庸》之书，决是传圣人之学不杂，子思恐传授渐失，故著此一卷书。

忠恕所以公平，造德则自忠恕，其致则公平。

仁之道，要之只消道一公字。公只是仁之理，不可将公便唤做仁。公而以人体之，故为仁。只为公，则物我兼照，故仁，所以能恕，所以能爱。恕则仁之施，爱则仁之用也。

“出门如见大宾，使民如承大祭”，只是敬也。敬则是不私之说也，才不敬，便私欲万端害于仁。

圣人之言依本分，至大至妙事，语之若寻常，此所以味长。释氏之说，才见得些，便惊天动地，言语走作，却是味短。只为乍见，不似圣人见惯。如《中庸》言道，只消道“无声无臭”四字，总括了多少释氏言，非黄非白，非咸非苦，费多少言语。

“寂然不动”，万物森然已具在；“感而遂通”，感则只是自内感。不是外面将一件物来感于此也。

有人旁边作事，己不见，而只闻人说善言者，为敬其心也，故视而不见，听而不闻，主于一也。主于内则外不入，敬便心虚故也。“必有事焉”，不忘，不要，施之重，便不好。敬其心，乃至不接视、听，此学者之事也。始学，岂可不自此去？至圣人，则自是“从心所欲不逾矩”。

孔子自十五至七十，进德直有许多节次。圣人未必然，然亦是为学者立下一法，盈科而后进，须是成章乃达。

自古元不曾有人解“仁”字之义，须于道中与他分别出五常，若只是兼体，却只有四也。且譬一身：仁，头也；其他四端，手足也。至如《易》，虽言“元者，善之长”，然亦须通四德以言之；至如八卦，《易》之大义在乎此，亦无人曾解来。乾健坤顺之类，亦不曾果然体认得。

“登山”“难为言”，以言圣人之道大；“观澜”“必照”，因又言其道之无穷。“澜”，水之动处，苟非源之无穷，则无以为澜；非日月之明无穷，则无以容光必照。其下又言其笃实而有光辉也。“成章”者，笃实而有光辉也。今以瓦砾积之，虽如山岳，亦无由有光辉。若使积珠玉，小积则有小光辉，大积则有大光辉。

“天下之言性，则故而已矣”，“则”，语助也。“故”者，本如是者也。今言天下万物之性，必求其故者，只是欲顺而不害之也，故曰“以利为本”，本欲利之也。此章皆为知而发，“行其所无事”，是不凿也；“日至可坐而致”，亦只是不凿也。

不席地而倚卓，不手饭而匕箸，此圣人必随时，若未有当，且作之矣。

昔谓异教中疑有达者，或是无归，且安于此。再尝考之，卒不达，若达，则于其前日所处，不能一朝居也。观曾子临死易箦之意，便知其不达。“朝闻道，夕死可矣”，岂能安其所未安？如毁其人形，绝其伦类，无君臣、父子之道，若达则不安也。只夷言左衽，尚可言随其国俗，至如人道，岂容有异？

受祥肉、弹琴，恐不是圣人举动。使其哀未忘，则“子于是日哭，则不歌”，不饮酒食肉以全哀，况弹琴可乎？使其哀已忘，则何必弹琴？

学者为气所胜、习所夺，只可责志。

释氏之说，若欲穷其说而去取之，则其说未能穷，固已化而为佛矣。只且于迹上考之。其设教如是，则其心果如何，固难为取其心不取其迹。有是心，则有是迹。王通言心迹之判，便是乱说。不若且于迹上断定，不与圣人合。其言有合处，则吾道固已有；有不合者，固所不取。如是立定，却省易。

儒者其卒多入异教，其志非愿也，其势自然如此。盖智穷力屈，欲休来，又知得未安稳，休不得，故见人有一道理，其势须从之。譬之行一大道，坦然无阻，则更不由径，只为前面逢着山，逢着水，行不得，有窒碍，则见一邪径，欣然从之。儒者之所以必有窒碍者，何也？只为不致知。知至至之，则自无事无夺。今夫有人处于异乡，元无安处，则言某处安，某处不安，须就安处。若已有家，人言他人家为安，己必不肯就彼。故儒者而卒归异教者，只为于己道实无所得，虽曰闻道，终不曾实有之。

佛、庄之说，大抵略见道体，乍见不似圣人惯见，故其说走作。

时所以有古今风气、人物之异者，何也？气有淳漓，自然之理。有盛则必有衰，有终则必有始，有昼则必有夜。譬之一片地，始开荒田，则其收谷倍，及其久也，一岁薄于一岁，气亦盛衰故也。至如东西汉，人才文章已来皆别，所尚异也。尚所以异，亦由心所为。心所以然者，只为生得来如此。至如春夏秋冬，所生之物各异，其栽培浇灌之宜，亦须各以其时，不可一也，须随时。只如均是春生之物，春初生得又别，春中又别，春尽时所生又别。礼之随时处宜，只是正得当时事。所谓时者，必明道以贻后人。

有谓因苦学而至失心者。学本是治心，岂有反为心害？某气本不盛，然而能不病、无倦怠者，只是一个慎生，不恣意，其于外事，思虑尽悠悠。

“合而言之，道也”，仁固是道，道却是总名。

“大而化之”，只是谓理与己一。其未化者，如人操尺度量物，用之尚不免有差；若至于化者，则己便是尺度，尺度便是己。颜子正在此，若化则便是仲尼也。“在前”是不及，“在后”是过之。此过、不及甚微，惟颜子自知，他人不与。“卓尔”是圣人立处，颜子见之，但未至尔。

格物穷理，非是要尽穷天下之物，但于一事上穷尽，其他可以类推。至如言孝，其所以为孝者如何。穷理，如一事上穷不得，且别穷一事。或先其易者，或先其难者，各随人深浅，如千蹊万径，皆可适国，但得一道入得便可。所以能穷者，只为万物皆是一理，至如一物一事，虽小，皆有是理。

敬则自虚静，不可把虚静唤做敬。居敬则自然行简，若居简而行简，却是不简，只是所居者已剩一简字。

“退藏于密”，密是用之源，圣人之妙处。

圣人之道，如《河图》《洛书》，其始止于画上便出义。后之人既重卦，又系辞，求之未必得其理。至如《春秋》，是其所是，非其所非，不过只是当年数人而已。学者不观他书，只观《春秋》，亦可尽道。

物理须是要穷。若言天地之所以高深，鬼神之所以幽显。若只言天只是高，地只是深，只是已辞，更有甚？

敬则无己可克，始则须绝四。

人之身有形体，未必能为主。若有人为系虏将去，随其所处，己有不得与也。唯心，则三军之众不可夺也。若并心做主不得，则更有甚？

夷、惠之行，未必如此。且如孔子言“不念旧恶，怨是用希”，则伯夷之度量可知。若使伯夷之清既如此，又使念旧恶，则除是抱石沉河。孟子所言，只是推而言之，未必至如此。然圣人于道，防其始，不得不如是之严。如此而防，犹有流者。夷、惠之行不已，其流必至于孟子所论。夷是圣人极清处，惠是圣人极和处，圣人则兼之而时出之。清、和，何止于偏！其流则必有害。墨子之道，虽有尚同、兼爱之说，然观其书，亦不至于视邻之子犹兄之子，盖其流必至于此。至如言伊尹，始在畎亩，五就汤，五就桀，三聘翻然而从，岂不是时？然后来见其以天下自任，故以为圣人之任。

声数。

由经穷理。

“不勉而中，不思而得”，与勉而中，思而得，何止有差等，直是相去悬绝。“不勉而中”，即常中；“不思而得”，即常得。所谓“从容中道”者，指他人所见而言之。若“不勉”“不思”者，自在“道”上行，又何必言“中”？不中，不勉，不思，亦有大小深浅。至于曲艺，亦有不勉、不思者。所谓日月至焉，与久而不息者，所见规模虽略相似，其意味、气象迥别，须潜心默识，玩索久之，庶几自得。学者不学圣人则已，欲学之，须熟玩味圣人之气象，不可只于名上理会。如此，只是讲论文字。

“赞天地之化育”，自人而言之，从“尽其性”至“尽物之性”，然后“可以赞天地之化育”，“可以与天地参矣”。言人尽性所造如此。若只是至诚，更不须论。所谓“人者，天地之心”，及“天聪明，自我民聪明”，止谓只是一理，而天人所为，各自有分。

浩然之气，所养各有渐，所以至于充塞天地，必积而后至。行不慊于心，止是防患之术，须是集义乃能生。

“不可一朝居”者，孟子之时，大伦乱，若君听于臣，父听于子，动则弑君弑父，须着变，是“不可一朝居”也。然鲁有三桓，无以异齐，何以“鲁一变，至于道”？鲁只是不修周公之法，齐既坏太公之法，后来立法，已是苟且，及其末世，并其法又坏，乱甚于鲁，故其弑亦先于鲁。孔子之仕于鲁，所以为之兆，得可为处便为。如陈恒弑其君，孔子请讨，一事正，则百事自已不得，传言以鲁之众加齐之半，此非孔子请讨之计。如此，则孔子只待去角力，借使言行，亦上有天子，下有方伯，须谋而后行。

《礼》：“我战则克，祭则受福。”盖得其道。此语至常浅，孔子固能如此，但观其气象，不似圣人之言。

尝观自三代而后，本朝有超越古今者五事：如百年无内乱；四圣百年；受命之日，市不易肆；百年未尝诛杀大臣；至诚以待夷狄。此皆大抵以忠厚廉耻为之纲纪，故能如此，盖睿主开基，规模自别。

大纲不正，万目即紊。唐之治道，付之尚书省，近似六官，但法不具也。后世无如宇文周，其官名法度，小有可观。隋文之法，虽小有善处，然皆出于臆断，惟能如此，故维持得数十年。

“陨石于宋”，自空凝结而陨；“六鹢退飞”，倒逆飞也。倒逆飞，必有气驱之也。如此等，皆是异事也，故书之。大抵《春秋》所书灾异，皆天人响应，有致之之道。如石陨于宋而言“陨石”，夷伯之庙震，而言“震夷伯之庙”，此天应之也。但人以浅狭之见，以为无应，其实皆应之。然汉儒言灾异，皆牵合不足信，儒者见此，因尽废之。

麟乃和气所致，然春秋之时有者，何以为应天之气？岂可如此间别！圣人之生，亦天地交感，五行之秀，乃生圣人。当战国之际，生孔子何足怪，况生麟？圣人为其出非其时，故有感，如圣人生不得其时。

孔子感麟而作《春秋》，或谓不然，如何？曰：“《春秋》，不害感麟而作，然麟不出，《春秋》岂不作？孔子之意，盖亦有素，因此一事乃作，故其书之成，复以此终。大抵须有发端处，如画八卦，因见《河图》《洛书》。果无《河图》《洛书》，八卦亦须作。”

“一阴一阳之谓道”，此理固深，说则无可说。所以阴阳者，道。既曰气，则便是二。言开阖，已是感，既二，则便有感；所以开阖者，道，开阖便是阴阳。老氏言虚而生气，非也。阴阳开阖，本无先后，不可道今日有阴，明日有阳。如人有形影，盖形影一时，不可言今日有形，明日有影，有便齐有。

“寂然不动，感而遂通”，此已言人分上事。若论道，则万理皆具，更不说感与未感。

“中”“和”，若只于人分上言之，则喜怒哀乐未发、既发之谓也。若“致中和”，则是达天理，便见得天尊地卑、万物化育之道，只是致知也。

“素隐行怪”，是过者也；“半途而废”，是不及也；“不见知不悔”，是中者也。

“中”者，只是不偏，偏则不是中。“庸”只是常。犹言中者是大中也，庸者是定理也。定理者，天下不易之理也，是经也。孟子只言“反经”，中在其间。

《中庸》之书，是孔门传授，成于子思。《孟子》其书，虽是杂记，更不分精粗，一衮说了。今之语道，多说高便遗却卑，说本便遗却末。

“小人之中庸，小人而无忌惮也”，小人更有甚中庸？脱一“反”字。小人不主于义理，则无忌惮，无忌惮，所以反中庸也。亦有其心畏谨而不中，亦是反中庸。语恶有浅深则可，谓之中庸则不可。

“知天命”，是达天理也；“必受命”，是得其应也。命者，是天之所赋与，如命令之命。天之报应，皆如影响，得其报者，是常理也；不得其报者，非常理也。然而细推之，则须有报应，但人以狭浅之见求之，便谓差互。天命不可易也，然有可易者，惟有德者能之。如修养之引年，世祚之祈天永命，常人之至于圣贤，皆此道也。

梦说之事，是傅说之感高宗，高宗感傅说。高宗只思得圣贤之人，须是圣贤之人方始应其感。若傅说非圣贤，自不相感。如今人卜筮，蓍在手，事在未来，吉凶在书策，其卒三者必合矣。使书策之言不合于理，则自不验。

陨石无种，种于气；麟亦无种，亦气化。厥初生民亦如是。至如海滨露出沙滩，便有百虫、禽兽、草木无种而生，此犹是人所见。若海中岛屿稍大，人不及者，安知其无种之人不生于其间？若已有人类，则必无气化之人。

匹夫至诚感天地，固有此理。如邹衍之说太甚，只是盛夏感而寒慄则有之，理外之事则无，如变夏为冬降霜雪，则无此理。

“配义与道”，即是体用。道是体，义是用。配者，合也。

气尽是有形体，故言合。气者，是积义所生者，却言配义，如以金为器，既成，则目为金器可也。

天地之间皆有对，有阴则有阳，有善则有恶。君子、小人之气常停，不可都生君子，但六分君子则治，六分小人则乱；七分君子则大治，七分小人则大乱。虽尧、舜之世，不能无小人。盖尧、舜之世，只是以礼乐、法度驱而之善，尽其道而已。然言比屋可封者，以其有教，虽欲为恶，不能成其恶。虽尧、舜之世，然于其家，乖戾之气亦生朱、均；在朝，则有四凶，久而不去。

离了阴阳更无道，所以阴阳者，是道也。阴阳，气也。气是形而下者，道是形而上者。形而上者则是密也。

絪缊，阴阳之感。

志，气之帅。若论浩然之气，则何者为志？志为之主，乃能生浩然之气。志至焉，气次焉，自有先后。

医者不诣理，则处方论药不尽其性，只知逐物所治，不知合和之后，其性又如何。假如诃子黄、白矾白，合之而成黑，黑见则黄白皆亡。又如一二合而为三，三见则一二亡，离而为一二则三亡。既成三，又求一与二；既成黑，又求黄与白，则是不知物性。古之人穷尽物理，则食其味，嗅其臭，辨其色，知其某物合某则成何性。天有五气，故凡生物，莫不具有五性，居其一而有其四。至如草木也，其黄者，得土之性多；其白者，得金之性多。

宗子法废，后世谱牒，尚有遗风。谱牒又废，人家不知来处，无百年之家，骨肉无统，虽至亲，恩亦薄。

古人为学易，自八岁入小学，十五入大学，舞勺舞象，有弦歌以养其耳，舞干羽以养其气血，有礼义以养其心。又且急则佩韦，缓则佩弦，出入闾巷，耳目视听及政事之施。如是，则非僻之心无自而入。今之学者，只有义理以养其心。

河北只见鲧堤，无禹堤。鲧堙洪水，故无功，禹则导之而已。

五祀恐非先王之典，皆后世巫祝之言，报则遗其重者，井人所重，行宁廊也，其功几何？

虽庶人，必祭及高祖。比至天子诸侯，止有疏数耳。

凡物之散，其气遂尽，无复归本原之理。天地间如洪炉，虽生物销铄亦尽，况既散之气，岂有复在？天地造化，又焉用此既散之气？其造化者，自是生气。至如海水潮，日出则水涸，是潮退也，其涸者已无也，月出则潮水生也，非却是将已涸之水为潮，此是气之终始。开阖便是易，“一阖一辟谓之变”。

传录言语，得其言，未得其心，必有害。虽孔门亦有是患。如言昭公知礼，巫马期告，时孔子正合不答其问，必更有语言，具巫马期欲反命之意，孔子方言“苟有过，人必知之”。盖孔子答，巫马期亦知之，陈司败亦知之矣。又如言“伯夷、柳下惠，皆古圣人也”，若不言清、和，便以夷、惠为圣人，岂不有害？又如孟子言“放勋曰”，只当言“尧曰”，传者乘放勋为尧号，乃称“放勋曰”。又如言“闻斯行之”，若不因公西赤有问，及仲由为比，便信此一句，岂不有害？又如孟子，齐王“欲养弟子以万钟”，此事欲国人矜式，孟子何不可处？但时子以利诱孟子，孟子故曰：“如使予欲富，辞十万而受万，是为欲富乎？”若观其文，只似孟子不肯为国人矜式，须知不可以利诱之意。舜不告而娶，须识得舜意。若使舜便不告而娶，固不可以其父顽，过时不为娶，尧去治之，尧命瞽使舜娶，舜虽不告，尧固告之矣。尧之告之也，以君治之而已。今之官府，治人之私者亦多，然而象欲以杀舜为事，尧奚为不治？盖象之杀舜，无可见之迹，发人隐慝而治之，非尧也。

学《春秋》亦善，一句是一事，是非便见于此，此亦穷理之要。然他经岂不可以穷？但他经论其义，《春秋》因其行事，是非较著，故穷理为要。尝语学者，且先读《论语》《孟子》，更读一经，然后看《春秋》。先识得个义理，方可看《春秋》。《春秋》以何为准？无如中庸。欲知中庸，无如权，须是时而为中。若以手足胼胝、闭户不出二者之间取中，便不是中。若当手足胼胝，则于此为中；当闭户不出，则于此为中。权之为言，秤锤之义也。何物为权？义也。然也只是说得到义，义以上更难说，在人自看如何。

格物亦须积累涵养。如始学《诗》者，其始未必善，到悠久须差精。人则只是旧人，其见则别。

知至则当至之，知终则当终之，须以知为本。知之深，则行之必至，无有知之而不能行者。知而不能行，只是知得浅。饥而不食乌喙，人不蹈水火，只是知。人为不善，只为不知。“知至而至之”，知几之事，故“可与几”；“知终而终之”，故“可与存义”。知至是致知，博学、明辨、审问、慎思，皆致知、知至之事；笃行便是终之。如始条理，终条理，因其始条理，故能终条理，犹知至即能终之。

《春秋》，《传》为案，《经》为断。

古之学者，先由经以识义理。盖始学时，尽是传授。后之学者，却先须识义理，方始看得经。如《易》，《系辞》所以解《易》，今人须看了《易》，方始看得《系辞》。一本云：古之人得其师传，故因经以明道；后世失其师传，故非明道，不能以知经。

“至大、至刚、以直”，不言至直，此是文势。如“治世之音，安以乐”，“怨以怒”，“粗以厉”，“噍以杀”，皆此类。

解义理，若一向靠书册，何由得“居之安，资之深”？不惟自失，兼亦误人。

治道，亦有从本而言，亦有从事而言。从本而言，惟从格君心之非，正心以正朝廷，正朝廷以正百官；若从事而言，不救则已，若须救之，必须变。大变则大益，小变则小益。

学者好语高，正如贫人说金，说黄色，说坚软，道他不是又不可，只是好笑，不曾见富人说金如此。

仲尼于《论语》中未尝说“神”字，只于《易》中，不得已言数处而已。

有主则虚，无主则实，必有所事。

以物待物，不可以己待物。

古所谓支子不祭者，惟使宗子立庙，主之而已。支子虽不得祭，至于斋戒，致其诚意，则与主祭者不异。可与，则以身执事；不可与，则以物助，但不别立庙为位行事而已。后世如欲立宗子，当从此义。虽不祭，情亦可安。若不立宗子，徒欲废祭，适足长惰慢之志，不若使之祭，犹愈于已也。

真元之气，气之所由生，不与外气相杂，但以外气涵养而已。若鱼在水，鱼之性命非是水为之，但必以水涵养，鱼乃得生尔。人居天地气中，与鱼在水无异。至于饮食之养，皆是外气涵养之道。出入之息者，阖辟之机而已。所出之息，非所入之气，但真元自能生气，所入之气，止当辟时，随之而入，非假此气以助真元也。

古者，八岁入小学，十五入大学，择其才可教者聚之，不肖者复之田亩。盖士农不易业，既入学则不治农，然后士农判。在学之养，若士大夫之子则不虑无养，虽庶人之子，既入学则亦必有养。古之士者，自十五入学，至四十方仕，中间自有二十五年学，又无利可趋，则所志可知，须去趋善，便自此成德。后之人，自童稚间，已有汲汲趋利之意，何由得向善？故古人必使四十而仕，然后志定。只营衣食却无害，惟利禄之诱最害人。人有养便，方定志于学。

做官夺人志。

星辰，若以日月之次为辰，则辰上恐不容二十八舍。若谓五星，则不可称辰。或恐只是言北辰。皆星也，何贵乎北辰？北辰自是不动。只不动，便是为气之主，故为星之最尊者。

先王之乐，必须律以考其声。今律既不可求，人耳又不可全信，正惟此为难。求中声，须得律。律不得，则中声无由见。律者，自然之数。至如今之度量权衡亦非正也。今之法且以为准则可，非如古法也。此等物，虽出于自然之数，亦须人为之。但古人为之，得其自然，至于规矩，则极尽天下之方圆。

律历之法，今亦粗存，但人用之小耳。律之遗，则如三命是也。其法，只用五行、支干、纳音之类。历之遗，则是星算人生数，然皆有此理。苟无此理，却推不行。

《素问》之书，必出于战国之末，观其气象知之，天之气运只如此，但系看者如何。设如定四方，分五行，各配与一方，是一般络角而看之，又一般分而为二十四，又一般规模大则大，规模小则小。然善言亦多，如言“善言天者，必有验于人；善言古者，必有验于今；善观人者，必有见于己”。

近取诸身，百理皆具。屈伸往来之义，只于鼻息之间见之。屈伸往来只是理，不必将既屈之气，复为方伸之气。生生之理，自然不息。如《复》言“七日来复”，其间元不断续，阳已复生，物极必返，其理须如此。有生便有死，有始便有终。

“守身为大”，其事固有大者，正惟养疾亦是守身之一，斋、战、疾，圣人之所慎。

自天子至于庶人，五服未尝有异，皆至高祖。服既如是，祭祀亦须如是。其疏数之节，未有可考，但其理必如此。七庙、五庙，亦只是祭及高祖。大夫、士，虽或三庙、二庙、一庙，或祭寝庙，则虽异亦不害祭及高祖，若止祭祢，只为知母而不知父，禽兽道也。祭祢而不及祖，非人道也。

天子曰禘，诸侯曰祫，其理皆是合祭之义。禘从帝，禘其祖之所自出之帝，以所出之帝为东向之尊，其余合食于其前，是为禘也。诸侯无所出之帝，只是于太祖庙，以群庙之主合食，是为祫。鲁所以有禘者，只为得用天子礼乐，故于《春秋》之中，不见言祫，只言禘，言“大事”者，即是祫。言“大事于太庙，跻僖公”，即是合食闵、僖二公之义。若时祭，即当言“有事”。吉禘于庄公，只是禘祭，言吉者，以其行之太早也。四时之祭，有禘之名，只是礼文交错。

郊祀配天，宗祀配上帝，天与上帝一也。在郊言天，以其冬至生物之始，故祭于圜丘，而配以祖，陶匏稿鞂，扫地而祭。宗祀言上帝，以季秋成物之时，故祭于明堂，而配以父，其礼必以宗庙之礼享之。此义甚彰灼。但《孝经》之文，有可疑处。周公祭祀，当推成王为主人，则当推武王以配上帝，不当言文王配。

若文王配，则周公自当祭祀矣，周公必不如此。

仁、义、礼、智、信，于性上要言此五事，须要分别出。若仁则固一，一所以为仁。恻隐则属爱，乃情也，非性也。恕者，入仁之门，而恕非仁也。因其恻隐之心，知其有仁。惟四者有端而信无端，只有不信，更无信。如东西南北已有定体，更不可言信。若以东为西，以南为北，则是有不信。如东即东，西即西，则无信。

说书必非古意，转使人薄。学者须是潜心积虑，优游涵养，使之自得。今一日说尽，只是教得薄。至如汉时说下帷讲诵，犹未必说书。

圣狂，圣不必是睿圣，狂不必是狂狷。只是智通者便言圣，如圣义忠和，岂必是圣人？

尸如配位时，男，男尸；女，女尸。祭事主严，虽同时共室，亦无嫌，与"丧祭，执事不嫌"同义。执事且尔，况今日事之，便如国之先君与夫人，如合祭之时，考妣当各异位。盖人情亦无舅妇同坐之礼，如特祭其庙之时，则不害夫妇并祭。

学者先务，固在心志。有谓欲屏去闻见知思，则是"绝圣弃智"。有欲屏去思虑，患其纷乱，则是须坐禅入定。如明鉴在此，万物毕照，是鉴之常，难为使之不照。人心不能不交感万物，亦难为使之不思虑。若欲免此，唯是心有主。如何为主？敬而已矣。有主则虚，虚谓邪不能入；无主则实，实谓物来夺之。今夫瓶罂，有水实内，则虽江海之浸，无所能入，安得不虚？无水于内，则停注之水，不可胜注，安得不实？大凡人心，不可二用，用于一事，则他事更不能入者，事为之主也。事为之主，尚无思虑纷扰之患，若主于敬，又焉有此患乎？所谓敬者，主一之谓敬；所谓一者，无适之谓一。且欲涵泳主一之义，一则无二三矣。言敬，无如圣人之言。《易》所谓“敬以直内，义以方外”，须是“直内”，乃是主一之义。至于“不敢欺”“不敢慢”“尚不愧于屋漏”，皆是敬之事也。但存此涵养，久之自然天理明。

“闲邪存诚”，闲邪则诚自存。如人有室，垣墙不修，不能防寇，寇从东来，逐之则复有自西入；逐得一人，一人复至。不如修其垣墙，则寇自不至，故欲“闲邪”也。

学禅者常谓天下之忙者，无如市井之人。答以“市井之人虽日营利，然犹有休息之时。至忙者，无如禅客”。何以言之？禅者之行住坐卧，无不在道。存无不在道之心，此便是常忙。

《论语》有二处“尧、舜其犹病诸”，“博施济众”，岂非圣人之所欲？然五十乃衣帛，七十乃食肉，圣人之心，非不欲少者亦衣帛食肉，然所养有所不赡，此病其施之不博也。圣人所治，不过九州四海，然九州四海之外，圣人亦非不欲兼济，然所治有所不及，此病不能济众也。推此以求，“修己以安百姓”，则为病可知。苟以为吾治已足，则便不是圣人。“修己以安百姓”，须有所施为，乃能安人。此则自我所生，学至尧、舜，则自有尧、舜之事。言孝者必言曾子，不可谓曾子之孝已甚。

“集义所生，非义袭而取之也”，“集义”是积义，“所生”如集大成。若累土为山，须是积土乃成山，非是山已成形，乃名为义。一作山，一作土。浩然之气难识，须要认得。当行不慊于心之时，自然有此气象。然亦未尽，须是见“至大”“至刚”“以直”之三德，方始见浩然之气。若要见时，且看取地道。《坤》六二：“直、方、大，不习，无不利。”方便是刚，大便是大，直便是直。于《坤》，不言刚而言方者，言刚则害于地道，故下复云："至柔而动也刚。"以其先言柔而后云刚，无害。大，只是对小而言是大也；刚，只是对柔而言是刚也；直，只是对曲而言是直也。如此，自然"不习，无不利"。《坤》之六二，只为已是地道，又是二，又是六，地道之精纯者。至如六五便不同。欲得学，且只看取地道。《坤》虽是学者之事，然亦有圣人之道。《乾》九二是圣人之事，《坤》六二是学者之事。圣贤之道，其发无二，但至有深浅大小。

严威俨恪，非敬之道，但致敬须自此入。

"止于至善"，"不明乎善"，此言善者，义理之精微，无可得名，且以至善目之。"继之者，善"，此言善，却言得轻，但谓继斯道者，莫非善也，不可谓恶。

"舜孳孳为善"，若未接物，如何为善？只是主于敬，便是为善也。以此观之，圣人之道，不是但嘿然无言。

颜子择中庸，得善拳拳，中庸如何择？如博学之，又审问之，又明辨之，所以能择中庸也。虽然，学问明辨，亦何所据，乃识中庸？此则存乎致知。致知者，此则在学者自加功也。大凡于道，择之则在乎智，守之则在乎仁，断之则在乎勇。人之于道，只是患在不能守，不能断。

"必有事焉"，谓必有所事，是敬也；"勿正"，正之为言轻；"勿忘"是敬也。正之之甚，遂至于助长。

编辟整续终自正。和叔未知终自得否？

墨子之书，未至大有兼爱之意，及孟子之时，其流浸远，乃至若是之差。杨子为我亦是义，墨子兼爱则是仁，惟差之毫厘，缪以千里，直至"无父无君"，如此之甚。

世人之学，博闻强识者岂少？其终无有不入禅学者。就其间特立不惑，无如子厚、尧夫，然其说之流，恐未免此敝。

杨子似出于子张，墨子似出于子夏，其中更有过、不及，岂是师、商不学于圣人之门？

约。敬是。

与叔、季明以知思闻见为患，某甚喜此论，邂逅却正语及至要处。世之学者，大敝正在此，若得他折难坚叩，方能终其说，直须要明辨。

康仲问："人之学非愿有差，只为不知之故，遂流于不同，不知如何持守？"先生言："且未说到持守。持守甚事？须先在致知。致知，尽知也。穷理格物，便是致知。"

"礼，孰为大？时为大"，亦须随时。当随则随，当治则治。当其时，作其事，便是能随时。"随时之义大矣哉！"寻常人言随时，为且和同，只是流徇耳，不可谓和，和则已是和于义。故学者患在不能识时，时出之，亦须有溥博渊泉，方能出之。今之人自是与古之人别，其风气使之，至如寿考、形貌皆异。古人皆不减百余岁，今岂有此人？观古人形象，被冠冕之类，今人岂有此等人？故笾豆簠簋，自是不可施于今人，自时不相称，时不同也。时上尽穷得理。孟子言："五百年必有王者兴，其间必有名世者，以其时考之，则可矣。"他嘿识得此体用，大约是如此，岂可催促得他？尧之于民，匡直、辅翼，圣贤于此间，见些功用，举此数端可以常久者示人。殷因于夏，周因于殷，损益可知。嘿观得者，须知三王之礼与物不必同。自画卦、垂衣裳，至周文方备，只为时也。若不是随时，则一圣人出，百事皆做了，后来者没事。又非圣人智虑所不及，只是时不可也。

只归之自然，则无可观，更无可玩索。

“云从龙，风从虎”，龙，阴物也，出来则湿气烝然自出，如湿物在日中，气亦自出。虽木石之微，感阴气尚亦有气，则龙之兴云不足怪。虎行处，则风自生。龙只是兽，茅山华阳洞曾跳出，其状殊可爱，亦有时干处能行，其行步如虎。茅山者则不啮人，北五台者则伤人。又有曾于铁狗庙下穿得一龙卵，后寄于金山寺，龙能壅水上寺门，取卵不得。龙所以知者，许大物亦自灵也。龙以卵生者，亦非神。更一等龙，必须胎生。

极，无适而不为中。

卷第十六　伊川先生语二

己巳冬所闻

问："孔子称伯夷、叔齐，曰：'不念旧恶，怨是用希。'何也？"曰："以夷、齐之隘，若念旧恶，将不能处世矣。"

问："子贡曰：'博施于民而能济众，可谓仁乎？'子曰：'何事于仁？必也圣乎！'仁、圣何以相别？"曰："此子贡未识仁，故测度而设问也。惟圣人为能尽仁，然仁在事，不可以为圣。"又问："'尧、舜其犹病诸'，果乎？"曰："诚然也。圣人惟恐所及不远不广。四海之治也，孰若兼四海之外亦治乎？是尝以为病也。博施济众，事大，故仁不足以名之。"

赵景平问："'子罕言利，与命与仁'，所谓利者，何利？"曰："不独财利之利，凡有利心，便不可。如作一事，须寻自家稳便处，皆利心也。圣人以义为利，义安处便为利。如释氏之学，皆本于利，故便不是。"

赵景平问："'未见蹈仁而死者'，何谓蹈仁而死？"曰："赴水火而死者，有矣；杀身成仁者，未之有也。"

卷第十七　伊川先生语三

三王之法，各是一王之法，故三代损益文质，随时之宜。若孔子所立之法，乃通万世不易之法。孔子于他处亦不见说，独答颜回，云："行夏之时，乘殷之辂，服周之冕，乐则《韶》舞。"此是于四代中举这一个法式，其详细虽不可见，而孔子但示其大法，使后人就上修之。二千年来，亦无一人识者。

义之精者，须是自求得之，如此则善求义也。

善读《中庸》者，只得此一卷书，终身用不尽也。

《睽》之上九，《离》也。《离》之为德，在诸卦莫不以为明，独于《睽》便变为恶。以阳在上则为亢，以刚在上则为狠，以明在上变而为察，以狠以察，所以为睽之极也，故曰："见豕负途，载鬼一车。"皆自任己察之所致。然往而"遇雨则吉"，"遇雨"者，睽解也。睽解有二义：一是物极则必反，故睽极则必通。若睽极不通，却终于睽而已；二是所以能解睽者，却是用明之功也。

大抵卦爻始立，义既具，即圣人别起义以错综之。如《春秋》以前，既已立例，到近后来，书得全别，一般事便书得别有意思。若依前例观之，殊失之也。

先生尝说："某于《易传》，今却已自成书，但逐旋修改，期以七十，其书可出。韩退之称'聪明不及于前时，道德日负于初心'，然某于《易传》，后来所改者无几，不知如何？故且更期之以十年之功，看如何。《春秋》之书，待刘绚文字到，却用功亦不多也。今人解《诗》，全无意思，此却待出些文字。《中庸》书却已成。今农夫祁寒暑雨，深耕易耨，播种五谷，吾得而食之；今百工技艺作为器用，吾得而用之；甲胄之士披坚执锐以守土宇，吾得而安之。却如此闲过了日月，即是天地间一蠹也。功泽又不及民，别事又做不得，惟有补缉圣人遗书，庶几有补尔。”陈长方见尹子于姑苏，问《中庸解》，尹子云：“先生自以为不满意，焚之矣。”

“致知在格物”，格物之理，不若察之于身，其得尤切。

酒者，古人养老、祭祀之所用，今官有榷酤，民有买扑，无故辄令人聚饮，亦大为民食之蠹也。损民食，惰民业，招刑聚寇，皆出于此。如损节得酒课，民食亦为小充。分明民食，却醸为水后，令人饮之，又不当饥饱。若未能绝得买扑，若且只诸县都鄙为之，亦利不细。

人要明理，若止一物上明之，亦未济事，须是集众理，然后脱然自有悟处。然于物上理会也得，不理会也得。且须于学上格物，不可不诣理也。

常见伯淳所在临政，便上下响应，到了人众后便成风，成风则有所鼓动。天地间，只是一个风以动之也。

大凡儒者，未敢望深造于道，且只得所存正，分别善恶，识廉耻。如此等人多，亦须渐好。

或问：“古之道如是之明，后世之道如是不明，其故何也？”曰：“此无他，知道者多即道明，知者少即道不明也。知者多少，亦由乎教也。以鲁国言之，止及今之一大州，然一时间所出大贤十余人，岂不是有教以致然也？盖是圣人既出，故有许多贤者。以后世天下之大，经二千年间，求如一颜、闵者，不可得也。”

大抵儒者潜心正道，不容有差，其始甚微，其终则不可救。如“师也过，商也不及”，于圣人中道，师只是过于厚些，商只是不及些。然而，厚则渐至于“兼爱”，不及则便至于“为我”，其过、不及同出于儒者，其末遂至杨、墨。至如杨、墨，亦未至于“无父无君”，孟子推之，便至于此。盖其差必至于是也。

孟子辨舜、跖之分，只在义利之间。言“间”者，谓相去不甚远，所争毫末尔。义与利，只是个公与私也。才出义，便以利言也。只那计较，便是为有利害。若无利害，何用计较？利害者，天下之常情也。人皆知趋利而避害，圣人则更不论利害，惟看义当为与不当为，便是命在其中也。

传经为难。如圣人之后才百年，传之已差。圣人之学，若非子思、孟子，则几乎息矣。道何尝息？只是人不由之。道非亡也，幽、厉不由也。

人或劝先生以加礼近贵，先生曰：“何不见责以尽礼，而责之以加礼？礼尽则已，岂有加也？”

圣人之语，因人而变化；语虽有浅近处，即却无包含不尽处。如樊迟于圣门，最是学之浅者，及其问仁，曰：“爱人。”问知，曰：“知人。”且看此语有甚包含不尽处？他人之语，语近则遗远，语远则不知近。惟圣人之言，则远近皆尽。

今之为学者，如登山麓，方其迤逦，莫不阔步，及到峻处，便逡巡。一本云：或以峻而遂止，或以难而稍缓。苟能遇难而益坚，闻过则改，何远弗至也？

先代帝王陵寝下，多有闲田。推其后，每处只消与田十顷，与一闲官世守之。至如唐狄仁杰、颜杲卿之后，朝廷与官一人，死则却绝，不若亦如此处之，亦与田五七顷。

后世骨肉之间，多至仇怨忿争，其实为争财。使之均布，立之宗法，官为法则无所争。

后世人理全废，小失则入于夷狄，大失则入于禽兽。

大凡礼，必须有义。礼之所尊，尊其义也。失其义，陈其数，祝史之事也。

“《益》长裕而不设”，谓固有此理而就上充长之，“设”是撰造也，撰造则为伪也。

人或以礼官为闲官，某谓：“礼官之责最大，朝廷一有违礼，皆礼官任其责，岂得为闲官？”

陈平虽不知道，亦知学。如对文帝以宰相之职，非知学，安能如此？

曹参去齐，以狱市为托。后之为政者，留意于狱者则有之矣，未闻有治市者。

学莫大于致知，养心莫大于礼义。古人所养处多，若声音以养其耳，舞蹈以养其血脉。今人都无，只有个义理之养，人又不知求。

或谓：“人莫不知和柔宽缓，然临事则反至于暴厉。”曰：“只是志不胜气，气反动其心也。”

学者所贵闻道，执经而问，但广闻见而已。然求学者，不必在同人中；非同人，又却无学者。

孟子言“圣而不可知之之谓神”，非是圣上别有一等神人，神即“圣而不可知”。又曰：“谓圣之至妙，人所不能测。”

《儒行》之篇，此书全无义理，如后世游说之士所为夸大之说。观孔子平日语言，有如是者否？

陈司败问："昭公知礼乎？"孔子对曰："知礼。"彼国人来问君知礼否，不成说不知礼也。如陈司败数昭公失礼之事而问之，则有所不答，顾左右而言他。及巫马期来告，正合不答，然孔子答之者，以陈司败必俟其反命，故须置答也。

或问："如何学，可谓之有得？"曰："大凡学问，闻之、知之，皆不为得。得者，须默识心通。学者欲有所得，须是笃，诚意烛理。上知，则颖悟自别；其次，须以义理涵养而得之。"

古有教，今无教。以其无教，直坏得人质如此不美。今人比之古人，如将一至恶物比一至美物。

造道深后，虽闻常人语，言浅近事，莫非义理。

古者，家有塾，党有庠，故人未有不入学者。三老坐于里门，出入察其长幼、揖让之序。如今所传之《诗》，人人讽诵，莫非止于礼义之言。今人虽白首，未尝知有《诗》，至于里俗之言，尽不可闻，皆系其习也。以古所习，安得不善？以今所习，安得不恶？

唐太宗，后人只知是英主，元不曾有人识其恶，至如杀兄取位。若以功业言，不过只做得个功臣，岂可夺元良之位？至如肃宗即位灵武，分明是篡也。

《革》言"水火相息"，"息"，止息也。既有止息之理，亦有生息之理。《睽》卦不见四德，盖不容着四德。繇言"小事吉"者，止是方睽之时，犹足以致小事之吉。不成终睽而已，须有济睽之道。

文中子言"古之学者聚道"，不知道如何聚得？

凡为政，须立善法，后人有所变易，则无可奈何。虽周公，亦知立法而已，后人变之，则无可奈何也。

《临》言“八月有凶”，谓至八月是《遁》也。当其刚浸长之时，便戒以阴长之意。

“纪侯大去其国”，“大”，名责在纪也，非齐之罪也。齐侯、陈侯、郑伯遇于垂，方谋伐之，纪侯遂去其国。齐师未加而已去，故非齐之罪也。

《春秋》之文，莫不一一意在示人，如土功之事，无小大，莫不书之，其意止欲人君重民之力也。

书“大雩”，雩及上帝，以见鲁不当为，与书“郊”者同义。

书“公伐齐纳纠”，纠不当立，故不言子纠。若书子纠，则正了他当得立也。

凡《易》卦，有就卦才而得其义者，亦有举两体便得其义者。《随》“刚来而下柔，动而说随”，此是就卦才而得随之义；“泽中有雷，随”，此是就象上得随之义也。

宗子之法不立，则朝廷无世臣。宗法须是一二巨公之家立法，宗法立，则人人各知来处。

宗子者，谓宗主祭祀也。

礼，长子不得为人后，若无兄弟，又继祖之宗绝，亦当继祖。礼虽不言，可以义起。

凡大宗与小宗，皆不在庙数。

收族之义，止为相与为服，祭祀相及。

所谓宗者，以己之旁亲兄弟来宗于己，所以得宗之名，非己宗于人也。

凡小宗以五世为法，亲尽则族散。若高祖之子尚存，欲祭其父，则见为宗子者。虽是六世、七世，亦须计会今日之宗子，然后祭其父。宗子有君道。

祭祀，须别男女之分。生既不可杂坐，祭岂可杂坐？

祭，非主则无依，非尸则无享。

今行冠礼，若制古服而冠，冠了又不常着，却是伪也，必须用时之服。

丧须三年而祔，若卒哭而祔，则三年却都无事。礼，卒哭犹存朝夕哭，若无主在寝，哭于何处？

物有自得天理者，如蜂蚁知卫其君，豺獭知祭。礼亦出于人情而已。

祭先之礼，不可得而推者，无可奈何；其可知者，无远近多少，须当尽祭之。祖又岂可不报？又岂可厌多？盖根本在彼，虽远，岂得无报？

宗子虽七十，无无主妇，此谓承祭祀也。然亦不当道七十，只道“虽老，无无主妇”便得。

《礼》云：“宗子不为殇。”宗子有君之道，岂有殇之理？

“喜怒哀乐未发，谓之中”，只是言一个中体。既是喜怒哀乐未发，那里有个甚麽？只可谓之中。如乾体便是健，及分在诸处，不可皆名健，然在其中矣。天下事事物物皆有中。“发而皆中节，谓之和”，非是谓之和便不中也，言和则中在其中矣。中便是含喜怒哀乐在其中矣。

如眼前诸人，要特立独行，煞不难得，只是要一个知见难。人只被这个知见不通透。人谓要力行，亦只是浅近语。人既能知见，岂有不能行？一切事皆所当为，不必待着意做，才着意做，便是有个私心。这一点意气，能得几时了？

今人欲致知，须要格物。物不必谓事物然后谓之物也，自一身之中，至万物之理，但理会得多，相次自然豁然有觉处。

杨子“拔一毛不为”，墨子又“摩顶放踵为之”，此皆是不得中。至如“子莫执中”，欲执此二者之中，不知怎么执得？识得，则事事物物上皆天然有个中在那上，不待人安排也。安排着，则不中矣。

知之必好之，好之必求之，求之必得之。古人此个学，是终身事，果能颠沛、造次必于是，岂有不得道理？

“立则见其参于前”，所见者何事？

颜渊问仁，而孔子告之以礼。仁与礼，果异乎？

说先于乐者，乐由说而后得，然非乐则亦未足以语君子。

卷第十八　伊川先生语四

刘元承手编

问仁，曰：“此在诸公自思之，将圣贤所言仁处，类聚观之，体认出来。孟子曰：‘恻隐之心，仁也。’后人遂以爱为仁。恻隐，固是爱也。爱自是情，仁自是性，岂可专以爱为仁？孟子言恻隐为仁，盖为前已言‘恻隐之心，仁之端也’，既曰‘仁之端’，则不可便谓之仁。退之言‘博爱之谓仁’，非也。仁者固博爱，然便以博爱为仁，则不可。”

又问：“仁与圣何以异？”曰：“人只见孔子言：‘何事于仁？必也圣乎！’便谓仁小而圣大。殊不知此言是孔子见子贡问博施济众，问得来事大，故曰：‘何止于仁？必也圣乎！’盖仁可以通上下言之，圣则其极也。圣人，人伦之至。伦，理也。既通人理之极，更不可以有加。若今人，或一事是仁，亦可谓之仁；至于尽仁道，亦谓之仁，此通上下言之也。如曰：‘若圣与仁，则吾岂敢？’此又却仁与圣俱大也。大抵尽仁道者，即是圣人，非圣人则不能尽得仁道。”问曰：“人有言：‘尽人道谓之仁，尽天道谓之圣。’此语何如？”曰：“此语固无病，然措意未是。安有知人道而不知天道者乎？道一也，岂人道自是人道，天道自是天道？《中庸》言：‘尽己之性，则能尽人之性；能尽人之性，则能尽物之性；能尽物之性，则可以赞天地之化育。’

此言可见矣。杨子曰：‘通天、地、人曰儒，通天、地而不通人曰伎。’此亦不知道之言。岂有通天、地而不通人者哉？如止云通天之文与地之理，虽不能此，何害于儒？天、地、人只一道也，才通其一，则余皆通。如后人解《易》，言‘《乾》，天道也；《坤》，地道也’，便是乱说。论其体，则天尊地卑；如论其道，岂有异哉？”

问：“‘孝弟，为仁之本’，此是由孝弟可以至仁否？”曰：“非也。谓行仁自孝弟始。盖孝弟是仁之一事，谓之行仁之本则可，谓之是仁之本则不可。盖仁是性也，孝弟是用也。性中只有仁、义、礼、智四者，几曾有孝弟来？仁主于爱，爱莫大于爱亲。故曰：‘孝弟也者，其为仁之本欤！’”

孔子未尝许人以仁。或曰：“称管仲‘如其仁’，何也？”曰：“此圣人阐幽明微之道。只为子路以子纠之死，管仲不死为未仁，此甚小却管仲，故孔子言其有仁之功。此圣人言语抑扬处，当自理会得。”

问：“克、伐、怨、欲不行，可以为仁？”曰：“人无克、伐、怨、欲四者，便是仁也。只为原宪着一个‘不行’，不免有此心，但不行也，故孔子谓‘可以为难’。此孔子着意告原宪处，欲他有所启发，他承当不得，不能再发问也。孔门如子贡者，便能晓得圣人意。且如曰：‘女以予为多学而识之欤？’对曰：‘然。’便复问曰：‘非欤？’孔子告之曰：‘非也。予一以贯之。’原宪则不能也。”

问：“仁与心何异？”曰：“心是所主处，仁是就事言。”曰：“若是，则仁是心之用否？”曰：“固是。若说‘仁者，心之用’，则不可。心譬如身，四端如四支。四支固是身所用，只可谓身之四支。如四端固具于心，然亦未可便谓之心之用。”或曰：“譬如五谷之种，必待阳气而生。”曰：“非是。阳气发处，却是情也。心譬如谷种，生之性便是仁也。”

问：“四端不及信，何也？”曰：“性中只有四端，却无信。为有不信，故有信字。且如今东者自东，西者自西，何用信字？只为有不信，故有信字。”又问：“莫在四端之间？”曰：“不如此说。若如此说时，只说一个义字亦得。”

问：“忠恕可贯道否？”曰：“忠恕固可以贯道，但子思恐人难晓，故复于《中庸》降一等言之，曰：‘忠恕，违道不远。’忠恕只是体用，须要理会得。”又问：“恕字，学者可用功否？”曰：“恕字甚大，然恕不可独用，须得忠以为体。不忠，何以能恕？看忠恕两字，自见相为用处。孔子曰：‘君子之道四，丘未能一焉。’恕字甚难。孔子曰：‘有一言可以终身行之者，其恕乎！’”

问：“人有以‘君子敬而无失与人’为一句，是否？”曰：“不可。敬是持己，恭是接人。与人恭而有礼，言接人当如此也。近世浅薄，以相欢狎为相与，以无圭角为相欢爱，如此者安能久？若要久，须是恭敬。君臣朋友，皆当以敬为主也。《比》之上六曰：‘比之无首，凶。’《象》曰：‘比之无首，无所终也。’比之有首，尚惧无终。既无首，安得有终？故曰‘无所终也’。《比》之道，须当有首。”或曰：“君子淡以成，小人甘以坏。”曰：“是也。岂有甘而不坏者？”

问：“‘出门如见大宾，使民如承大祭。’方其未出门、未使民时，如何？”曰：“此‘俨若思’之时也。当出门时，其敬如此，未出门时可知也。且见乎外者，出乎中者也。使民、出门者，事也。非因是事上方有此敬，盖素敬也。如人接物以诚，人皆曰诚人，盖是素来诚，非因接物而始有此诚也。俨然正其衣冠，尊其瞻视，其中自有个敬处。虽曰无状，敬自可见。”

问：“人有专务敬以直内，不务方外，何如？”曰：“有诸中者，必形诸外。惟恐不直内，内直则外必方。”

敬是闲邪之道。“闲邪存其诚”，虽是两事，然亦只是一事，闲邪则诚自存矣。天下有一个善，一个恶。去善即是恶，去恶即是善。譬如门，不出便入，岂出入外更别有一事也？

“义还因事而见否？”曰：“非也。性中自有。”或曰：“无状可见。”曰：“说有便是见，但人自不见，昭昭然在天地之中也。且如性，何须待有物方指为性？性自在也。贤所言见者事，某所言见者理。”如日不见而彰是也。

人多说某不教人习举业，某何尝不教人习举业也？人若不习举业而望及第，却是责天理而不修人事。但举业，既可以及第即已，若更去上面尽力求必得之道，是惑也。

人注拟差遣，欲就主簿者。问其故，则曰责轻于尉。某曰：“却是尉责轻。尉只是捕盗，不能使民不为盗。簿佐令以治一邑，使民不为盗，簿之责也，岂得为轻？”或问：“簿，佐令者也，簿所欲为，令或不从，奈何？”曰：“当以诚意动之。今令与簿不和，只是争私意。令是邑之长，若能以事父兄之道事之，过则归己，善则惟恐不归于令，积此诚意，岂有不动得人？”问：“授司理，如何？”曰：“甚善。若能充其职，可使一郡无冤民也。”“幕官言事不合，如之何？”曰：“必不得已，有去而已。须权量事之大小，事大于去，则当去；事小于去，亦不须去也。事大于争，则当争；事小于争，则不须争也。今人只被以官为业，如何去得？”

人有实无学而气盖人者，其气有刚柔也。故强猛者当抑之，畏缩者当充养之。古人佩韦弦之戒，正为此耳。然刚者易抑，如子路，初虽圣人亦被他陵，后来既知学，便却移其刚来克己甚易。畏缩者气本柔，须索勉强也。

藻鉴人物，自是人才有通悟处，学不得也。张子厚善鉴裁，其弟天祺学之，便错。

问：“学何以有至觉悟处？”曰：“莫先致知。能致知，则思一日愈明一日，久而后有觉也。学而无觉，则何益矣？又奚学为？‘思曰睿，睿作圣。’才思便睿，以至作圣，亦是一个思。故曰：‘勉强学问，则闻见博而智益明。’”又问：“莫致知与力行兼否？”曰：“为常人言才知得非礼不可为，须用勉强，至于知穿窬不可为，则不待勉强，是知亦有深浅也。古人言乐循理之谓君子，若勉强，只是知循理，非是乐也。才到乐时，便是循理为乐，不循理为不乐，何苦而不循理？自不须勉强也。若夫圣人‘不勉而中，不思而得’，此又上一等事。”

问：“张旭学草书，见担夫与公主争道，及公孙大娘舞剑，而后悟笔法，莫是心常思念至此而感发否？”曰：“然。须是思方有感悟处，若不思，怎生得如此？然可惜张旭留心于书，若移此心于道，何所不至？”

“思曰睿”，思虑久后，睿自然生。若于一事上思未得，且别换一事思之，不可专守着这一事。盖人之知识，于这里蔽着，虽强思亦不通也。一本此下云：或问：“思一事，或泛及佗事，莫是心不专否？”曰：“心若专，怎生解及别事？”

与学者语，正如扶醉人，东边扶起却倒向西边，西边扶起却倒向东边，终不能得佗卓立中途。

古之学者一，今之学者三，异端不与焉。一曰文章之学，二曰训诂之学，三曰儒者之学。欲趋道，舍儒者之学不可。

今之学者有三弊：一溺于文章，二牵于训诂，三惑于异端。苟无此三者，则将何归？必趋于道矣。

或曰："人问某以学者当先识道之大本，道之大本如何求？某告之以君臣、父子、夫妇、兄弟、朋友，于此五者上行乐处便是。"曰："此固是。然怎生地乐？勉强乐不得，须是知得了，方能乐得。故人力行，先须要知。非特行难，知亦难也。《书》曰：'知之非艰，行之惟艰。'此固是也，然知之亦自艰。譬如人欲往京师，必知是出那门，行那路，然后可往。如不知，虽有欲往之心，其将何之？自古非无美材能力行者，然鲜能明道，以此见知之亦难也。"

问："忠信进德之事，固可勉强，然致知甚难。"曰："子以诚敬为可勉强，且恁地说。到底须是知了方行得。若不知，只是觑却尧学他行事，无尧许多聪明睿知，怎生得如他动容周旋中礼？有诸中，必形诸外。德容安可妄学？如子所言，是笃信而固守之，非固有之也。且如《中庸》'九经'，修身也，尊贤也，亲亲也。《尧典》'克明峻德，以亲九族'，亲亲本合在尊贤上，何故却在下？须是知所以亲亲之道方得。未致知，便欲诚意，是躐等也。学者固当勉强，然不致知，怎生行得？勉强行者，安能持久？除非烛理明，自然乐循理。性本善，循理而行是须理事，本亦不难，但为人不知，旋安排着，便道难也。知有多少般数，煞有深浅。向亲见一人，曾为虎所伤，因言及虎，神色便变。傍有数人，见佗说虎，非不知虎之猛可畏，然不如佗说了有畏惧之色，盖真知虎者也。学者深知亦如此。且如脍炙，贵公子与野人莫不皆知其美，然贵人闻着便有欲嗜脍炙之色，野人则不然。学者须是真知，才知得是，便泰然行将去也。某年二十时，解释经义，与今无异，然思今日，觉得意味与少时自别。”

信有二般，有信人者，有自信者。如七十子于仲尼，得佗言语，便终身守之，然未必知道这个怎生是，怎生非也。此信于人者也。学者须要自信，既自信，怎生夺亦不得。

或问：“进修之术何先？”曰：“莫先于正心诚意。诚意在致知，致知在格物。格，至也，如‘祖考来格’之格。凡一物上有一理，须是穷致其理。穷理亦多端，或读书，讲明义理；或论古今人物，别其是非；或应接事物而处其当，皆穷理也。”或问：“格物须物物格之，还只格一物而万理皆知？”曰：“怎生便会该通？若只格一物便通众理，虽颜子亦不敢如此道。须是今日格一件，明日又格一件，积习既多，然后脱然自有贯通处。”

涵养须用敬，进学则在致知。

问：“人有志于学，然智识蔽固，力量不至，则如之何？”曰：“只是致知。若致知，则智识当自渐明，不曾见人有一件事终思不到也。智识明，则力量自进。”问曰：“何以致知？”曰：“在明理。或多识前言往行，识之多则理明，然人全在勉强也。”

士之于学也，犹农夫之耕。农夫不耕则无所食，无所食则不得生。士之于学也，其可一日舍哉？

学者，言入乎耳，必须着乎心，见乎行事。如只听佗人言，却似说他人事，己无所与也。

问：“学者须志于大，如何？”曰：“志无大小。且莫说道将第一等让与别人，且做第二等。才如此说，便是自弃，虽与‘不能居仁由义’者差等不同，其自小一也。言学便以道为志，言人便以圣为志。自谓不能者，自贼者也；谓其君不能者，贼其君者也。”

或问：“人有耻不能之心，如何？”曰：“人耻其不能而为之，可也；耻其不能而掩藏之，不可也。”问：“技艺之事，耻己之不能，如何？”曰：“技艺不能，安足耻？为士者，当知道，己不知道，可耻也；为士者，当博学，己不博学，可耻也。耻之如何，亦曰勉之而已，又安可嫉人之能而讳己之不能也？”

学欲速不得，然亦不可怠。才有欲速之心，便不是学。学是至广大的事，岂可以迫切之心为之？

问：“敬还用意否？”曰：“其始安得不用意？若能不用意，却是都无事了。”又问：“敬莫是静否？”曰：“才说静，便入于释氏之说也。不用静字，只用敬字。才说着静字，便是忘也。孟子曰：‘必有事焉，而勿正；心勿忘，勿助长也。’‘必有事焉’，便是‘心勿忘’；‘勿正’，便是‘勿助长’。”

问：“至诚可以蹈水火，有此理否？”曰：“有之。”曰：“列子言商丘开之事，有乎？”曰：“此是圣人之道不明后，庄、列之徒各以私智探测至理而言也。”曰：“巫师亦能如此，诚邪？欺邪？”曰：“此辈往往有术，常怀一个欺人之心，更那里得诚来！”

或问：“独处一室，或行暗中，多有惊惧，何也？”曰：“只是烛理不明。若能烛理，则知所惧者妄，又何惧焉？有人虽知此，然不免惧心者，只是气不充。须是涵养久，则气充，自然物动不得。然有惧心，亦是敬不足。”

问："世言鬼神之事，虽知其无，然不能无疑惧，何也？"曰："此只是自疑尔。"曰："如何可以晓悟其理？"曰："理会得'精气为物，游魂为变'与'原始要终'之说，便能知也。须是于'原'字上用工夫。"或曰："'游魂为变'，是变化之变否？"曰："既是变，则存者亡，坚者腐，更无物也。鬼神之道，只恁说与贤，虽会得亦信不过，须是自得也。"或曰："何以得无恐惧？"曰："须是气定，自然不惑。气未充，要强不得。"因说与长老游山事。

"人语言紧急，莫是气不定否？"曰："此亦当习。习到言语自然缓时，便是气质变也。学至气质变，方是有功。人只是一个习。今观儒臣自有一般气象，武臣自有一般气象，贵戚自有一般气象。不成生来便如此？只是习也。某旧尝进说于主上及太母，欲令上于一日之中，亲贤士大夫之时多，亲宦官宫人之时少，所以涵养气质，薰陶德性。"

或问："人或倦怠，岂志不立乎？"曰："若是气，体劳后须倦；若是志，怎生倦得？人只为气胜志，故多为气所使。如人少而勇，老而怯，少而廉，老而贪，此为气所使者也。若是志胜气时，志既一定，更不可易。如曾子易箦之际，其气之微可知，只为他志已定，故虽死生许大事，亦动他不得。盖有一丝发气在，则志犹在也。"

问："人之燕居，形体怠惰，心不慢，可否？"曰："安有箕踞而心不慢者？昔吕与叔六月中来缑氏，闲居中，某尝窥之，必见其俨然危坐，可谓敦笃矣。学者须恭敬，但不可令拘迫，拘迫则难久矣。"尹子曰："尝亲闻此，乃谓刘质夫也。"

"昔吕与叔尝问为思虑纷扰，某答以但为心无主，若主于敬，则自然不纷扰。譬如以一壶水投于水中，壶中既实，虽江湖之水，不能入矣。”曰：“若思虑果出于正，亦无害否？”曰：“且如在宗庙则主敬，朝廷主庄，军旅主严，此是也；如发不以时，纷然无度，虽正亦邪。”

问：“游宣德云：‘人能戒慎恐惧于不睹不闻之时，则无声无臭之道可以驯致。’此说如何？”曰：“驯致，渐进也，然此亦大纲说，固是自小以致大，自修身可以至于尽性至命。然其间有多少般数，其所以至之之道当如何？荀子曰：‘始乎为士，终乎为圣人。’今人学者须读书，才读书便望为圣贤，然中间至之之方，更有多少。荀子虽能如此说，却以礼义为伪，性为不善，佗自情性尚理会不得，怎生到得圣人？大抵以尧所行者欲力行之，以多闻多见取之，其所学者皆外也。”

问：“人有日诵万言，或妙绝技艺，此可学否？”曰：“不可。大凡所受之才虽加勉强，止可少进，而钝者不可使利也。惟理可进。除是积学既久，能变得气质，则愚必明，柔必强。盖大贤以下即论才，大贤以上更不论才。圣人与天地合德，日月合明。六尺之躯，能有多少技艺？人有身，须用才，圣人忘己，更不论才也。”

问：“人于议论，多欲己直，无含容之气，是气不平否？”曰：“固是气不平，亦是量狭。人量随识长，亦有人识高而量不长者，是识实未至也。大凡别事人都强得，惟识量不可强。今人有斗筲之量，有釜斛之量，有钟鼎之量，有江河之量。江河之量亦大矣，然有涯，有涯亦有时而满，惟天地之量则无满。故圣人者，天地之量也。圣人之量，道也。常人之有量者，天资也。天资有量者，须有限。大抵六尺之躯，力量只如此，虽欲不满，不可得。且如人有得一荐而满者，有得一官而满者，有改京官而满者，有入两府而满者，满虽有先后，然卒不免。譬如器盛物，初满时尚可以蔽护，更满则必出。此天资之量，非知道者也。昔王随甚有器量，仁庙赐飞白书曰：‘王随德行，李淑文章。’当时以德行称，名望甚重。及为相，有一人求作三路转运使，王薄之，出鄙言，当时人皆惊怪。到这里，位高后便动了，人之量只如此。古人亦有如此者多。如邓艾位三公，年七十，处得甚好，及因下蜀有功，便动了，言姜维云云。谢安闻谢玄破苻坚，对客围棋，报至不喜，及归折屐齿，强终不得也。更如人大醉后益恭谨者，只益恭便是动了，虽与放肆者不同，其为酒所动一也。又如贵公子位益高，益卑谦，只卑谦便是动了，虽与骄傲者不同，其为位所动一也。然惟知道者，量自然宏大，不勉强而成。今人有所见卑下者，无佗，亦是识量不足也。”

人才有意于为公，便是私心。昔有人典选，其子弟系磨勘，皆不为理，此乃是私心。人多言古时用直不避嫌得，后世用此不得。自是无人，岂是无时？因言少师典举、明道荐才事。

圣人作事甚宏裕。今人不知义理者，更不须说，才知义理便迫窄。若圣人，则绰绰有余裕。

问：“观物察己，还因见物反求诸身否？”曰：“不必如此说。物我一理，才明彼即晓此，合内外之道也。语其大，至天地之高厚；语其小，至一物之所以然，学者皆当理会。”又问：“致知，先求之四端，如何？”曰：“求之性情，固是切于身，然一草一木皆有理，须是察。”

观物理以察己，既能烛理，则无往而不识。

天下物皆可以理照，有物必有则，一物须有一理。

穷理、尽性、至命，只是一事。才穷理，便尽性；才尽性，便至命。

声、色、臭、味四字，虚实一般。凡物有形，必有此四者，意、言、象、数亦然。

为人处世间，得见事无可疑处，多少快活。

问："学者不必同，如仁、义、忠、信之类，只于一字上求之，可否？"曰："且如六经，则各自有个蹊辙，及其造道，一也。仁、义、忠、信只是一体事，若于一事上得之，其佗皆通也，然仁是本。"

问："人之学，有觉其难而有退志，则如之何？"曰："有两般，有思虑苦而志气倦怠者，有惮其难而止者。向尝为之说：今人之学，如登山麓，方其易处，莫不阔步，及到难处便止，人情是如此。山高难登，是有定形，实难登也；圣人之道，不可形象，非实难然也，人弗为耳。颜子言'仰之弥高，钻之弥坚'，此非是言圣人高远实不可及，坚固实不可入也，此只是譬喻，却无事，大意却是在'瞻之在前，忽焉在后'上。"又问："人少有得而遂安者，如何？"曰："此实无所得也。譬如以管窥天，乍见星斗粲烂，便谓有所见，喜不自胜，此终无所得。若有大志者，不以管见为得也。"

问："家贫亲老，应举求仕，不免有得失之累，何修可以免此？"曰："此只是志不胜气。若志胜，自无此累。家贫亲老，须用禄仕，然得之不得为有命。"曰："在己固可，为亲奈何？"曰："为己为亲，也只是一事。若不得，其如命何？孔子曰：'不知命，无以为君子。'人苟不知命，见患难必避，遇得丧必动，见利必趋，其何以为君子？然圣人言命，盖为中人以上者设，非为上知者言也。中人以上，于得丧之际，不能不惑，故有命之说，然后能安。若上智之人，更不言命，惟安于义。借使求则得之，然非义则不求，此乐天者之事也。上智之人安于义，中人以上安于命，乃若闻命而不能安之者，又其每下者也。”孟子曰：“求之有道，得之有命。”求之虽有道，奈何得之须有命！

问：“前世所谓隐者，或守一节，或惇一行，然不知有知道否？”曰：“若知道，则不肯守一节一行也。如此等人，鲜明理，多取古人一节事专行之。孟子曰：‘服尧之服，行尧之行。’古人有杀一不义，虽得天下不为，则我亦杀一不义，虽得天下不为；古人有高尚隐逸，不肯就仕，则我亦高尚隐逸不仕。如此等，则仿效前人所为耳，于道鲜自得也。是以东汉尚名节，有虽杀身不悔者，只为不知道也。”

问：“方外之士，有人来看他，能先知者，有诸？”因问王子真事。陈本注云：“伊川一日入嵩山，王佺已候于松下。问何以知之？曰：‘去年已有消息来矣。’盖先生前一年尝欲往，以事而止。”曰：“有之。向见嵩山董五经能如此。”问：“何以能尔？”曰：“只是心静，静而后能照。”又问：“圣人肯为否？”曰：“何必圣贤？使释氏稍近道理者，便不肯为。释氏常言：“庵中坐，却见庵外事，莫是野狐精？”释子犹不肯为，况圣人乎？”

问：“神仙之说有诸？”曰：“不知如何。若说白日飞升之类则无，若言居山林间，保形炼气以延年益寿，则有之。譬如一炉火，置之风中则易过，置之密室则难过，有此理也。”又问：“杨子言：‘圣人不师仙，厥术异也。’圣人能为此等事否？”曰：“此是天地间一贼，若非窃造化之机，安能延年？使圣人肯为，周、孔为之久矣。”

问：“恶外物，如何？”曰：“是不知道者也。物安可恶？释氏之学便如此。释氏要屏事不问。这事是合有邪？合无邪？若是合有，又安可屏？若是合无，自然无了，更屏什么？彼方外者苟且务静，乃远迹山林之间，盖非明理者也，世方以为高，惑矣。”

释氏有出家、出世之说。家本不可出，却为他不父其父，不母其母，自逃去，固可也；至于世，则怎生出得？既道出世，除是不戴皇天，不履后土始得，然又却渴饮而饥食，戴天而履地。

问：“某尝读《华严经》，第一真空绝相观，第二事理无碍观，第三事事无碍观，譬如镜灯之类，包含万象，无有穷尽。此理如何？”曰：“只为释氏要周遮，一言以蔽之，不过曰万理归于一理也。”又问：“未知所以破佗处。”曰：“亦未得道他不是。百家诸子个个谈仁谈义，只为他归宿处不是，只是个自私。为轮回生死，却为释氏之辞善遁，才穷着他，便道我不为这个，到了写在册子上，怎生遁得？且指他浅近处，只烧一文香，便道我有无穷福利，怀却这个心，怎生事神明？”

释氏言成、住、坏、空，便是不知道。只有成、坏，无住、空。且如草木初生既成，生尽便枯坏也。他以谓如木之生，生长既足却自住，然后却渐渐毁坏。天下之物，无有住者。婴儿一生，长一日便是减一日，何尝得住？然而气体日渐长大，长的自长，减的自减，自不相干也。

问释氏理障之说，曰：“释氏有此说，谓既明此理，而又执持是理，故为障。此错看了理字也。天下只有一个理，既明此理，夫复何障？若以理为障，则是己与理为二。”

今之学禅者，平居高谈性命之际，至于世事，往往直有都不晓者，此只是实无所得也。

问：“释氏有一宿觉、言下觉之说，如何？”曰：“何必浮图，孟子尝言‘觉’字矣，曰：‘以先知觉后知，以先觉觉后觉。’知是知此事，觉是觉此理。古人云：‘共君一夜话，胜读十年书。’若于言下即悟，何啻读十年书？”

问：“明道先生云：‘昔之惑人也，乘其迷暗；今之入人也，因其高明。’既曰高明，又何惑乎？”曰：“今之学释氏者，往往皆高明之人，所谓‘知者过之’也。然所谓高明，非《中庸》所谓‘极高明’，如‘知者过之’。若是圣人之知，岂更有过？”

问：“世之学者多入于禅，何也？”曰：“今人不学则已，如学焉，未有不归于禅也。却为佗求道未有所得，思索既穷，乍见宽广处，其心便安于此。”曰：“是可反否？”曰：“深固者难反。”

问：“《西铭》何如？”曰：“此横渠文之粹者也。”曰：“充得尽时如何？”曰：“圣人也。”“横渠能充尽否？”曰：“言有多端，有有德之言，有造道之言。有德之言说自己事，如圣人言圣人事也；造道之言则知足以知此，如贤人说圣人事也。横渠道尽高，言尽醇，自孟子后儒者，都无佗见识。”

问：“横渠之书，有迫切处否？”曰：“子厚谨严，才谨严，便有迫切气象，无宽舒之气。孟子却宽舒，只是中间有些英气，才有英气，便有圭角。英气甚害事。如颜子便浑厚不同。颜子去圣人，只毫发之间。孟子大贤，亚圣之次也。”或问：“英气于甚处见？”曰：“但以孔子之言比之，便见。如冰与水精非不光，比之玉，自是有温润含蓄气象，无许多光耀也。”

问："邵尧夫能推数，见物寿长短始终，有此理否？"曰："固有之。"又问："或言人寿但得一百二十数，是否？"曰："固是，此亦是大纲数，不必如此。马牛得六十，按《皇极经世》，当作三十。猫犬得十二，燕雀得六年之类，盖亦有过、不及。"又问："还察形色？还以生下日数推考？"曰："形色亦可察，须精方验。"

邵尧夫数法出于李挺之，至尧夫推数方及理。

"邵尧夫临终时，只是谐谑，须臾而去。以圣人观之，则亦未是，盖犹有意也。比之常人，甚悬绝矣。他疾甚革，某往视之，因警之曰：'尧夫平生所学，今日无事否？'他气微不能答。次日见之，却有声如丝发来大，答云：'你道生姜树上生，我亦只得依你说。'是时，诸公都在厅上议后事，各欲迁葬城中。尧夫已自为茔。佗在房间便闻得，令人唤大郎来云：'不得迁葬。'众议始定。又诸公恐喧他，尽出外说话，佗皆闻得。一人云有新报云云，尧夫问有甚事？曰有某事。尧夫曰："我将为收却幽州也。"以他人观之，便以为怪，此只是心虚而明，故听得。"问曰："尧夫未病时不如此，何也？"曰："此只是病后气将绝，心无念虑，不昏，便如此。"又问："释氏临终，亦先知死，何也？"曰："只是一个不动心。释氏平生只学这个事，将这个做一件大事。学者不必学他，但烛理明，自能之。只如邵尧夫事，佗自如此，亦岂尝学也？孔子曰：'未知生，焉知死？'人多言孔子不告子路，此乃深告之也。又曰：'原始要终，故知死生之说。'人能'原始'，知得生理；便能'要终'，知得死理。若不明得，便虽千万般安排着，亦不济事。"

张子厚罢礼官归，过洛阳相见。某问云："在礼院，有甚职事？”曰：“多为礼房检正所夺，只定得数个谥，并龙女衣冠。”问：“如何定龙女衣冠？”曰：“请依品秩。”曰：“若使某当是事，必不如此处置。”曰：“如之何？”曰：“某当辨云，大河之塞，天地之灵，宗庙之祐，社稷之福，与吏士之力，不当归功水兽。龙，兽也，不可衣人衣冠。”子厚以为然。

问：“荆公可谓得君乎？”曰：“后世谓之得君可也，然荆公之智识，亦自能知得。如《表》云：‘忠不足以信上，故事必待于自明；智不足以破奸，故人与之为敌。’智不破奸，此则未然。若君臣深相知，何待事事使之辨明也？举此一事便可见。”曰：“荆公‘勿使上知’之语，信乎？”曰：“须看他当时因甚事说此话。且如作此事当如何，更须详审，未要令上知之。又如说一事，未甚切当，更须如何商量体察，今且勿令上知。若此类，不成是欺君也？凡事未见始末，更切子细，反复推究方可。”

人之有寤寐，犹天之有昼夜。阴阳动静，开阖之理也。如寤寐，须顺阴阳始得。问：“人之寐，何也？”曰：“人寐时，血气皆聚于内，如血归肝之类。”今人不睡者多损肝。

问：“魂魄何也？”曰：“魂只是阳，魄只是阴。魂气归于天，体魄归于地是也。如道家三魂七魄之说，妄尔。”

或曰：“传记有言，太古之时，人有牛首蛇身者，莫无此理否？”曰：“固是。既谓之人，安有此等事？但有人形似鸟喙，或牛首者耳，《荀子》中自说。”问：“太古之时，人还与物同生否？”曰：“同。”“莫是纯气为人，繁气为虫否？”曰：“然。人乃五行之秀气，此是天地清明纯粹气所生也。”或曰：“人初生时，还以气化否？”曰：“此必烛理，当徐论之。且如海上忽露出一沙岛，便有草木生。有土而生草木，不足怪。既有草木，自然禽兽生焉。”或曰：“先生《语录》中云：‘焉知海岛上无气化之人？’如何？”曰：“是。近人处固无，须是极远处有，亦不可知。”曰：“今天下未有无父母之人。古有气化，今无气化，何也？”曰：“有两般。有全是气化而生者，若腐草为萤是也。既是气化，到合化时自化。有气化生之后而种生者。且如人身上着新衣服，过几日，便有虮虱生其间，此气化也。气既化后，更不化，便以种生去。此理甚明。”或问：“宋齐丘《化书》云：‘有无情而化为有情者，有有情而化为无情者。无情而化为有情者，若枫树化为老人是也；有情而化为无情者，如望夫化为石是也。’此语如何？”曰：“莫无此理。枫木为老人，形如老人也，岂便变为老人？川中有蝉化为花，蚯蚓化为百合，如石蟹、石燕、石人之类有之。固有此理。某在南中时，闻有采石人因采石石陷，遂在石中，幸不死，饥甚，只取石膏食之。不知几年后，因别人复来采石，见此人在石中，引之出，渐觉身硬，才出，风便化为石。此无可怪，盖有此理也。若望夫石，只是临江山有石如人形者。今天下凡江边有石立者，皆呼为望夫石。”如呼马鞍牛头之类，天下同之。

问：“上古人多寿，后世不及古，何也？莫是气否？”曰：“气便是命也。”曰：“今人不若古人寿，是盛衰之理欤？”曰：“盛衰之运，卒难理会。且以历代言之，二帝、三王为盛，后世为衰。一代言之，文、武、成、康为盛，幽、厉、平、桓为衰。以一君言之，开元为盛，天宝为衰。以一岁，则春夏为盛，秋冬为衰。以一月，则上旬为盛，下旬为衰。以一日，则寅卯为盛，戌亥为衰。一时亦然。如人生百年，五十以前为盛，五十以后为衰。然有衰而复盛者，有衰而不复反者。若举大运而言，则三王不如五帝之盛，两汉不如三王之盛，又其下不如汉之盛。至其中间，又有多少盛衰。如三代衰而汉盛，汉衰而魏盛，此是衰而复盛之理。譬如月既晦则再生，四时往复来也。若论天地之大运，举其大体而言，则有日衰削之理。如人生百年，虽赤子才生一日，便是减一日也。形体日自长，而数日自减，不相害也。”

天下有多少才，只为道不明于天下，故不得有所成就。且古者“兴于《诗》，立于礼，成于乐”，如今人怎生会得？古人于《诗》，如今人歌曲一般，虽闾里童稚，皆习闻其说而晓其义，故能兴起于《诗》。后世老师宿儒尚不能晓其义，怎生责得学者？是不得“兴于《诗》”也；古礼既废，人伦不明，以至治家皆无法度，是不得“立于礼”也；古人有歌咏以养其性情，声音以养其耳，舞蹈以养其血脉，今皆无之，是不得“成于乐”也。古之成材也易，今之成材也难。

今习俗如此不美，然人却不至大故薄恶者，只是为善在人心者不可忘也。魏郑公言：“使民浇漓，不复返朴，今当为鬼为魅。”此言甚是。只为秉彝在人，虽俗甚恶，亦灭不得。

苏季明问：“中之道与‘喜怒哀乐未发，谓之中’，同否？”曰：“非也。喜怒哀乐未发是言在中之义，只一个中字，但用不同。”或曰：“喜怒哀乐未发之前求中，可否？”曰：“不可。既思于喜怒哀乐未发之前求之，又却是思也。既思即是已发，思与喜怒哀乐一般。才发便谓之和，不可谓之中也。”又问：“吕学士言：‘当求于喜怒哀乐未发之前。’信斯言也，恐无着摸，如之何而可？”曰：“看此语如何地下。若言存养于喜怒哀乐未发之时，则可；若言求中于喜怒哀乐未发之前，则不可。”

又问："学者于喜怒哀乐发时固当勉强裁抑，于未发之前当如何用功？"曰："于喜怒哀乐未发之前，更怎生求？只平日涵养便是。涵养久，则喜怒哀乐发自中节。"或曰："有未发之中，有既发之中。"曰："非也。既发时，便是和矣。发而中节，固是得中，时中之类。只为将中和来分说，便是和也。"

季明问："先生说'喜怒哀乐未发，谓之中'是在中之义，不识何意？"曰："只喜怒哀乐不发，便是中也。"曰："中莫无形体，只是个言道之题目否？"曰："非也。中有甚形体？然既谓之中，也须有个形象。"曰："当中之时，耳无闻，目无见否？"曰："虽耳无闻，目无见，然见闻之理在始得。"曰："中是有时而中否？"曰："何时而不中？以事言之，则有时而中；以道言之，何时而不中？"曰："固是所为皆中，然而，观于四者未发之时，静时自有一般气象，及至接事时又自别，何也？"曰："善观者不如此，却于喜怒哀乐已发之际观之。贤且说静时如何？"曰："谓之无物则不可，然自有知觉处。"曰："既有知觉，却是动也，怎生言静？人说'复，其见天地之心'，皆以谓至静能见天地之心，非也。《复》之卦，下面一画便是动也，安得谓之静？自古儒者皆言静见天地之心，唯某言动而见天地之心。"或曰："莫是于动上求静否？"曰："固是，然最难。释氏多言定，圣人便言止。且如物之好，须道是好；物之恶，须道是恶。物自好恶，关我这里甚事？若说道我只是定，更无所为，然物之好恶，亦自在里。故圣人只言止。所谓止，如人君止于仁，人臣止于敬之类是也。《易》之《艮》，言止之义，曰：'艮其止，止其所也。'言随其所止而止之，人多不能止。盖人，万物皆备，遇事时各因其心之所重者，更互而出，才见得这事重，便有这事出。若能物各付物，便自不出来也。”或曰：“先生于喜怒哀乐未发之前，下动字？下静字？”曰：“谓之静则可，然静中须有物始得，这里便是难处。学者莫若且先理会得敬，能敬则自知此矣。”或曰：“敬何以用功？”曰：“莫若主一。”季明曰：“昞尝患思虑不定，或思一事未了，佗事如麻又生，如何？”曰：“不可。此不诚之本也。须是习，习能专一时便好。不拘思虑与应事，皆要求一。”或曰：“当静坐时，物之过乎前者，还见不见？”曰：“看事如何。若是大事，如祭祀，前旒蔽明，黈纩充耳，凡物之过者，不见不闻也；若无事时，目须见，耳须闻。”或曰：“当敬时，虽见闻，莫过焉而不留否？”曰：“不说道非礼勿视、勿听？勿者，禁止之辞，才说弗字便不得也。”问：“《杂说》中以赤子之心为已发，是否？”曰：“已发而去道未远也。”曰：“大人不失赤子之心，若何？”曰：“取其纯一近道也。”曰：“赤子之心与圣人之心若何？”曰：“圣人之心，如镜，如止水。”

问：“日中所不欲为之事，夜多见于梦，此何故也？”曰：“只是心不定。今人所梦见事，岂特一日之间所有之事，亦有数十年前之事。梦见之者，只为心中旧有此事，平日忽有事与此事相感，或气相感，然后发出来。故虽白日所憎恶者，亦有时见于梦也。譬如水为风激而成浪，风既息，浪犹汹涌未已也。若存养久底人，自不如此，圣贤则无这个梦。只有朕兆，便形于梦也。人有气清无梦者，亦有气昏无梦者。圣人无梦，气清也。若人困甚时，更无梦，只是昏气蔽隔，梦不得也。若孔子梦周公之事，与常人梦别。人于梦寐间，亦可以卜自家所学之浅深，如梦寐颠倒，即是心志不定，操存不固。”如扬子江宿浪。

问："人心所系着之事，则夜见于梦。所着事善，夜梦见之者，莫不害否？"曰："虽是善事，心亦是动。凡事有朕兆入梦者，却无害。舍此皆是妄动。"或曰："孔子尝梦见周公，当如何？"曰："此圣人存诚处也。圣人欲行周公之道，故虽一梦寐，不忘周公。及既衰，知道之不可行，故不复梦见。然所谓梦见周公，岂是夜夜与周公语也？人心须要定，使他思时方思乃是。今人都由心。"曰："心，谁使之？"曰："以心使心则可，人心自由便放去也。"

"政也者，蒲卢也"，言化之易也。螟蛉与果蠃，自是二物，但气类相似，然祝之久，便能肖。政之化人，宜甚于蒲卢矣。然蒲卢二物，形质不同，尚祝之可化。人与圣人，形质无异，岂学之不可至耶？

"诚者，自成"，如至诚事亲则成人子，至诚事君则成人臣。"不诚无物，诚者，物之终始"，犹俗说彻头彻尾不诚，更有甚物也。"其次，致曲"，"曲"，偏曲之谓，非大道也。"曲能有诚"，就一事中用志不分，亦能有诚。且如技艺上可见，养由基射之类是也。"诚则形"，诚后便有物。如"立则见其参于前，在舆则见其倚于衡"，"如有所立卓尔"，皆若有物，方见。其无形，是见何物也？"形则著"，又著见也；"著则明"，是有光辉之时也；"明则动"，诚能动人也。"君子所过者化"，岂非动乎？或曰："变与化何别？"曰："变如物方变而未化，化则更无旧迹，自然之谓也。庄子言变大于化，非也。"

问："命与遇何异？"张横渠云："行同报异，犹难语命，语遇可也。"先生曰："人遇不遇，即是命也。"曰："长平之战，四十万人死，岂命一乎？”曰：“是亦命也。只遇着白起，便是命当如此。又况赵卒皆一国之人，使是五湖四海之人同时而死，亦是常事。”又问：“或当刑而王，或为相而饿死，或先贵后贱，或先贱后贵，此之类，皆命乎？”曰：“莫非命也。既曰命，便有此不同，不足怪也。”

问：“人之形体有限量，心有限量否？”曰：“论心之形，则安得无限量？”又问：“心之妙用有限量否？”曰：“自是人有限量。以有限之形，有限之气，苟不通之以道，安得无限量？孟子曰：‘尽其心，知其性。’心即性也。在天为命，在人为性，论其所主为心，其实只是一个道。苟能通之以道，又岂有限量？天下更无性外之物。若云有限量，除是性外有物始得。”

问：“心有善恶否？”曰：“在天为命，在义为理，在人为性，主于身为心，其实一也。心本善，发于思虑，则有善有不善。若既发，则可谓之情，不可谓之心。譬如水，只谓之水，至于流而为派，或行于东，或行于西，却谓之流也。”在义为理，疑是在物为理。

问：“喜怒出于性否？”曰：“固是。才有生识，便有性，有性便有情。无性，安得情？”又问：“喜怒出于外，如何？”曰：“非出于外，感于外而发于中也。”问：“性之有喜怒，犹水之有波否？”曰：“然。湛然平静如镜者，水之性也。及遇沙石，或地势不平，便有湍激；或风行其上，便为波涛汹涌。此岂水之性也哉？人性中只有四端，又岂有许多不善底事？然无水，安得波浪？无性，安得情也？”

问：“人性本明，因何有蔽？”曰：“此须索理会也。孟子言人性善是也。虽荀、杨亦不知性。孟子所以独出诸儒者，以能明性也。性无不善，而有不善者，才也。性即是理，理则自尧、舜至于途人，一也。才禀于气，气有清浊。禀其清者为贤，禀其浊者为愚。”又问：“愚可变否？”曰：“可。孔子谓‘上智与下愚不移’，然亦有可移之理，惟自暴自弃者，则不移也。”曰：“下愚所以自暴弃者，才乎？”曰：“固是也，然却道佗不可移不得。性只一般，岂不可移？却被他自暴自弃，不肯去学，故移不得。使肯学时，亦有可移之理。”

凡解文字，但易其心，自见理。理只是人理，甚分明，如一条平坦底道路。《诗》曰：“周道如砥，其直如矢。”此之谓也。且如《随》卦言“君子向晦入宴息”，解者多作遵养时晦之晦。或问：“作甚晦字？”曰：“此只是随时之大者，向晦则宴息也，更别有甚义？”或曰：“圣人之言，恐不可以浅近看佗。”曰：“圣人之言，自有近处，自有深远处。如近处，怎生强要凿教深远得？杨子曰：‘圣人之言远如天，贤人之言近如地。’某与改之曰：‘圣人之言，其远如天，其近如地。’”

学者不泥文义者，又全背却远去；理会文义者，又滞泥不通。如子濯孺子为将之事，孟子只取其不背师之意，人须就上面理会事君之道如何也；又如万章问舜完廪、浚井事，孟子只答佗大意，人须要理会浚井如何出得来，完廪又怎生下得来。若此之学，徒费心力。

问：“圣人之经旨，如何能穷得？”曰：“以理义去推索，可也。学者先须读《论》《孟》。穷得《论》《孟》，自有个要约处，以此观他经，甚省力。《论》《孟》，如丈尺权衡相似，以此去量度事物，自然见得长短轻重。某尝语学者，必先看《论语》《孟子》。今人虽善问，未必如当时人。借使问如当时人，圣人所答，不过如此。今人看《论》《孟》之书，亦如见孔、孟何异？”

《孟子》“养气”一篇，诸君宜潜心玩索，须是实识得方可。“勿忘，勿助长”，只是养气之法，如不识，怎生养？有物始言养，无物又养个甚么？浩然之气，须见是一个物。如颜子言“如有所立卓尔”，孟子言“跃如也”。“卓尔”“跃如”，分明见得方可。

“不得于言，勿求于心，不可”，此观人之法。心之精微，言有不得者，不可便谓不知，此告子浅近处。

“持其志，无暴其气”，内外交相养也。

“配义与道”，谓以义理养成此气，合义与道。方其未养，则气自是气、义自是义。及其养成浩然之气，则气与义合矣。本不可言合，为未养时言也。如言道，则是一个道都了。若以人而言，则人自是人，道自是道，须是以人行道始得。言义又言道，道，体也；义，用也。就事上便言义。

北宫黝之勇必行，孟施舍无惧。子夏之勇本不可知，却因北宫黝而可见。子夏是笃信圣人而力行，曾子是明理。

问：“‘必有事焉’，当用敬否？”曰：“敬只是涵养一事。‘必有事焉’，须当‘集义’。只知用敬，不知集义，却是都无事也。”又问：“义莫是中理否？”曰：“中理在事，义在心内。苟不主义，浩然之气从何而生？理只是发而见于外者。且如恭敬，币之未将也恭敬，虽因币帛威仪而后发见于外，然须心有此恭敬，然后著见。若心无恭敬，何以能尔？所谓德者，得也，须是得于己，然后谓之德也。”币之未将之时，已有恭敬，非因币帛而后有恭敬也。问：“敬、义，何别？”曰：“敬只是持己之道，义便知有是有非。顺理而行，是为义也。若只守一个敬，不知集义，却是都无事也。且如欲为孝，不成只守着一个孝字？须是知所以为孝之道，所以侍奉当如何，温清当如何，然后能尽孝道也。”又问：“义只在事上，如何？”曰：“内外一理，岂特事上求合义也？”

问：“人‘敬以直内’，气便能充塞天地否？”曰：“气须是养，集义所生。积集既久，方能生浩然气象。人但看所养如何，养得一分，便有一分；养得二分，便有二分。只将敬，安能便到充塞天地处？且气自是气，体所充，自是一件事，敬自是敬，怎生便合得？如曰‘其为气，配义与道’，若说气与义时自别，怎生便能使气与义合？”

“‘性相近也，习相远也’，性一也，何以言相近？”曰：“此只是言气质之性。如俗言性急性缓之类，性安有缓急？此言性者，生之谓性也。”又问：“‘上智、下愚不移’，是性否？”曰：“此是才。须理会得性与才所以分处。”又问：“‘中人以上，可以语上；中人以下，不可以语上’，是才否？”曰：“固是，然此只是大纲说。言中人以上，可以与之说近上话；中人以下，不可以与说近上话也。”“生之谓性？”“凡言性处，须看他立意如何。且如言人性善，性之本也；生之谓性，论其所禀也。孔子言‘性相近’，若论其本，岂可言相近？只论其所禀也。告子所云固是，为孟子问佗，他说便不是也。”

“乃若其情，则可以为善。若夫为不善，非才之罪”，此言人陷溺其心者，非关才事。才，犹言材料，曲可以为轮，直可以为梁栋。若是毁凿坏了，岂关才事？下面不是说人皆有四者之心？或曰："人才有美恶，岂可言非才之罪？"曰："才有美恶者，是举天下之言也。若说一人之才，如因富岁而赖，因凶岁而暴，岂才质之本然邪？"

问："'舍则亡'，心有亡，何也？"曰："否。此只是说心无形体，才主着事时，先生以目视地。便在这里，才过了便不见。如'出入无时，莫知其乡'，此句亦须要人理会。心岂有出入？亦以操舍而言也。'放心'，谓心本善，而流于不善，是放也。"

问："尽己之谓忠，莫是尽诚否？""既尽己，安有不诚？尽己则无所不尽，如孟子所谓'尽心'。"曰："'尽心'，莫是我有恻隐、羞恶如此之心，能尽得，便能知性否？"曰："何必如此数，只是尽心便了。才数着，便不尽。如数一百，少却一，便为不尽也。大抵禀于天曰性，而所主在心。才尽心，即是知性；知性，即是知天矣。"罗本以为吕与叔问。

问："出辞气，莫是于言语上用工夫否？"曰："须是养乎中，自然言语顺理。今人熟底事，说得便分明；若是生事，便说得蹇涩。须是涵养久，便得自然。若是慎言语不妄发，此却可着力。"

孔子教人，"不愤不启，不悱不发"，盖不待愤、悱而发，则知之不固；待愤、悱而后发，则沛然矣。学者须是深思之，思而不得，然后为佗说，便好。初学者，须是且为佗说，不然，非独佗不晓，亦止人好问之心也。

孔子既知宋桓魋不能害己，又却"微服过宋"；舜既见象之将杀己，而又"象忧亦忧，象喜亦喜"。国祚长短，自有命数，人君何用汲汲求治？禹、稷救饥溺者，过门不入，非不知饥溺而死者自有命，又却救之如此其急。数者之事，何故如此？须思量到“道并行而不相悖”处，可也。今且说圣人非不知命，然于人事不得不尽，此说未是。

问：“圣人与天道何异？”曰：“无异。”“圣人可杀否？”曰：“圣人智足以周身，安可杀也？只如今有智虑人，已害他不得，况于圣人？”曰：“昔瞽瞍使舜完廪、浚井，舜知其欲杀己而逃之乎？”曰：“本无此事，此是万章所传闻，孟子更不能理会这下事，只且说舜心也。如下文言‘琴，朕；干戈，朕；二嫂，使治朕栖’，尧为天子，安有是事？”

问：“‘加我数年，五十以学《易》，可以无大过矣’，不知圣人何以因学《易》后始能无过？”曰：“先儒谓孔子学《易》后，可以无大过。此大段失却文意。圣人何尝有过？如待学《易》后无大过，却是未学《易》前，尝有大过也。此圣人如未尝学《易》，何以知其可以无过？盖孔子时，学《易》者支离，《易》道不明。仲尼既修佗经，惟《易》未尝发明，故谓弟子曰：‘加我数年，五十以学《易》。’期之五十，然后赞《易》，则学《易》者可以无大过差，若所谓‘赞《易》道而黜《八索》’是也。”前此学《易》者甚众，其说多过。圣人使弟子俟其赞而后学之，其过鲜也。

问“博我以文，约我以礼”，曰：“此是颜子称圣人最切当处。圣人教人，只是如此，既博之以文，而后约之以礼，所谓‘博学而详说之，将以反说约也’。博与约相对，圣人教人，只此两字。博，是博学多识，多闻多见之谓；约，只是使之知要也。”又问：“‘君子博学于文，约之以礼，亦可以弗畔矣夫’，与此同乎？”曰：“这个只是浅近说，言多闻见而约束以礼，虽未能知道，庶几可以弗畔于道。此言善人君子多识前言往行而能不犯非礼者尔，非颜子所以学于孔子之谓也。”又问：“此莫是小成否？”曰：“亦未是小成，去知道甚远。如曰：‘多闻，择其善者而从之；多见而识之，知之次也。’闻见与知之甚异，此只是闻之者也。”又曰：“圣人之道，知之莫甚难？”曰：“圣人之道，安可以难易言？圣人未尝言易，以骄人之志；亦未尝言难，以阻人之进。仲尼但曰：‘未之思也，夫何远之有？’此言极有涵畜意思。孟子言：‘夫道，若大路然，岂难知哉？’只下这一个‘岂’字，便露筋骨，圣人之言不如此。如下面说人‘病不求耳，子归而求之，有余师’，这数句却说得好。孔、孟言有异处，亦须自识得。”

或问：“‘子畏于匡，颜渊后。子曰：“吾以女为死矣。”曰：“子在，回何敢死？”’然设使孔子遇难，颜渊有可死之理否？”曰：“无可死之理，除非是斗死，然斗死非颜子之事。若云遇害，又不当言敢不敢也。”又问：“使孔子遇害，颜子死之否乎？”曰：“岂特颜子之于孔子也！若二人同行遇难，固可相死也。”又问：“亲在，则如之何？”曰：“且譬如二人捕虎，一人力尽，一人须当同去用力。如执干戈卫社稷，到急处，便遁逃去之，言我有亲，是大不义也。当此时，岂问有亲无亲？但当预先谓吾有亲，不可行则止。岂到临时却自规避也？且如常人为不可独行也，须结伴而出。至于亲在，为亲图养，须出去，亦须结伴同去，便有患难相死之道。昔有二人，同在嵩山，同出就店饮酒，一人大醉，卧在地上，夜深归不得，一人又无力扶持，寻常旷野中有虎豹盗贼，此人遂只在傍，直守到晓。不成不顾了自归也？此义理所当然者也。《礼》言‘亲在，不许友以死’者，此言亦在人用得。盖有亲在可许友以死者，有亲不在不可许友以死者。可许友以死，如二人同行之类是也；不可许友以死，如战国游侠，为亲不在，乃为人复仇，甚非理也。”

问：“‘不迁怒，不贰过’，何也？《语录》有‘怒甲不迁乙’之说，是否？”曰：“是。”曰：“若此则甚易，何待颜氏而后能？”曰：“只被说得粗了，诸君便道易。此莫是最难，须是理会得因何‘不迁怒’。如舜之诛四凶，怒在四凶，舜何与焉？盖因是人有可怒之事而怒之，圣人之心本无怒也。譬如明镜，好物来时，便见是好；恶物来时，便见是恶，镜何尝有好恶也？世之人，固有怒于室而色于市。且如怒一人，对那人说话，能无怒色否？有能怒一人而不怒别人者，能忍得如此，已是煞知义理。若圣人，因物而未尝有怒，此莫是甚难？君子役物，小人役于物。今人见有可喜可怒之事，自家着一分陪奉他，此亦劳矣。圣人心如止水。”

问：“颜子勇乎？”曰：“孰勇于颜子？观其言曰：‘舜，何人也？予，何人也？有为者亦若是。’孰勇于颜子？如‘有若无，实若虚，犯而不校’之类，抑可谓大勇者矣。”

曾子传圣人道，只是一个诚笃。《语》曰：“参也鲁。”如圣人之门，子游、子夏之言语，子贡、子张之才辨，聪明者甚多，卒传圣人之道者，乃质鲁之人。人只要一个诚实，圣人说忠信处甚多。曾子，孔子在时甚少，后来所学不可测，且易箦之事，非大贤以上作不得。曾子之后有子思，便可见。

“曾子执亲之丧，水浆不入口者七日，不合礼，何也？”曰：“曾子者，过于厚者也。圣人大中之道，贤者必俯而就，不肖者必跂而及。若曾子之过，过于厚者也。若众人，必当就礼法。自大贤以上，则看佗如何，不可以礼法拘也。且守社稷者，国君之职也，太王则委而去之；守宗庙者，天子之职也，尧、舜则以天下与人。如三圣贤则无害，佗人便不可。然圣人所以教人之道，大抵使之循礼法而已。”

“金声而玉振之”，此孟子为学者言终始之义也。乐之作，始以金奏，而以玉声终之。《诗》曰“依我磬声”是也。始于致知，智之事也；行所知而至其极，圣之事也。《易》曰“知至至之，知终终之”是也。

“惟圣人，然后践形”，言圣人尽得人道也。人得天地之正气而生，与万物不同。既为人，须尽得人理。众人有之而不知，贤人践之而未尽，能践形者，唯圣人也。

“佚道使民”，谓本欲佚之也，故虽“劳而不怨”；“生道杀民”，谓本欲生之也。且如救水火，是求所以生之也，或有焚溺而死者，却“虽死不怨”。

“仁言”，谓以仁厚之言加于民。“仁声”如“仁闻”，谓风声足以感动人也，此尤见仁德之昭著也。

问“行之而不著，习矣而不察”，曰：“此言大道如此，而人由之不知也。‘行之而不著’，谓人行之而不明晓也；‘习矣而不察’，谓人习之而不省察也。”曰：“先生有言，虽孔门弟子亦有此病，何也？”曰：“在众人，习而不察者，只是饥食渴饮之类，由之而不自知也。如孔门弟子，却是闻圣人之化，入于善而不自知也。众者，言众多也。”

问：“‘可以取，可以无取’，天下有两可之事乎？”曰：“有之。如朋友之馈，是可取也，然己自可足，是不可取也，才取之，便伤廉矣。”曰：“取伤廉，固不可，然与伤惠，何害？”曰：“是有害于惠也。可以与，然却可以不与。若与之时，财或不赡，却于合当与者无可与之。且博施济众，固圣人所欲，然却五十者方衣帛，七十者方食肉，如使四十者衣帛，五十者食肉，岂不更好？然力不可以给，合当衣帛、食肉者便不足也。此所以伤惠。”

问“人有不为，然后可以有为”，曰：“此只是有所择之人能择其可为不可为也。才有所不为，便可以有为也。若无所不为，岂能有为邪？”

问：“‘非礼之礼，非义之义’，何谓也？”曰：“恭本为礼，过恭是非礼之礼也；以物与人为义，过与是非义之义也。”曰：“此事何止大人不为？”曰：“过恭、过与是细人之事，犹言妇人之仁也，只为佗小了。大人岂肯如此？”

问：“‘天民’‘天吏’‘大人’，何以别？”曰：“顺天行道者，天民也；顺天为政者，天吏也；大人者，又在二者之上。孟子曰：‘充实而有光辉之谓大。’圣人岂不为天民、天吏？如文王、伊尹是也。‘大而化之之谓圣，圣而不可知之之谓神’，非是圣人上别有一等神人，但圣人有不可知处便是神也。化，与变化之化同。若到圣人，更无差等也。”或曰：“尧、舜、禹、汤、文、武，如何？”曰：“孔子尝论尧、舜矣，如曰：‘惟天为大，惟尧则之。’如此等事甚大，惟尧、舜可称也；若汤、武，虽是事不同，不知是圣人不是圣人。”或曰：“可以汤、武之心求之否？”曰：“观其心，如‘行一不义，杀一不辜，虽得天下不为’，此等事，大贤以上人方为得。若非圣人，亦是亚圣一等人也。若文王，则分明是大圣人也。禹又分明如汤、武，观舜称其‘不矜不伐’，与孔子言‘无间然’之事，又却别有一个气象。大抵生而知之与学而知之，及其成功，一也。”

苏季明问：“舜‘执其两端’，注以为‘过、不及之两端’，是乎？”曰：“是。”曰：“既过、不及，又何执乎？”曰：“执，犹今之所谓执持，使不得行也。舜执持过、不及，使民不得行，而用其中，使民行之也。”又问：“此执与汤执中如何？”曰：“执，只是一个执。舜执两端，是执持而不用。汤执中而不失，将以用之也。若‘子莫执中’，却是子莫见杨、墨过、不及，遂于过、不及二者之间执之，却不知有当‘摩顶放踵利天下’时，有当‘拔一毛利天下不为’时。执中而不通变，与执一无异。”

季明问：“‘君子时中’，莫是随时否？”曰：“是也。中字，最难识，须是默识心通。且试言，一厅则中央为中，一家则厅中非中而堂为中，言一国，则堂非中而国之中为中，推此类，可见矣。且如初寒时，则薄裘为中；如在盛寒而用初寒之裘，则非中也。更如‘三过其门不入’，在禹、稷之世为中，若‘居陋巷’，则不中矣；‘居陋巷’，在颜子之时为中，若‘三过其门不入’，则非中也。”或曰：“‘男女不授受’之类皆然。”曰：“是也。‘男女不授受’，中也，在丧祭则不如此矣。”

问：“尧、舜、汤、武，事迹虽不同，其心德有间否？”曰：“无间。”曰：“孟子言：‘尧、舜，性之；汤、武，身之。’汤、武岂不性之邪？”曰：“尧、舜生知，汤、武学而知之，及其成功，一也。身之，言履之也；反之，言归于正也。”

或问：“‘夫子贤于尧、舜’，信诸？”曰：“尧、舜岂可贤也？但门人推尊夫子之道，以谓仲尼垂法万世，故云尔。然三子之论圣人，皆非善称圣人者。如颜子，便不如此道，但言‘仰之弥高，钻之弥坚’而已。后来，惟曾子善形容圣人气象，曰：‘子温而厉，威而不猛，恭而安。’又《乡党》一篇，形容得圣人动容注措甚好，使学者宛如见圣人。”

观水有术，必观其澜，澜湍急处，于此便见源之无穷。今人以波对澜，非也。下文“日月有明，容光必照”，以言其容光无不照，故知日月之明无穷也。

问：“孟子曰：‘人之所以异于禽兽者，几希。庶民去之，君子存之。’且人与禽兽甚悬绝矣，孟子言此者，莫是只在‘去之’‘存之’上有不同处？”曰：“固是。人只有个天理，却不能存得，更做甚人也？泰山孙明复有诗云：‘人亦天地一物耳，饥食渴饮无休时。若非道义充其腹，何异鸟兽安须眉？’上面说人与万物皆生于天地意思，下面二句如此。”或曰：“退之《杂说》有云：‘人有貌如牛首、蛇形、鸟喙而心不同焉，可谓之非人乎？即有颜如渥丹者，其貌则人，其心则禽兽，又恶可谓之人也？’此意如何？”曰：“某不尽记其文，然人只要存一个天理。”

问：“守身如何？”曰：“守身，守之本。既不能守身，更说甚道义？”曰：“人说命者，多不守身。何也？”曰：“便是不知命。孟子曰：‘知命者，不立岩墙之下。’”或曰：“不说命者，又不敢有为。”曰：“非特不敢为，又有多少畏恐，然二者皆不知命也。”

莫之为而为，莫之致而致，便是天理。司马迁以私意妄窥天道，而论伯夷曰：“天道无亲，常与善人。若伯夷者，可谓善人，非邪？”天道甚大，安可以一人之故妄意窥测？如曰“颜何为而夭？跖何为而寿？”皆指一人计较天理，非知天也。

问：“‘桎梏而死者，非正命也’，然亦是命否？”曰：“圣人只教人顺受其正，不说命。”或曰：“桎梏死者，非命乎？”曰：“孟子自说了，‘莫非命也’，然圣人却不说是命。”

“故者，以利为本”，“故”，是本如此也。才不利便害性，利只是顺。天下只是一个利，孟子与《周易》所言一般。只为后人趋着利便有弊，故孟子拔本塞源，不肯言利。其不信孟子者，却道不合非利，李觏是也；其信者，又直道不得近利。人无利，直是生不得，安得无利？且譬如倚子，人坐此便安，是利也。如求安不已，又要褥子，以求温暖，无所不为，然后夺之于君，夺之于父，此是趋利之弊也。利，只是一个利，只为人用得别。

博弈，小数，不专心致志，犹不可得，况学道而悠悠，安可得也？仲尼言：“吾尝终日不食，终夜不寝，以思，无益，不如学也。”又曰：“朝闻道，夕死可矣。”不知圣人有甚事来，迫切了底死地如此。文意不难会，须是求其所以如此何故始得。圣人固是生知，犹如此说，所以教人也。“学如不及，犹恐失之”，才说姑待来日，便不可也。

“‘子之燕居，申申，夭夭’，如何？”曰：“‘申申’是和乐中有中正气象，‘夭夭’是舒泰气象。此皆弟子善形容圣人处也。为‘申申’字说不尽，故更着‘夭夭’字。今人不怠惰放肆，必太严厉，严厉时则着此四字不得，放肆时亦着此四字不得。除非是圣人，便自有中和之气。”

问：“‘务民之义，敬鬼神而远之’，何以为知？”曰：

“只此两句，说知亦尽。且人多敬鬼神者，只是惑，远者又不能敬，能敬能远，可谓知矣。”又问：“莫是知鬼神之道，然后能敬能远否？”曰：“亦未说到如此深远处，且大纲说，当敬不惑也。”问：“今人奉佛，莫是惑否？”曰：“是也。敬佛者必惑，不敬者只是孟浪不信。”又问：“佛当敬否？”曰：“佛亦是胡人之贤智者，安可慢也？至如阴阳卜筮择日之事，今人信者必惑，不信者亦是孟浪不信。如出行忌太白之类，太白在西，不可西行，有人在东方居，不成都不得西行？又却初行日忌，次日便不忌，次日不成不冲太白也？如使太白为一人为之，则鬼神亦劳矣。如行遇风雨之类，则凡在行者，皆遇之也。大抵人多记其偶中耳。”

问：“‘伯夷不念旧恶’，何也？”曰：“此清者之量。伯夷之清，若推其所为，须不容于世，必负石赴河乃已，然却为他‘不念旧恶’，气象甚宏裕，此圣人深知伯夷处。”问：“伯夷叩马谏武王，义不食周粟，有诸？”曰：“叩马则不可知。非武王，诚有之也，只此便是佗隘处。君尊臣卑，天下之常理也。伯夷知守常理，而不知圣人之变，故隘。不食周粟，只是不食其禄，非饿而不食也。至如《史记》所载谏词，皆非也。武王伐商即位，已十一年矣，安得‘父死不葬’之语？”

问：“‘伐国，不问仁人’，如何？”曰：“不知怎生地伐国？如武王伐纣，都是仁人，如柳下惠之时则不可。当时诸侯，以土地之故，糜烂其民，皆不义之伐，宜仁人不忍言也。”

问：“宋襄公不鼓不成列，如何？”曰：“此愚也。既与他战，又却不鼓不成列，必待佗成列，图个甚？”

问：“羊祜、陆抗之事，如何？”曰：“如送绢偿禾之事，甚好；至抗饮祜药，则不可。羊祜虽不是酖人底人，然两军相向，其所饷药，自不当饮。”

问：“用兵，掩其不备、出其不意之事，使王者之师，当如此否？”曰：“固是。用兵须要胜，不成要败？既要胜，须求所以胜之之道。但汤、武之兵，自不烦如此，‘罔有敌于我师’，自可见。然汤亦尝升自陑，陑亦间道。且如两军相向，必择地可攻处攻之，右实则攻左，左实则攻右，不成道我不用计也。且如汉、楚既约分鸿沟，乃复还袭之，此则不可。如韩信囊沙壅水之类，何害？他师众，非我敌，决水，使他一半不得渡，自合如此，有甚不得处？”又问：“间谍之事如何？”曰：“这个不可也。”

问：“冉子为子华请粟，而与之少；原思为之宰，则与之多。其意如何？”曰：“原思为宰，宰必受禄，禄自有常数，故不得而辞。子华使于齐，师使弟子，不当有所请，冉子请之，自不是，故圣人与之少。佗理会不得，又请益，再与之亦少，圣人宽容，不欲直拒佗，冉子终不喻也。”

问：“子使漆雕开仕，对曰：‘吾斯之未能信。’漆雕开未可仕，孔子使之仕，何也？”曰：“据佗说这一句言语，自是仕有余，兼孔子道可以仕，必是实也。如由也志欲为千乘之国，孔子止曰‘可使治其赋’；求也欲为小邦，孔子止曰‘可使为之宰’之类，由、求之徒，岂止如此？圣人如此言，便是优为之也。”

问：“‘丘也幸，苟有过，人必知之’，注言‘讳君之恶’，是否？”曰：“是。”“何以归过于己？”曰：“非是归过于己。此事却是陈司败欲使巫马期以娶同姓之事去问是知礼不知礼，却须要回报言语也。圣人只有一个不言而已。若说道我为讳君之恶，不可也。又不成却以娶同姓为礼，亦不可也。只可道：‘丘也幸，苟有过，人必知之。’”

问：“‘行不由径’，‘径’是小路否？”曰：“只是不正当处，如履田畴之类，不必不由小路。昔有一人因送葬回，不觉被仆者引自他道归，行数里，方觉不是，却须要回就大路上，若此非中理。若使小路便于往来，由之何害？”

问：“古者何以不修墓？”曰：“所以不修墓者，欲初为墓时，必使至坚固，故须必诚必敬。若不诚敬，安能至久？”曰：“孔子为墓，何以速崩如此邪？”曰：“非孔子也。孔子先反修虞事，使弟子治之，弟子诚敬不至，才雨而墓崩，其为之不坚固可知。然修之亦何害？圣人言不修者，所以深责弟子也。”

问：“‘先进于礼乐，野人也；后进于礼乐，君子也’，孔子何以不从君子而从野人？”曰：“请诸君细思之。”曰：“先儒有变文从质之说，是否？”曰：“固是。然君子、野人者，据当时谓之君子、野人也。当时谓之野人，是言文质相称者也；当时谓之君子，则过乎文者也。是以不从后进而从先进也。盖当时文弊已甚，故仲尼欲救之云尔。”

“我不欲人之加诸我也，吾亦欲无加诸人”，《中庸》曰“施诸己而不愿，亦勿施于人”，正解此两句。然此两句甚难行，故孔子曰：“赐也，非尔所及也。”

问：“‘质直而好义，察言而观色，虑以下人’，何以为达？”曰：“此正是达也。只‘好义’与‘下人’，已是达了。人所以不下人者，只为不达。达，则只是明达。‘察言而观色’，非明达而何？”又问：“子张之问达，如何？”曰：“子张之意，以人知为达，才达则人自知矣，此更不须理会。子张之意，专在人知，故孔子痛抑之，又曰‘夫闻也者，色取仁而行违，居之不疑’也。学者须是务实，不要近名，方是。有意近名，则大本已失，更学何事？为名而学，则是伪也。今之学者，大抵为名。为名与为利，清浊虽不同，然其利心则一也。今市井闾巷之人，却不为名。为名而学者，志于名而足矣，然其心犹恐人之不知。韩退之直是会道言语，曰：‘内不足者，急于人知；沛然有余，厥闻四驰。’大抵为名者，只是内不足；内足者，自是无意于名。如孔子言‘疾没世而名不称’，此一句，人多错理会。此只是言君子惟患无善之可称，当汲汲为善，非是使人求名也。”

问：“‘在邦无怨，在家无怨’，不知怨在己？在人？”曰：“在己。”曰：“既在己，舜何以有怨？”曰：“怨只是一个怨，但其用处不同。舜自是怨。如舜不怨，却不是也。学须是通，不得如此执泥。如言‘仁者不忧’，又却言‘作《易》者，其有忧患’，须要知用处各别也。天下只有一个‘忧’字，一个‘怨’字。既有此二字，圣人安得无之？如王通之言甚好，但为后人附会乱却。如魏徵问：‘圣人有忧乎？’曰：‘天下皆忧，吾独得不忧？’问疑，曰：‘天下皆疑，吾独得不疑？’谓董常曰：‘乐天知命，吾何忧？穷理尽性，吾何疑？’如此自不相害，说得极好，至下面数句，言心迹之判，便不是，此皆后人附会，适所以为赘也。”

问：“‘民可使由之，不可使知之’，是圣人不使之知耶？是民自不可知也？”曰：“圣人非不欲民知之也。盖圣人设教，非不欲家喻户晓，比屋皆可封也。盖圣人但能使天下由之耳，安能使人人尽知之？此是圣人不能，故曰：‘不可使知之。’若曰圣人不使民知，岂圣人之心？是后世朝三暮四之术也。某尝与谢景温说此一句，他争道朝三暮四之术亦不可无，圣人亦时有之，此大故无义理。说圣人顺人情处亦有之，岂有为朝三暮四之术哉？”谢景温，一作赵景平。

问为政迟速，曰：“仲尼尝言之矣：‘苟有用我者，期月而已可也，三年有成。’仲尼言‘有成’者，盖欲立致治之功业，如尧、舜之时，夫是之谓有成。此圣人之事，佗人不可及。某尝言后世之论治者皆不中理。汉公孙丞相言：‘三年而化，臣弘尚窃迟之。’唐李石谓：‘十年责治太迫。’此二者，皆率尔而言。圣人之言，自有次序，所谓‘期月而已可也’者，谓纪纲布也；‘三年有成’，治功成也。圣人之事，后世虽不敢望如此，然二帝之治，惟圣人能之；三王以下事业，大贤可为也。”又问：“孔子言用我者，‘三年有成’；言王者，则曰‘必世而后仁’，何也？”曰：“所谓仁者，风移俗易，民归于仁。天下变化之时，此非积久，何以能致？其曰‘必世’，理之然也。‘有成’者，谓法度纪纲有成而化行也。如欲民仁，非‘必世’安可？”

问：“‘大则不骄，化则不吝’，此语何如？”曰：“若以‘大而化之’解此，则未是；然‘大则不骄’，此句却有意思，只为小便骄也。‘化则不吝’，‘化’煞高，‘不吝’未足以言之。‘骄’与‘吝’两字正相对，骄是气盈，吝是气歉。”曰：“吝何如则是？”曰：“吝是吝啬也，且于啬上看，便见得吝啬止是一事。且人若吝时，于财上亦不足，于事上亦不足，凡百事皆不足，必有歉歉之色也。”曰：“‘有周公之才之美，使骄且吝，其余不足观也已’，此莫是甚言骄、吝之不可否？”曰：“是也。若言周公之德，则不可下骄、吝字。此言虽才如周公，骄、吝亦不可也。”

“仲尼当周衰，辙环天下，颜子何以不仕？”曰：“此仲尼之任也。使孔子得行其道，颜子不仕可矣。然孔子既当此任，则颜子足可闭户为学也。”

孟子有功于圣门不可言。如仲尼只说一个“仁”字，立人之道，曰仁与义。孟子开口便说“仁义”；仲尼只说一个“志”，孟子便说许多“养气”出来。只此二字，其功甚多。

未知道者如醉人，方其醉时，无所不至；及其醒也，莫不愧耻。人之未知学者，自视以为无缺，及既知学，反思前日所为，则骇且惧矣。

圣人六经，皆不得已而作。如耒耜、陶冶，一不制，则生人之用熄。后世之言，无之不为缺，有之徒为赘，虽多，何益也？圣人言虽约，无有包含不尽处。

言贵简，言愈多，于道未必明。杜元凯却有此语云：“言高则旨远，辞约则义微。”大率言语须是含蓄而有余意，所谓“书不尽言，言不尽意”也。

《中庸》之书，其味无穷，极索玩味。

问：“《坎》之六四，‘樽酒簋贰用缶，纳约自牖’，何义也？”曰：“《坎》，险之时也，此是圣人论大臣处险难之法。‘樽酒簋贰用缶’，谓当险难之时，更用甚得？无非是用至诚也；‘纳约自牖’，言欲纳约于君，当自明处。‘牖’者，开明之处也。欲开悟于君，若于君所蔽处，何由入得？如汉高帝欲易太子，他人皆争以嫡庶之分。夫嫡庶之分，高祖岂不知得分明？

直知不是了犯之。此正是高祖所蔽处，更岂能晓之？独留侯招致四皓，此正高祖所明处。盖高祖自匹夫有天下，皆豪杰之力，故惮之。留侯以四皓辅太子，高祖知天下豪杰归心于惠帝，故更不易也。昔秦伐魏，欲以长安君为质，太后不可。左师触龙请见，云云，遂以长安君为质焉。夫太后只知爱子，更不察利害，故左师以爱子之利害开悟之也。”

《易》八卦之位，元不曾有人说。先儒以为乾位西北，坤位西南，言乾、坤任六子，而自处于无为之地，此大故无义理。风雷山泽之类，便是天地之用。岂天地外别有六子，如人生六子，则有各任以事，而父母自闲？风雷之类于天地间，如人身之有耳目手足，便是人之用也。岂可谓手足耳目皆用，而身无为乎？因见卖兔者，曰：“圣人见河图、洛书而画八卦，然何必图、书，只看此兔，亦可作八卦，数便此中可起。古圣人只取神物之至著者耳。只如树木，亦可见数。兔何以无尾，有血无脂？只是为阴物。大抵阳物尾长，阳盛者尾愈长。如雉是盛阳之物，故尾极长，又其身文明。今之行车者，多植尾于车上，以候雨晴，如天将雨，则尾先垂向下，才晴便直立。”

或问：“刘牧言‘上经言形器以上事，下经言形器以下事’。”曰：“非也。上经言云雷《屯》，云雷岂无形耶？”曰：“牧又谓‘上经是天地生万物，下经是男女生万物’。”曰：“天地中只是一个生。人之生于男女，即是天地之生，安得为异？”曰：“牧又谓‘乾、坤与坎、离男女同生’。”曰：“非也。譬如父母生男女，岂男女与父母同生？既有乾、坤，方三索而得六子。若曰乾、坤生时，六子生理同有，则有此理。谓乾、坤、坎、离同生，岂有此事？既是同生，则何言六子耶？”

或曰："凡物之生，各随气胜处化。"曰："何以见？"曰："如木之生，根既长大，根却无处去。"曰："克也。"曰："既克，则是土化为木矣。"曰："不是化，只是克。五行，只古人说迭王字说尽了，只是个盛衰自然之理也。人多言五行无土不得，木得土方能生火，火得土方能生金，故土寄王于四时。某以为不然。木生火，火生土，土生金，金生水，水生木，只是迭盛也。"

问："刘牧以坎、离得正性，艮、巽得偏性，如何？"曰："非也。佗据方位如此说。如居中位便言得中气，其余岂不得中气也？"或曰："五行是一气。"曰："人以为一物，某道是五物。既谓之五行，岂不是五物也？五物备，然后能生。且如五常，谁不知是一个道？既谓之五常，安得混而为一也？"

问："刘牧以下经四卦相交，如何？"曰："怎生地交？若论相交，岂特四卦？如《屯》《蒙》《师》《比》，皆是相交。一颠一倒。卦之序，皆有义理，有相反者，有相生者，爻变则义变也。"下来却以义起，然亦是以爻也，爻变则义变。"刘牧言两卦相比，上经二阴二阳相交，下经四阴四阳相交，是否？"曰："八卦已相交了，及重卦，只取二象相交为义，岂又于卦画相交也？《易》须是默识心通，只如此穷文义，徒费力。"

问："'莫见乎隐，莫显乎微'，何也？"曰："人只以耳目所见闻者为显见，所不见闻者为隐微，然不知理却甚显也。且如昔人弹琴，见螳螂捕蝉，而闻者以为有杀声。杀在心，而人闻其琴而知之，岂非显乎？人有不善，自谓人不知之，然天地之理甚著，不可欺也。"曰："如杨震四知，然否？"曰："亦是。然而，若说人与我，固分得；若说天地，只是一个知也。且如水旱，亦有所致，如暴虐之政所感，此人所共见者，固是也。然人有不善之心积之多者，亦足以动天地之气，如疾疫之气亦如此。不可道事至目前可见，然后为见也。更如尧、舜之民，何故仁寿？桀、纣之民，何故鄙夭？才仁便寿，才鄙便夭。寿夭乃是善恶之气所致。仁则善气也，所感者亦善。善气所生，安得不寿？鄙则恶气也，所感者亦恶。恶气所生，安得不夭？”

问：“天地明察，神明彰矣。”曰：“事天地之义，事天地之诚，既明察昭著，则神明自彰矣。”问：“神明感格否？”曰：“感格固在其中矣。孝弟之至，通于神明。神明、孝弟，不是两般事，只孝弟便是神明之理。”又问：“王祥孝感事，是通神明否？”曰：“此亦是通神明一事。此感格，便是王祥诚中来，非王祥孝于此而物来于彼也。”

问：“《行状》云：‘尽性至命，必本于孝弟。’不识孝弟何以能尽性至命也？”曰：“后人便将性命别作一般事说了；性命、孝弟，只是一统底事，就孝弟中便可尽性至命。至如洒扫应对与尽性至命，亦是一统底事，无有本末，无有精粗，却被后来人言性命者别作一般高远说。故举孝弟，是于人切近者言之。然今时非无孝弟之人，而不能尽性至命者，由之而不知也。”

问：“穷神知化，由通于礼乐，何也？”曰：“此句须自家体认。人往往见礼坏乐崩，便谓礼乐亡，然不知礼乐未尝亡也。如国家一日存时，尚有一日之礼乐，盖由有上下尊卑之分也。除是礼乐亡尽，然后国家始亡。虽盗贼至为不道者，然亦有礼乐。盖必有总属，必相听顺，乃能为盗，不然则叛乱无统，不能一日相聚而为盗也。礼乐无处无之，学者要须识得。”问：“‘明则有礼乐，幽则有鬼神’，何也？”曰：“鬼神只是一个造化。‘天尊地卑，乾、坤定矣’‘鼓之以雷霆，润之以风雨’是也。”

“礼云礼云，玉帛云乎哉？乐云乐云，钟鼓云乎哉？”“此固有礼乐，不在玉帛、钟鼓。先儒解者，多引‘安上治民，莫善于礼；移风易俗，莫善于乐’，此固是礼乐之大用也，然推本而言，礼只是一个序，乐只是一个和。只此两字，含蓄多少义理。”又问：“礼，莫是天地之序？乐，莫是天地之和？”曰：“固是。天下无一物无礼乐，且置两只椅子，才不正便是无序，无序便乖，乖便不和。”又问：“如此，则礼乐却只是一事。”曰：“不然。如天地阴阳，其势高下甚相背，然必相须而为用也。有阴便有阳，有阳便有阴。有一便有二，才有一二，便有一二之间，便是三，已往更无穷。老子亦曰：‘三生万物。’此是‘生生之谓易’，理自然如此。‘维天之命，於穆不已’，自是理自相续不已，非是人为之。如使可为，虽使百万般安排，也须有息时。只为无为，故不息。《中庸》言：‘不见而彰，不动而变，无为而成，天地之道可一言而尽也。’使释氏千章万句，说得许大无限说话，亦不能逃此三句。只为圣人说得要，故包含无尽。释氏空周遮说尔，只是许多。”

问：“‘及其至也，圣人有所不能’，不知圣人亦何有不能、不知也？”曰：“天下之理，圣人岂有不尽者？盖于事有所不遍知、不遍能也。至纤悉委曲处，如农圃百工之事，孔子亦岂能知哉？”或曰：“‘至’之言极也，何以言事？”曰：“固是。极至之至，如至微至细。上文言‘夫妇之愚，可以与知’，‘愚’，无知者也，犹且能知，乃若细微之事，岂可责圣人尽能？圣人固有所不能也。”

“君子之道费而隐”，“费”，日用处。

“时措之宜”，言随时之义，若“溥博渊泉，而时出之”。

“王天下，有三重”，言三王所重之事。上焉者，三王以上，三皇已远之事，故无证；下焉者，非三王之道，如诸侯霸者之事，故民不尊。

“思曰睿，睿作圣”，致思如掘井，初有浑水，久后稍引动得清者出来。人思虑，始皆溷浊，久自明快。

问：“召公何以疑周公？”曰：“召公何尝疑周公？”曰：“《书》称‘召公不说’，何也？”“请观《君奭》一篇，周公曾道召公疑他来否？古今人不知《书》之甚。《书》中分明说‘召公为保，周公为师，相成王为左右，召公不说，周公作《君奭》’，此已上是孔子说也。且召公初升为太保，与周公并列，其心不安，故‘不说’尔。但看此一篇，尽是周公留召公之意，岂有召公之贤而不知周公者乎？《诗》中言周大夫刺朝廷之不知。岂特周大夫？当时之人，虽甚愚者，亦知周公。刺朝廷之不知者，为成王尔。成王煞是中才，如天大雷电以风而启金縢之书，成王无事而启金縢之书作甚？盖二公道之如此，欲成王悟周公尔。近人亦错看却其诗，云‘荀子书犹非孟子，召公心未说周公’，甚非也。”

又问：“金縢之书，非周公欲以悟成王乎？何既祷之后，藏其文于金縢也？”曰：“近世祝文，或焚或埋。必是古人未有焚埋之礼，欲敬其事，故藏之金縢也。”“然则，周公不知命乎？”曰：“周公诚心，只是欲代其兄，岂更问命耶？”

或问：“人有谓周公营洛，则成王既迁矣。或言平王东迁，非也。周公虽圣，其能逆知数百载下有犬戎之祸乎？是说然否？”曰：“《诗》中自言王居镐京，将不能以自乐，何更疑也？周公只是为犬戎与镐京相逼，知其后必有患，故营洛也。”

问：“高宗得傅说于梦，文王得太公于卜。古之圣贤相遇多矣，何不尽形于梦、卜乎？”曰：“此是得贤之一事，岂必尽然？盖高宗至诚，思得贤相，寤寐不忘，故朕兆先见于梦。如常人梦寐间事，有先见者多矣，亦不足怪。至于卜筮亦然。今有人怀诚心求卜，有祷辄应，此理之常然。”又问：“高宗梦往求傅说耶？傅说来入高宗梦耶？”曰：“高宗只是思得贤人，如有贤人，自然应他感。亦非此往，亦非彼来。譬如悬镜于此，有物必照，非镜往照物，亦非物来入镜也。大抵人心虚明，善则必先知之，不善必先知之。有所感必有所应，自然之理也。”又问：“或言高宗于傅说，文王于太公，盖已素知之矣，恐群臣未信，故托梦、卜以神之。”曰：“此伪也，圣人岂伪乎？”

问：“舜能化瞽、象，使不格奸，何为不能化商均？”曰：“所谓‘不格奸’者，但能使之不害己与不至大恶也。若商均则不然。舜以天下授人，欲得如己者。商均非能如己尔，亦未尝有大恶。大抵五帝官天下，故择一人贤于天下者而授之。三王家天下，遂以与子。论其至理，治天下者，当得天下最贤者一人，加诸众人之上，则是至公之法。后世既难得人而争夺兴，故以与子。与子虽是私，亦天下之公法，但守法者有私心耳。”

问：“四凶，尧不诛，而舜诛之，何也？”曰：“四凶皆大才也，在尧之时，未尝为恶，尧安得而诛之？及举舜加其上，然后始有不平之心而肆其恶，故舜诛之耳。”曰：“尧不知四凶乎？”曰：“惟尧知之。”“知其恶而不去，何也？”曰：“在尧之时，非特不为恶，亦赖以为用。”

"纳于大麓"，"麓"，足也，百物所聚，故麓有大录万几之意。若司马迁谓"纳舜于山麓"，岂有试人而纳于山麓耶？此只是历试舜也。

放勋，非尧号，盖史称尧之道也，谓三皇而上，以神道设教，不言而化，至尧方见于事功也。后人以放勋为尧号，故记《孟子》者，遂以"尧曰"为"放勋曰"也。若以尧号放勋，则皋陶当号允迪，禹曰文命，下言"敷于四海"有甚义？

问："《诗》如何学？"曰："只在《大序》中求。《诗》之《大序》，分明是圣人作此以教学者，后人往往不知是圣人作。自仲尼后，更无人理会得《诗》。如言'后妃之德'，皆以为文王之后妃。文王，诸侯也，岂有后妃？又如'乐得淑女以配君子，忧在进贤，不淫其色'，以为后妃之德如此。配惟后妃可称，后妃自是配了，更何别求淑女以为配？淫其色，乃男子事，后妃怎生会淫其色？此不难晓。但将《大序》看数遍，则可见矣。"或曰："《关雎》，是后妃之德当如此否？'乐得淑女'之类，是作《关雎》诗人之意否？"曰："是也。《大序》言：'是以《关雎》乐得淑女以配君子，忧在进贤，不淫其色，哀窈窕，思贤才，而无伤善之心焉。'是《关雎》之义也。只着个'是以'字，便自有意思。"曰："如言'又当辅佐君子，则可以归安父母'，言'能逮下'之类，皆为其德当如此否？"曰："是也。"问："《诗》《小序》何人作？"曰："但看《大序》即可见矣。"曰："莫是国史作否？"曰："《序》中分明言'国史明乎得失之迹'，盖国史得诗于采诗之官，故知其得失之迹。如非国史，则何以知其所美所刺之人？使当时无《小序》，虽圣人亦辨不得。"曰："圣人删诗时，曾删改《小序》

否？”曰：“有害义理处，也须删改。今之《诗序》，却煞错乱，有后人附之者。”曰：“《关雎》之诗，是何人所作？”曰：“周公作。周公作此以风教天下，故曰‘用之乡人焉，用之邦国焉，上以风化下，下以风刺上’，盖自天子至于庶人，正家之道当如此也。《二南》之诗，多是周公所作。如《小雅·六月》所序之诗，亦是周公作。”“后人多言《二南》为文王之诗，盖其中有文王事也。”曰：“非也。附文王诗于中者，犹言古人有行之者，文王是也。”

问：“‘《关雎》乐而不淫，哀而不伤’，何谓也？”曰：“大凡乐必失之淫，哀必失之伤，淫、伤则入于邪矣。若《关雎》，则止乎礼义，故如哀窈窕，思贤才，言哀之则思之甚切，以常人言之，直入于邪始得，然《关雎》却止乎礼义，故不至乎伤，则其思也，其亦异乎常人之思也矣。”

唐棣乃今郁李，看此，便可以见诗人兴兄弟之意。

“执柯伐柯，其则不远”，人犹以为远。君子之道，本诸身，发诸心，岂远乎哉？

问：“《周礼》有复仇事，何也？”曰：“此非治世事，然人情有不免者。如亲被人杀，其子见之，不及告官，遂逐杀之，此复仇而义者，可以无罪。其亲既被人杀，不自诉官，而他自谋杀之，此则正其专杀之罪可也。”问：“避仇之法如何？”曰：“此因赦罪而获免，便使避之也。”

问：“《周礼》之书有讹缺否？”曰：“甚多。周公致治之大法亦在其中，须知道者观之，可决是非也。”又问：“司盟有诅万民之不信者，治世亦有此乎？”曰：“盛治之世，固无此事。然人情亦有此事，为政者因人情而用之。”

问：“严父配天，称‘周公其人’，何不称武王？”曰：“大抵周家制作，皆周公为之，故言礼者必归之周公焉。”

“赵盾弑君之事，圣人不书赵穿，何也？”曰：“此《春秋》大义也。赵穿手弑其君，人谁不知？若盾之罪，非《春秋》书之，更无人知也。仲尼曰：‘惜哉！越境乃免。’此语要人会得。若出境而反，又不讨贼也，则不免；除出境遂不反，乃可免也。”

“纪侯大去其国”，如“梁亡”“郑弃其师”“齐师歼于遂”“郭亡”之类。郭事实不明，如上四者，是一类事也。国君守社稷，虽死，守之可也。齐侯、卫侯方遇于垂，纪侯遂去其国，岂齐之罪哉？故圣人不言齐灭之者，罪纪侯轻去社稷也。纪侯大名也。

问王通，曰：“隐德君子也。当时有些言语，后来被人傅会，不可谓全书。若论其粹处，殆非荀、杨所及也。若续经之类，皆非其作。”

“杨雄去就不足观，如言‘明哲煌煌，旁烛无疆’，此甚悔恨不能先知；‘逊于不虞，以保天命’，则是只欲全身也。若圣人先知，必不至于此，必不可奈何，天命亦何足保耶？”问：“《太玄》之作如何？”曰：“是亦赘矣。必欲撰《玄》，不如明《易》。邵尧夫之数，似玄而不同。数只是一般，但看人如何用之。虽作十《玄》亦可，况一《玄》乎？”

荀卿才高，其过多；杨雄才短，其过少。韩子称其“大醇”，非也。若二子，可谓大驳矣。然韩子责人甚恕。

韩退之颂伯夷，甚好，然只说得伯夷介处。要知伯夷之心，须是圣人。《语》曰：“不念旧恶，怨是用希。”此甚说得伯夷心也。

问："退之《读墨》篇如何？"曰："此篇意亦甚好，但言不谨严，便有不是处。且孟子言墨子'爱其兄之子犹邻之子'，墨子书中何尝有如此等言？但孟子拔本塞源，知其流必至于此。大凡儒者学道，差之毫厘，缪以千里。杨朱本是学义，墨子本是学仁，但所学者稍偏，故其流遂至于'无父无君'。孟子欲正其本，故推至此。退之乐取人善之心，可谓忠恕，然持教不知谨严，故失之。至若言孔子尚同、兼爱，与墨子同，则甚不可也。后之学者，又不及杨、墨，杨、墨本学仁义，后人乃不学仁义。但杨、墨之过，被孟子指出，后人无人指出，故不见其过也。"

韩退之作《羑里操》，云："臣罪当诛兮，天王圣明。"道得文王心出来，此文王至德处也。

退之晚年为文，所得处甚多。学本是修德，有德然后有言，退之却倒学了。因学文日求所未至，遂有所得。如曰："轲之死，不得其传。"似此言语，非是蹈袭前人，又非凿空撰得出，必有所见。若无所见，不知言所传者何事？《原性》等文皆少时作。

退之正在好名中。

退之言："汉儒补缀，千疮百孔。"汉儒所坏者不少，安能补也？

凡读史，不徒要记事迹，须要识治乱安危、兴废存亡之理。且如读高帝一纪，便须识得汉家四百年终始治乱当如何，是亦学也。

问："汉儒至有白首不能通一经者，何也？"曰："汉之经术安用？只是以章句训诂为事。且如解'尧典'二字，至三万余言，是不知要也。东汉则又不足道也。东汉士人尚名节，只为不明理。若使明理，却皆是大贤也。自汉以来，惟有三人近儒者气象：大毛公、董仲舒、杨雄。本朝经术最盛，只近二三十年来，议论专一，使人更不致思。”

问：“陈平当王诸吕时，何不极谏？”曰：“王陵争之不从，乃引去。如陈平复诤，未必不激吕氏之怒矣。且高祖与群臣，只是以力相胜，力强者居上，非至诚乐愿为之臣也。如王诸吕时，责他死节，他岂肯死？”

周勃入北军，问曰：“为刘氏左袒，为吕氏右袒。”既知为刘氏，又何必问？若不知而问，设或右袒，当如之何？已为将，乃问士卒，岂不谬哉？当诛诸吕时，非陈平为之谋，亦不克成。及迎文帝至霸桥，曰“愿请闲”，此岂请闲时邪？至于罢相就国，每河东守行县至绛，必令家人被甲执兵而见，此欲何为？可谓至无能之人矣。

王介甫咏张良诗最好，曰：“汉业存亡俯仰中，留侯当此每从容。”人言高祖用张良，非也，张良用高祖尔。秦灭韩，张良为韩报仇，故送高祖入关。既灭秦矣，故辞去。及高祖兴义师，诛项王，则高祖之势可以平天下，故张良助之。良岂愿为高祖臣哉？无其势也。及天下既平，乃从赤松子游，是不愿为其臣可知矣。张良才识尽高，若鸿沟既分，而劝汉王背约追之，则无行也。或问：“张良欲以铁槌击杀秦王，其计不已疏乎？”曰：“欲报君仇之急，使当时若得以铁槌击杀之，亦足矣，何暇自为谋耶？”

“王通言：‘诸葛无死，礼乐其有兴。’信乎？”曰：“诸葛近王佐才，礼乐兴不兴则未可知。”问曰：“亮果王佐才，何为僻守一蜀，而不能有为于天下？”曰：“孔明固言，明年欲取魏，几年定天下，其不及而死，则命也。某尝谓孙觉曰：‘诸葛武侯有儒者气象。’孙觉曰：‘不然。圣贤行一不义，杀一不辜，虽得天下不为，武侯区区保完一国，不知杀了多少人耶？’某谓之曰：‘行一不义，杀一不辜，以利一己，则不可。若以天下之力诛天下之贼，杀戮虽多，亦何害？陈恒弑君，孔子请讨。孔子岂保得讨陈恒时不杀一人邪？盖诛天下之贼，则有所不得顾尔。’”曰：“三国之兴，孰为正？”曰：“蜀志在兴复汉室，则正也。”

汉文帝杀薄昭，李德裕以为杀之不当，温公以为杀之当，说皆未是。据史，不见他所以杀之之故，须是权事势轻重论之。不知当时薄昭有罪，汉使人治之，因杀汉使也；还是薄昭与汉使饮酒，因忿怒而致杀之也？汉文帝杀薄昭，而太后不安，奈何？既杀之，太后不食而死，奈何？若汉治其罪而杀汉使，太后虽不食，不可免也。须权佗那个轻，那个重，然后论他杀得当与不当也。论事须着用权。古今多错用权字，才说权，便是变诈或权术。不知权只是经所不及者，权量轻重，使之合义，才合义，便是经也。今人说权不是经，便是经也。权只是称锤，称量轻重。孔子曰：“可与立，未可与权。”

问：“第五伦视其子之疾，与兄子之疾不同，自谓之私，如何？”曰：“不特安寝与不安寝，只不起与十起，便是私也。父子之爱，本是公，才着些心做，便是私也。”又问：“视己子与兄子有间否？”曰：“圣人立法曰：‘兄弟之子，犹子也。’是欲视之犹子也。”又问：“天性自有轻重，疑若有间然。”曰：“只为今人以私心看了。孔子曰：‘父子之道，天性也。’此只就孝上说，故言父子天性。若君臣、兄弟、宾主、朋友之类，亦岂不是天性？只为今人小看，却不推其本所由来故尔。己之子与兄之子，所争几何？是同出于父者也。只为兄弟异形，故以兄弟为手足。人多以异形故，亲己之子异于兄弟之子，甚不是也。”又问：“孔子以公冶长不及南容，故以兄之子妻南容，以己之子妻公冶长，何也？”曰：“此亦以己之私心看圣人也。凡人避嫌者，皆内不足也。圣人自是至公，何更避嫌？凡嫁女，各量其才而求配。或兄之子不甚美，必择其相称者为之配；己之子美，必择其才美者为之配。岂更避嫌耶？若孔子事，或是年不相若，或时有先后，皆不可知。以孔子为避嫌，则大不是。如避嫌事，虽贤者且不为，况圣人乎？”

《素问》书出于战国之末，气象可见。若是三皇五帝典坟，文章自别。其气运处绝浅近，如将二十四气移换名目，便做千百样亦得。

《阴符经》，非商末则周末人为之。若是先王之时，圣道既明，人不敢为异说。及周室下衰，道不明于天下，才智之士甚众，既不知道所趋向，故各自以私智窥测天地。盗窃天地之机，分明是大盗，故用此以簧鼓天下。故云“天有五贼，见之者昌”云云，岂非盗天地乎？

问：“老子书若何？”曰：“老子书，其言自不相入处，如冰炭。其初意欲谈道之极玄妙处，后来却入做权诈者上去。如“将欲取之，必固与之”之类。然老子之后有申、韩，看申、韩与老子道甚悬绝，然其原乃自老子来。苏秦、张仪，则更是取道远。初秦、仪学于鬼谷，其术先揣摩其如何，然后捭阖，捭阖既动，然后用钩钳，钩其端然后钳制之。其学既成，辞鬼谷去，鬼谷试之，为张仪说所动。如人庵中说令出之。然其学甚不近道，人不甚惑之，孟子时已有置而不足论也。”

问：“世传成王幼，周公摄政，荀卿亦曰：‘履天下之籍，听天下之断。’周公果践天子之位，行天子之事乎？”曰：“非也。周公位冢宰，百官总己以听之而已，安得践天子之位？”又问：“君薨，百官听于冢宰者三年尔，周公至于七年，何也？”曰：“三年，谓嗣王居忧之时也；七年，为成王幼故也。”又问：“赐周公以天子之礼乐，当否？”曰：“始乱周公之法度者，是赐也。人臣安得用天子之礼乐哉？成王之赐，伯禽之受，皆不能无过。《记》曰：‘鲁郊，非礼也，其周公之衰乎！’圣人尝讥之矣。说者乃云‘周公有人臣不能为之功业，因赐以人臣所不得用之礼乐’，则妄也。人臣岂有不能为之功业哉？借使功业有大于周公，亦是人臣所当为尔。人臣而不当为，其谁为之？岂不见孟子言‘事亲，若曾子可也’，曾子之孝亦大矣，孟子才言可也。盖曰：‘子之事父，其孝虽过于曾子，毕竟是以父母之身做出来，岂是分外事？若曾子者，仅可以免责尔。’臣之于君，犹子之于父也。臣之能立功业者，以君之人民也，以君之势位也。假如功业大于周公，亦是以君之人民、势位做出来，而谓人臣所不能为，可乎？使人臣恃功而怀怏怏之心者，必此言矣。若唐高祖赐平阳公主葬以鼓吹则可，盖征战之事实非妇人之所能为也，故赐以妇人所不得用之礼乐。若太宗却不知此。太宗佐父平天下，论其功，不过做得一功臣，岂可夺元良之位？太子之与功臣，自不相干。唐之纪纲，自太宗乱之。终唐之世，无三纲者，自太宗始也。李光弼、郭子仪之徒，议者谓有人臣不能为之功，非也。”

秦以暴虐，焚《诗》《书》而亡。汉兴，鉴其弊，必尚宽德崇经术之士，故儒者多。儒者多，虽未知圣人之学，然宗经师古，识义理者众，故王莽之乱，多守节之士。世祖继起，不得不褒尚名节，故东汉之士多名节。知名节而不知节之以礼，遂至于苦节，故当时名节之士，有视死如归者。苦节既极，故魏、晋之士变而为旷荡，尚浮虚而亡礼法。礼法既亡，与夷狄无异，故五胡乱华。夷狄之乱已甚，必有英雄出而平之，故隋、唐混一天下。隋不可谓有天下，第能驱除尔。唐有天下，如贞观、开元间，虽号治平，然亦有夷狄之风，三纲不正，无父子、君臣、夫妇，其原始于太宗也，故其后世子弟皆不可使。玄宗才使肃宗，便篡；肃宗才使永王璘，便反。君不君，臣不臣，故藩镇不宾，权臣跋扈，陵夷有五代之乱。汉之治过于唐，汉大纲正，唐万目举。本朝大纲甚正，然万目亦未尽举。因问“十世可知”，遂推此数端。

“洪水滔天”，尧时亦无许多大洪水，宜更思之。汉武帝问：“禹、汤水旱，厥咎何由？”公孙弘对：“尧遭洪水，使禹治之，不闻禹之有水也。”更不答其所由，公孙弘大是奸人。

问：“东海杀孝妇而旱，岂国人冤之所致邪？”曰：“国人冤固是，然一人之意，自足以感动得天地，不可道杀孝妇不能致旱也。”或曰：“杀姑而雨，是众人怨释否？”曰：“固是众人冤释，然孝妇冤亦释也。其人虽亡，然冤之之意自在，不可道杀姑不能释妇冤而致雨也。”

问：“人有不善，霹雳震死，莫是人怀不善之心，闻霹雳震惧而死否？”曰：“不然，是雷震之也。”“如是雷震之，还有使之者否？”曰：“不然。人之作恶，有恶气，与天地之恶气相击搏，遂以震死。霹雳，天地之怒气也。如人之怒，固自有正，然怒时必为之作恶，是怒亦恶气也。怒气与恶气相感故尔。且如今人种荞麦，自有畦陇，霜降时杀麦，或隔一畦，麦有不杀者，岂是此处无霜，盖气就相合处去也。”曰：“雷所击处必有火，何也？”曰：“雷自有火。如钻木取火，如使木中有火，岂不烧了木？盖是动极则阳生，自然之理。不必木，只如两石相戛，亦有火出。惟铁无火，然戛之久必热，此亦是阳生也。”

钻木取火，人谓火生于木，非也。两木相戛，用力极则阳生。今以石相轧，便有火出，非特木也。盖天地间无一物无阴阳。

雨木冰，上温而下冷；陨霜不杀草，上冷而下温。

天火曰灾，人火曰火，人火为害者亦曰灾。

问：“日、月有定形，还自气散，别自聚否？”曰：“此理甚难晓。究其极，则此二说归于一也。”问：“月有定魄，而日远于月，月受日光，以人所见为有盈亏，然否？”曰：“日、月，一也，岂有日高于月之理？月若无盈亏，何以成岁？盖月一分光，则是魄亏一分也。”

霜与露不同。霜，金气，星月之气；露亦星月之气。看感得甚气即为露，甚气即为霜。如言露结为霜，非也。

雹是阴阳相搏之气，乃是沴气。圣人在上无雹，虽有不为灾。虽不为灾，沴气自在。

问：“‘凤鸟不至，河不出图’，不知符瑞之事果有之否？”曰：“有之。国家将兴，必有祯祥；人有喜事，气见面目。圣人不贵祥瑞者，盖因灾异而修德则无损，因祥瑞而自恃则有害也。”问：“五代多祥瑞，何也？”曰：“亦有此理。譬如盛冬时发出一朵花，相似和气致祥，乖气致异，此常理也，然出不以时，则是异也。如麟是太平和气所生，然后世有以麟驾车者，却是怪也。譬如水中物生于陆，陆中物生于水，岂非异乎？”又问：“汉文多灾异，汉宣多祥瑞，何也？”曰：“且譬如小人多行不义，人却不说，至君子未有一事，便生议论，此是一理也。至白者易污，此是一理也。《诗》中，幽王大恶为小恶，宣王小恶为大恶，此是一理也。”又问：“日食有常数，何治世少而乱世多，岂人事乎？”曰：“理会此到极处，煞烛理明也。天人之际甚微，宜更思索。”曰：“莫是天数、人事看那边胜否？”曰：“似之，然未易言也。”又问：“鱼跃于王舟，火覆于王屋，流为乌，有之否？”曰：“鱼与火则不可知，若兆朕之先，应亦有之。”

问：“十月何以谓之阳月？”曰：“十月谓之阳月者，阳尽，恐疑于无阳也，故谓之阳月也。然何时无阳？如日有光之类。盖阴阳之气，有常存而不移者，有消长而无穷者。”

问：“作文害道否？”曰：“害也。凡为文，不专意则不工，若专意则志局于此，又安能与天地同其大也？《书》曰‘玩物丧志’，为文亦玩物也。吕与叔有诗云：‘学如元凯方成癖，文似相如始类俳；独立孔门无一事，只输颜氏得心斋。’此诗甚好。古之学者，惟务养情性，其佗则不学。今为文者，专务章句，悦人耳目。既务悦人，非俳优而何？”曰：“古者学为文否？”曰：“人见六经，便以谓圣人亦作文，不知圣人亦摅发胸中所蕴，自成文耳。所谓‘有德者，必有言’也。”曰：“游、夏称文学，何也？”曰：“游、夏亦何尝秉笔学为词章也？且如‘观乎天文，以察时变；观乎人文，以化成天下’，此岂词章之文也？”

或问："诗可学否？"曰："既学时，须是用功，方合诗人格。既用功，甚妨事。古人诗云：'吟成五个字，用破一生心。'又谓：'可惜一生心，用在五字上。'此言甚当。"先生尝说："王子真曾寄药来，某无以答他，某素不作诗，亦非是禁止不作，但不欲为此闲言语。且如今言能诗无如杜甫，如云'穿花蛱蝶深深见，点水蜻蜓款款飞'，如此闲言语，道出做甚？某所以不常作诗。今寄谢王子真诗云：'至诚通化药通神，远寄衰翁济病身；我亦有丹君信否？用时还解寿斯民。'子真所学，只是独善，虽至诚洁行，然大抵只是为长生久视之术，止济一身，因有是句。"

问："先生曾定六礼，今已成未？"曰："旧日作此，已及七分，后来被召入朝，既在朝廷，则当行之朝廷，不当为私书。既而遭忧，又疾病数年，今始无事，更一二年可成也。"曰："闻有《五经解》，已成否？"曰："惟《易》须亲撰，诸经则关中诸公分去，以某说撰成之。《礼》之名数，陕西诸公删定，已送与吕与叔，与叔今死矣，不知其书安在也。然所定只礼之名数，若礼之文，亦非亲作不可也。《礼记》之文，亦删定未了，盖其中有圣人格言，亦有俗儒乖谬之说。乖谬之说，本不能混格言，只为学者不能辨别，如珠玉之在泥沙，泥沙岂能混珠玉？只为无人识，则不知孰为泥沙，孰为珠玉也。圣人文章，自然与学为文者不同，如《系辞》之文，后人决学不得，譬之化工生物。且如生出一枝花，或有翦裁为之者，或有绘画为之者，看时虽似相类，然终不若化工所生，自有一般生意。"

冠、昏、丧、祭，礼之大者，今人都不以为事。某旧曾修六礼，冠、昏、丧、祭、乡、相见。将就后，被召遂罢，今更一二年可成。家间多恋河北旧俗，未能遽更易，然大率渐使知义理，一二年书成，可皆如法。礼从宜，事从俗，有大故害义理者，须当去。每月朔必荐新，如仲春荐含桃之类。四时祭用仲月。用仲月，物成也。古者，天子诸侯于孟月者，为首时也。时祭之外，更有三祭：冬至祭始祖，厥初生民之祖。立春祭先祖，季秋祭祢。他则不祭。冬至，阳之始也；立春者，生物之始也；季秋者，成物之始也。祭始祖，无主用祝，以妣配于庙中，正位享之。祭，只一位者，夫妇同享也。祭先祖，亦无主。先祖者，自始祖而下，高祖而上，非一人也，故设二位。祖妣异坐，一云二位。异所者，舅妇不同享也。常祭，止于高祖而下。自父而推，至于三而止者，缘人情也。旁亲有后者，自为祭；无后者，祭之别位。为叔伯父之后也。如殇，亦各祭。凡配，止以正妻一人，如诸侯用元妃是也。或奉祀之人是再娶所生者，即以所生母配。如葬，亦惟元妃同穴。后世或再娶皆同穴而葬，甚渎礼经，但于左右祔葬可也。忌日，必迁主，出祭于正寝。今正厅、正堂也。盖庙中尊者所据，又同室难以独享也。于正寝，可以尽思慕之意。家必有庙，古者，庶人祭于寝，士大夫祭于庙。庶人无庙，可立影堂。庙中异位，祖居中，左右以昭穆次序，皆夫妇自相配为位，舅妇不同坐也。庙必有主。既祧，当埋于所葬处，如奉祀人之高祖而上，即当祧也。其大略如此。且如豺獭皆知报本，今士大夫家多忽此，厚于奉养而薄于祖先，甚不可也。凡事死之礼，当厚于奉生者。至于尝新必荐，享后方食。荐数则渎，必因告朔而荐乃合宜。人家能存得此等事数件，虽幼者渐可使知礼义。凡物，知母而不知父，走兽是也；知父而不知祖，飞鸟是也。惟人则能知祖，若不严于祭祀，殆与鸟兽无异矣。

问："祭酒用几奠？"曰："家中寻常用三奠，祭法中却用九奠。"以礼有九献，乐有九奏也。又问："既奠之酒，何以置之？"

曰："古者，灌以降神，故以茅缩酌，谓求神于阴阳有无之间，故酒必灌于地。若谓奠酒，则安置在此。今人以浇在地上，甚非也。既献，则彻去可也。"倾在他器。

或问："今拜扫之礼何据？"曰："此礼古无，但缘习俗，然不害义理。古人直是诚质，专一也。葬只是藏体魄，而神则必归于庙，既葬则设木主，既除几筵，则木主安于庙，故古人惟专精祀于庙。今亦用拜扫之礼，但简于四时之祭也。"

"木主必以栗，何也？"曰："周用栗，土所产之木，取其坚也。今用栗，从周制也。若四方无栗，亦不必用，但取其木之坚者可也。"

凡祭必致斋。斋之日，思其居处，思其笑语，此孝子平日思亲之心，非斋也。斋，不容有思，有思则非斋。"斋三日，必见其所为斋者"，此非圣人之语。斋者湛然纯一，方能与鬼神接，然能事鬼神，已是上一等人。

古者，男为男尸，女为女尸。自周以来，女无可以为尸者，故无女尸。后世遂无尸，能为尸者，亦非寻常人。

今无宗子法，故朝廷无世臣。若立宗子法，则人知尊祖重本。人既重本，则朝廷之势自尊。古者，子弟从父兄，今父兄从子弟，子弟为强。由不知本也。且如汉高祖欲下沛时，只是以帛书与沛父老，其父老便能率子弟从之；又如相如使蜀，亦移书责父老，然后子弟皆听其命而从之。只有一个尊卑上下之分，然后顺从而不乱也。若无法以联属之，安可？且立宗子法，亦是天理。譬如木，必从根直上一干，如大宗。亦必有旁枝；又如水，虽远，必有正源，亦必有分派处，自然之势也。然又有旁枝达而为干者，故曰"古者，天子建国，诸侯夺宗"云。

凡言宗者，以祭祀为主，言人宗于此而祭祀也。“别子为祖”，上不敢宗诸侯，故不祭，下亦无人宗之，此无宗亦莫之宗也。别子之嫡子，即继祖为大宗，此有大宗无小宗也；别子之诸子，祭其别子，别子虽是祖，然是诸子之祢。继祢者为小宗，此有小宗而无大宗也。有小宗而无大宗，此句极难理会。盖本是大宗之祖，别子之诸子称之，却是祢也。

今人多不知兄弟之爱。且如闾阎小人，得一食，必先以食父母，夫何故？以父母之口重于己之口也；得一衣，必先以衣父母，夫何故？以父母之体重于己之体也。至于犬马，亦然。待父母之犬马，必异乎己之犬马也。独爱父母之子，却轻于己之子，甚者至若仇敌，举世皆如此，惑之甚矣。

伯、叔，父之兄弟，伯是长，叔是少，今人乃呼伯父、叔父为伯、叔，大无义理。呼为伯父、叔父者，言事之之礼与父同也。

或曰：“事兄尽礼，不得兄之欢心，奈何？”曰：“但当起敬起孝，尽至诚，不求伸己，可也。”曰：“接弟之道，如何？”曰：“尽友爱之道而已。”

问：“妻可出乎？”曰：“妻不贤，出之何害？如子思亦尝出妻。今世俗乃以出妻为丑行，遂不敢为，古人不如此。妻有不善，便当出也。只为今人将此作一件大事，隐忍不敢发，或有隐恶，为其阴持之，以至纵恣，养成不善，岂不害事？人修身，刑家最急，才修身便到刑家上也。”又问：“古人出妻，有以对姑叱狗，梨蒸不熟者，亦无甚恶而遽出之，何也？”曰：“此古人忠厚之道也。古之人绝交不出恶声，君子不忍以大恶出其妻，而以微罪去之，以此见其忠厚之至也。且如叱狗于亲前者，亦有甚大故不是处？只为他平日有故，因此一事出之尔。”或曰：“彼以此细故见逐，安能无辞？兼他人不知是与不是，则如之何？”曰：“彼必自知其罪。但自己理直可矣，何必更求他人知？然有识者，当自知之也。如必待彰暴其妻之不善，使他人知之，是亦浅丈夫而已。君子不如此。大凡人说话，多欲令彼曲我直。若君子，自有一个含容意思。”或曰：“古语有之：‘出妻令其可嫁，绝友令其可交。’乃此意否？”曰：“是也。”

问：“士未仕而昏，用命服，礼乎？”曰：“昏姻重礼。重其礼者，当盛其服。况古亦有是，士乘墨车之类。今律亦许假借。”曰：“无此服而服之，恐伪。”曰：“不然。今之命服，乃古之下士之服。古者，有其德则仕，士，未仕者也，服之其宜也。若农、商则不可，非其类也。”或曰：“不必用，可否？”曰：“不得不可以为悦，今得用而用之，何害？过期非也。”

“昏礼不用乐，幽阴之义”，此说非是。昏礼岂是幽阴？但古人重此大礼，严肃其事，不用乐也。“昏礼不贺，人之序也”，此说却是。妇质明而见舅姑，成妇也；三日而后宴乐，礼毕也；宴不以夜，礼也。

问：“臣拜君，必于堂下，子拜父母，如之何？”对曰：“君臣以义合，有贵贱，故拜于堂下；父子主恩，有尊卑，无贵贱，故拜于堂上。若妇于舅姑，亦是义合，有贵贱，故拜于堂下，礼也。”

问：“嫂叔古无服，今有之，何也？”曰：“《礼记》曰：‘推而远之也。’此说不是。嫂与叔，且远嫌，姑与嫂，何嫌之有？古之所以无服者，只为无属。其夫属乎父道者，妻皆母道也；其夫属乎子道者，妻皆妇道也。今上有父有母，下有子有妇。叔父伯父，父之属也，故叔母伯母之服，与叔父伯父同。兄弟之子，子之属也，故兄弟之子之妇服，与兄弟之子同。若兄弟，则己之属也，难以妻道属其妻，此古者所以无服。以义理推不行也。今之有服亦是。岂有同居之亲而无服者？”又问：“既是同居之亲，古却无服，岂有兄弟之妻死，而己恝然无事乎？”曰：“古者虽无服，若哀戚之心自在。且如邻里之丧，尚舂不相不巷歌，匍匐救之，况至亲乎？”

服有正，有义，有从，有报。古者，妇丧舅姑以期，今以三年，于义亦可，但名未正，此可谓之从服。从夫也。盖与夫同奉几筵，而己不可独无服。报服，若姑之子为舅之子服是也。异姓之服，只推得一重。若为母而推，则及舅而止；若为姑而推，则可以及其子。故舅之子无服，却为既与姑之子为服，姑之子须当报之也，故姑之子、舅之子，其服同。

八岁为下殇，十四为中殇，十九为上殇，七岁以下为无服之殇。无服之殇，更不祭。下殇之祭，父母主之，终父母之身；中殇之祭，兄弟主之，终兄弟之身；上殇之祭，兄弟之子主之，终兄弟之子之身。若成人而无后者，兄弟之孙主之，亦终其身。凡此，皆以义起也。

问：“女既嫁而为父母服三年，可乎？”曰：“不可。既归夫家，事佗舅姑，安得伸己之私？”

问：“人子事亲学医，如何？”曰：“最是大事。今有璞玉于此，必使玉人雕琢之。盖百工之事，不可使一人兼之，故使玉人雕琢之也。若更有珍宝物，须是自看，却必不肯任其自为也。今人视父母疾，乃一任医者之手，岂不害事？必须识医药之道理，别病是如何，药当如何，故可任医者也。”或曰：“己未能尽医者之术，或偏见不到，适足害事，奈何？”曰：“且如识图画人，未必画得如画工，然他却识别得工拙。如自己曾学，令医者说道理，便自见得，或已有所见，亦可说与他商量。”

上古之时，自伏羲、尧、舜，历夏、商，以至于周，或文或质，因袭损益，其变既极，其法既详，于是孔子参酌其宜，以为百王法度之中制，此其所以《春秋》作也。孙明复主以无王而作，亦非是。但颜渊问为邦，圣人对之以“行夏之时，乘殷之辂，服周之冕，乐则《韶》舞”，则是大抵圣人以道不得用，故考古验今，参取百王之中制，断之以义也。

禘者，鲁僭天子之大祭也。灌者，祭之始也。以其僭上之祭，故自灌以往，不欲观之。

凡观书，不可以相类泥其义，不尔，则字字相梗，当观其文势上下之意，如“充实之谓美”与《诗》之美不同。

学者后来多耽《庄子》。若谨礼者不透，则是佗须看《庄子》，为佗极有胶固缠缚，则须求一放旷之说以自适。譬之有人于此，久困缠缚，则须觅一个出身处。如东汉之末尚节行，尚节行太甚，须有东晋放旷，其势必然。

冬至书云，亦有此理，如《周礼》观祲之义。古太史既有此职，必有此事。又如太史书，不知周公一一曾与不曾看过，但甚害义理，则必去之矣。如今灵台之书，须十去八九，乃可行也。今历法甚好，其佗禁忌之书，如葬埋、昏嫁之类，极有害。

《论语》问同而答异者至多，或因人材性，或观人之所问意思，而言及所到地位。

“极高明，道中庸”，所以为民极，极之为物，中而能高者也。

“君子不成章，不达”，《易》曰：“美在其中，畅于四支。”“成章”之谓也。

予官吉之永丰簿，沿檄至临川，见刘元承之子县丞諴，问其父所录伊川先生语，蒙示以元承手编，伏读叹仰，因乞传以归。建炎元年十月晦日，庵山陈渊谨书。

卷第十九　伊川先生语五

杨遵道录

问："格物是外物，是性分中物？"曰："不拘。凡眼前无非是物，物物皆有理。如火之所以热，水之所以寒，至于君臣父子间皆是理。"又问："只穷一物，见此一物，还便见得诸理否？"曰："须是遍求。虽颜子亦只能'闻一知十'，若到后来达理了，虽亿万亦可通。"又问："如荆公穷物，一部《字解》，多是推五行生成。如今穷理，亦只如此着工夫，如何？"曰："荆公旧年说话煞得，后来却自以为不是，晚年尽支离了。"

问："'古之学者为己'，不知初设心时，是要为己，是要为人？"曰："须先为己，方能及人。初学只是为己。郑宏中云：'学者先须要仁，仁所以爱人。'正是颠倒说却。"

"新民"，以明德新民。

问："日新有进意，抑只是无敝意？"曰："有进意。学者求有益，须是日新。"

问："'有所忿懥、恐惧、忧患，心不得其正'，是要无此数者，心乃正乎？"曰："非是谓无，只是不以此动其心。学者未到不动处，须是执持其志。"

"师出以律，否臧凶"，"律"有二义，有出师不以义者，有行师而无号令节制者，皆失律也。师出当以律，不然，虽臧亦凶。今人用师，惟务胜而已。

“弟子舆尸，贞凶”，帅师以长子，今以弟子众主之，亦是失律，故虽贞亦凶也。

“豮豕之牙”，豕牙最能啮害人，只制其牙，如何制得？今人为恶，却只就他恶禁之，便无由禁止，此见圣人机会处。

“丧羊于易”，羊群行而触物。《大壮》，众阳并进，六五以阴居位，惟和易，然后可以丧羊。易非难易之易，乃和易、乐易之易。

《易》有百余家，难为遍观。如素未读，不晓文义，且须看王弼、胡先生、荆公三家。理会得文义，且要熟读，然后却有用心处。

读《易》，须先识卦体。如《乾》有元、亨、利、贞四德，缺却一个，便不是《乾》，须要认得。

“反复道也”，言终日乾乾往来，皆由于道也。三位在二体之中，可进而上，可退而下，故言“反复”。“知至至之”，如今学者且先知有至处，便从此至之，是“可与几也”。非知几者，安能先识至处？“知终终之”，知学之终处而终之，然后“可与守义”。王荆公云：“九三知九五之位可至而至之。”大煞害事。使人臣常怀此心，大乱之道，亦自不识汤、武。“知至至之”，只是至其道也。

荆公言：“用九，只在上九一爻。”非也。六爻皆用九，故曰：“见群龙，无首，吉。”用九便是行健处。“天德不可为首”，言乾以至刚健，又安可更为物先？为物先则有祸，所谓“不敢为天下先”。《乾》顺时而动，不过处，便是不为首，六爻皆同。

问："胡先生解九四作太子，恐不是卦义。"先生云："亦不妨，只看如何用。当储贰，则做储贰。使九四近君，便作储贰亦不害，但不要拘一。若执一事，则三百八十四爻只作得三百八十四件事便休也。"

"看《易》，且要知时。凡六爻，人人有用。圣人自有圣人用，贤人自有贤人用，众人自有众人用，学者自有学者用；君有君用，臣有臣用，无所不通。"因问："《坤》卦是臣之事，人君有用处否？"先生曰："是何无用？如'厚德载物'，人君安可不用？"

阴为小人，利为不善，不可一概论。夫阴，助阳以成物者，君子也；其害阳者，小人也。夫利，和义者，善也；其害义者，不善也。

"'利贞者，性情也'，言利贞便是《乾》之性情。"因问："利与'以利为本'之利同否？"先生曰："凡字只有一个，用有不同，只看如何用。凡顺理无害处便是利，君子未尝不欲利。然孟子言'何必曰利'者，盖只以利为心则有害。如'上下交征利而国危'，便是有害。'未有仁而遗其亲，未有义而后其君'，不遗其亲，不后其君，便是利。仁义未尝不利。"

谢师直为长安漕，明道为鄠县簿，论《易》及《春秋》。明道云："运使《春秋》犹有所长，《易》则全理会不得。"师直一日说与先生，先生答曰："据某所见，二公皆深知《易》者。"师直曰："何故？"先生曰："以运使能屈节问一主簿，以一主簿敢言运使不知《易》，非深知《易》道者不能。"

"云行雨施"，是乾之亨处。

《乾》六爻，如欲见圣人曾履处，当以舜可见：在侧陋便是潜，陶渔时便是见，升闻时便是乾乾，纳于大麓时便是跃。

介甫以武王观兵为九四，大无义理，兼观兵之说亦自无此事。如今日天命绝，则今日便是独夫，岂容更留之三年？今日天命未绝，便是君也，为人臣子，岂可以兵胁其君？安有此义！又纣鸷狠若此，太史公谓有七十万众，未知是否。然《书》亦自云，纣之众若林。三年之中，岂肯容武王如此便休得也？只是《太誓》一篇前序云“十有一年”，后面正经便说“惟十有三年”，先儒误妄，遂转为观兵之说。先王无观兵之事，不是前序“一”字错却，便是后面正经“三”字错却。

先儒以六为老阴，八为少阴，固不是。介甫以为进君子而退小人，则是圣人旋安排义理也。此且定阴阳之数，岂便说得义理？九、六，只是取纯阴纯阳。惟六为纯阴，只取河图数见之，过六则一阳生，至八便不是纯阴。

或以《小畜》为臣畜君，以《大畜》为君畜臣。先生云：“不必如此。《大畜》只是所畜者大，《小畜》只是所畜者小，不必指定一件事。便是君畜臣，臣畜君，皆是这个道理，随大小用。”

陈莹中答吴国华书，“天在山中”，说云：“便是芥子纳须弥之义。”先生谓“正南北说，却须弥无体，芥子无量”。

问：“莹中尝爱文中子‘或问学《易》，子曰：“终日乾乾可也。”’此语最尽。文王所以圣，亦只是个不已。”先生曰：“凡说经义，如只管节节推上去，可知是尽。夫‘终日乾乾’，未尽得《易》。据此一句，只做得九三使。若谓乾乾是不已，不已又是道，渐渐推去，则自然是尽，只是理不如此。”

“子在川上曰：‘逝者如斯夫！’”言道之体如此，这里须是自见得。张绎曰：“此便是无穷。”先生曰：“固是道无穷，然怎生一个无穷便了得他？”

问：“括囊事还做得在位使否？”先生曰：“六四位是在上，然《坤》之六四却是重阴，故云‘贤人隐’，便做不得在位。”又问：“恐后人缘此，谓有朝隐者。”先生曰：“安有此理？向林希尝有此说，谓杨雄为禄隐。杨雄，后人只为见他著书，便须要做他是，怎生做得是？”因问：“如《剧秦》文，莫不当作？”先生云：“或云非是美之，乃讥之也。然王莽将来族诛之，亦未足道，又何足讥？讥之济得甚事？或云且以免死，然已自不知‘明哲煌煌’之义，何足以保身？作《太玄》本要明《易》，却尤晦如《易》，其实无益，真屋下架屋，床上叠床。他只是于《易》中得一数为之，于历法虽有合，只是无益。今更于《易》中推出来，做一百般《太玄》亦得，要尤难明亦得，只是不济事。”

“大明终始”，人能大明《乾》之终始，便知“六位时成”，却“时乘六龙”以当天事。

“先迷后得”是一句，“主利”是一句。盖《坤》道惟是主利，《文言》“后得主而有常”处，脱却一“利”字。

介甫解“直、方、大”，云：“因物之性而生之，直也；成物之形而不可易，方也。”人见似好，只是不识理。如此，是物先有个性，《坤》因而生之，是甚义理？全不识也。

“至大”“至刚”“以直”，此三者不可阙一，阙一便不是浩然之气，如《坤》所谓“直、方、大”是也。但《坤》卦不可言刚，言刚则害坤体。然孔子于《文言》又曰：“坤至柔而动也刚。”“方”即刚也。因问：“见李籲录明道语中，却与先生说别。解‘至刚’处，云：‘刚则不屈。’则是于‘至刚’已带却‘直’意。又曰：‘以直道顺理而养之。’则是以‘直’字连下句，在学者着工夫处说却。”先生曰：“先兄无此言，便不讲论到此。旧尝令学者不要如此编录，才听得，转动便别。旧曾看，只有李籲一本无错编者。他人多只依说时，不敢改动，或脱忘一两字，便大别。李籲却得其意，不拘言语，往往录得都是，不知尚有此语。只‘刚则不屈’，亦未稳当。”

孔子教人，各因其材，有以政事入者，有以言语入者，有以德行入者。

性出于天，才出于气。气清则才清，气浊则才浊。譬犹木焉，曲直者，性也；可以为栋梁，可以为榱桷者，才也。才则有善与不善，性则无不善。“惟上智与下愚不移”，非谓不可移也，而有不移之理。所以不移者，只有两般，为自暴、自弃，不肯学也。使其肯学，不自暴、自弃，安不可移哉？

杨雄、韩愈说性，正说着才也。

韩退之说：“叔向之母闻杨食我之生，知其必灭宗。”此无足怪，其始便禀得恶气，便有灭宗之理，所以闻其声而知之也。使其能学，以胜其气，复其性，可无此患。

“性相近也”，此言所禀之性，不是言性之本。孟子所言，便正言性之本。

问：“先生云：‘性无不善，才有善不善。杨雄、韩愈皆说着才。’然观孟子意，却似才亦无有不善，及言所以不善处，只是云：‘舍则失之。’不肯言初禀时有不善之才，如云：‘非天之降才尔殊。’是不善不在才，但以遇凶岁陷溺之耳。又观‘牛山之木，人见其濯濯也，以为未尝有材焉，此岂山之性？’是山之性未尝无材，只为斧斤牛羊害之耳。又云：‘人见其禽兽也，以为未尝有才焉，是岂人之情也哉？’所以无才者，只为‘旦昼之所为有梏亡之耳’。又云：‘乃若其情，则可以为善矣，乃所谓善；若夫为不善，非才之罪也。’则是以情观之，而才未尝不善。观此数处，切疑才是一个为善之资，譬如作一器械，须是有器械材料，方可为也，如云‘恻隐之心，仁也’，云云。故曰：‘求则得之，舍则失之。或相倍蓰而无算者，不能尽其才也。’则四端者，便是为善之才，所以不善者，以不能尽此四端之才也。观孟子意，似言性、情、才三者皆无不善，亦不肯于所禀处说不善。今谓才有善不善，何也？或云：‘善之地便是性，欲为善便是情，能为善便是才。’如何？”先生云：“上智下愚便是才，以尧为君而有象，以瞽瞍为父而有舜，亦是才。然孟子只云‘非才之罪’者，盖公都子正问性善，孟子且答他正意，不暇一一辨之，又恐失其本意。如万章问象杀舜事，夫尧已妻之二女，迭为宾主，当是时，已自近君，岂复有完廪、浚井之事？象欲使二嫂治栖，当是时，尧在上，象还自度得道杀却舜后，取其二女，尧便了得否？必无此事。然孟子未暇与辨，且答这下意。”

生而知之，学而知之，亦是才。问：“生而知之要学否？”先生曰：“生而知之固不待学，然圣人必须学。”

先生每与司马君实说话，不曾放过。如范尧夫，十件事只争得三四件便已。先生曰：“君实只为能受尽言，尽人忤逆终不怒，便是好处。”

君实尝问先生云：“欲除一人给事中，谁可为者？愿为光说一人。”先生曰：“相公何为若此言也？如当初泛论人才却可，今既如此，某虽有其人，何可言？”君实曰：“出于公口，入于光耳，又何害？”先生终不言。一本云：先生曰：“某断不说。”

“先进”“后进”，如今人说前辈、后辈。“先进于礼乐”，谓旧时前辈之人于礼乐，在今观之以为朴野；“后进于礼乐”，谓今晚进之人于礼乐，在今观之以为君子。君子者，文质彬彬之名。盖周末文盛，故以前人为野，而自以当时为君子，不知其过于文也，故孔子曰：“则吾从先进。”

孔子弟子善问，直穷到底。如问“乡人皆好之，何如？”曰“未可也”，便又问“乡人皆恶之，何如？”又说“足食、足兵，民信之矣”，便问“必不得已而去，于斯三者，何先？”才说“去兵”，便问“不得已而去，于斯二者，何先？”自非圣人不能答，便云“去食，自古皆有死，民无信不立”。不是孔子弟子，不能如此问；不是圣人，不能如此答。

《礼记》，《儒行》《经解》，全不是。因举吕与叔解亦云：“《儒行》夸大之语，非孔子之言，然亦不害义理。”先生曰：“煞害义理。恰限《易》，便只‘洁静精微’了却；《诗》，便只‘温柔敦厚’了却。皆不是也。”

《祭法》，如夏后氏郊鲧一片，皆未可据。

问：“圣人有为贫而仕者否？”曰：“孔子为乘田、委吏是也。”又问：“或云乘田、委吏非为贫，为之兆也。”先生曰：“乘田、委吏却不是为兆，为鲁司寇便是为兆。”一本此下有十六字云：有人云：“先生除国子监之命不受，是固也。”先生因言：“近煞有人以此相勉，某答云：‘待饥饿不能出门户时，当别相度。’”

荀、杨性已不识，更说甚道？

邓文孚问："孟子还可为圣人否？"曰："未敢便道他是圣人，然学已到至处。"又问："《孟子》书中有不是处否？"曰："只是门人录时，错一两字。如'说大人则藐之'，夫君子毋不敬，如有心去藐他人，便不是也。更说夷、惠处，云'皆古圣人'，须错字。若以夷、惠为圣之清、圣之和则可，便以为圣人则不可。看孟子意，必不以夷、惠为圣人。如伊尹又别，初在畎亩，汤使人问之，曰：'我何以汤之聘币为哉？'是不肯仕也。及汤尽礼，然后翻然而从之，亦是圣之时。如五就汤，五就桀，自是后来事。盖已出了，则当以汤之心为心，所以五就桀，不得不如此。"

荆公尝与明道论事不合，因谓明道曰："公之学如上壁。"言难行也。明道曰："参政之学如捉风。"及后来逐不附己者，独不怨明道，且曰："此人虽未知道，亦忠信人也。"

张戬尝于政事堂与介甫争辨事，因举经语引证。介甫乃曰："安石却不会读书，贤却会读书。"戬不能答。先生因云："却不向道，只这个便是不会读书。"

佛家有印证之说，极好笑。岂有我晓得这个道理后，因他人道是了方是，他人道不是便不是？又五祖令六祖三更时来传法，如期去便传得，安有此理？

谢良佐与张绎说："某到山林中静处，便有喜意，觉着此不是。"先生曰："人每至神庙佛殿处便敬，何也？只是每常不敬，见彼乃敬。若还常敬，则到佛殿庙宇亦只如此。不知在闹处时，此物安在？直到静处乃觉。"绎言："伊云'只有这些子已觉'。"先生曰："这回比旧时煞长进。这些子已觉固是，若谓只有这些子，却未敢信。"胡本注云：朱子权亲见谢先生云："某未尝如此说。”恐传录之误也。

“屡空”兼两意。惟其能虚中，所以能“屡空”。货殖便生计较，才计较，便是“不受命”。“不受命”者，不能顺受正命也。吕与叔解作如货殖，先生云：“传记中言子贡货殖处亦多，此子贡始时事。”

万物皆有良能，如每常禽鸟中，做得窠子，极有巧妙处，是他良能，不待学也。人初生，只有吃乳一事不是学，其他皆是学，人只为智多害之也。

“人心”，私欲也；“道心”，正心也。“危”言不安，“微”言精微。惟其如此，所以要精一。“惟精惟一”者，专要精一之也。精之一之，始能“允执厥中”。“中”是极至处。或云：“介甫说以‘一’守，以‘中’行。只为要事事分作两处。”

《诗小序》便是当时国史作。如当时不作，虽孔子亦不能知，况子夏乎？如《大序》，则非圣人不能作。

“用之乡人焉，用之邦国焉”，如《二南》之诗及《大雅》《小雅》，是当时通上下皆用底诗，盖是修身治家底事。

“《关雎》乐得淑女以配君子”，淑女即后妃也，故言配荇菜以兴后妃之柔顺。“左右流之”，左右者，随水之貌；“左右采之”者，顺水而采之；“左右芼之”者，顺水而芼之。皆是言荇菜柔顺之貌，以兴后妃之德。“琴瑟友之，钟鼓乐之”，言后妃之配君子，和乐如此也。

“忧在进贤，不淫其色，哀窈窕，思贤才，而无伤善之心焉”，自是《关雎》之义如此，非谓后妃也。此一行甚分明，人自错解却。

口、目、耳、鼻、四支之欲，性也，然有分焉，不可谓我须要得，是有命也。仁、义、礼、智，天道在人，赋于命有厚薄，是命也，然有性焉，可以学，故君子不谓命。

“则以学文”，便是读书。人生便知有父子兄弟，须是先尽得孝弟，然后读书，非谓已前不可读书。

礼胜则离，故“礼之用，和为贵，先王之道斯为美，小大由之”；乐胜则流，故“有所不行，知和而和，不以礼节之，亦不可行”。礼以和为贵，故先王之道以此为美，而小大由之。然却有所不行者，以“知和而和，不以礼节之”，故亦不可行也。

“望道而未之见”，言文王视民如伤，以纣在上，望天下有道而未之见；“汤执中，武王不泄迩”，非谓武王不能执中，汤却泄迩，盖各因一件事言之。人谓各举其最盛者，非也，圣人亦无不盛。

鲁得用天子礼乐，使周公在，必不肯受，故孔子曰：“周公之衰乎！”孔子以此为周公之衰，是成王之失也。介甫谓“周公有人臣不能为之功，故得用人臣所不得用之礼”，非也。臣子身上，没分外过当底事。凡言舜、言曾子为孝，不可谓曾子、舜过于孝也。

“克明峻德”，只是说能明峻德之人。“凡为天下国家，有九经”，曰修身也，尊贤也，亲亲也。盖先尊贤，然后能亲亲。夫亲亲固所当先，然不先尊贤，则不能知亲亲之道。《礼记》言“克明峻德，顾諟天之明命，皆自明也”者，皆由于明也。

“平章百姓”，百姓只是民。凡言百姓处，皆只是民，百官族姓已前无此说。

陈平只是幸而成功，当时顺却诸吕，亦只是畏死。汉之君臣，当恁时，岂有朴实头为社稷者？使后来少主在，事变却时，他也则随却。如令周勃先入北军，陈平亦不是推功让能底人，只是占便宜，令周勃先试难也。其谋甚拙，其后成功亦幸。如人臣之义，当以王陵为正。

周勃当时初入北军，亦甚拙，何事令左袒则甚？忽然当时皆右袒，后还如何？当时已料得必左袒，又何必更号令？如未料得，岂不生变？只合驱之以义，管它从与不从。

韩信初亡，萧何追之，高祖如失左右手，却两日不追，及萧何反，问之曰："何亡也？"曰："臣非亡，乃追亡者也。"当时高祖岂不知此二人，乃肯放与项羽，两日不追邪？乃是萧何与高帝二人商量做来，欲致韩信之死尔。当时史官已被高祖瞒过，后人又被史官瞒。

惜乎，韩信与项羽，诸葛亮与司马仲达，不曾合战。更得这两个战得几阵，不妨有可观。

先生每读史到一半，便掩卷思量，料其成败，然后却看有不合处，又更精思，其间多有幸而成，不幸而败。今人只见成者便以为是，败者便以为非，不知成者煞有不是，败者煞有是底。

读史须见圣贤所存治乱之机，贤人君子出处进退，便是格物。今人只将他见成底事便做是使，不知煞有误人处。

先生在讲筵，尝典钱使。诸公因问，必是俸给大段不足，后乃知到任不曾请俸。诸公遂牒户部，问不支俸钱。户部索前任历子，先生云："某起自草莱，无前任历子。"旧例，初入京官时，用下状出给料钱历。其意谓朝廷起我，便当"廪人继粟，庖人继肉"也。遂令户部自为出券历，户部只欲与折支，诸公又理会，馆阁尚请见钱，岂有经筵官只请折支？又检例，已无崇政殿说书多时，户部遂定已前未请者只与折支，自后来为始支见钱。先生后自涪陵归，复官半年，不曾请俸。粮料院吏人忽来索请券状子，先生云：“自来不会写状子。”受事人不去，只令子弟录与受官月日。

先生在经筵时，与赵侍郎、范纯甫同在后省行，见晓示，至节令命妇进表，贺太皇及太后太妃。赵、范更问备办，因问先生。先生云：“某家无命妇。”二公愕然，问何不叙封，先生曰：“某当时起自草莱，三辞然后受命，岂有今日乃为妻求封之理？”其夫人至今无封号。问：“今人陈乞恩例，义当然否？人皆以为本分者不为害。”先生曰：“只为而今士大夫道得个乞字惯却，动不动又是乞也。”因问：“陈乞封父祖，如何？”先生曰：“此事体又别。”再三请益，但云：“其说甚长，待别时说。”

范尧夫为蜀漕，成都帅死，尧夫权府。是时，先生随侍过成都，尧夫出送，先生已行二里，急遣人追及之，回至门头僧寺相见。尧夫因问：“先生在此，有何所闻？”先生曰：“闻公尝言：‘当使三军之士知事帅君如事父母。’不知有此语否？”尧夫愕然，疑其言非是，先生曰：“公果有此语，一国之福也。”尧夫方喜，先生却云：“恐公未能使人如此。”尧夫再三问之，先生曰：“只如前日公权府，前帅方死，便使他臣子张乐大排，此事当时莫可罢？”尧夫云：“便是纯仁当时不就席，只令通判伴坐。”先生曰：“此尤不是。”尧夫惊愕，即应声曰：“悔当初只合打散便是。”先生曰：“又更不是。夫小人心中，只得些物事时便喜，不得便不足。他既不得物事，却归去思量，因甚不得此物，元来是为帅君。小人须是切己，乃知思量。若只与他物事，他自归去，岂更知有思量？”尧夫乃嗟叹曰：“今日不出，安得闻此言？”

先生云：“韩持国服义最不可得。一日，某与持国、范夷叟泛舟于颍昌西湖，须臾客将云：‘有一官员上书，谒见大资。’某将谓有甚急切公事，乃是求知己。某云：‘大资居位，却不求人，乃使人倒来求己，是甚道理？’夷叟云：‘只为正叔太执，求荐章，常事也。’某云：‘不然。只为曾有不求者不与，来求者与之，遂致人如此。’持国便服。”

先生初受命，便在假，欲迤逦寻医，既而供职。门人尹焞深难之，谓供职非是。先生曰：“新君即位，首蒙大恩，自二千里放回，亦无道理不受。某在先朝，则知某者也。当时执政大臣皆相知，故不当如此受。今则皆无相知，朝廷之意只是怜其贫，不使饥饿于我土地。某须领他朝廷厚意，与受一月料钱，然官则某必做不得。既已受他诰，却不供职，是与不受同。且略与供职数日，承顺他朝廷善意了，然后惟吾所欲。”

先生因言：“今日供职，只第一件便做他底不得。吏人押申转运司状，某不曾签。国子监自系台省，台省系朝廷官。外司有事，合行申状，岂有台省倒申外司之理？只为从前人只计较利害，不计较事体，直得恁地。须看圣人欲正名处，见得道名不正时，便至礼乐不兴，自然住不得。夫礼乐，岂玉帛之交错，钟鼓之铿锵哉？今日第一件便如此。人不知，一似好做作。只这些子，某便做他官不得，若久做他底时，须一一与理会。”

谢某曾问：“涪州之行，知其由来，乃族子与故人耳。”族子谓程公孙，故人谓邢恕。先生答云：“族子至愚，不足责；故人至厚，不敢疑。孟子既知系之天，安用尤臧氏？”因问：“邢七虽为恶，然必不到更倾先生也。”先生曰：“然。邢七亦有书到某云：'屡于权宰处言之。'不知身为言官，却说此话。未知倾与不倾，只合救与不救，便在其间。"又问："邢七久从先生，想都无知识，后来极狼狈。"先生曰："谓之全无知则不可，只是义理不能胜利欲之心，便至如此也。"

先生云："某自十七八读《论语》，当时已晓文义，读之愈久，但觉意味深长。《论语》，有读了后全无事者，有读了后其中得一两句喜者，有读了后知好之者，有读了后不知手之舞之足之蹈之者。"

今人不会读书。如"诵《诗》三百，授之以政，不达；使于四方，不能专对。虽多，亦奚以为？"须是未读《诗》时，授以政不达，使四方不能专对；既读《诗》后，便达于政，能专对四方，始是读《诗》。"人而不为《周南》《召南》，其犹正墙面而立。"须是未读《周南》《召南》，一似面墙；到读了后，便不面墙，方是有验。大抵读书，只此便是法。如读《论语》，旧时未读是这个人，及读了后又只是这个人，便是不曾读也。

大率上一爻皆是师保之任，足以当此爻也。

若要不学佛，须是见得他小，便自然不学。

文中子本是一隐君子，世人往往得其议论，附会成书。其间极有格言，荀、杨道不到处。又有一件事，半截好，半截不好。如魏徵问："圣人有忧乎？"曰："天下皆忧，吾独得不忧？"问疑，曰："天下皆疑，吾独得不疑？"徵退，谓董常曰："乐天知命，吾何忧？穷理尽性，吾何疑？"此言极好。下半截却云："徵所问者，迹也；吾告汝者，心也，心迹之判久矣。"便乱道。

文中子言："封禅之费，非古也，其秦、汉之侈心乎！"此言极好。古者封禅，非谓夸治平，乃依本分祭天地，后世便把来做一件矜夸底事。如《周颂》告成功，乃是陈先王功德，非谓夸自己功德。

文中子续经甚谬，恐无此。如续《书》始于汉，自汉已来制诏，又何足记？续《诗》之备六代，如晋、宋、后魏、北齐、后周、隋之诗，又何足采？

韩退之言“孟子醇乎醇”，此言极好，非见得孟子意，亦道不到。其言“荀、杨大醇小疵”，则非也。荀子极偏驳，只一句“性恶”，大本已失；杨子虽少过，然已自不识性，更说甚道？

韩退之言“博爱之谓仁，行而宜之之谓义，由是而之焉之谓道，足乎己无待于外之谓德”，此言却好。只云“仁与义为定名，道与德为虚位”，便乱说。只如《原道》一篇极好。退之每有一两处，直是搏得亲切，直似知道，然却只是搏也。

问：“文中子谓‘诸葛亮无死，礼乐其有兴乎’，诸葛亮可以当此否？”先生曰：“礼乐则未敢望他，只是诸葛已近王佐。”又问：“如取刘璋事，如何？”先生曰：“只有这一事大不是，便是计较利害。当时只为不得此，则无以为资。然岂有人特地出迎他，却于坐上执之？大段害事，只是个为利。君子则不然，只一个义，不可便休，岂可苟为？”又问：“如汤兼弱攻昧，如何？”先生曰：“弱者兼之，非谓并兼取他，只为助他，与之相兼也。昧者乃攻，乱者乃取，亡者乃侮。”

张良亦是个儒者，进退间极有道理。人道汉高祖能用张良，却不知是张良能用高祖。良计谋不妄发，发必中。如后来立太子事，皆是能使高祖必从，使之左便左，使之右便右，岂不是良用高祖乎？良本不事高祖，常言为韩王送沛公。观良心，只是为天下，且与成就却事。后来与赤松子游，只是个不肯事高祖如此。

五德之运，却有这道理。凡事皆有此五般，自小至大，不可胜数。一日言之，便自有一日阴阳；一时言之，便自有一时阴阳；一岁言之，便自有一岁阴阳；一纪言之，便自有一纪阴阳；气运不息，如王者一代，又是一个大阴阳也。唐是土德，便少河患；本朝火德，多水灾。盖亦有此理，只是须于这上有道理。如关朗卜百年事最好，其间须言如此处之则吉，不如此处之则凶，每事如此，盖虽是天命，可以人夺也。如仙家养形，以夺既衰之年；圣人有道，以延已衰之命，只为有这道理。

或云："寻常观人出辞气，便可知人。"先生曰："亦安可尽？昔横渠尝以此观人，未尝不中，然某不与他如此。后来其弟戬亦学他如此，观人皆不中，此安可学？"

观《素问》文字气象，只是战国时人作。谓之《三坟》书，则非也，道理却总是。想当时亦须有来历，其间只是气运使不得。错不错未说，就使其法不错，亦用不得。除是尧、舜时，十日一风，五日一雨，始用得。且如说潦旱，今年气运当潦，然有河北潦，江南旱时，此且做各有方气不同，又却有一州一县之中潦旱不同者，怎生定得？

学佛者多要忘是非，是非安可忘得？自有许多道理，何事忘为？夫事外无心，心外无事。世人只被为物所役，便觉苦事多。若物各付物，便役物也。世人只为一齐在那昏惑迷暗海中，拘滞执泥坑里，便事事转动不得，没着身处。

庄子齐物，夫物本齐，安俟汝齐？凡物如此多般，若要齐时，别去甚处下脚手？不过得推一个理一也。物未尝不齐，只是你自家不齐，不干物不齐也。

先生在经筵，闻禁中下后苑作坊取金水桶贰只，因见潞公问之。潞公言："无。彦博曾入禁中，见只是朱红，无金为者。"某遂令取文字示潞公，潞公始惊怪。某当时便令问，欲理会，却闻得长乐宫，遂已。当时恐是皇帝阁中，某须理会。

先生旧在讲筵，说《论语》"南容三复白圭"处，内臣贴却"容"字，因问之，内臣云："是上旧名。"先生讲罢，因说："适来臣讲书，见内臣贴却'容'字。夫人主处天下之尊，居亿兆之上，只嫌怕人尊奉过当，便生骄心，皆是左右近习之人养成之也。尝观仁宗时，宫嫔谓正月为初月，蒸饼为炊饼，皆此类。请自后只讳正名，不讳嫌名及旧名。"才说了，次日孙莘老讲《论语》，读"子畏于匡"为"正"。先生云："且著个地名也得。子畏于正，是甚义理？"又讲"君祭先饭"处，因说"古人饮食必祭，食谷必思始耕者，食菜必思始圃者，先王无德不报如此。夫为人臣者，居其位，食其禄，必思何所得爵禄来处，乃得于君也；必思所以报其君，凡勤勤尽忠者，为报君也。如人主所以有崇高之位者，盖得之于天，与天下之人共戴也，必思所以报民。古之人君视民如伤，若保赤子，皆是报民也。"每讲一处，有以开导人主之心处便说。始初内臣宫嫔门皆携笔在后抄录，后来见说着佞人之类，皆恶之。吕微仲使人言："今后且刻可伤触人。"范尧夫云："但不道着名字，尽说不妨。""又讲君祭"以下，莆田本添。

或问："横渠言圣人无知，因问有知。"先生曰："才说无知，便不堪是圣人。当人不问时，只与木石同也？"

先生云："吕与叔守横渠学甚固，每横渠无说处皆相从，才有说了，便不肯回。"

苏昞录横渠语云：“和叔言香声，横渠云：‘香与声犹是有形，随风往来，可以断续，犹为粗耳。不如清水。今以清冷水置之银器中，隔外便见水珠，曾何漏隙之可通？此至清之神也。’”先生云：“此亦见不尽，却不说此是水之清，银之清。若云是水，因甚置甆椀中不如此？”

卷第二十　伊川先生语六

周伯忱录

问："《左氏》言子路助卫辄，观其学已升堂，肯如是否？"曰："子路非助辄，只为孔悝陷于不义，欲救之耳。盖蒯聩不用君父之命而入立，强盟孔悝，孔悝不合从之故也。"曰："子路当时可以免难否？"曰："不可免。"

问："《左传》可信否？"曰："不可全信，信其可信者耳。某年二十时，看《春秋》，黄赘隅问某如何看，答之曰：'有两句法，云：以《传》考《经》之事迹，以《经》别《传》之真伪。'"又问："《公》《穀》如何？"曰："又次于《左氏》。""左氏即是丘明否？"曰："《传》中无丘明字，不可考。"

问："'此之谓自慊'与'吾何慊乎哉'之'慊'，同否？"曰："慊字则一也。不足谓之慊，动于中亦谓之慊，看用处如何。"

卷第二十一上　伊川先生语七上

师说门人张绎录

宣仁山陵，程子往赴，吕汲公为使。时朝廷以馆职授子，子固辞。公谓子曰："仲尼亦不如是。"程子对曰："公何言哉？某何人，而敢比仲尼？虽然，某学仲尼者，于仲尼之道，固不敢异。公以谓仲尼不如是，何也？"公曰："陈恒弑其君，请讨之，鲁不用则亦已矣。"子未及对，会殿帅苗公至，子辟之幕府，见公婿王谠。谠曰："先生不亦甚乎？欲朝廷如何处先生也？"子曰："且如朝廷议北郊，所议不合礼，取笑天下。后世岂不曰有一程某，亦尝学礼，何为而不问也？"谠曰："北郊如何？"曰："此朝廷事，朝廷不问而子问之，非可言之所也。"其后有问："汲公所言陈恒之事，是欤？"曰："于《传》，仲尼是时已不为大夫，公误言也。"

吕汲公以百缣遗子，子辞之。时子族兄子公孙在旁，谓子曰："勿为已甚，姑受之。"子曰："公之所以遗某者，以某贫也。公位宰相，能进天下之贤，随才而任之，则天下受其赐也。何独某贫也？天下贫者亦众矣，公帛固多，恐公不能周也。"

殿帅苗公问程子曰："朝廷处先生，如何则可？"程子对曰："且如山陵事。苟得专处，虽永安尉可也。"

程子曰："古之学者易，今之学者难。古人自八岁入小学，十五入大学，有文采以养其目，声音以养其耳，威仪以养其四体，歌舞以养其血气，义理以养其心。今则俱亡矣，惟义理以养其心尔，可不勉哉？”

范公尧夫摄帅成都，程子将告归，别焉。公曰：“愿少留，某将别。”子曰：“既别矣，何必复劳舆卫？”遂行。公使人要于路，曰：“愿一见也。”既见，曰：“先生何以教我？”子曰：“公尝言‘为将帅当使士卒视己如父母，然后可用’，然乎？”公曰：“如何？”子曰：“公言是也。然公为政不若是，何也？”公曰：“可得闻欤？”子曰：“旧帅新亡，而公张乐大飨将校于府门，是教之视帅如父母乎？”曰：“亦疑其不可，故使属官摄主之也。”子曰：“是尤不可也。公与旧帅，同僚也。失同僚之义，其过小；属官于主帅，其义重。”曰：“废飨而颁之酒食，如何？”曰：“无颁也。武夫视酒食为重事，弗颁，则必思其所以而知事帅之义，乃因事而教也。”公曰：“若从先生言而不来，则不闻此矣。”其喜闻义如此。

程子在讲筵，执政有欲用之为谏官者。子闻，以书谢曰：“公知射乎？有人执弓于此，发而多中，人皆以为善射矣。一日，使羿立于其傍，道之以彀率之法，不从，羿且怒而去矣；从之，则戾其故习而失多中之功。故不若处羿于无事之地，则羿得尽其言，而用舍羿不恤也。某才，非羿也，然闻羿之道矣，虑其害公之多中也。”

谢湜自蜀之京师，过洛而见程子。子曰：“尔将何之？”曰：“将试教官。”子弗答。湜曰：“何如？”子曰：“吾尝买婢，欲试之，其母怒而弗许，曰：‘吾女非可试者也。’今尔求为人师而试之，必为此媪笑也。”湜遂不行。一本云：湜不能用。又云：谢湜求见者三，不许，因陈经正以请，先生曰："闻其来问《易》，遂为说以献贵人。"注云：献蔡卞，如"用说桎梏"之类。

谢惽见程子，子留语，因请曰："今日将沐。"子曰："岂无他日？"曰："今日吉也。"子曰："岂为士而惑此也邪？"曰："惽固无疑矣。在己庸何恤？第云不利父母。"子曰："有人呼于市者，曰：'毁瓦画墁则利父母也，否则不利于父母。'子亦将毁瓦画墁乎？"曰："此狂人之言也，何可信？""然则子所信者，亦狂言尔。"

先生谓绎曰："吾受气甚薄，三十而浸盛，四十五十而后完。今生七十二年矣，校其筋骨，于盛年无损也。"又曰："人待老而求保生，是犹贫而后蓄积，虽勤亦无补矣。"绎曰："先生岂以受气之薄而后为保生邪？"夫子默然，曰："吾以忘生徇欲为深耻。"

程子与客语为政。程子曰："甚矣，小人之无行也！牛壮食其力，老则屠之。"客曰："不得不然也。牛老不可用，屠之犹得半牛之价，复称贷以买壮者，不尔则废耕矣。且安得刍粟养无用之牛乎？"子曰："尔之言，知计利而不知义者也。为政之本，莫大于使民兴行，民俗善而衣食不足者，未之有也。水旱螟虫之灾，皆不善之致也。"

邵尧夫谓程子曰："子虽聪明，然天下之事亦众矣，子能尽知邪？"子曰："天下之事，某所不知者固多。然尧夫所谓不知者何事？"是时适雷起，尧夫曰："子知雷起处乎？"子曰："某知之，尧夫不知也。"尧夫愕然曰："何谓也？"子曰："既知之，安用数推也？以其不知，故待推而后知。"尧夫曰："子以为起于何处？"子曰："起于起处。"尧夫瞿然称善。

张子厚罢太常礼院，归关中，过洛而见程子。子曰：“比太常礼院所议，可得闻乎？”子厚曰：“大事皆为礼房检正所夺，所议惟小事尔。”子曰：“小事谓何？”子厚曰：“如定谥及龙女衣冠。”子曰：“龙女衣冠如何？”子厚曰：“当依夫人品秩，盖龙女本封善济夫人。”子曰：“某则不然。既曰龙，则不当被人衣冠。矧大河之塞，本上天降祐，宗庙之灵，朝廷之德，而吏士之劳也。龙何功之有？又闻龙有五十三庙，皆曰三娘子，一龙邪？五十三龙邪？一龙则不当有五十三庙，五十三龙则不应尽为三娘子也。”子厚默然。

韩持国帅许，程子往见，谓公曰：“适市中聚浮图，何也？”公曰：“为民祈福也。”子曰：“福斯民者，不在公乎？”

韩公持国使掾为亭，成而莲已生其前，盖掾盆植而置之。公甚喜，程子曰：“斯可恶也。使之为亭，而更为此以说公，非端人也。”公曰：“奈何人见之则喜！”

韩公持国与范公彝叟、程子为泛舟之游。典谒白有士人坚欲见公，程子曰：“是必有故，亟见之。”顷之，遽还。程子问：“客何为者？”曰：“上书。”子曰：“言何事？”曰：“求荐尔。”子曰：“如斯人者，公□无荐。夫为国荐贤，自当求人，岂可使人求也？”公曰：“子不亦甚乎？”范公亦以子为不通。子曰：“大抵今之大臣，好人求己，故人求之。如不好，人岂欲求怒邪？”韩公遂以为然。

韩持国罢门下侍郎，出帅南阳，已出国门，程子往见之。子时在讲筵，公惊曰：“子来见我乎？子亦危矣。”程子曰：“只知履安地，不知其危。”坐顷之，公不言。子曰：“公有不豫色，何也？”公曰：“在维固无足道，所虑者，贻兄姊之忧耳。”子曰：“领帅南阳，兄姊何处忧？”公悟曰：“正为定力不固耳。”

谢公师直与程子论《易》，程子未之许也。公曰：“昔与伯淳，亦谓景温于《春秋》则可，《易》则未也。”程子曰：“以某观之，二公皆深于《易》者也。”公曰：“何谓也？”子曰：“以监司论学，而主簿敢以为非。为监司者不怒，为主簿者敢言，非深于《易》而何？”

张闳中以书问《易传》不传，及曰“《易》之义，本起于数”。程子答曰：“《易传》未传，自量精力未衰，尚冀有少进尔。然亦不必直待身后，觉老耄则传矣。书虽未出，学未尝不传也，第患无受之者尔。来书云：‘《易》之义，本起于数。’谓义起于数则非也。有理而后有象，有象而后有数。《易》因象以明理，由象以知数，得其义则象、数在其中矣。必欲穷象之隐微，尽数之毫忽，乃寻流逐末，术家之所尚，非儒者之所务也，管辂、郭璞之学是也。”又曰：“理无形也，故因象以明理。理见乎辞矣，则可由辞以观象。故曰：‘得其义，则象、数在其中矣。’”

子言范公尧夫之宽大也，“昔余过成都，公时摄帅，有言公于朝者，朝廷遣中使降香峨眉，实察之也。公一日访予款语，予问曰：‘闻中使在此，公何暇也？’公曰：‘不尔则拘束。’已而中使果怒，以鞭伤传言者耳。属官喜谓公曰：‘此一事足以塞其谤，请闻于朝。’公既不折言者之为非，又不奏中使之过也。其有量如此。”

程子过成都，时转运判官韩宗道议减役，至三大户亦减一人焉。子曰："只闻有三大户，不闻两也。"宗道曰："三亦可，两亦可，三之名不从天降地出也。"子曰："乃从天降地出也。古者，朝有三公，国有三老，'三人占，则从二人之言'，'三人行，则必得我师焉'。若止两大户，则一人以为是，一人以为非，何从而决？三则从二人之言矣。虽然，近年诸县有使之分治者，亦失此意也。"

绎曰："邹浩以极谏得罪，世疑其卖直也。"先生曰："君子之于人也，当于有过中求无过，不当于无过中求有过。"

程子之盩厔，时枢密赵公瞻持丧居邑中，杜门谢客，使侯骘语子以释氏之学。子曰："祸莫大于无类。释氏使人无类，可乎？"骘以告赵公。公曰："天下知道者少，不知道者众，自相生养，何患乎无类也？若天下尽为君子，则君子将谁使？"侯子以告。程子曰："岂不欲人人尽为君子哉？病不能耳，非利其为使也。若然，则人类之存，不赖于圣贤，而赖于下愚也。"赵公闻之，笑曰："程子未知佛道弘大耳。"程子曰："释氏之道诚弘大，吾闻传者以佛逃父入山，终能成佛。若儒者之道，则当逃父时已诛之矣，岂能俟其成佛也？"

韩公持国与程子语，叹曰："今日又暮矣。"程子对曰："此常理，从来如是，何叹为？"公曰："老者行去矣。"曰："公勿去可也。"公曰："如何能勿去？"子曰："不能则去可也。"

卷第二十一下　伊川先生语七下

附师说后

幽王失道，始则万物不得其性，而后恩衰于诸侯以及其九族，其甚也，至于视民如禽兽。《鱼藻》之什，其序如此。

孔子之时，诸侯甚强大，然皆周所封建也。周之典礼虽甚废坏，然未泯绝也。故齐、晋之霸，非挟尊王之义，则不能自立。至孟子时则异矣。天下之大国七，非周所命者四，先王之政绝而泽竭矣。夫王者，天下之义主也。民以为王，则谓之天王、天子；民不以为王，则独夫而已矣。二周之君，虽无大恶见绝于天下，然独夫也。故孟子勉齐、梁以王者，与孔子之所以告诸侯不同。君子之救世，时行而已矣。

不动心有二，有造道而不动者，有以义制心而不动者。此义也，此不义也，义，吾所当取；不义，吾所当舍，此以义制心者也。义在我，由而行之，从容自中，非有所制也，此不动之异。

凡有血气之类，皆具五常，但不知充而已矣。

勇者所以敌彼者也，苟为造道而心不动焉，则所以敌物者，不赖勇而裕如矣。

理也，性也，命也，三者未尝有异。穷理则尽性，尽性则知天命矣。天命犹天道也，以其用而言之则谓之命。命者，造化之谓也。

《书》言天叙、天秩。天有是理，圣人循而行之，所谓道也。圣人本天，释氏本心。

忠者，无妄之谓也。忠，天道也；恕，人事也。忠为体，恕为用。“忠恕，违道不远”，非“一以贯之”之“忠恕”也。

真近诚。诚者，无妄之谓。

气有善不善，性则无不善也。人之所以不知善者，气昏而塞之耳。孟子所以养气者，养之至则清明纯全，而昏塞之患去矣。“或曰养心，或曰养气，何也？”曰：“养心则勿害而已，养气则在有所帅也。”

贱妾得进御于君，是其僭恣可行，而分限得逾之时也。乃能谨于“抱衾与裯”，而知“命之不犹”，则教化至矣。

心，生道也，有是心，斯具是形以生。恻隐之心，人之生道也，虽桀、跖不能无是以生，但戕贼之以灭天耳。始则不知爱物，俄而至于忍，安之以至于杀，充之以至于好杀，岂人理也哉？

有欲乱之人，而无与乱者，则虽有强力，弗能为也。今有劫人以杀人者，则先治劫者，而杀者次之。将以垂训于后世，则先杀者而后劫者，《春秋》书“郑公子归生弑其君夷”是也。

诸葛瑾使蜀，其弟亮，与瑾非公会不觌。亮之处瑾为得矣。使吴之知瑾，如备之遇亮，复何嫌而不得悉兄弟之欢也！

《春秋》丧、昏无讥，盖日月自见，不必讥也。唯哀姜以禫中纳币，则重叠讥之：曰“逆妇”，曰“夫人至”，恐后世不以为非也。他皆曰“逆女”，此独云“妇”，而又不曰“夫人”，盖已纳币则为妇，违礼而昏则不可谓之夫人。

“贞而不谅”，犹大信不约也。

智出于人之性。人之为智，或入于巧伪，而老、庄之徒遂欲弃智，是岂性之罪也哉？善乎孟子之言：“所恶于智者，为其凿也。”

孔子之时，道虽不明，而异端之害未甚，故其论伯夷也以德；孟子之时，道益不明，异端之害滋深，故其论伯夷也以学。道未尽乎圣人，则推而行之，必有害矣，故孟子推其学术而言之也。夫辟邪说以明先王之道，非拔本塞源不能也。

《青蝇》诗言樊、棘、榛，言二人、四国。自樊而观之，则樊为近而棘、榛为远；自二人而观之，则二人为小而四国为大。谗人之情，常欲污白以为黑也，而其言不可以直达，故必营营往来，或自近而至于远，或自小而至于大，然后其说得行矣。

文王之德，正与天合，“明明于下”者，乃“赫赫于上”者也。

孟子曰：“强恕而行，求仁莫近焉。”有忠矣，而行之以恕，则以无我为体，以恕为用。所谓“强恕而行”者，知以己之所好恶处人而已，未至于无我也。故“己欲立而立人，己欲达而达人”，所以“为仁之方”也。

富文忠公辞疾归第，以其俸券还府，府受之。先生曰：“受其纳券者固无足议，然纳者亦未为得也。留之而无请可矣。”

名分正则天下定。

“人心惟危，道心惟微”，“心”，道之所在；“微”，道之体也。心与道，浑然一也。对放其良心者言之，则谓之道心，放其良心则危矣。“惟精惟一”，所以行道也。

伊川先生病革，门人郭忠孝往视之，子瞑目而卧。忠孝曰："夫子平生所学，正要此时用。"子曰："道着用便不是。"忠孝未出寝门而子卒。一本作"或人"，仍载尹子之言曰："非忠孝也。忠孝自党事起，不与先生往来，先生卒，亦不致奠。"

卷第二十二上　伊川先生语八上

伊川杂录宜兴唐棣彦思编

棣初见先生，问："初学如何？"曰："入德之门，无如《大学》。今之学者，赖有此一篇书存，其他莫如《论》《孟》。"

先生曰："古人有声音以养其耳，采色以养其目，舞蹈以养其血脉，威仪以养其四体。今之人只有理义以养心，又不知求。"

又问："如何是格物？"先生曰："格，至也，言穷至物理也。"又问："如何可以格物？"曰："但立诚意去格物，其迟速却在人明暗也。明者格物速，暗者格物迟。"

先生曰："孔子弟子，颜子而下，有子贡。"伯温问："子贡，后人多以货殖短之。"曰："子贡之货殖，非若后世之丰财，但此心未去耳。"周恭先，字伯温。

潘子文问："'由之瑟，奚为于丘之门'，如何？"曰："此为子路于圣人之门有不和处。"伯温问："子路既于圣人之门有不和处，何故学能至于升堂？"曰："子路未见圣人时，乃暴悍之人，虽学至于升堂，终有不和处。"潘旻，字子文。

先生曰："古人有言曰：'共君一夜话，胜读十年书。'若一日有所得，何止'胜读十年书'也？尝见李初平问周茂叔云：

‘某欲读书，如何？’茂叔曰：‘公老矣，无及也。待某只说与公。’初平遂听说话，二年乃觉悟。”

先生语子良曰：“纳拜之礼，不可容易。非己所尊敬有德义服人者不可。余平生只拜二人，其一吕申公，其一张景观奉议也。昔有数人同坐，说一人短，其间有二人不说，问其故，其一曰：‘某曾拜他。’其一曰：‘某曾受他拜。’王拱辰君贶初见周茂叔，为与茂叔世契，便受拜。及坐上，大风起，说《大畜》卦，一作：说风天《小畜》卦。君贶乃起曰：‘某适来，不知受却公拜，今某却当纳拜。’茂叔走避。君贶此一事亦过人。”谢用休问：“当受拜，不当受拜？”曰：“分已定，不受乃是。”谢天申，字用休，温州人。

先生曰：“曾见韩持国说，有一僧，甚有所得，遂招来相见，语甚可爱。一日谒之，其僧出，暂憩其室，见一老行，遂问其徒曰：‘为谁？’曰：‘乃僧之父，今则师孙也。’因问：‘僧如何待之？’曰：‘待之甚厚。凡晚参时，必曰此人老也，休来。’以此遂更不见之。父子之分，尚已颠倒矣。”

先生曰：“祭祀之礼，难尽如古制，但以义起之可也。”富公问配享，先生曰：“合葬用元妃，配享用宗子之所出。”又问：“祭用三献，何如？”曰：“公是上公之家，三献太薄。古之乐九变，乃是九献。”曰：“兄弟可为昭穆否？”曰：“国家弟继兄，则是继位，故可为昭穆，士大夫则不可。”

棣问：“《礼记》言：‘有忿懥、忧患、恐惧、好乐，则心不得其正。’如何得无此数端？”曰：“非言无，只言有此数端则不能以正心矣。”又问：“圣人之言可践否？”曰：“苟不可践，何足以垂教万世？”

伯温问：“学者如何可以有所得？”曰：“但将圣人言语玩味久，则自有所得。当深求于《论语》，将诸弟子问处便作己问，将圣人答处便作今日耳闻，自然有得。孔、孟复生，不过以此教人耳。若能于《论》《孟》中深求玩味，将来涵养成甚生气质！”

又问：“颜子如何学孔子到此深邃？”曰：“颜子所以大过人者，只是‘得一善则拳拳服膺’，与能‘屡空’耳。”棣问：“去骄吝，可以为‘屡空’否？”曰：“然。骄吝最是不善之总名。骄，只为有己；吝，如不能改过，亦是吝。”

伯温又问：“心术最难，如何执持？”曰：“敬。”

棣问：“看《春秋》如何看？”先生曰：“某年二十时看《春秋》，黄赘隅问某如何看？某答曰：‘以《传》考《经》之事迹，以《经》别《传》之真伪。’”

先生曰：“《史记》载宰予被杀，孔子羞之。尝疑田氏不败，无缘被杀。若为齐君而死，是乃忠义，孔子何羞之有？及观《左氏》，乃是阚止为陈恒所杀，亦字子我，谬误如此。”

用休问：“夫子贤于尧、舜，如何？”子曰：“此是说功。尧、舜治天下，孔子又推尧、舜之道而垂教万世。门人推尊，不得不然。”伯温又问：“尧、舜，非孔子，其道能传后世否？”曰：“无孔子，有甚凭据处？”

子文问：“‘师也过，商也不及’，如论交，可见否？”曰：“气象间亦可见。”又曰：“子夏、子张皆论交，子张所言是成人之交，子夏是小子之交。”又问：“‘主忠信，毋友不如己者’，如何？”曰：“毋友不忠信之人。”

棣问：“使孔、孟同时，将与孔子并驾其说于天下邪？将学孔子邪？”曰：“安能并驾？虽颜子亦未达一间耳。颜、孟，虽无大优劣，观其立言，孟子终未及颜子。昔孙莘老尝问颜、孟优劣，答之曰：‘不必问，但看其立言如何。’凡学者，读其言便可以知其人，若不知其人，是不知言也。”

又问：“《大学》‘知本’，止说‘听讼，吾犹人也，必也使无讼乎？无情者不得尽其辞，大畏民志’，何也？”曰：“且举此一事，其他皆要知本。听讼，则必使无讼是本也。”

李嘉仲问：“‘裁成天地之道，辅相天地之宜’，如何？”曰：“天地之道，不能自成，须圣人裁成辅相之。如岁有四时，圣人春则教民播种，秋则教民收获，是裁成也；教民锄耘灌溉，是辅相也。”又问：“‘以左右民’，如何？”“古之盛时，未尝不教民，故立之君师，设官以治之。周公师保万民，与《泰》卦言‘左右民’，皆是也。后世未尝教民，任其自生自育，只治其斗而已。”李处遯，字嘉仲。

张思叔问：“‘贤贤易色’，如何？”曰：“见贤即变易颜色，愈加恭敬。”

棣问：“《春秋》书‘王’，如何？”曰：“圣人以王道作经，故书王。”范文甫问：“杜预以谓周王，如何？”曰：“圣人假周王以见意。”棣又问：“汉儒以谓‘王’加‘正月’上，是正朔出于天子，如何？”曰：“此乃自然之理。不书‘春王正月’，将如何书？此汉儒之惑也。”

先生将伤寒药与兵士，因曰：“在坟所与庄上，常合药与人。有时自笑，以此济人，何其狭也！然只做得这个事。”

思叔告先生曰：“前日见教授夏侯旄，甚叹服。”曰：“前时来相见，问后极说与他来。既问，却不管他好恶，须与尽说与之。学之久，染习深，不是尽说，力抵介甫，无缘得他觉悟。亦曾说介甫不知事君道理，观他意思，只是要‘乐子之无知’。如上表言：‘秋水既至，因知海若之无穷；大明既升，岂宜爝火之不息？’皆是意思常要已在人主上。自古主圣臣贤，乃常理，何至如此！又观其说鲁用天子礼乐，云：‘周公有人臣所不能为之功，故得用人臣所不得用之礼乐。’此乃大段不知事君。大凡人臣身上，岂有过分之事？凡有所为，皆是臣职所当为之事也。介甫平居事亲最孝，观其言如此，其事亲之际，想亦洋洋自得，以为孝有余也。臣子身上皆无过分事，惟是孟子知之，如说曾子，只言‘事亲，若曾子可矣’，不言有余，只言可矣。唐子方作一事，后无闻焉，亦自以为报君足矣，当时所为，盖不诚意。”嘉仲曰：“陈瓘亦可谓难得矣。”先生曰：“陈瓘却未见其已。”夏侯旄，字节夫。

伯温问：“西狩获麟已后，又有二年经，不知如何？”曰：“是孔门弟子所续。当时以谓必能尽得圣人作经之意，及再三考究，极有失作经意处。”

亨仲问：“《表记》言‘仁，右也；道，左也。仁者，人也；道者，义也’，如何？”曰：“本不可如此分别，然亦有些子意思。”又问：“莫是有轻重否？”曰：“却是有阴阳也。此却是儒者说话。如《经解》，只是弄文墨之士为之。”

又问：“如臧武仲之知，公绰之不欲，卞庄子之勇，冉求之艺，文之以礼乐，亦可以为成人矣。”曰：“须是合四人之能，又文之以礼乐，亦可以为成人矣。然而，论大成，则不止此；如今之成人，则又其次也。”

又问：“介甫言‘尧行天道以治人，舜行人道以事天’，如何？”曰：“介甫自不识‘道’字。道未始有天人之别，但在天则为天道，在地则为地道，在人则为人道。如言《尧典》，于舜、丹朱、共工、驩兜之事皆论之，未及乎升黜之政；至《舜典》，然后禅舜以位，四罪而天下服之类，皆尧所以在天下，舜所以治，是何义理？四凶在尧时，亦皆高才，职事皆修，尧如何诛之？然尧已知其恶，非尧亦不能知也。及尧一旦举舜于侧微，使四凶北面而臣之，四凶不能堪，遂逆命，鲧功又不成，故舜然后远放之。如《吕刑》言‘遏绝苗民’，亦只是舜，孔安国误以为尧。”章内“皆尧所以在天下”句，疑有脱误。

又问：“伯夷、叔齐逃，是否？”曰：“让不立则可，何必逃父邪？叔齐承父命，尤不可逃也。”又问：“中子之立，是否？”曰：“安得是？只合招叔齐归立则善。”伯温曰：“孔子称之曰仁，何也？”曰：“如让国亦是清节，故称之曰仁，如与季札是也。札让不立，又不为立贤而去，卒有杀僚之乱，故圣人于其来聘，书曰：‘吴子使札来聘。’去其公子，言其不得为公子也。”

嘉仲问“《否》之匪人”，曰：“《泰》之时，天地交泰而万物生，凡生于天地之间者，皆人道也。至《否》之时，天地不交，万物不生，无人道矣，故曰‘《否》之匪人’。”

亨仲问：“‘自反而缩’，如何？”曰：“缩只是直。”又问曰：“‘北宫黝似子夏，孟施舍似曾子’，如何？”曰：“北宫黝之养勇也，必为而已，未若舍之能无惧也，无惧则能守约也。子夏之学虽博，然不若曾子之守礼为约，故以黝为似子夏，舍似曾子也。”

棣问：“‘考仲子之宫’，非与？”曰：“圣人之意又在下句，见其‘初献六羽’也。言‘初献’，则见前此八羽也。《春秋》之书，百王不易之法。三王以后，相因既备，周道衰，而圣人虑后世圣人不作，大道遂坠，故作此一书。此义，门人皆不得闻，惟颜子得闻，尝语之曰‘行夏之时，乘殷之辂，服周之冕，乐则《韶》舞’是也。此书乃文质之中，宽猛之宜，是非之公也。”

范季平问：“‘博学而笃志，切问而近思，仁在其中’，如何？”曰：“仁即道也，百善之首也。苟能学道，则仁在其中矣。”亨仲问：“如何是近思？”曰：“以类而推。”

亨仲问：“‘吾与女弗如也’之‘与’，比‘吾与点也’之‘与’，如何？”曰：“‘与’字则一般，用处不同。孔子以为‘吾与女弗如’者，勉进学者之言。使子贡喻圣人之言，则知勉进己也；不喻其言，则以为圣人尚不可及，不能勉进，则谬矣。”

棣问：“纪裂繻为君逆女，如何？”曰：“逆夫人是国之重事，使卿逆亦无妨。先儒说亲逆，甚可笑。且如秦君娶于楚，岂可越国亲迎耶？所谓亲迎者，迎于馆耳。文王迎于渭，亦不是出疆远迎，周国自在渭傍。先儒以此，遂泥于亲迎之说，直至谓天子须亲迎。况文王亲迎之时，乃为公子，未为君也。”

贵一问：“齐王谓时子欲养弟子以万钟，而使国人有所矜式，孟子何故拒之？”曰：“王之意，非尊孟子，乃欲赂之尔，故拒之。”

用休问：“‘温故而知新’，如何‘可以为师’？”曰：“不然。只此一事可师。如此等处，学者极要理会得。若只指认温故知新便可为人师，则窄狭却气象也。凡看文字，非只是要理会语言，要识得圣贤气象。如孔子曰：‘盍各言尔志？’而由曰：‘愿车马，衣轻裘，与朋友共，敝之而无憾。’颜子曰：‘愿无伐善，无施劳。’孔子曰：‘老者安之，朋友信之，少者怀之。’观此数句，便见圣贤气象大段不同。若读此不见得圣贤气象，他处也难见。学者须要理会得圣贤气象。”

嘉仲问“《韶》，尽美矣，又尽善也”，先生曰：“非是言武王之乐未尽善，言当时传舜之乐则尽善尽美，传武王之乐则未尽善耳。”

先生曰：“‘子在齐闻《韶》，三月不知肉味’，非是三月，本是音字。‘文胜质则史’，史乃《周官》府史胥徒之史。史，管文籍之官，故曰：‘史掌官书以赞治。’文虽多而不知其意，文胜正如此也。”

又曰：“学者须要知言。”

周伯温问：“‘回也三月不违仁’，如何？”曰：“不违处，只是无纤毫私意。有少私意，便是不仁。”又问：“博施济众，何故仁不足以尽之？”曰：“既谓之博施济众，则无尽也。尧之治，非不欲四海之外皆被其泽，远近有间，势或不能及。以此观之，能博施济众，则是圣也。”又问：“孔子称管仲‘如其仁’，何也？”曰：“但称其有仁之功也。管仲其初事子纠，所事非正。《春秋》书‘公伐齐纳纠’，称纠而不称子纠，不当立者也。不当立而事之，失于初也。及其败也，可以死，亦可以无死。与人同事而死之，理也；知始事之为非而改之，义也。召忽之死，正也。管仲之不死，权其宜可以无死也。故仲尼称之，曰‘如其仁’，谓其有仁之功也。使管仲所事子纠正而不死，后虽有大功，圣人岂复称之耶？若以为圣人不观其死不死之是非，而止称其后来之是非，则甚害义理也。”又问：“如何是仁？”曰：“只是一个公字。学者问仁，则常教他将公字思量。”

又问“郑人来渝平”，曰：“更成也。国君而轻变其平，反复可罪。”又问：“终隐之世，何以不相侵伐？”曰：“不相侵伐固足称，然轻欲变平，是甚国君之道？”

又问：“宋穆公立与夷，是否？”曰：“大不是。左氏之言甚非。穆公却是知人，但不立公子冯，是其知人处。若以其子享之为知人，则非也。后来卒致宋乱，宣公行私惠之过也。”

先生曰：“凡看《语》《孟》，且须熟玩味，将圣人之言语切己，不可只作一场话说。人只看得此二书切己，终身尽多也。”

棣问：“‘退而省其私，亦足以发’，如何？”曰：“孔子退省其中心，亦足以开发也。”又问：“岂非颜子见圣人之道无疑欤？”曰：“然也。孔子曰‘一以贯之’，曾子便理会得，遂曰‘唯’，其他门人便须辩问也。”

又问“祭如在，祭神如神在”，曰：“‘祭如在’，言祭祖宗；‘祭神如神在’，则言祭神也。祭先，主于孝；祭神，主于恭敬。”

又问：“祭起于圣人制作以教人否？”曰：“非也。祭先本天性，如豺有祭，獭有祭，鹰有祭，皆是天性，岂有人而不如物乎？圣人因而裁成礼法以教人耳。”又问：“今人不祭高祖，如何？”曰：“高祖自有服，不祭甚非。某家却祭高祖。”又问：“天子七庙，诸侯五，大夫三，士二，如何？”曰：“此亦只是礼家如此说。”又问：“今士庶家不可立庙，当如何也？”“庶人祭于寝，今之正厅是也。凡礼，以义起之可也。如富家及士，置一影堂亦可，但祭时不可用影。”又问：“用主如何？”曰：“白屋之家不可用，只用牌子可矣。如某家主式，是杀诸侯之制也。大凡影不可用祭，若用影祭，须无一毫差方可，若多一茎须，便是别人。”

棣又问：“‘克己复礼’，如何是仁？”曰：“非礼处便是私意。既是私意，如何得仁？凡人须是克尽己私后，只有礼，始是仁处。”

谢用休问“入太庙，每事问”，曰：“虽知亦问，敬谨之至。”又问：“旅祭之名如何？”曰：“古之祭名皆有义，如旅亦不可得而知。”

棣问：“如《仪礼》中礼制，可考而信否？”曰：“信其可信。如言昏礼云，问名、纳吉、纳币，皆须卜。岂有问名了而又卜？苟卜不吉，事可已邪？若此等处难信也。”“又尝疑卜郊亦非，不知果如何？”曰：“《春秋》却有卜郊，但卜上辛不吉，则当卜中辛，中辛又不吉，则当便用下辛，不可更卜也。如鲁郊三卜，四卜，五卜，而至不郊，非礼。”又问：“三年一郊，与古制如何？”曰：“古者，一年之间，祭天甚多，春则因民播种而祈谷，夏则恐旱暵而大雩，以至秋则明堂，冬则圜丘，皆人君为民之心也。凡人子不可一日不见父母，国君不可一岁不祭天，岂有三年一亲郊之理？”

用休问北郊之礼，曰：“北郊不可废。元祐时朝廷议行，只为五月间天子不可服大裘，皆以为难行。不知郊天郊地，礼制自不同。天是资始，故凡用物皆尚纯，藉用藁秸、器用陶匏、服用大裘是也；地则资生，安可亦用大裘？当时诸公知大裘不可服，不知别用一服。向日宣仁山陵，吕汲公作大使，某与坐说话次，吕相责云：‘先生不可如此。圣人当时不曾如此，今先生教朝廷怎生则是？’答曰：‘相公见圣人不如此处怎生？圣人固不可跂及，然学圣人者，不可轻易看了圣人。只如今朝廷，一北郊礼不能行得，又无一人道西京有程某，复问一句也。’吕公及其婿王某等便问：‘北郊之礼，当如何？’答曰：‘朝廷不曾来问，今日岂当对诸公说邪？’是时苏子瞻便据‘昊天有成命’之《诗》，谓郊祀同。文潞公便谓譬如祭父母，作一处何害？曰：‘此《诗》，冬至、夏至皆歌，岂不可邪？郊天地又与共祭父母不同也。此是报本之祭，须各以类祭，岂得同时邪？’”

又问六天之说，曰：“此起于谶书，郑玄之徒从而广之，甚可笑也。帝者，气之主也。东则谓之青帝，南则谓之赤帝，西则谓之白帝，北则谓之黑帝，中则谓之黄帝。岂有上帝而别有五帝之理？此因《周礼》言祀昊天上帝，而后又言祀五帝亦如之，故诸儒附此说。”又问：“《周礼》之说果如何？”曰：“《周礼》中说祭祀，更不可考证。六天之说，正与今人说六子是乾、坤退居不用之时同也。不知乾、坤外，甚底是六子？譬如人之四肢，只是一体耳。学者大惑也。”

又问：“郊天冬至，当卜邪？”曰：“冬至祭天，夏至祭地，此何待卜邪？”又曰：“天与上帝之说如何？”曰：“以形体言之谓之天，以主宰言之谓之帝，以功用言之谓之鬼神，以妙用言之谓之神，以性情言之谓之乾。”

又问：“《易》言‘知鬼神之情状’，果有情状否？”曰：“有之。”又问：“既有情状，必有鬼神矣？”曰：“《易》说‘鬼神’，便是造化也。”又问：“如名山大川能兴云致雨，何也？”曰：“气之蒸成耳。”又问：“既有祭，则莫须有神否？”曰：“只气便是神也。今人不知此理，才有水旱，便去庙中祈祷。不知雨露是甚物，从何处出，复于庙中求耶？名山大川能兴云致雨，却都不说着，却只于山川外木土人身上讨雨露，木土人身上有雨露耶？”又问：“莫是人自兴妖？”曰：“只妖亦无，皆人心兴之也。世人只因祈祷而有雨，遂指为灵验耳。岂知适然？某尝至泗州，恰值大圣见。及问人曰：‘如何形状？’一人曰如此，一人曰如彼，只此可验其妄。兴妖之人皆若此也。昔有朱定，亦尝来问学，但非信道笃者，曾在泗州守官，值城中火，定遂使兵士舁僧伽避火。某后语定曰：‘何不舁僧伽在火中？若为火所焚，即是无灵验，遂可解天下之惑。若火遂灭，因使天下人尊敬可也。此时不做事，待何时邪？’惜乎定识不至此。”

贵一问“日月有明，容光必照”，曰：“日月之明有本，故凡容光必照；君子之道有本，故无不及也。”

用休问“老者安之，少者怀之，朋友信之”，曰：“此数句最好。先观子路、颜渊之言，后观圣人之言，分明圣人是天地气象。”

孟敦夫问：“庄子《齐物论》如何？”曰：“庄子之意，欲齐物理耶！物理从来齐，何待庄子而后齐？若齐物形，物形从来不齐，如何齐得？此意是庄子见道浅，不奈胸中所得何，遂著此论也。”

伯温问：“祭用祝文否？”曰：“某家自来相承不用，今待用也。”又问：“有五祀否？”曰：“否。祭此全无义理。释氏与道家说鬼神甚可笑。道家狂妄尤甚，以至说人身上耳目口鼻皆有神。”

同伯温见，问：“‘至大’‘至刚’‘以直’，以此三者养气否？”曰：“不然，是气之体如此。”又问：“养气以义否？”曰：“然。”又问：“‘配义与道’，如何？”曰：“配道言其体，配义言其用。”又问：“‘我知言，我善养吾浩然之气’，如何？”曰：“知言，然后可以养气。盖不知言，无以知道也。此是答公孙丑‘夫子乌乎长’之问，不欲言我知道，故以知言、养气答之。”又问：“‘夜气’如何？”曰：“此只是言休息时气清耳。至平旦之气，未与事接，亦清。只如小儿读书，早晨便记得也。”又问：“孔子言血气，如何？”曰：“此只是大凡言血气，如《礼记》说‘南方之强’是也。南方人柔弱，所谓强者，是义理之强，故君子居之；北方人强悍，所谓强者，是血气之强，故小人居之。凡人血气，须要理义胜之。”

又问：“‘吾不复梦见周公’，如何？”曰：“孔子初欲行周公之道，至于梦寐不忘；及晚年不遇、哲人将萎之时，自谓不复梦见周公矣。”因此说梦便可致思，思圣人与众人之梦如何，梦是何物。“高宗梦得说，如何？”曰：“此是诚意所感，故形于梦。”

又问：“《金縢》，周公欲代武王死，如何？”曰：“此只是周公之意。”又问：“有此理否？”曰：“不问有此理无此理，只是周公人臣之意，其辞则不可信，只是本有此事，后人自作文足此一篇。此事与舜喜象意一般，须详看舜、周公用心处。《尚书》文颠倒处多，如《金縢》尤不可信。”

高宗好贤之意，与《易》《姤》卦同。九五“以杞包瓜；含章，有陨自天”，杞生于最高处。瓜，美物，生低处。“以杞包瓜”，则至尊逮下之意也。既能如此，自然有贤者出，故“有陨自天”也。后人遂有天祐生贤佐之说。

棣问：“福善祸淫，如何？”曰：“此自然之理，善则有福，淫则有祸。”又问：“天道如何？”曰：“只是理，理便是天道也。且如说皇天震怒，终不是有人在上震怒，只是理如此。”又问：“今人善恶之报如何？”曰：“幸不幸也。”

“知者乐水，仁者乐山”，言其体动静如此。“知者乐”，所运用处皆乐；“仁者寿”，以静而寿。仁可兼知，而知不可兼仁。如人之身，统而言之，则只谓之身；别而言之，则有四支。

“世间术数多，惟地理之书最无义理。祖父葬时，亦用地理人，尊长皆信，惟先兄与某不然，后来只用昭穆法。”或问：“凭何文字择地？”曰：“只昭穆便是书也，但风顺地厚处足矣。某用昭穆法葬一穴，既而尊长召地理人到葬处，曰：‘此是商音绝处，何故如此下穴？’某应之曰：‘固知是绝处，且试看如何。’某家至今，人已数倍之矣。”

在讲筵时，曾说与温公云：“更得范纯夫在筵中尤好。”温公彼时一言亦失，却道“他见修史自有门路”，某应之曰：“不问有无门路，但筵中须得他。”温公问何故，某曰：“自度少温润之气，纯夫色温而气和，尤可以开陈是非，道人主之意。”后来遂除侍讲。

用休问：“井田今可行否？”曰：“岂有古可行而今不可行者？或谓今人多地少，不然。譬诸草木，山上着得许多，便生许多。天地生物常相称，岂有人多地少之理？”

嘉仲问：“封建可行否？”曰：“封建之法，本出于不得已。柳子厚有论，亦窥测得分数。秦法固不善，亦有不可变者，罢侯置守是也。”

伯温问“梦帝与我九龄”，曰：“与龄之说，不可信。安有寿数而与人移易之理？”棣问：“孔子梦坐奠于两楹之间，如何？”曰：“于理有之。”

陈贵一问：“人之寿数可以力移否？”曰：“盖有之。”棣问：“如今人有养形者，是否？”曰：“然，但甚难。世间有三件事至难，可以夺造化之力：为国而至于祈天永命，养形而至于长生，学而至于圣人。此三事，功夫一般分明，人力可以胜造化，自是人不为耳。故关朗有‘周能过历，秦止二世’之说，诚有此理。”

棣问：“孔、孟言性不同，如何？”曰：“孟子言性之善，是性之本；孔子言性相近，谓其禀受处不相远也。人性皆善，所以善者，于四端之情可见，故孟子曰：‘是岂人之情也哉？’至于不能顺其情而悖天理，则流而至于恶，故曰：‘乃若其情，则可以为善矣。’‘若’，顺也。”又问：“才出于气否？”曰：“气清则才善，气浊则才恶。禀得至清之气生者为圣人，禀得至浊之气生者为愚人。如韩愈所言、公都子所问之人是也。然此论生知之圣人，若夫学而知之，气无清浊，皆可至于善而复性之本。所谓‘尧、舜，性之’，是生知也；‘汤、武，反之’，是学而知之也。孔子所言上知、下愚不移，亦无不移之理，所以不移，只有二，自暴、自弃是也。”又问：“如何是才？”曰：“如材植是也。譬如木，曲直者，性也；可以为轮辕，可以为梁栋，可以为榱桷者，才也。今人说有才，乃是言才之美者也。才乃人之资质，循性修之，虽至恶可胜而为善。”又问：“性如何？”曰：“性即理也，所谓理，性是也。天下之理，原其所自，未有不善。喜怒哀乐未发，何尝不善？发而中节，则无往而不善。凡言善恶，皆先善而后恶；言吉凶，皆先吉而后凶；言是非，皆先是而后非。”又问：“佛说性如何？”曰：“佛亦是说本善，只不合将才做缘习。”又问：“说生死如何？”曰：“譬如水沤，亦有些意思。”又问：“佛言生死轮回，果否？”曰：“此事说有说无皆难，须自见得。圣人只一句尽断了，故对子路曰：‘未知生，焉知死？’佛亦是西方贤者，方外山林之士，但为爱胁持人说利害，其实为利耳。其学譬如以管窥天，谓他不见天不得，只是不广大。”

问：“丧止于三年，何义？”曰：“岁一周则天道一变，人心亦随以变。惟人子孝于亲，至此犹未忘，故必至于再变，犹未忘，又继之以一时。”

伯温问：“‘尽其心，则知其性；知其性，则知天矣’，如何？”曰：“尽其心者，我自尽其心；能尽心，则自然知性、知天矣。如言‘穷理尽性，以至于命’，以序言之，不得不然。其实，只能穷理，便尽性、至命也。”又问事天。曰：“奉顺之而已。”

富公尝语先生曰：“先生最天下闲人。”曰：“某做不得天下闲人。相公将谁作天下最忙人？”曰：“先生试为我言之。”曰：“禅伯是也。”曰：“禅伯行住坐卧无不在道，何谓最忙？”曰：“相公所言乃忙也。今市井贾贩人，至夜亦息。若禅伯之心，何时休息？”

先生尝与一官员一僧同会。一官员说条贯，既退，先生问僧曰：“晓之否邪？”僧曰：“吾释子不知条贯。”曰：“贤将竟三界外事邪？天下岂有二理？”

贵一问：“‘兴于《诗》’，如何？”曰：“古人自小讽诵，如今人讴唱，自然善心生而兴起。今人不同，虽老师宿儒，不知《诗》也。‘人而不为《周南》《召南》’，此乃为伯鱼而言，盖恐其未能尽治家之道尔。欲治国治天下，须先从修身齐家来。不然，则犹‘正墙面而立’。”

或问：“‘伯夷、叔齐不念旧恶’，如何？”曰：“观其清处，其衣冠不正，便望望然去之，可谓隘矣，疑若有恶矣，然却能‘不念旧恶’，故孔子特发明其情。武王伐纣，伯夷只知君臣之分不可，不知武王顺天命诛独夫也。”问：“武王果杀纣否？”曰：“武王不曾杀纣，人只见《洪范》有‘杀纣’字尔。武王伐纣而纣自杀，亦须言‘杀纣’也。向使纣曾杀帝乙，则武王却须杀纣也。石曼卿有诗，言伯夷‘耻居汤、武干戈地，来死唐、虞揖让墟’，亦有是理。首阳乃在河中府虞乡也。”问：“不食周粟，如何？”曰：“不食禄耳。”

用休问：“陈文子之清，令尹子文之忠，使圣人为之，则是仁否？”曰：“不然。圣人为之，亦只是清、忠。”

《乡党》分明画出一个圣人出。“降一等”，是自堂而出降阶，当此时，放气不屏，故“逞颜色”；“复其位”，复班位之序；“过位”，是过君之虚位；“享礼，有容色”，此享燕宾客之时。“有容色”者，盖一在于庄，则情不通也。“私觌”则又和悦矣。皆孔子为大夫出入、起居之节。“缁衣羔裘，素衣麑裘，黄衣狐裘”，各有用。不必云缁衣是朝服，素衣是丧服，黄衣是蜡服。麑是鹿儿。“斋，必有明衣，布”，欲其洁。“明衣”，如今凉衫之类。缁衣、明衣，皆恶其文之著而为之也。“非帷裳，必杀之”，帷裳固不杀矣，其他衣裳亦杀也。“吉月，必朝服而朝”者，子在鲁致仕时，月朔朝也。“乡人傩”，古人以驱厉气，亦有此理，天地有厉气，而至诚作威严以驱之。“式凶服、负版”，盖在车中。

居敬则自然简。“居简而行简”，则似乎简矣，然乃所以不简。盖先有心于简，则多却一简矣。居敬则心中无物，是乃简也。

“‘仁者，先难而后获’，何如？”曰：“有为而作，皆先获也，如利仁是也。古人惟知为仁而已，今人皆先获也。”

又问：“‘述而不作’，如何？”曰：“此圣人不得位，止能述而已。”

公山弗扰、佛肸召，子欲往者，圣人以天下无不可与有为之人，亦无不可改过之人，故欲往。然终不往者，知其必不能改也。子路遂引“亲于其身为不善”为问，孔子以坚白、匏瓜为对。“系而不食”者，匏瓜系而不为用之物。“不食”，不用之义也。匏瓜亦不食之物，故因此取义也。

唐棣之华，乃千叶郁李，本不偏反，喻如兄弟，今乃偏反，则喻兄弟相失也。兄弟相失，岂不尔思，但居处相远耳。孔子曰：“未之思也，夫何远之有？”盖言权，实不相远耳。权之为义，犹称锤也。能用权乃知道，亦不可言权便是道也。自汉以下，更无人识权字。

“我不欲人之加诸我，吾亦欲无加诸人”，正《中庸》所谓“施诸己而不愿，亦勿施于人”。

“盖有不知而作之者”，凡人作事皆不知，惟圣人作事无有不知。

或问：“善人之为邦，如何可胜残去杀？”曰：“只是能使人不为不善。善人，‘不践迹，亦不入于室’之人也。‘不践迹'，是不践已前为恶之迹，然未入道也。"

又问："'王者，必世而后仁'，何如？"曰："三十曰壮，有室之时，父子相继为一世。王者之效则速矣。"又问"善人教民七年，亦可以即戎矣"，曰："教民战至七年，则可以即戎矣。凡看文字，如七年、一世、百年之事，皆当思其如何作为，乃有益。"

问《小畜》，曰："《小畜》是所畜小，及所畜虽大而少，皆小畜也。不必专言君畜臣，臣畜君。"

问"大德不逾闲，小德出入可也"，曰："大德是大处，小德是小处。'出入'，如可以取可以无取之类是也。"又问："'言不必信，行不必果'，是出入之事否？"曰："亦是也，然不信乃所以为信，不果乃所以为果。"

范文甫将赴河清尉，问："到官三日，例须谒庙，如何？"曰："正者谒之，如社稷及先圣是也。其他古先贤哲，亦当谒之。"又问："城隍当谒否？"曰："城隍不典。土地之神，社稷而已。何得更有土地邪？"又问："只恐骇众尔。"曰："唐狄仁杰废江、浙间淫祠千七百处，所存惟吴太伯、伍子胥二庙尔。今人做不得，以谓时不同，是诚不然，只是无狄仁杰耳。当时子胥庙存之亦无谓。"

畅中伯问"密云不雨，自我西郊"，曰："西郊，阴所，凡雨须阳倡乃成，阴倡则不成矣。今云过西则雨，过东则否，是其义也。所谓'尚往'者，阴自西而往，不待阳矣。"

凡看文字，先须晓其文义，然后可求其意，未有文义不晓而见意者也。学者看一部《论语》，见圣人所以与弟子许多议论而无所得，是不易得也。读书虽多，亦奚以为？

子文问“民可使由之，不可使知之”，曰：“‘不可使知之’者，非民不足与知也，不能使之知尔。”

或问：“诸葛孔明亦无足取。大凡杀一不辜而得天下，则君子不为，亮杀戮甚多也。”先生曰：“不然。所谓杀一不辜，非此之谓。亮以天子之命，诛天下之贼，虽多何害？”

同伯温见先生，先生曰：“从来觉有所得否？学者要自得。六经浩渺，乍来难尽晓，且见得路径后，各自立得一个门庭，归而求之可矣。”伯温问：“如何可以自得？”曰：“思。‘思曰睿，睿作圣’，须是于思虑间得之，大抵只是一个明理。”棣问：“学者见得这道理后，笃信力行时，亦有见否？”曰：“见亦不一，果有所见后，和信也不要矣。”又问：“莫是既见道理，皆是当然否？”曰：“然。凡理之所在，东便是东，西便是西，何待信？凡言信，只是为彼不信，故见此是信尔。孟子于四端不言信，亦可见矣。”

伯温又问：“孟子言心、性、天，只是一理否？”曰：“然。自理言之谓之天，自禀受言之谓之性，自存诸人言之谓之心。”又问：“凡运用处是心否？”曰：“是意也。”棣问：“意是心之所发否？”曰：“有心而后有意。”又问：“孟子言心‘出入无时’，如何？”曰：“心本无出入，孟子只是据操、舍言之。”伯温又问：“人有逐物，是心逐之否？”曰：“心则无出入矣，逐物是欲。”

卷第二十二下　伊川先生语八下

附杂录后

问："郑伯以璧假许田，左氏以谓易祊田，黎淳以隐十一年入许之事破左氏，谓许田是许之田，如何？"曰："左氏说是也。既是许之田，如何却假之于鲁？十一年虽入许，许未尝灭，许叔已奉祀也。"

问："桓四年无秋冬，如何？"曰："圣人作经，备四时也。如桓不道，背逆天理，故不书秋冬。《春秋》只有两处如此，皆言其无天理也。"

用休问"哀公问社于宰我"之事，曰："'社'字，本是'主'字，文误也。宰我不合道'使民战慄'，故仲尼有后来言语。"

先生曰："'诚不以富，亦祇以异'，本不在'是惑也'之后，乃在'齐景公有马千驷'之上，文误也。"

问："'揖让而升，下而饮'，是下堂饮否？"曰："古之制，罚爵皆在堂下。"又问："唯不胜下饮否？"曰："恐皆下堂，但胜者饮不胜者也。"

思叔问："荀彧如何？"曰："彧才高，识不足。"孟纯问："何颙尝称其有王佐才。"曰："不是王佐才。"嘉仲问："如霍光、萧、曹之徒，如何？"曰："此可为汉时王佐才。”棣问：“史称董仲舒是王佐才，如何？”曰：“仲舒是言其学术。若论至王佐才，须是伊、周，其次莫如张良、诸葛亮、陆宣公。”

问：“‘夏，逆妇姜于齐’，何故便书‘妇’？”曰：“此是文公在丧服将满之时纳币，故圣人于其逆时，便成之为妇，罪其居丧而取也。《春秋》微显阐幽，乃在如此处。凡事分明可见者，圣人更不微文以见意，只直书而已。如桓三年及宣元年逆女，皆分明在丧服中成昏，故只书‘逆女’也。文公则但在丧服纳币，至逆女却在四年，圣人欲显其居丧纳币之罪，故书‘妇姜’，便成之为妇也。其意言虽至四年方逆女，其实与丧昏同也。”

先生曰：“周公之于兄，舜之于弟，皆一类，观其用心为如何哉！推此心以待人，亦只如此，然有差等矣。”

问：“《春秋》书日食，如何？”曰：“日食有定数，圣人必书者，盖欲人君因此恐惧修省，如治世而有此变，则不能为灾，乱世则为灾矣。人气血盛，虽遇寒暑邪秽，不能为害；其气血衰，则为害必矣。”

问：“‘荧惑退舍’，果然否？”曰：“观宋景公，不能至是。”问：“‘反风’，如何？”曰：“亦未必然。成王，一中才之主，圣人为之臣，尚几不能保。《金縢》书，成王亦安知？只是二公知之，因此以示王。弭变，非有动天之德，不能至也。”

问：“四岳，一人否？”曰：“然。以二十二人数考之，固然。观对尧言众则曰佥，四岳则曰岳，亦可见也。”

“晋侯之执曹伯，是否？”曰：“曹伯有弑逆之罪，即执之是也。晋与之同盟而后执之，故书‘曹伯’而不去其爵。晋侯不夺爵，未至于夺爵也。‘归自京师’，则言若无罪，而归罪天王不能行爵赏也。凡言‘归’者，易辞；‘归之’者，强归之辞。”

问：“龙能有能无，如何？”曰：“安能无？但能隐见耳。所以能隐见者，为能屈伸尔。非特龙，凡小物，甚有能屈伸者。”

问：“书‘至’，如何？”曰：“告庙而书，亦有不缘告庙而书者。”又问“还复”，曰：“还只是归复，如今所谓倒回。”又问“隐皆不书至”，曰：“告庙之礼不行。”

先生指庭下群雀示诸弟子，曰：“地上元有物，则群雀集而食之。人故与之，则不即来食，须是久乃集，盖人有意在尔。若负粟者过，适遗下，则便集而食矣。”

问：“禘于太庙用‘致’，‘夫人’是哀姜否？”曰：“文姜也。文姜与桓公如齐，终启弑桓之恶，其罪大矣，故圣人于其逊于齐，致于庙，皆止曰‘夫人’，而去其姜氏，以见大义与国人已绝矣。然弑桓之恶，文姜实不知，但缘文姜而启尔，庄公母子之情则不绝，故书‘夫人’焉。文姜逊齐，止称‘夫人’；此禘致于庙，亦只称‘夫人’，则是文姜明矣。此最是圣人用法致严处，可以见大义，又以见子母之义。本朝太祖皇帝立法，极合《春秋》之意，法中有夫因妇而被杀者，以妇为首，正与此合。”

问：“禘是如何？”曰：“禘是天子之祭，五年一禘，祭其祖之所自出也。”又问祫，曰：“祫，合祭也，诸侯亦祭祫。只是祠、禴、尝、蒸之祭，为庙礼烦，故每年于四祭中，三祭合食于祖庙，惟春则遍祭诸庙也。”

问：“祧庙如何？”曰：“祖有功，宗有德，文、武之庙永不祧也。所祧者，文、武以下庙。”曰：“兄弟相继，如何？”曰：“此皆自立庙。然如吴太伯兄弟四人相继，若上更有二庙不祧，则遂不祭祖矣。故庙虽多，亦不妨祧，只祧得服绝者，以义起之可也。如本朝太祖、太宗，皆万世不祧之庙，河东、闽、浙诸处皆太宗取之，无可祧之理。”

问：“孀妇于理似不可取，如何？”曰：“然。凡取，以配身也。若取失节者以配身，是己失节也。”又问：“或有孤孀贫穷无托者，可再嫁否？”曰：“只是后世怕寒饿死，故有是说。然饿死事极小，失节事极大。”

或问：“汉高祖可比太祖否？”曰：“汉高祖安能比太祖？太祖仁爱，能保全诸节度使，极有术。天下既定，皆召归京师，节度使竭土地而还，所畜不赀，多财，亦可患也。太祖逐人赐地一方，盖第，所费皆数万。又尝赐宴，酒酣，乃宣各人子弟一人扶归。太祖送至殿门，谓其子弟曰：‘汝父各许朝廷十万缗矣。’诸节度使醒，问所以归，不失礼于上前否？子弟各以缗事对。翌日，各以表进如数。此皆英雄御臣之术。”

宣仁山陵时，会吕汲公于陵下。公曰：“国家养兵乃良策，凡四方有警，百姓皆不知。”先生曰：“相公岂不见景德中事耶？驱良民刺面，以至及士人。盖有限之兵，忽损三五千人，将何自而补？要知兵须是出于民，可也。”

太祖初有天下，士卒人许赏二百缗。及即位，以无钱久不赐，士卒至有题诗于后苑。太祖一日游后苑见诗，乃曰“好诗”，遂索笔和之。以故，每于郊时，各赐赏给，至今因以为例，不能去。或问：“今欲新兵不给郊赏，数十年后可革否？”曰：“新兵本无此望，不与可也，不数十年可革。”

思叔问：“孟子言‘善推其所为’，是欤？”曰：“圣人则不待推。”

霍光废昌邑，其始乃光之罪。当时不合立之，只被见是武帝孙，担当不过，须立之也。此又与伊尹立太甲不同也。伊尹知太甲必能思庸，故放之桐三年。当时汤既崩，太丁未立而死，外丙方二岁，仲壬方四岁，故须立太甲也。太甲又有思庸之资，若无是质，伊尹亦不立也。《史记》以孟子二年、四年之言，遂言汤崩六年之后，太甲方立。不知年只是岁字。顷吕望之曾问及此，亦曾说与他。后来又看《礼》，见王巡狩，问百年者，益知《书传》亦称岁为年。二年、四年之说，纵别无可证，理亦必然。且看《尚书》，分明说成汤既没，太甲元年；又看王徂桐宫，居忧三年，终能思庸，伊尹以冕服奉嗣王。可知凡文字理是后，不必引证。

问：“东向西向，以南方为上；南向北向，以西方为上。如何？”曰：“此言坐位，非祭祀昭穆之位。昭穆之位，太祖面东，左昭右穆，自内以及外。古之坐位，皆以右为尊。”范文甫问：“韩信得广武君，使东向坐，而西面师事之，是否？”曰：“今则以左为尊，是或一道也。”

问：“‘侨如以夫人姜氏至’，书‘以’，如何？”曰：“当然。此却言公子能主其事，以夫人至也。如书‘公与夫人如齐’，只书‘与’而不书‘及’，却有意，盖言‘及’，则主在公也；言‘与’，则公不能制明矣。”

孔子愿“乘桴浮于海”，“居九夷”，皆以天下无一贤君，道不行，故言及此尔。子路不知其意，便谓圣人行矣。“无所取材”，言其不能斟酌也。

问：“‘肆大眚’，如何？”曰：“大眚而肆之，其失可知。《书》言‘眚灾肆赦’者，言眚则肆之，眚是自作之罪也；灾则赦之，灾是过失之事故也。凡赦，何尝及得善人？诸葛亮在蜀，十年不赦，审此尔。”

兵强弱亦有时。往时陈、许号劲兵，今陈、许最近畿，亦不闻劲。今河东最盛。

学者不可不通世务。天下事，譬如一家，非我为则彼为，非甲为则乙为。

子路“片言可以折狱”，故鲁愿与小邾、射盟，而射止愿得季路一言，乃其证也。

曰“予欲无言”，盖为子贡多言，故告之以此。

问“务民之义”，曰：“如项梁立义帝，谓从民望者是也。”

棣问：“‘天王使宰咺来归惠公、仲子之赗’，如何？”答曰：“书‘天王’者，以春秋之始，周方书此一件事，且存天王之号以正名分，非谓此事当理而书也，故书宰之名以示贬。仲子是惠公再娶之夫人，诸侯无再娶理，故只书惠公、仲子，不称夫人也。”又问：“左氏以为未薨，预凶事，非礼也。”曰：“不然，岂有此理？夫人子氏自是隐公之妻，不干仲子事。”

又问：“再娶皆不合礼否？”曰：“大夫以上无再娶礼。凡人为夫妇时，岂有一人先死，一人再娶，一人再嫁之约？只约终身夫妇也。但自大夫以下，有不得已再娶者，盖缘奉公姑，或主内事尔。如大夫以上，至诸侯、天子，自有嫔妃可以供祀礼，所以不许再娶也。”

“《春秋》书‘盟’，如何？先王之时有盟否？或疑《周官》司盟者。”曰：“先王之时，所以有盟者，亦因民而为之，未可非司盟也。但春秋时，信义皆亡，日以盟诅为事，上不遵周王之命，《春秋》书，皆贬也。唯胥命之事稍为近正，故终齐、卫二君之世，不相侵伐，亦可喜也。”

“纪子伯莒子盟于密”，此是“伯”上脱一字也，必是三人同盟。若不是脱字，别无义理。

“齐高固来逆叔姬，《公》《穀》有‘子’字，如何？”曰：“‘子’者，言是公女，其他则姊妹之类也。”

又问：“‘丁丑，夫人姜氏入’，何故独书曰‘入’？”曰：“此娶仇女，故书‘入’，言宗庙不受也。”

又问“公子结媵陈人之妇于鄄，遂及齐侯、宋公盟”，曰：“此是本去媵妇，却遂及诸侯盟，圣人罪之之意，在遂事也。”

又问：“‘祭公来，遂逆王后于纪’，如何？”曰：“此祭公受命逆后，却因过鲁，遂行朝会之礼，圣人深罪之，故先书其来，使若以朝鲁为主，而逆后为遂也。”曰：“或说‘逆王后，亦使鲁为主’，如何？”曰：“筑王姬之馆，单伯送王姬之类，皆是鲁为主。盖只是王姬下嫁，则同姓诸侯为主，如逆王后，无使诸侯为主之理。”

问：“独宋共姬书首尾最详，何故？”曰：“贤伯姬，故详录之。昔胡先生常说伯姬是妇人中伯夷，为其不下堂而死也。”曰：“如成八年、九年、十年，三书来媵，皆以伯姬之故书否？”曰：“然。”“媵之礼如何？”曰：“古有之。”

又问：“汉儒谈《春秋》灾异，如何？”曰：“自汉以来，无人知此。董仲舒说大人相与之际，亦略见些模样，只被汉儒推得太过。亦何必说某事有某应？”

卷第二十三　伊川先生语九

鲍若雨录

今语小人曰不违道，则曰不违道，然卒违道；语君子曰不违道，则曰不违道，终不肯违道。譬如牲牢之味，君子曾尝之，说与君子，君子须增爱；说与小人，小人非不道好，只是无增爱心，其实只是未知味。“守死善道”，人非不知，终不肯为者，只是知之浅，信之未笃。

志不可不笃，亦不可助长。志不笃，则忘废；助长，于文义上也且有益，若于道理上助长，反不得。杜预云：“优而柔之，使自求之；厌而饫之，使自趣之。若江海之浸，膏泽之润，涣然冰释，怡然理顺，然后为得也。”此数句煞好。

《论语》是孔门高弟所撰，观其立言，直是得见圣人处。如“闵子侍侧，訚訚如也；子路，行行如也；冉有、子贡，侃侃如也，子乐”，不得圣人处，怎生知得子乐？“訚訚”“行行”“侃侃”，亦是门人旁观见得。如“子温而厉，威而不猛，恭而安”，皆是善观圣人者。

夫子删《诗》、赞《易》、叙《书》，皆是载圣人之道，然未见圣人之用，故作《春秋》。《春秋》，圣人之用也。如曰：“知我者，其惟《春秋》乎！罪我者，其惟《春秋》乎！”便是圣人用处。

人谓“尽己之谓忠，尽物之谓恕”，“尽己之谓忠”，固是；“尽物之谓恕”，则未尽。推己之谓恕，尽物之谓信。

问：“《武》未尽善处，如何？”曰：“说者以征诛不及揖让，征诛固不及揖让，然未尽善处，不独在此，其声音、节奏亦有未尽善者。《乐记》曰：‘有司失其传也。’若非有司失其传，则武王之志荒矣。孔子‘自卫反鲁，然后乐正，《雅》《颂》各得其所’，是知既正之后，不能无错乱者。”

小人之怒在己，君子之怒在物。小人之怒，出于心，作于气，形于身，以及于物，以至无所不怒，是所谓“迁”也。若君子之怒，如舜之去四凶。

问：“‘吾道一以贯之’，而曰‘忠恕而已矣’，则所谓一者，便是仁否？”曰：“固是。只这一字，须是子细体认。一还多在忠上？多在恕上？”曰：“多在恕上。”曰：“不然。多在忠上。才忠便是一，恕即忠之用也。”

又问：“令尹子文忠矣，孔子不许其仁，何也？”曰：“此只是忠，不可谓之仁。若比干之忠，见得时便是仁也。”

螟蛉、蜾蠃，本非同类，为其气同，故祝则肖之。又况人与圣人同类者？大抵须是自强不息，将来涵养成就到圣人田地，自然气貌改变。

问：“‘有杀身以成仁，无求生以害仁’，窃谓苟所利者大，一身何足惜也？”曰：“但看生与仁孰重。夫子曰：‘朝闻道，夕死可矣。’人莫重于生，至于舍得死，道须大段好如生也。”曰：“既死矣，敢问好处如何？”曰：“圣人只睹一个是。”

问：“夫子曰：‘吾不复梦见周公。’圣人固尝梦见周公乎？”曰：“不曾。孔子昔尝寤寐间思周公，后不复思尔。若谓梦见周公，大段害事，即不是圣人也。”又曰：“圣人果无梦乎？”曰：“有。夫众人日有所思，夜则成梦，设或不思而梦，亦是旧习气类相应。若是圣人梦又别。如高宗梦傅说，真个有傅说在傅岩也。”

问：“富贵、贫贱、寿夭，固有分定，君子先尽其在我者，则富贵、贫贱、寿夭，可以命言；若在我者未尽，则贫贱而夭，理所当然，富贵而寿，是为徼幸，不可谓之命。”曰：“虽不可谓之命，然富贵、贫贱、寿夭，是亦前定。孟子曰：‘求则得之，舍则失之，是求有益于得也，求在我者也；求之有道，得之有命，是求无益于得也，求在外者也。’故君子以义安命，小人以命安义。”

《中庸》之说，其本至于“无声无臭”，其用至于“礼仪三百，威仪三千”。自“礼仪三百，威仪三千”，复归于“无声无臭”，此言圣人心要处。与佛家之言相反，尽教说无形迹，无色，其实不过“无声无臭”，必竟有甚见处？大抵语论间不难见。如人论黄金曰黄色，此人必是不识金，若是识金者，更不言，设或言时，别自有道理。张子厚尝谓佛如大富贫子。横渠论此一事，甚当。

圣人与理为一，故无过，无不及，中而已矣。其他皆以心处这个道理，故贤者常失之过，不肖者常失之不及。

陈恒弑其君，孔子沐浴而朝，请讨之。《左氏》载孔子之言，谓：“陈恒弑其君，民之不与者半，以鲁之众加齐之半，可克也。”恁地是圣人以力角胜，都不问义理也？孔子请伐齐，以弑君之事讨之。当时哀公能从其请，孔子必有处置，须使颜回使周，子路使晋，天下大计可立而遂。孔子临老，有此一件事好做，奈何哀公不从其请，可惜！

问："横渠言'由明以至诚，由诚以至明'，此言恐过当。"曰："'由明以至诚'，此句却是；'由诚以至明'，则不然，诚即明也。孟子曰：'我知言，我善养吾浩然之气。'只'我知言'一句已尽。横渠之言不能无失，类若此。若《西铭》一篇，谁说得到此？今以管窥天，固是见北斗，别处虽不得见，然见北斗，不可谓不是也。"

问："孔子对冉求曰：'其事也，非政。'政与事何异？"曰："闵子骞不肯为大夫，曾晳不肯为陪臣，皆知得此道理。若季路、冉求，未能知此。夫政出于国君。冉求为季氏家臣，只是家事，安得为政？当时季氏专政，孔子因以明之。"或问："季路、冉求稍明圣人之道，何不知此？"曰："当时陪臣执国命，目见耳闻，习熟为常，都不知有君，此言不足怪。季氏问：'季路、冉求，可谓大臣与？'孔子曰：'所谓大臣者，以道事君，不可则止。今由与求也，可谓具臣矣。''然则从之者与？'曰：'弑父与君，亦不从也。'除却弑父与君，皆为之。"

"'期月而已，三年有成'，何也？"曰："公孙弘谓'三年有成，臣切迟之'；唐文宗时，李石责以宰相之职，谓'臣犹以为太速'。二者皆不是。须是知得迟速之理。昔尝对哲宗说此事，曰：'陛下若问如何措置，三年有成，臣即陈三年有成之事；若问如何措置，期月而已，臣即陈期月之事。'当时朝廷无一人问着，只李邦直但云称职，称职亦不曾问着一句。"

《春秋》书陨石、陨霜，何故不言石陨、霜陨？此便见得天人一处。昔尝对哲宗说："天人之间甚可畏，作善则千里之外应之，作恶则千里之外违之。昔子陵与汉光武同寝，太史奏客星侵帝座甚急。子陵匹夫，天应如此，况一人之尊，举措用心，可不戒慎？”

“暴其民甚，则身弑国亡；不甚，则身危国削，名之曰幽、厉，虽孝子慈孙，百世不能改也。”汉之君，都为美谥，何似休因问：“桀、纣是谥否？”曰：“不是。天下自谓之桀、纣。”

“王天下，有三重”，“三重”即三王之礼。三王虽随时损益，各立一个大本，无过不及，此与《春秋》正相合。

“先生前日教某思‘君子和而不同’，某思之数日，便觉胸次广阔，其意味有不可以言述。窃有一喻，愿留严听。今有人焉，久寓远方，一日归故乡，至中途，适遇族兄者，俱抵旅舍，异居而食，相视如途人。彼岂知为族弟，此亦岂知为族之兄邪？或告曰：‘彼之子，公之族兄某人也；彼之子，公之族弟某人也。’既而欢然相从，无有二心。向之心与今之心，岂或异哉？知与不知而已。今学者苟知大本，则视天下犹一家，亦自然之理也。”先生曰：“此乃善喻也。”

“先生教某思‘孝弟，为仁之本’，某窃谓：‘人之初生，受天地之中，禀五行之秀，方其禀受之初，仁固已存乎其中。及其既生也，幼而无不知爱其亲，长而无不知敬其兄，而仁之用于是见乎外。当是时，唯知爱敬而已，固未始有事物之累。及夫情欲窦于中，事物诱于外，事物之心日厚，爱敬之心日薄，本心失而仁随丧矣。故圣人教之曰：“君子务本，本立而道生。孝弟也者，其为仁之本与！”盖谓修为其仁者，必本于孝弟故也。’”先生曰：“能如此寻究，甚好。夫子曰：‘敬亲者，不敢慢于人；爱亲者，不敢恶于人。’不敢慢于人，不敢恶于人，便是孝弟。尽得仁，斯尽得孝弟；尽得孝弟，便是仁。”又问：“为仁，先从爱物上推来，如何？”曰：“不敬其亲而敬他人者，谓之悖礼；不爱其亲而爱他人者，谓之悖德，故君子‘亲亲而仁民，仁民而爱物’。能亲亲，岂不仁民？能仁民，岂不爱物？若以爱物之心推而亲亲，却是墨子也。”因问：“舜与曾子之孝，优劣如何？”曰：“《家语》载耘瓜事，虽不可信，却有义理。曾子耘瓜，误斩其根，曾皙建大杖以击其背，曾子仆地，不知人事，良久而苏，欣然起，进曰：‘大人用力教参，得无疾乎？’乃退，援琴而歌，使知体康。孔子闻而怒。曾子至孝如此，亦有这些失处。若是舜，百事从父母，只杀他不得。”又问：“如申生待烹之事，如何？”曰：“此只是恭也。若舜，须逃也。”

问：“先生曰：‘尽其道，谓之孝弟。’夫以一身推之，则身者，资父母血气以生者也。尽其道者，则能敬其身；敬其身者，则能敬其父母矣。不尽其道，则不敬其身；不敬其身，则不敬父母，其斯之谓欤？”曰：“今士大夫受职于君，尚期尽其职事，又况亲受身于父母，安可不尽其道？”

夫民，合而听之，则圣；散而听之，则愚。合而听之，则大同之中有个秉彝在前，是是非非，无不当理，故圣；散而听之，则各任私意，是非颠倒，故愚。盖公义在，私欲必不能胜也。

卷第二十四　伊川先生语十

邹德久本

“天下雷行，物与无妄”，先天、后天皆合于天理者也，人欲则伪矣。

修身，当学《大学》之序。《大学》，圣人之完书也，其间先后失序者，已正之矣。

《诗》言后妃之德，非指人而言，或谓太姒，大失之矣。周公作乐章，欲以感化天下，其后继以文王诗者，言古之人有行之者，文王是也。《周南》，天子之事，故系之周。周，王室也；《召南》，诸侯之事，故系之召。召，诸侯长也。曰公者，后人误加之也。夫妇道一，《关雎》虽后妃之事，亦可歌于下。至若《鹿鸣》以下，则各主其事，《皇华》遣使臣之类是也。《颂》有二：或美盛德，则燕飨通用之；或告成功，则祭祀专用之。

《诗》有六义：曰风者，谓风动之也；曰赋者，谓铺陈其事也；曰比者，直比之，“温其如玉”之类是也；曰兴者，因物而兴起，“关关雎鸠”“瞻彼淇澳”之类是也；曰雅者，雅言正道，“天生烝民，有物有则”之类是也；曰颂者，称颂德美，“有匪君子，终不可谖兮”之类是也。

《国风》《大小雅》《三颂》，《诗》之名也；六义，《诗》之义也。篇之中，有备六义者，有数义者。一本章首云：能治乱丝者，可以治《诗》。

四始，犹四端也。

十五《国风》，各有次序，看《诗》可见。

《诗大序》，孔子所为，其文似《系辞》，其义非子夏所能言也；《小序》，国史所为，非后世所能知也。

人心，私欲，故危殆；道心，天理，故精微。灭私欲则天理明矣。

《太誓》书曰："一月。"曰："商历已绝，周历未建，故用人正，今之正月也。不书商历，以见纣自绝于天矣。圣人一言一动，无不合于天理如此。"

看《书》，须要见二帝、三王之道。如二《典》，即求尧所以治民，舜所以事君。

"五年须暇"者，圣人讨伐，必不太早，自当缓之，非再驾之谓也。此周公所知，无显迹可推也。

犬、牛、人，知所去就，其性本同，但限以形，故不可更。如隙中日光，方圆不移，其光一也。惟所禀各异，故生之谓性，告子以为一，孟子以为非也。

庾公之斯遇子濯孺子，虚发四矢，甚无谓也。国之安危在此举，则杀之可也；舍之而无害于国，权轻重可也。何用虚发四矢乎？

"尧、舜，性之"，生知也；"汤、武，身之"，学而知之也。

"仁之于父子"至"知之于贤者"，谓之命者，以其禀受有厚薄、清浊故也。然其性善，可学而尽，故谓之性焉。禀气有清浊，故其材质有厚薄。禀于天谓性，感为情，动为心，质干为才。

“生之谓性”，与“天命之谓性”同乎？性字，不可一概论。“生之谓性”，止训所禀受也；“天命之谓性”，此言性之理也。今人言天性柔缓，天性刚急，俗言天成，皆生来如此，此训所禀受也。若性之理也，则无不善，曰天者，自然之理也。

“天下言性，则故而已”者，言性，当推其元本，推其元本，无伤其性也。

伊尹受汤委寄，必期天下安治而已。太甲如不终惠，可废也。孟子言贵戚之卿与此同。然则，始何不择贤？盖外丙二岁，仲壬四岁，惟太甲长耳。使太甲有下愚之质，初不立也。苟无三人，必得于宗室；宗室无人，必择于汤之近戚；近戚无人，必择于天下之贤者而与之，伊尹不自为也。刘备托孔明以嗣子，“不可，使自为之”，非权数之言，其利害昭然也。立者非其人，则刘氏必为曹氏屠戮，宁使孔明为之也。霍光废昌邑，不待放，知其下愚不移也，始之不择，则光之罪大矣。若伊尹与光是太甲、昌邑所用之臣，而不受先王之委寄，谏不用，去之可也，放废之事，不可为也，义理自昭然。

先生始看史传，及半，则掩卷而深思之，度其后之成败，为之规画，然后复取观焉。然成败有幸不幸，不可以一概看。

看史必观治乱之由，及圣贤修己处事之美。

孔明有王佐之心，道则未尽。王者，如天地之无私心焉，行一不义而得天下，不为。孔明必求有成，而取刘璋。圣人宁无成耳，此不可为也。若刘表子琮，将为曹公所并，取而兴刘氏，可也。

孔明不死，三年可以取魏；且宣王有英气，久不得伸，必沮死不久也。

孔明庶几礼乐。

孔明营五丈原，宣王言“无能为”，此伪言，安一军耳，兵自高地来可胜。先生尝自观五丈原，非此地不可据，英雄欺人，不可尽信。

荀爽从董卓辟，逊迹避祸，君子亦有之，然圣人明哲保身，亦不至转身不得处。如杨子投阁，失之也。荀爽自度其材，能兴汉室乎，起而图之可也；知不足而强图之，非也。

西汉儒者有风度，惟董仲舒、毛苌、杨雄。苌解经虽未必皆当，然味其言，大概然耳。

东汉赵苞为边郡守，虏夺其母，招以城降，苞遽战而杀其母，非也。以君城降而求生其母，固不可。然亦当求所以生母之方，奈何遽战乎？不得已，身降之可也。王陵母在楚，而使楚质以招陵，陵降可也。徐庶得之矣。

义训宜，礼训别，智训知，仁当何训？说者谓训觉，训人，皆非也。当合孔、孟言仁处，大概研穷之，二三岁得之，未晚也。

先生云：“吾四十岁以前读诵，五十以前研究其义，六十以前反复紬绎，六十以后著书。”著书不得已。

人思如涌泉，浚之愈新。

释道所见偏，非不穷深极微也，至穷神知化，则不得与矣。

先生在经筵时，上服药，即日就医官问动止。天子方幼，建言选宫人四十以上者侍左右，所以远纷华、养心性。

尽己为忠，尽物为信。极言之，则尽己者，尽己之性也；尽物者，尽物之性也。信者，无伪而已，于天性有所损益，则为伪矣。《易》《无妄》曰："天下雷行，物与无妄。"动以天理故也。其大略如此，更须研究之，则自有得处。

韩文不可漫观，晚年所见尤高。

在天曰命，在人曰性。贵、贱、寿、夭，命也；仁、义、礼、智，亦命也。

动物有知，植物无知，其性自异，但赋形于天地，其理则一。

四端不言信者，既有诚心为四端，则信在其中矣。

"充实而有光辉"，所谓"修身见于世"也。

昏礼执雁者，取其不再偶尔，非随阳之物。

亚夫夜半军扰，直至帐下，坚卧不动，安在其持重也。

圣人无优劣，有则非圣人也。

主一者，谓之敬。一者，谓之诚；主则有意在。

荀氏八龙，岂尽贤者？但得一二贤子弟相薰习，皆然耳。

犬吠屠人，世传有物随之，非也，此正如海上鸥尔。

卷第二十五　伊川先生语十一

畅潜道录胡氏注云："识者疑其间多非先生语。"

《大学》曰："物有本末，事有终始，知所先后，则近道矣。"人之学，莫大于知本末、终始。致知在格物，则所谓本也，始也；治天下、国家，则所谓末也，终也。治天下、国家，必本诸身，其身不正而能治天下、国家者，无之。格，犹穷也；物，犹理也，犹曰穷其理而已也。穷其理，然后足以致之，不穷则不能致也。格物者，适道之始，欲思格物，则固已近道矣。是何也？以收其心而不放也。

知者，吾之所固有，然不致则不能得之，而致知必有道，故曰"致知在格物"。

《大学》论意诚以下，皆穷其意而明之，独格物则曰"物格而后知至"，盖可以意得而不可以言传也。自格物而充之，然后可以至圣人。不知格物而先欲意诚、心正、身修者，未有能中于理者。

"致知在格物"，非由外铄我也，我固有之也。因物有迁，迷而不知，则天理灭矣，故圣人欲格之。

随事观理，而天下之理得矣；天下之理得，然后可以至于圣人。君子之学，将以反躬而已矣。反躬在致知，致知在格物。

学莫贵于自得，得非外也，故曰自得。

学莫大于平心，平莫大于正，正莫大于诚。

君子之学，在于意、必、固、我既亡之后，而复于喜怒哀乐未发之前，则学之至也。

心至重，鸡犬至轻。鸡犬放，则知求之；心放，则不知求，岂爱其至轻而忘其至重哉？弗思而已矣。今世之人，乐其所不当乐，不乐其所当乐；慕其所不当慕，不慕其所当慕，皆由不思轻重之分也。

颜渊叹孔子曰：“仰之弥高，钻之弥坚，瞻之在前，忽焉在后。夫子循循然善诱人，博我以文，约我以礼，欲罢不能，既竭吾才，如有所立卓尔，虽欲从之，末由也已。”此颜子所以善学孔子而深知孔子者也。

有学不至而言至者，循其言亦可以入道。荀子曰：“真积力久则入。”杜预曰：“优而柔之，使自求之；厌而饫之，使自趋之。”管子曰：“思之思之，又重思之，思之而不通，鬼神将通之，非鬼神之力也，精神之极也。”此三者，循其言皆可以入道，而荀子、管子、杜预初不能及此。

自其外者学之，而得于内者，谓之明；自其内者得之，而兼于外者，谓之诚。诚与明，一也。

闻见之知，非德性之知。物交物，则知之，非内也，今之所谓博物多能者是也。德性之知，不假闻见。

君子不以天下为重而身为轻，亦不以身为重而天下为轻。凡尽其所当为者，如“可以仕则仕”“入则孝”之类是也，此孔子之道也。蔽焉而有执者，杨、墨之道也。

能尽饮食、言语之道，则可以尽去就之道；能尽去就之道，则可以尽死生之道。饮食、言语，去就、死生，小大之势，一也。故君子之学，自微而显，自小而章。《易》曰："闲邪存其诚。"闲邪则诚自存，而闲其邪者，乃在于言语、饮食、进退、与人交接之际而已矣。

人皆可以至圣人，而君子之学必至于圣人而后已。不至于圣人而后已者，皆自弃也。孝其所当孝，弟其所当弟，自是而推之，则亦圣人而已矣。

多权者害诚，好功者害义，取名者贼心。

君贵明，不贵察；臣贵正，不贵权。

称性之善谓之道，道与性，一也。以性之善如此，故谓之性善。性之本谓之命，性之自然者谓之天，自性之有形者谓之心，自性之有动者谓之情，凡此数者，皆一也。圣人因事以制名，故不同若此。而后之学者，随文析义，求奇异之说，而去圣人之意远矣。

自性而行，皆善也。圣人因其善也，则为仁、义、礼、智、信以名之，以其施之不同也，故为五者以别之。合而言之，皆道；别而言之，亦皆道也。舍此而行，是悖其性也，是悖其道也。而世人皆言性也，道也，与五者异，其亦弗学欤！其亦未体其性也欤！其亦不知道之所存欤！

道，孰为大？性为大。千里之远，数千岁之日，其所动静起居，随若亡矣。然时而思之，则千里之远在于目前，数千岁之久无异数日之近，人之性则亦大矣。噫！人之自小者，亦可哀也已。人之性，一也，而世之人皆曰吾何能为圣人，是不自信也。其亦不察乎！

自得者所守固，而自信者所行不疑。

学贵信，信在诚。诚则信矣，信则诚矣。不信不立，不诚不行。

或问：“周公勋业，人不可为也已。”曰：“不然。圣人之所为，人所当为也。尽其所当为，则吾之勋业，亦周公之勋业也。凡人之弗能为者，圣人弗为。”

君子之学，要其所归而已矣。

民可明也，不可愚也；民可教也，不可威也；民可顺也，不可强也；民可使也，不可欺也。

孔子曰：“枨也欲，焉得刚？”甚矣，欲之害人也！人之为不善，欲诱之也。诱之而弗知，则至于天理灭而不知反。故目则欲色，耳则欲声，以至鼻则欲香，口则欲味，体则欲安，此皆有以使之也。然则，何以窒其欲？曰：思而已矣。学莫贵于思，唯思为能窒欲。曾子之“三省”，窒欲之道也。

好胜者灭理，肆欲者乱常。

可以仕则仕，可以止则止，可以久则久，可以速则速，此皆时也，未尝不合中，故曰“君子而时中”。

“喜怒哀乐之未发，谓之中”，中也者，言寂然不动者也，故曰“天下之大本”；“发而皆中节，谓之和”，和也者，言感而遂通者也，故曰“天下之达道”。

学也者，使人求于内也。不求于内而求于外，非圣人之学也。何谓不求于内而求于外？以文为主者是也；学也者，使人求于本也。不求于本而求于末，非圣人之学也。何谓不求于本而求于末？考详略、采同异者是也。是二者，皆无益于身，君子弗学。

墨子之德，至矣，而君子弗学也，以其舍正道而之他也；相如、太史迁之才，至矣，而君子弗贵也，以所谓学者非学也。

庄子，叛圣人者也，而世之人皆曰矫时之弊。矫时之弊，固若是乎？伯夷、柳下惠，矫时之弊者也，其有异于圣人乎？抑无异乎？庄周、老聃，其与伯夷、柳下惠类乎？不类乎？子夏曰：“虽小道，必有可观者焉，致远恐泥。”子曰：“攻乎异端，斯害也已。”此言异端有可取，而非道之正也。

君子以识为本，行次之。今有人焉，力能行之，而识不足以知之，则有异端者出，彼将流宕而不知反。内不知好恶，外不知是非，虽有尾生之信、曾参之孝，吾弗贵矣。

学莫贵于知言，道莫贵于识时，事莫贵于知要。所闻者、所见者，外也，不可以动吾心。

孟子曰：“其为气也，至大至刚，以直养而无害。”此盖言浩然之气至大、至刚，且直也，能养之则无害矣。

伊尹之耕于有莘，傅说之筑于傅岩，天下之事，非一一而学之；天下之贤才，非一一而知之，明其在己而已矣。

君子不欲才过德，不欲名过实，不欲文过质。才过德者，不祥；名过实者，有殃；文过质者，莫之与长。

或问：“颜子‘在陋巷，而不改其乐’，与贫贱而在陋巷者，何以异乎？”曰：“贫贱而在陋巷者，处富贵则失乎本心。颜子在陋巷犹是，处富贵犹是。”

通乎昼夜之道，而知昼夜、死生之道也。

知生之道，则知死之道；尽事人之道，则尽事鬼之道。死生、人鬼，一而二，二而一者也。

孔子曰：“有德者必有言。”何也？和顺积于中，英华发于外也。故言则成文，动则成章。

学不贵博，贵于正而已矣；言不贵多，贵于当而已矣；政不贵详，贵于顺而已矣。

意、必、固、我既亡之后，必有事焉，此学者所宜尽心也。夜气之所存者，良知也，良能也，苟扩而充之，化旦昼之所害为夜气之所存，然后可以至于圣人。

孟子曰："尽其心者，知其性也；知其性，则知天矣。"心也，性也，天也，非有异也。

人皆有是道，唯君子为能体而用之；不能体而用之者，皆自弃也。故孟子曰："苟能充之，足以保四海；苟不充之，不足以事父母。"夫充与不充，皆在我而已。

德盛者，物不能扰而形不能病。形不能病，以物不能扰也。故善学者，临死生而色不变，疾痛惨切而心不动，由养之有素也，非一朝一夕之力也。

心之躁者，不热而烦，不寒而慄，无所恶而怒，无所悦而喜，无所取而起。君子莫大于正其气，欲正其气，莫若正其志。其志既正，则虽热不烦，虽寒不慄，无所怒，无所喜，无所取，去就犹是，死生犹是，夫是之谓不动心。

志顺者，气不逆；气顺，志将自正。志顺而气正，浩然之气也。然则，养浩然之气也，乃在于"持其志，无暴其气"耳。

《中庸》曰："道不可须臾离也，可离非道也。"又曰："道不远人。"此特圣人为始学者言之耳。论其极，岂有可离与不可离而远与近之说哉？

学为易，知之为难；知之非难也，体而得之为难。

"致曲"者，就其曲而致之也。

人人有贵于己者，此其所以“人皆可以为尧、舜”。

学者当以《论语》《孟子》为本。《论语》《孟子》既治，则六经可不治而明矣。读书者，当观圣人所以作经之意，与圣人所以用心，与圣人所以至圣人，而吾之所以未至者，所以未得者，句句而求之，昼诵而味之，中夜而思之，平其心，易其气，阙其疑，则圣人之意见矣。

人之生也，小则好驰骋弋猎，大则好建立功名，此皆血气之盛使之然耳。故其衰也，则有不足之色；其病也，则有可怜之言。夫人之性，至大矣，而为形气之所役使而不自知，哀哉！

吾未见啬于财而能为善者也，吾未见不诚而能为善者也。

君子之学也，“使先知觉后知，使先觉觉后觉”，而老子以为“非以明民，将以愚之”，其亦自贼其性欤！

有求为圣人之志，然后可与共学；学而善思，然后可与适道；思而有所得，则可与立；立而化之，则可与权。

“非礼勿视，非礼勿听，非礼勿言，非礼勿动”，视、听、言、动一于礼之谓仁，仁之与礼，非有异也。孔子告仲弓曰：“出门如见大宾，使民如承大祭。己所不欲，勿施于人。”夫君子能如是用心，能如是存心，则恶有不仁者乎？而其本可以一言而蔽之，曰：“思无邪。”

无好学之志，则虽有圣人复出，亦无益矣。然圣人在上而民多善者，以涵泳其教化深且远也，习闻之久也。

《礼记》除《中庸》《大学》，唯《乐记》为最近道，学者深思自求之。《礼记》之《表记》，其亦近道矣乎！其言正。

学者必求其师。记问文章不足以为人师，以所学者外也。故求师不可不慎。所谓师者，何也？曰理也，义也。

“少成若天性，习惯成自然。”虽圣人复出，不易此言。孔子曰：“性相近也，习相远也，唯上智与下愚不移。”下愚，非性也，不能尽其才也。

君子所以异于禽兽者，以有仁义之性也。苟纵其心而不知反，则亦禽兽而已。

形易则性易，性非易也，气使之然也。

“礼仪三百，威仪三千”，非绝民之欲而强人以不能也，所以防其欲，戒其侈，而使之入道也。

“多识于鸟兽草木之名”，所以明理也。

至显者莫如事，至微者莫如理，而事理一致，微显一源。古之君子所谓善学者，以其能通于此而已。

君子之学贵乎一，一则明，明则有功。

德盛者言传，文盛者言亦传。

名数之学，君子学之而不以为本也；言语有序，君子知之而不以为始也。

孔子之道，发而为行，如《乡党》之所载者，自诚而明也；由《乡党》之所载而学之，以至于孔子者，自明而诚也。及其至焉，一也。

“闻善言则拜”，禹所以为圣人也；“以能问不能，以多问寡”，颜子所以为大贤也。后之学者，有一善而自足，哀哉！

为学之道，必本于思，思则得之，不思则不得也。故《书》曰：“思曰睿，睿作圣。”思所以睿，睿所以圣也。

学以知为本，取友次之，行次之，言次之。

信不足以尽诚，犹爱不足以尽仁。

董仲舒曰："正其谊，不谋其利；明其道，不计其功。"此董子所以度越诸子。

尧、舜之为善，与桀、跖之为恶，其自信一也。

老子曰："失道而后德，失德而后仁，失仁而后义，失义而后礼。"则道、德、仁、义、礼，分而为五也。

圣人无优劣。尧、舜之让，禹之功，汤、武之征伐，伯夷之清，柳下惠之和，伊尹之任，周公在上而道行，孔子在下而道不行，其道一也。

不深思，则不能造于道。不深思而得者，其得易失。然而，学者有无思无虑而得者，何也？曰："以无思无虑而得者，乃所以深思而得之也。以无思无虑为不思而自以为得者，未之有也。"

"原始"则足以知其终，"反终"则足以知其始，"死生之说"，如是而已矣。故以春为始而原之，其必有冬；以冬为终而反之，其必有春。死生者，其与是类也。

"其次，致曲"者，学而后知之也，而其成也，与生而知之者不异焉。故君子莫大于学，莫害于画，莫病于自足，莫罪于自弃。学而不止，此汤、武所以圣也。

"古之学者为己"，其终至于成物；今之学者为物，其终至于丧己。

"杞柳"，荀子之说也；"湍水"，杨子之说也。

圣人所知，宜无不至也；圣人所行，宜无不尽也。然而，《书》称尧、舜，不曰刑必当罪，赏必当功，而曰"罪疑惟轻，功疑惟重，与其杀不辜，宁失不经"，异乎后世刻核之论矣。

自夸者，近刑；自喜者，不进；自大者，去道远。

君子之学必日新，日新者，日进也。不日新者必日退，未有不进而不退者。唯圣人之道无所进退，以其所造者极也。

事上之道莫若忠，待下之道莫若恕。

《中庸》之书，学者之至也，而其始则曰："戒慎乎其所不睹，恐惧乎其所不闻。"盖言学者始于诚也。

杨子，无自得者也，故其言蔓衍而不断，优游而不决。其论性，则曰："人之性也善恶混，修其善则为善人，修其恶则为恶人。"荀子，悖圣人者也，故列孟子于十二子，而谓人之性恶。性果恶邪，圣人何能反其性以至于斯耶？

圣人之言远如天，近如地。其远也若不可得而及，其近也亦可得而行。杨子曰："圣人之言远如天，贤人之言近如地。"非也。

或问贾谊，曰："谊之言曰：'非有孔子、墨翟之贤。'孔与墨一言之，其识末矣，其亦不善学矣。"

必井田，必封建，必肉刑，非圣人之道也。善治者，放井田而行之而民不病，放封建而使之而民不劳，放肉刑而用之而民不怨。故善学者，得圣人之意而不取其迹也。迹也者，圣人因一时之利而制之也。

夫人幼而学之，将欲成之也；既成矣，将以行之也。学而不能成其学，成而不能行其学，则乌足贵哉？

待人有道，不疑而已。使夫人有心害我邪？虽疑不足以化其心。使夫人无心害我邪？疑则己德内损，人怨外生。故不疑则两得之矣，疑则两失之矣，而未有多疑能为君子者也。

昔者，圣人"立人之道，曰仁曰义"。孔子曰："仁者，人也，亲亲为大；义者，宜也，尊贤为大。”唯能亲亲，故“老吾老以及人之老，幼吾幼以及人之幼”；唯能尊贤，故“贤者在位，能者在职”。唯仁与义，尽人之道；尽人之道，则谓之圣人。

学者不可以不诚，不诚，无以为善；不诚，无以为君子。修学不以诚，则学杂；为事不以诚，则事败；自谋不以诚，则是欺其心而自弃其忠；与人不以诚，则是丧其德而增人之怨。今小道异端，亦必诚而后得，而况欲为君子者乎？故曰：“学者不可以不诚。”虽然，诚者，在知道本而诚之耳。

古者卜筮，将以决疑也。今之卜筮则不然，计其命之穷通，校其身之达否而已矣。噫！亦惑矣。

不思故有惑，不求故无得，不问故不知。

世之服食欲寿者，其亦大愚矣。夫命者，受之于天，不可增损加益，而欲服食而寿，悲哉！

见摄生者而问长生，谓之大愚；见卜者而问吉凶，谓之大惑。

或问性，曰：“顺之则吉，逆之则凶。”

孔子没，曾子之道日益光大；孔子没，传孔子之道者，曾子而已。曾子传之子思，子思传之孟子。孟子死，不得其传，至孟子而圣人之道益尊。

孟子曰：“可以仕则仕，可以止则止，可以久则久，可以速则速，孔子也。孔子，圣之时者也。”故知《易》者，莫若孟子。孟子曰：“王者之迹熄而《诗》亡，《诗》亡然后《春秋》作。”“《春秋》无义战，彼善于此则有之矣。征者，上伐下也，敌国不相征也。”故知《春秋》者，莫若孟子。

礼之本，出于民之情，圣人因而道之耳；礼之器，出于民之俗，圣人因而节文之耳。圣人复出，必因今之衣服、器用而为之节文。其所谓贵本而亲用者，亦在时王斟酌损益之耳。

附录

明道先生行状

程　颐

曾祖希振，任尚书虞部员外郎；妣，高密县君崔氏。祖遹，赠开府仪同三司吏部尚书；妣，孝感县太君张氏，长安县太君张氏。父珦，见任太中大夫，致仕；母，寿安县君侯氏。先生名颢，字伯淳，姓程氏。其先曰乔伯，为周大司马，封于程，后遂以为氏。先生五世而上，居中山之博野。高祖赠太子少师，讳羽，太宗朝以辅翊功显，赐第于京师，居再世。曾祖而下，葬河南，今为河南人。

先生生而神气秀爽，异于常儿。未能言，叔祖母任氏太君抱之行，不觉钗坠，后数日方求之，先生以手指示，随其所指而往，果得钗，人皆惊异。数岁，诵诗书，强记过人。十岁能为诗赋。十二三时，群居庠序中，如老成人，见者无不爱重。故户部侍郎彭公思永谢客到学舍，一见异之，许妻以女。

逾冠，中进士第，调京兆府鄠县主簿。令以其年少，未知之。民有借其兄宅以居者，发地中藏钱，兄之子诉曰："父所藏也。"令曰："此无证佐，何以决之？"先生曰："此易辨尔。"问兄之子曰："尔父藏钱几何时矣？"曰："四十年矣。""彼借宅居几何时矣？"曰："二十年矣。"即遣吏取钱十千视之，谓借宅者曰："今官所铸钱，不五六年即遍天下。此钱皆尔未居前数十年所铸，何也？"其人遂服。令大奇之。

南山僧舍有石佛，岁传其首放光，远近男女聚观，昼夜杂处，为政者畏其神，莫敢禁止。先生始至，诘其僧曰：“吾闻石佛岁现光，有诸？”曰：“然。”戒曰：“俟复见，必先白吾，职事不能往，当取其首就观之。”自是不复有光矣。府境水害，仓卒兴役，诸邑率皆狼狈。惟先生所部，饮食、茇舍无不安便。时盛暑泄利大行，死亡甚众，独鄠人无死者。所至治役，人不劳而事集。尝谓人曰：“吾之董役，乃治军法也。”

当路者欲荐之，多问所欲，先生曰：“荐士当以才之所堪，不当问所欲。”再期，以避亲罢，再调江宁府上元县主簿。田税不均，比他邑尤甚。盖近府美田，为贵家富室以厚价薄其税而买之，小民苟一时之利，久则不胜其弊。先生为令画法，民不知扰，而一邑大均。其始，富者不便，多为浮论，欲摇止其事，既而无一人敢不服者。后诸路行均税法，邑官不足，益以他官，经岁历时，文案山积，而尚有诉不均者，计其力比上元不啻千百矣。

会令罢去，先生摄邑事。上元剧邑，诉讼日不下二百，为政者疲于省览，奚暇及治道？先生处之有方，不阅月，民讼遂简。江南稻田，赖陂塘以溉。盛夏塘堤大决，计非千夫不可塞。法当言之府，府禀于漕司，然后计功调役，非月余不能兴作。先生曰：“比如是，苗槁久矣，民将何食？救民获罪，所不辞也。”遂发民塞之，岁则大熟。

江宁当水运之冲，舟卒病者，则留之为营以处，曰小营子，岁不下数百人，至者辄死。先生察其由，盖既留然后请于府，给券乃得食，比有司文具，则困于饥已数日矣。先生白漕司，给米贮营中，至者与之食，自是生全者大半。措置于纤微之间，而人已受赐，如此之比，所至多矣。先生常云：“一命之士，苟存心于爱物，于人必有所济。”

仁宗登遐，遗制官吏成服，三日而除。三日之朝，府尹率群官将释服，先生进曰：“三日除服，遗诏所命，莫敢违也。请尽今日。若朝而除之，所服止二日尔。”尹怒不从，先生曰：“公自除之，某非至夜不敢释也。”一府相视，无敢除者。

茅山有龙池，其龙如蜥蜴而五色。祥符中，中使取二龙。至中途，中使奏一龙飞空而去。自昔严奉以为神物，先生尝捕而脯之，使人不惑。其始至邑，见人持竿道旁，以黏飞鸟，取其竿折之，教之使勿为。及罢官，舣舟郊外，有数人共语：“自主簿折黏竿，乡民子弟不敢畜禽鸟。”不严而令行，大率如此。

再期，就移泽州晋城令。泽人淳厚，尤服先生教命。民以事至邑者，必告之以孝弟忠信，入所以事父兄，出所以事长上。度乡村远近为伍保，使之力役相助、患难相恤，而奸伪无所容。凡孤茕残废者，责之亲戚乡党，使无失所。行旅出于其途者，疾病皆有所养。诸乡皆有校，暇时亲至，召父老而与之语；儿童所读书，亲为正句读；教者不善，则为易置。俗始甚野，不知为学，先生择子弟之秀者，聚而教之。去邑才十余年，而服儒服者盖数百人矣。

乡民为社会，为立科条，旌别善恶，使有劝有耻。邑几万室，三年之间，无强盗及斗死者。秩满，代者且至，吏夜叩门，称有杀人者。先生曰：“吾邑安有此？诚有之，必某村某人也。”问之果然。家人惊异，问何以知之，曰：“吾常疑此人恶少之弗革者也。”

河东财赋窘迫，官所科买，岁为民患。虽至贱之物，至官取之，则其价翔踊，多者至数十倍。先生常度所需，使富家预储，定其价而出之。富室不失倍息，而乡民所费，比常岁十不过二三。民税常移近边，载往则道远，就籴则价高。先生择富民之可任者，预使购粟边郡，所费大省，民力用纾。县库有杂纳钱数百千，常借以补助民力。部使者至，则告之曰："此钱令自用而不敢私，请一切不问。"使者屡更，无不从者。先时民惮差役，役及则互相纠诉，乡邻遂为仇雠。先生尽知民产厚薄，第其先后，按籍而命之，无有辞者。

河东义勇，农隙则教以武事，然应文备数而已。先生至，晋城之民遂为精兵。晋俗尚焚尸，虽孝子慈孙，习以为安。先生教谕禁止，民始信之。而先生去后，郡官有母死者，惮于远致，以投烈火，愚俗视效，先生之教遂废，识者恨之。先生为令，视民如子。欲辨事者，或不持牒，径至庭下，陈其所以，先生从容告语，谆谆不倦。在邑三年，百姓爱之如父母，去之日，哭声振野。

用荐者，改著作佐郎。寻以御史中丞吕公公著荐，授太子中允，权监察御史里行。神宗素知先生名，召对之日，从容咨访，比二三见，遂期以大用，每将退，必曰："频求对来，欲常相见尔。"一日，论议甚久，日官报午正，先生遽求退。庭中中人相谓曰："御史不知上未食邪？"前后进说甚多，大要以正心窒欲，求贤育材为先。先生不饰辞辨，独以诚意感动人主。神宗尝使推择人才，先生所荐者数十人，而以父表弟张载暨弟颐为首。所上章疏，子侄不得窥其稿。尝言："人主当防未萌之欲。"神宗俯身拱手曰："当为卿戒之。"及因论人才，曰："陛下奈何轻天下士？"神宗曰："朕何敢如是！"言之至于再三。

时王荆公安石日益信用，先生每进见，必为神宗陈君道以至诚仁爱为本，未尝及功利。神宗始疑其迂，而礼貌不衰。尝极陈治道，神宗曰："此尧、舜之事，朕何敢当！"先生愀然曰："陛下此言，非天下之福也。"荆公浸行其说，先生意多不合，事出必论列，数月之间，章数十上。尤极论者，辅臣不同心，小臣与大计，公论不行，青苗取息，卖祠部牒，差提举官多非其人及不经封驳，京东转运司剥民希宠不加黜责，兴利之臣日进，尚德之风浸衰等十余事。荆公与先生虽道不同，而尝谓先生忠信。先生每与论事，心平气和，荆公多为之动。而言路好直者，必欲力攻取胜，由是与言者为敌矣。

先生言既不行，恳求外补，神宗犹重其去，上章及面请至十数，不许，遂阖门待罪。神宗将黜诸言者，命执政除先生监司，差权发遣京西路提点刑狱。复上章曰："臣言是愿行之。如其妄言，当赐显责。请罪而获迁，刑赏混矣。"累请得罢。既而神宗手批，暴白同列之罪，独于先生无责，改差签书镇宁军节度判官事。为守者严刻多忌，通判而下，莫敢与辩事。始意先生尝任台宪，必不尽力职事，而又虑其慢己。既而先生事之甚恭，虽筦库细务，无不尽心，事小未安，必与之辨，遂无不从者，相与甚欢。屡平反重狱，得不死者前后盖十数。

河清卒于法不他役。时中人程昉为外都水丞，怙势，蔑视州郡，欲尽取诸埽兵治二股河，先生以法拒之。昉请于朝，命以八百人与之。天方大寒，昉肆其虐，众逃而归。州官晨集城门，吏报河清兵溃归，将入城。众官相视，畏昉欲弗纳，先生曰："此逃死自归，弗纳必为乱。昉有言，某自当之。"即亲往，开门抚谕，约归休三日复役，众欢呼而入。具以事上闻，得不复遣。后昉奏事过州，见先生，言甘而气慑，既而扬言于众曰：“澶卒之溃，乃程中允诱之，吾必诉于上。”同列以告，先生笑曰：“彼方惮我，何能尔也？”果不敢言。

会曹村埽决，时先生方救护小吴，相去百里，州帅刘公涣以事急告，先生一夜驰至。帅俟于河桥，先生谓帅曰：“曹村决，京城可虞。臣子之分，身可塞亦为之，请尽以厢兵见付，事或不集，公当亲率禁兵以继之。”帅义烈士，遂以本镇印授先生，曰：“君自用之。”先生得印，不暇入城省亲，径走决堤，谕士卒曰：“朝廷养尔辈，正为缓急尔。尔知曹村决则注京城乎？吾与尔曹以身捍之。”众皆感激自效。论者皆以为势不可塞，徒劳人尔。先生命善泅者衔细绳以渡，决口水方奔注，达者百一，卒能引大索以济众，两岸并进，昼夜不息，数日而合。其将合也，有大木自中流而下，先生顾谓众曰：“得彼巨木横流入口，则吾事济矣。”语才已，木遂横，众以为至诚所致。其后曹村之下复决，遂久不塞，数路困扰，大为朝廷忧。人以为，使先生在职，安有是也？

郊祀霈恩，先生曰：“吾罪涤矣，可以去矣。”遂求监局，以便亲养，得罢归。自是丑正者竞扬避新法之说。岁余，得监西京洛河竹木务。荐者言其未尝叙年劳，丐迁秩，特改太常丞。神宗犹念先生，会修三经义，尝语执政曰：“程某可用。”执政不对。又尝有登对者自洛至，问曰：“程某在彼否？”连言“佳士”。其后彗见翼轸间，诏求直言，先生应诏论朝廷极切。还朝，执政屡进拟，神宗皆不许，既而手批与府界知县，差知扶沟县事。先生谒执政，复求监当，执政谕以上意不可改也。数月，右府同荐，除判武学。新进者言其新法之初首为异论，罢，复旧任。

先生为治，专尚宽厚，以教化为先，虽若甚迂，而民实风动。扶沟素多盗，虽乐岁，强盗不减十余发。先生在官，无强盗者几一年。广济蔡河出县境，濒河不逞之民，不复治生业，专以胁取舟人物为事，岁必焚舟十数以立威。先生始至，捕得一人，使引其类，得数十人，不复根治旧恶，分地而处之，使以挽舟为业，且察为恶者。自是，邑境无焚舟之患。

畿邑田税重，朝廷岁常蠲除以为惠泽。然而，良善之民惮督责而先输，逋负获除者皆顽民也。先生为约，前料获免者，今必如期而足，于是惠泽始均。司农建言，天下输役钱，达户四等，而畿内独止第三，请亦及第四。先生力陈不可，司农奏其议，谓必获罪，而神宗是之，畿邑皆得免。

先生为政，常权谷价，不使至甚贵甚贱。会大旱，麦苗且枯，先生教人掘井以溉，一井不过数工，而所溉数亩，阖境赖焉。水灾民饥，先生请发粟贷之，邻邑亦请。司农怒，遣使阅实。使至邻邑，而令遽自陈谷且登，无贷可也。使至，谓先生盍亦自陈，先生不肯，使者遂言不当贷，先生力言民饥，请贷不已，遂得谷六千石，饥者用济。而司农盛怒，视贷籍户同等而所贷不等，檄县杖主吏，先生言："济饥当以口之众寡，不当以户之高下。且令实为之，非吏罪。"乃得已。

内侍都知王中正巡阅保甲，权宠至盛，所至凌慢县官，诸邑供帐，竞务华鲜，以悦奉之。主吏以请，先生曰："吾邑贫，安能效他邑？且取于民，法所禁也。今有故青帐，可用之。"先生在邑岁余，中正往来境上，卒不入。邻邑有冤诉府，愿得先生决之者，前后五六。有犯小盗者，先生谓曰："汝能改行，吾薄汝罪。”盗叩首愿自新。后数月，复穿窬，捕吏及门，盗告其妻曰：“我与大丞约，不复为盗，今何面目见之邪？”遂自经。

官制改，除奉议郎。朝廷遣官括牧地，民田当没者千顷，往往持累世契券以自明，皆弗用。诸邑已定，而扶沟民独不服。遂有朝旨，改税作租，不复加益，及听卖易如私田。民既倦于追呼，又得不加赋，乃皆服。先生以为不可。括地官至，谓先生曰：“民愿服而君不许，何也？”先生曰：“民徒知今日不加赋，而不知后日增租夺田，则失业无以生矣。”因为言仁厚之道，其人感动，谢曰：“宁受责，不敢违公。”遂去之他邑。不逾月，先生罢去，其人复至，谓摄令者曰：“程奉议去矣，尔复何恃而敢稽违朝旨？”督责甚急，数日而事集。邻邑民犯盗，系县狱而逸，既又遇赦。先生坐是以特旨罢。邑人知先生且罢，诣府及司农丐留者千数。去之日，不使人知，老稚数百，追及境上，攀挽号泣，遣之不去。

以亲老求近乡监局，得监汝州酒税。今上嗣位，覃恩，改承议郎。先生虽小官，贤士大夫视其进退，以卜兴衰。圣政方新，贤德登进，先生特为时望所属，召为宗正寺丞。未行，以疾终，元丰八年六月十五日也，享年五十有四。士大夫识与不识，莫不哀伤，为朝廷生民恨惜。

先生资禀既异，而充养有道。纯粹如精金，温润如良玉；宽而有制，和而不流；忠诚贯于金石，孝弟通于神明。视其色，其接物也，如春阳之温；听其言，其入人也，如时雨之润。胸怀洞然，彻视无间；测其蕴，则浩乎若沧溟之无际；极其德，美言盖不足以形容。

先生行己，内主于敬，而行之以恕；见善若出于己，不欲勿施于人；居广居而行大道，言有物而动有常。

先生为学，自十五六时，闻汝南周茂叔论道，遂厌科举之业，慨然有求道之志。未知其要，泛滥于诸家，出入于老、释者几十年，反求诸六经而后得之。明于庶物，察于人伦，知尽性至命，必本于孝悌；穷神知化，由通于礼乐。辨异端似是之非，开百代未明之惑，秦、汉而下，未有臻斯理也。谓孟子没而圣学不传，以兴起斯文为己任，其言曰："道之不明，异端害之也。昔之害近而易知，今之害深而难辨。昔之惑人也，乘其迷暗；今之入人也，因其高明。自谓之穷神知化，而不足以开物成务。言为无不周遍，实则外于伦理；穷深极微，而不可以入尧、舜之道。天下之学，非浅陋固滞，则必入于此。自道之不明也，邪诞妖异之说竞起，涂生民之耳目，溺天下于污浊。虽高才明智，胶于见闻，醉生梦死，不自觉也。是皆正路之蓁芜，圣门之蔽塞，辟之而后可以入道。"先生进将觉斯人，退将明之书，不幸早世，皆未及也。其辨析精微，稍见于世者，学者之所传尔。先生之门，学者多矣。先生之言，平易易知，贤愚皆获其益，如群饮于河，各充其量。

先生教人，自致知至于知止，诚意至于平天下，洒扫应对至于穷理尽性，循循有序。病世之学者舍近而趋远，处下而窥高，所以轻自大而卒无得也。

先生接物，辨而不间，感而能通。教人而人易从，怒人而人不怨，贤愚善恶咸得其心，狡伪者献其诚，暴慢者致其恭，闻风者诚服，觌德者心醉。虽小人以趋向之异，顾于利害，时见排斥，退而省其私，未有不以先生为君子也。

先生为政，治恶以宽，处烦以裕。当法令繁密之际，未尝从众，为应文逃责之事。人皆病于拘碍，而先生处之绰然；众忧以为甚难，而先生为之沛然。虽当仓卒，不动声色。方监司竞为严急之时，其待先生，率皆宽厚，设施之际，有所赖焉。先生所为纲条法度，人可效而为也。至其道之而从，动之而和，不求物而物应，未施信而民信，则人不可及也。

彭夫人封仁和县君，严正有礼，事舅以孝称，善睦其族，先一年卒。一有五字。子，一有三早卒字。曰端懿，蔡州汝阳县主簿；曰端本，治进士业。一有四字。女，一有三夭二字。适假承务郎朱纯之。卜以今年十月乙酉，葬于伊川先茔。谨书家世行业及历官行事之大概，以求志于作者，谨状。元丰八年八月日，弟颐状。

门人朋友叙述并序

刘立之　朱光庭　邢　恕　范祖禹

先兄明道之葬，颐状其行，以求志铭，且备异日史氏采录。既而门人朋友为文以叙其事迹、述其道学者甚众。其所以推尊称美之意，人各用其所知，盖不同也。而以为孟子之后，传圣人之道者，一人而已，是则同。文多不能尽取，取其有补于《行状》之不及者数篇，附于《行状》之后。

河间刘立之曰：

先生幼有奇质，明慧惊人，年数岁，即有成人之度。尝赋《酌贪泉》诗曰："中心如自固，外物岂能迁？"当世先达许其志操。及长，豪勇自奋，不溺于流俗。从汝南周茂叔问学，穷性命之理，率性会道，体道成德，出处孔、孟，从容不勉。逾冠，应书京师，声望蔼然，老儒宿学，皆自以为不及，莫不造门愿交。

释褐，主永兴军鄠县簿。永兴帅府，其出守皆禁密大臣，待先生莫不尽礼。为令晋城，其俗朴陋，民不知学，中间几百年无登科者。先生择其秀异，为置学舍、粮具，聚而教之。朝夕督厉，诱进学者，风靡日盛。熙宁、元丰间，应书者至数百，登科者十余人。先生为政，条教精密，而主之以诚心。晋城之民，被服先生之化，暴桀子弟至有耻不犯。迄先生去，三年间，编户数万众，罪入极典者才一人，然乡闾犹以不遵教令为深耻。熙宁七年，立之得官晋城，距先生去已十余年，见民有聚口众而不析异者。问其所以，云守程公之化也。其诚心感人如此。

荐为御史，神宗召对，问所以为御史，对曰："使臣拾遗补阙，裨赞朝廷，则可；使臣掇拾臣下短长，以沽直名，则不能。"神宗叹赏，以为得御史体。神宗厉精求治，王荆公执政，议法改令。言者攻之甚力，至有发愤肆骂，无所不至者。先生独以至诚，开纳君相，疏入辄削稿，不以示子侄。常曰："扬己矜众，吾所不为。"尝被旨赴中堂议事，荆公方怒言者，厉色待之。先生徐曰："天下之事，非一家私议，愿公平气以听。"荆公为之愧屈善谈。

太中公得请领崇福，先生求折资监当以便养。归洛，从容亲庭，日以读书劝学为事。先生经术通明，义理精微，乐告不倦。士大夫从之讲学者，日夕盈门，虚往实归，人得所欲。

先生在御史，有南士游执政门者，方自南还，未至而附会之说先布都下，且其人素议亏阙，先生奏言其行。后先生被命判武学，其人已位通显，惧先生复进，乃抗章言先生新法之初首为异论。先生笑曰："是岂诬我邪？"复以便亲乞汝州监局。先生高才远业，沦屈卑冗，人为先生叹息，而先生处之恪勤匪懈，曰："执事安得不谨!"

今皇帝即位，以宗正丞召。朝廷方且用之，未赴阙，得疾以终。先生有天下重望，士民以其出处，卜时隆污，闻讣之日，识与不识，莫不陨涕。

自孟轲没，圣学失传，学者穿凿妄作，不知入德。先生杰然自立于千载之后，芟辟榛秽，开示本原，圣人之庭户晓然可入，学士大夫始知所向。然高才世希，能造其藩阈者盖鲜，况堂奥乎？

先生德性充完，粹和之气盎于面背，乐易多恕，终日怡悦。立之从先生三十年，未尝见其有忿厉之容。接人温然，无贤不肖，皆使之款曲自尽。闻人一善，咨嗟奖劳，惟恐其不笃；人有不及，开导诱掖，惟恐其不至。故虽桀傲不恭，见先生，莫不感悦而化服。风格高迈，不事标饰，而自有畦畛。望其容色，听其言教，则放心邪气不复萌于胸中。

太中公告老而归，家素清窭，僦居洛城。先生以禄养，族大食众，菽粟仅足，而老幼各尽其欢。中外幼孤穷无托者，皆收养之，抚育诲导，期于成人。嫁女娶妇，皆先孤遗而后及己子。食无重肉，衣无兼副。女长过期，至无赀以遣。

先生达于从政，以仁爱为本，故所至，民戴之如父母。立之尝问先生以临民，曰："使民各得输其情。"又尝问御吏，曰："正己以格物。"虽愚不肖，佩服先生之训，不敢忘怠。

先生抱经济大器，有开物成务之才，虽不用于时，然至诚在天下，惟恐一物不得其所。见民疾苦，如在诸己；闻朝廷兴作小失，则忧形颜色。尝论所以致君尧、舜，措俗成、康之意，其言感激动人。千五百年，一生斯人，时命不会如此，美志不行，利泽不施，惜哉!

立之家与先生有累世之旧，先人高爽有奇操，与先生情好尤密。先人早世，立之方数岁，先生兄弟取以归，教养视子侄，卒立其门户。末世俗薄，朋友道衰，闻先生之风，宜有愧耻。

立之从先生最久，闻先生教最多，得先生行事为最详。先生终，系官朔陲，不得与于行服之列，哭泣之哀，承讣悲号，摧裂肝膈。先生大节高谊，天下莫不闻，至于委曲纤细，一言一行，足以垂法来世，而人所不及知者，大惧堙没不传，以为门人羞，辄书所知，以备采摭。

沛国朱光庭曰：

呜呼！道之不明不行也久矣。自子思笔之于书，其后孟轲倡之，轲死而不得其传，退之之言信矣。大抵先生之学，以诚为本。仰观乎天，清明穹窿，日月之运行，阴阳之变化，所以然者，诚而已；俯察乎地，广博持载，山川之融结，草木之蕃殖，所以然者，诚而已。人居天地之中，参合无间，纯亦不已者，其在兹乎！盖诚者，天德也。圣人自诚而明，其静也渊停，其动也神速，天地之所以位，万物之所以育，何莫由斯道也！

先生得圣人之诚者也。自始学至于成德，虽天资颖彻，绝出等夷，然卓约之见，一主于诚。故推而事亲则诚孝，事君则诚忠，友于兄弟则绰绰有裕，信于朋友则久要不忘，修身慎行则不愧于屋漏，临政爱民则如保乎赤子。非得夫圣人之诚，孰能与于斯?才周万物而不自以为高，学际三才而不自以为足，行贯神明而不自以为异，识照古今而不自以为得。至于六经之奥义，百家之异说，研穷搜抉，判然胸中。天下之事虽万变交于前，而烛之不失毫厘，权之不失轻重。凡贫贱、富贵、死生，皆不足以动其心，真可谓大丈夫者。非所得之深，所养之厚，能至于是欤?

呜呼！天之生斯人，使之平治天下，功德岂小补哉？方当圣政日新，贤者汇进，殆将以斯道觉斯民，而天夺之速，可谓不幸之甚矣。孔子曰："朝闻道，夕死可矣。"自孟轲以来，千有余岁，先王大道得先生而后传，其补助天地之功，可谓盛矣。虽不得高位以泽天下，然而以斯道倡之于人，亦已较著，其间见而知之，尚能似之，先生为不亡矣。

河间邢氏恕曰：

先生德性绝人，外和内刚，眉目清峻，语声铿然。恕早从先生之弟学，初见先生于磁州。其气貌，清明夷粹；其接人，和以有容；其断义，刚而不犯；其思索，妙造精义；其言近，而测之益远。恕盖始恍然自失，而知天下有成德君子，所谓完人者，若先生是已。

先生为澶州幕官，岁余罢归。恕后过澶州，问村民，莫不称先生，咨嗟叹息。盖先生之从政，其视民如子，忧公如家。其诚心感人，虽为郡僚佐，又止岁余而去，至使田父野人皆知其姓名，又称叹其贤。使先生为一郡，又如何哉？使先生行乎天下，又如何哉？

既不用于朝廷，而以奉亲之故，禄仕于筦库以为养。居洛几十年，玩心于道德性命之际，有以自养其浑浩冲融，而必合乎规矩准绳。盖真颜氏之流，黄宪、刘迅之徒不足道也。洛实别都，乃士人之区薮。在仕者皆慕化之，从之质疑解惑；闾里士大夫皆高仰之，乐从之游；学士皆宗师之，讲道劝义；行李之往来过洛者，苟知名有识，必造其门，虚而往，实而归，莫不心醉敛衽而诚服。于是先生身益退，位益卑，而名益高于天下。

今皇帝即位，太皇太后同听断，凡政事之利者存，害者去，复起司马公君实以为门下侍郎，用吕公晦叔为尚书左丞，而先生亦以宗正丞召。执政日须其来，将大用之。讣至京师，诸公人人叹嗟，为朝廷惜；士大夫下至布衣诸生闻之，莫不相吊，以为哲人云亡也。

呜呼！惟先生以直道言事不合，去国十有七年。今太母制政下令，不出房闼，天下固已晏然。方大讲求政事之得失，救偏矫枉，资人材以成治功之时，如先生之材，大小、左右、内外，用之无不宜。盖其所知，上极尧、舜、三代帝王之治，其所以包涵博大，悠远纤悉，上下与天地同流，其化之如时雨者，先生固已默而识之；至于兴造礼乐，制度文为，下至行师用兵，战阵之法，无所不讲，皆造其极；外之夷狄情状，山川道路之险易，边鄙防戍城寨斥堠控带之要，靡不究知；其吏事，操决文法簿书，又皆精密详练。若先生，可谓通儒全才矣。而所有不试其万一，又不究于高年，此有志之士所以恸哭而流涕也。

成都范祖禹曰：

先生为人，清明端洁，内直外方。其学，本于诚意正心，以圣贤之道可以必至，勇于力行，不为空文。其在朝廷，与道行止，主于忠信，不崇虚名。其为政，视民如子，惨怛教爱，出于至诚，建利除害，所欲必得。故先生所至，民赖之如父母，去久而思之不忘。先生尝言："县之政可达于天下。一邑者，天下之式也。"

先生以亲老，求为闲官，居洛阳殆十余年，与弟伊川先生讲学于家，化行乡党。家贫，疏食或不继，而事亲务养其志，赒赡族人必尽其力。士之从学者不绝于馆，有不远千里而至者。先生于经，不务解析为枝词，要其用在己而明于知天。其教人曰："非孔子之道，不可学也。"盖自孟子没而中庸之学不传，后世之士不循其本而用心于末，故不可与入尧、舜之道。先生以独智自得，去圣人千有余岁，发其关键，直睹堂奥，一天地之理，尽事物之变。故其貌肃而气和，志定而言厉，望之可畏，即之可亲，叩之者无穷，从容以应之，其出愈新，真学者之师也。成就人才，于时为多。虽久去朝廷，而人常以其出处为时之通塞。既除宗正丞，天下日望先生入朝，以为且大用。及闻其亡，上自公卿，下至闾巷士民，莫不哀之，曰时不幸也，其命矣夫！

书行状后

游　酢

先生道德之高致，经纶之远图，进退之大节，伊川季先生与门人高第既论其实矣，酢复何言？谨拾其遗事，备采录云。

先生生而有妙质，闻道甚早。年逾冠，明诚夫子张子厚友而师之。子厚少时自喜其才，谓提骑卒数万，可横行匈奴，视叛羌为易与耳，故从之游者，多能道边事。既而得闻先生论议，乃归谢其徒，尽弃其旧学，以从事于道。其视先生虽外兄弟之子，而虚心求益之意，恳恳如不及，逮先生之官，犹以书抵扈，以“定性未能不动”致问。先生为破其疑，使内外动静，道通为一，读其书可考而知也。其后子厚学成德尊，识者谓与孟子比，然犹秘其学，不多为人讲之。其意若曰：“虽复多闻，不务畜德，徒善口耳而已。”故不屑与之言。先生谓之曰：“道之不明于天下久矣，人善其所习，自谓至足，必欲如孔门不愤不启，不悱不发，则师资势隔，而先王之道或几乎熄矣。趣今之时，且当随其资而诱之，虽识有明暗，志有浅深，亦各有得焉，而尧、舜之道庶可驯致。”子厚用其言，故关中学者躬行之多，与洛人并。推其所自，先生发之也。擢为御史，睿眷甚渥，亟承德音，所献纳必据经术，事常辨于早而戒于渐。一日，神宗纵言及于辞命，先生曰：“人主之学，唯当务为急，辞命非所先也。”神宗为之动颜。会同天节宫嫔争献奇巧，为天子寿。先生既言于朝，又顾谓执政戒之，执政曰：“宫嫔实为，非上意也，庸何伤？”先生曰：“作淫巧以荡上心，所伤多矣。公之言非是。”执政辞遂屈。是时，有同在台列者，志未必同，然心慕其为人，尝语人曰：“他人之贤者，犹可得而议也。乃若伯淳，则如美玉然，反复视之，表里洞彻，莫见疵瑕。”

先生平生与人交，无隐情，虽僮仆必托以忠信，故人亦不忍欺之。尝自澶渊遣奴持金诣京师贸用物，计金之数可当二百千。奴无父母妻子，同列闻之，莫不骇且诮。既而奴持物如期而归，众始叹服。盖诚心发于中，畅于四支，见之者信慕，事之者革心，大抵类此。

先生少长亲闱，视之如伤，又气象清越，洒然如在尘外，宜不能劳苦。及遇事，则每与贱者同起居饮食，人不堪其难，而先生处之裕如也。尝董役，虽祁寒烈日，不拥裘，不御盖，时所巡行，众莫测其至，故人自致力，常先期毕事。异时夫伍，中夜多哗，一夫或怖，万夫竞起，奸人乘虚为盗者，不可胜数。先生以师律处之，遂讫去无哗者。及役罢夫散，部伍犹肃整如常。

初至鄠，有监酒税者，以贿播闻，然怙力文身，自号能杀人，众皆惮之，虽监司州将未敢发。先生至，将与之同事，其人心不自安，辄为言曰：“外人谓某自盗官钱，新主簿将发之。某势穷，必杀人。”言未讫，先生笑曰：“人之为言，一至于此！足下食君之禄，讵肯为盗？万一有之，将救死不暇，安能杀人？”其人默不敢言，后亦私偿其所盗，卒以善去。州从事有既孤而遭祖母丧者，身为嫡孙，未果承重。先生为推典法意，告之甚悉，其人从之，至今遂为定令，而天下搢绅始习为常。盖先生御小人使不丽于法，助君子使必成其美，又大抵类此。

先生虽不用，而未尝一日忘朝廷。然久幽之操，确乎如石，胸中之气冲如也。所至，士大夫多弃官从之学，朝见而夕归，饮其和，茹其实，既久而不能去。其徒有贫者，以单衣御冬，累年而志不变，身不屈。盖先生之教，要出于为己。而士之游其门者，所学皆心到自得，无求于外，以故甚贫者忘饥寒，已仕者忘爵禄，鲁重者敏，谨细者裕，强者无拂理，懦者有立志，可以修身，可以齐家，可以治国平天下。非若世之士，妄意空无，追咏昔人之糟粕，而身不与焉，及措之事业，则伥然无据而已也。

方朝廷图任真儒，以惠天下，天下有识者谓先生行且大用矣。不幸而先生卒。呜呼！道之行与废，果非人力所能为也，悲夫！哭而为之赞曰：

天地之心，其太一之体欤！天地之化，其太和之运欤！确然高明，万物覆焉；隤然博厚，万物载焉，非以其一欤！阳自此舒，阴自此凝；消息满虚，莫见其形，非以其和欤！夫子之德，其融心涤虑，默契于此欤！不然，何穆穆不已，浑浑无涯，而能言之士，莫足以颂其美欤！嗟乎！孰谓此道未施，此民未觉，而先觉者逝欤！百世之下，有想见夫子而不可得者，亦能观诸天地之际欤！

哀 词

吕大临

呜呼！去圣远矣，斯文丧矣。先王之流风善政，泯没而不可见；明师贤弟子传授之学，断绝而不得闻。以章句训诂为能穷遗经，以仪章度数为能尽儒术，使圣人之道玩于腐儒讽诵之余，隐于百姓日用之末。反求诸己，则罔然无得；施之于天下，则若不可行。异端争衡，犹不与此。

先生负特立之才，知《大学》之要，博文强识，躬行力究；察伦明物，极其所止；涣然心释，洞见道体。其造于约也，虽事变之感不一，知应以是心而不穷；虽天下之理至众，知反之吾身而自足。其致于一也，异端并立而不能移，圣人复起而不与易。其养之成也，和气充浃，见于声容，然望之崇深，不可慢也；遇事优为，从容不迫，然诚心恳恻，弗之措也。其自任之重也，宁学圣人而未至，不欲以一善成名；宁以一物不被泽为己病，不欲以一时之利为己功。其自信之笃也，吾志可行，不苟洁其去就；吾义所安，虽小官有所不屑。

夫位天地，育万物者，道也；传斯道者，斯文也；振已坠之文，达未行之道者，先生也。使学不卒传，志不卒行，至于此极者，天也。先生之德，可形容者，犹可道也；其独智自得，合乎天，契乎先圣者，不可得而道也。元丰八年六月，明道先生卒。门人学者皆以所自得者名先生之德，先生之德未易名也，亦各伸其志尔。汲郡吕大临书。

明道先生墓表

程　颐

大宋明道先生程君伯淳之墓

宋太师致仕潞国公文彦博题

先生名颢，字伯淳，葬于伊川。潞国太师题其墓，曰“明道先生”，弟颐序其所以而刻之石，曰：

周公没，圣人之道不行；孟轲死，圣人之学不传。道不行，百世无善治；学不传，千载无真儒。无善治，士犹得以明夫善治之道，以淑诸人，以传诸后；无真儒，天下贸贸焉莫知所之，人欲肆而天理灭矣。先生生千四百年之后，得不传之学于遗经，志将以斯道觉斯民。天不慭遗，哲人早世。乡人士大夫相与议曰：“道之不明也久矣。先生出，倡圣学以示人，辨异端，辟邪说，开历古之沉迷，圣人之道得先生而后明，为功大矣。”于是帝师采众议而为之称以表其墓。学者之于道，知所向，然后见斯人之为功；知所至，然后见斯名之称情。山可夷，谷可湮，明道之名亘万世而长存。勒石墓傍，以诏后人。元丰乙丑十月戊子书。

伊川先生年谱

朱　熹

先生名颐，字正叔，明道先生之弟也。明道生于明道元年壬申，伊川生于明道二年癸酉。幼有高识，非礼不动。见《语录》。年十四五，与明道同受学于舂陵周茂叔先生。见哲宗、徽宗《实录》。皇祐二年，年十八，上书阙下，劝仁宗以王道为心，生灵为念，黜世俗之论，期非常之功，且乞召对，面陈所学。不报。间游太学，时海陵胡翼之先生方主教导，尝以《颜子所好何学论》试诸生。得先生所试，大惊，即延见，处以学职。见《文集》。吕希哲原明与先生邻斋，首以师礼事焉。既而四方之士，从游者日益众。见吕氏《童蒙训》。举进士，嘉祐四年廷试报罢，遂不复试。太中公屡当得任子恩，辄推与族人。见《涪陵记善录》。治平、熙宁间，近臣屡荐，自以为学不足，不愿仕也。见《文集》。又按《吕申公家传》云："公判太学，命众博士即先生之居，敦请为太学正。先生固辞，公即命驾过之。"又《杂记》："治平三年九月，公知蔡州，将行，言曰：'伏见南省进士程颐，年三十四，有特立之操，出群之姿。嘉祐四年，已与殿试，自后绝意进取，往来太学，诸生愿得以为师。臣方领国子监，亲往敦请，卒不能屈。臣尝与之语，洞明经术，通古今治乱之要，实有经世济物之才，非同拘士曲儒，徒有偏长。使在朝廷，必为国器。伏望特以不次旌用。'"《明道行状》云："神宗尝使推择人材，先生所荐数十人，以父表弟张载暨弟颐为称首。"

元丰八年，哲宗嗣位。门下侍郎司马公光、尚书左丞吕公公著，及西京留守韩公绛，上其行义于朝。见哲宗、徽宗《实录》。按：《温公集》与吕申公同荐札子曰："臣等窃见河南处士程颐，力学好古，安贫守节，言必忠信，动遵礼义，年逾五十，不求仕进，真儒者之高蹈，圣世之逸民。伏望特加召命，擢以不次，足以矜式士类，裨益风化。"又按：《胡文定公文集》云："是时谏官朱光庭又言：'颐道德纯备，学问渊博，材资劲正，有中立不倚之风；识虑明彻，至知几其神之妙；言行相顾而无择，仁义在躬而不矜。若用斯人，俾当劝讲，必能辅养圣德，启道天聪，一正君心，为天下福。'又谓：'颐究先王之蕴，达当世之务，乃天民之先觉，圣代之真儒。俾之日侍经筵，足以发扬圣训；兼掌学校，足以丕变斯文。'又论：'祖宗时起陈抟、种放，高风素节，闻于天下。揆颐之贤，抟、放未必能过之；颐之道，则有抟、放所不及知者。观其所学，真得圣人之传，致思力行，非一日之积，有经天纬地之才，有制礼作乐之具。乞访问其至言正论，所以平治天下之道。'又谓：'颐，以言乎道，则贯彻三才而无一毫之或间；以言乎德，则并包众美而无一善之或遗；以言乎学，则博通古今而无一物之不知；以言乎才，则开物成务而无一理之不总。是以圣人之道，至此而传。况当天子进学之初，若俾真儒得专经席，岂不盛哉！'"十一月丁巳，授汝州团练推官，西京国子监教授。见《实录》。先生再辞，寻召赴阙。

元祐元年三月，至京师。王岩叟奏云："伏见程颐，学极圣人之精微，行全君子之纯粹，早与其兄颢，俱以德名显于时。陛下复起颐而用之，颐趣召以来，待诏阙下，四方俊乂，莫不翘首向风，以观朝廷所以待之者如何，处之者当否，而将议焉。则陛下此举，系天下之心。臣愿陛下加所以待之之礼，择所以处之之方，而使高贤得为陛下尽其用，则所得不独颐一人而已，四海潜光隐德之士，皆将相招而为朝廷出矣。"除宣德郎，秘书省校书郎。先生辞曰："祖宗时，布衣被召，自有故事。今臣未得入见，未敢祗命。"王岩叟奏云："臣伏闻圣恩特除程颐京官，仍与校书郎，足以见陛下优礼高贤，而使天下之人归心于盛德也。然臣区区之诚，尚有以为陛下言者。愿陛下一召见之，试以一言，问为国之要，陛下至明，遂可自观其人。臣以颐抱道养德之日久，而潜神积虑之功深，静而阅天下之义理者多，必有嘉言以新圣听，此臣所以区区而进颐。然非为颐也，欲成陛下之美耳。陛下一见而后命之以官，则颐当之而无愧，陛下与之而不悔，授受之间，两得之矣。”于是召对。太皇太后面喻，将以为崇政殿说书。先生辞不获，始受西监之命。且上奏，论经筵三事：其一，以上富于春秋，辅养为急，宜选贤德，以备讲官，因使陪侍宿直，陈说道义，所以涵养气质，薰陶德性。其二，请上左右内侍宫人，皆选老成厚重之人，不使侈靡之物、浅俗之言接于耳目，仍置经筵祗应内臣十人，使伺上在宫中动息，以语讲官，其或小有违失，得以随事规谏。其三，请令讲官坐讲，以养人主尊儒重道之心，寅畏祗惧之德。而曰：“若言可行，敢不就职？如不可用，愿听其辞。”札子三道，见《文集》。又按《刘忠肃公文集》有章疏论先生辞卑居尊，未被命而先论事为非是。盖不知先生出处语默之际，其义固已精矣。既而命下，以通直郎充崇政殿说书。见《实录》。先生再辞而后受命。

四月，例以暑热罢讲。先生奏言：“辅导少主，不宜疏略如此。乞令讲官以六参日上殿问起居，因得从容纳诲，以辅上德。”见《文集》。五月，差同孙觉、顾临及国子监长贰看详国子监条制。见《实录》。先生所定，大概以为学校礼义相先之地，而月使之争，殊非教养之道，请改试为课，有所未至，则学官召而教之，更不考定高下；制尊贤堂，以延天下道德之士；镌解额，以去利诱；省繁文，以专委任；励行检，以厚风教；及置待宾吏师斋，立观光法，如是者亦数十条。见《文集》。旧《实录》云：“礼部尚书胡宗愈谓先帝聚士以学，教人以经，三舍科条固已精密，宜一切仍旧，因是深诋先生，谓不宜使在朝廷。”

六月，上疏太皇太后，言今日至大至急，为宗社生灵长久之计，惟是辅养上德；而辅养之道，非徒涉书史、览古今而已，要使跬步不离正人，乃可以涵养薰陶，成就圣德。今间日一讲，解释数行，为益既少。又自四月罢讲，直至中秋，不接儒臣，殆非古人旦夕承弼之意。请俟初秋，即令讲官轮日入侍，陈说义理。仍选臣僚家十一二岁子弟三人，侍上习业。且以迩英迫隘暑热，恐于上体非宜，而讲日宰臣、史官皆入，使上不得舒泰悦怿。请自今，一月再讲于崇政殿，然后宰臣、史官入侍，余日讲于延和殿，则后楹垂帘，而太皇太后时一临之。不惟省察主上进业，其于后德，未必无补，且使讲官欲有所言，易以上达，所系尤大。又讲读官例兼他职，请亦罢之，使得积诚意以感上心。皆不报。

八月，差兼判登闻鼓院。先生引前说，且言入谈道德，出领诉讼，非用人之体，再辞不受。见《文集》。杨时曰："事道与禄仕不同。常夷甫以布衣入朝，神宗欲优其禄，令兼数局，如鼓院、染院之类，夷甫一切受之。及伊川先生为讲官，朝廷亦欲使兼他职，则固辞。盖前日所以不仕者，为道也，则今日之仕，须其官足以行道乃可受，不然是苟禄也。然后世道学不明，君子辞受取舍，人鲜知之。故常公之受，人不以为非，而先生之辞，人亦不以为是也。"

二年，又上疏论延和讲读垂帘事，且乞时召讲官至帘前，问上进学次第。又奏迩英暑热，乞就崇政、延和殿，或他宽凉处讲读。给事中顾临以殿上讲读为不可，有旨修展迩英阁。先生复上疏，以为修展迩英，则臣所请遂矣。然祖宗以来，并是殿上坐讲，自仁宗始就迩英，而讲官立侍，盖从一时之便耳，非若临之意也。今临之意，不过以尊君为说，而不知尊君之道。若以其言为是，则误主上知见。臣职当辅导，不得不辨。

先生在经筵，每当进讲，必宿斋豫戒，潜思存诚，冀以感动上意。见《文集》。而其为说，常于文义之外，反复推明，归之人主。一日当讲“颜子不改其乐”章，门人或疑此章非有人君事也，将何以为说，及讲，既毕文义，乃复言曰：“陋巷之士，仁义在躬，忘其贫贱。人主崇高，奉养备极，苟不知学，安能不为富贵所移？且颜子，王佐之才也，而箪食、瓢饮；季氏，鲁国之蠹也，而富于周公。鲁君用舍如此，非后世之监乎？”闻者叹服，见胡氏《论语详说》。而哲宗亦尝首肯之。见《文集》。不知者或诮其委曲已甚。先生曰：“不于此尽心竭力，而于何所乎?”上或服药，即日就医官问起居，见《语录》。然入侍之际，容貌极庄。时文潞公以太师平章重事，或侍立终日不懈，上虽喻以少休，不去也。人或以问先生曰：“君之严，视潞公之恭，孰为得失？”先生曰：“潞公，四朝大臣，事幼主，不得不恭。吾以布衣职辅导，亦不敢不自重也。”见《邵氏见闻录》。尝闻上在宫中起行漱水，必避蝼蚁。因请之曰：“有是乎？”上曰：“然，诚恐伤之尔。”先生曰：“愿陛下推此心以及四海，则天下幸甚！”见《语录》。

一日，讲罢未退，上忽起凭槛，戏折柳枝。先生进曰：“方春发生，不可无故摧折。”上不悦。见马永卿所编《刘谏议语录》。且云：“温公闻之亦不悦。”或云：“恐无此事。”所讲书有“容”字，中人以黄覆之，曰：“上藩邸嫌名也。”先生讲罢，进言曰：“人主之势，不患不尊，患臣下尊之过甚而骄心生尔。此皆近习辈养成之，不可以不戒。请自今旧名嫌名皆勿复避。”见《语录》。时神宗之丧未除，而百官以冬至表贺。先生言节序变迁，时思方切，请改贺为慰。及除丧，有司又将以开乐致宴。先生又奏请罢宴，曰：“除丧而用吉礼，则因事用乐可矣。今特设宴，是喜之也。”见《文集》。尝闻后苑以金制水桶，问之，曰：“崇庆宫物也。”先生曰：“若上所御，则吾不敢不谏。”在职累月，不言禄，吏亦弗致，既而诸公知之，俾户部特给焉。又不为妻求邑封。或问之，先生曰：“某起于草莱，三辞不获而后受命。今日乃为妻求封乎？”见《语录》。经筵承受张茂则尝招诸讲官啜茶观画。先生曰：“吾平生不啜茶，亦不识画。”竟不往。见《龟山语录》。或云：“恐无此事。”文潞公尝与吕、范诸公入侍经筵，闻先生讲说，退相与叹曰：“真侍讲也。”一时人士归其门者甚盛，而先生亦以天下自任，论议褒贬，无所顾避。由是，同朝之士有以文章名世者，疾之如仇，与其党类巧为谤诋。见《龟山语录》《王公系年录》《吕申公家传》，及先生之子端中所撰《集序》。又按：苏轼奏状亦自云：“臣素疾程某之奸，未尝假以辞色。”又按：侍御史吕陶言：“明堂降赦，臣僚称贺讫，而两省官欲往奠司马光。是时，程颐言曰：‘子于是日哭，则不歌，岂可贺赦才了，却往吊丧？’坐客有难之曰：‘子于是日哭，则不歌，即不言歌则不哭。今已贺赦了，却往吊丧，于礼无害。’苏轼遂以鄙语戏程颐，众皆大笑。结怨之端，盖自此始。”又《语录》云：“国忌行香，伊川令供素馔。子瞻诘之曰：‘正叔不好佛，胡为食素？’先生曰：‘礼，居丧不饮酒，不食肉。忌日，丧之余也。’子瞻令具肉食，曰：‘为刘氏者左袒。’于是，范醇夫辈食素，秦、黄辈食肉。”又鲜于绰《传信录》云：“旧例，行香斋筵，两制以上及台谏官并设蔬馔，然以粗粝，遂轮为食会，皆用肉食矣。元祐初，崇政殿说书程正叔以食肉为非是，议为素食，众多不从。一日，门人范醇夫当排食，遂具蔬馔。内翰苏子瞻因以鄙语戏正叔。正叔门人朱公掞辈衔之，遂立敌矣。是后蔬馔亦不行。”又《语录》云：“时吕申公为相，凡事有疑，必质于伊川。进退人才，二苏疑伊川有力，故极诋之。”又曰：“朝廷欲以游酢为某官，苏右丞沮止，毁及伊川。宰相苏子容曰：‘公未可如此，颂观过其门者，无不肃也。’”又按：刘谏议《尽言集》亦有异论，刘非苏党，盖不相知耳。

一日赴讲，会上疮疹，不坐已累日。先生退诣宰臣，问上不御殿，知否？曰："不知。"先生曰："二圣临朝，上不御殿，太皇太后不当独坐。且人主有疾，而大臣不知，可乎？"翌日，宰臣以先生言，奏请问疾，由是大臣亦多不悦。而谏议大夫孔文仲因奏先生污下憸巧，素无乡行，经筵陈说，僭横忘分，遍谒贵臣，历造台谏，腾口间乱，以偿恩仇，致市井目为五鬼之魁，请放还田里，以示典刑。

八月，差管勾西京国子监。见旧《实录》。又《文仲传》载吕申公之言曰："文仲为苏轼所诱胁，其论事皆用轼意。"又《吕申公家传》亦载其与吕大防、刘挚、王存同驳文仲所论朱光庭事，语甚激切。且云："文仲本以伉直称，然蠢不晓事，为浮薄辈所使，以害忠良，晚乃自知为小人所绐，愤郁呕血而死。"按：《旧录》固多妄，然此类亦不为无据，《新录》皆删之，失其实矣。又范太史《家传》云："元祐九年，奏曰：'臣伏见元祐之初，陛下召程颐对便殿，自布衣除崇政殿说书，天下之士皆谓得人，实为希阔之美事，而才及岁余，即以人言罢之。颐之经术行谊，天下共知。司马光、吕公著皆与颐相知二十余年，然后举之。此二人者，非为欺罔以误圣聪也。颐在经筵，切于皇帝陛下进学，故其讲说语常繁多，草茅之人，一旦入朝，与人相接，不为关防，未习朝廷事体，而言者谓颐大佞大邪，贪黩请求，奔走交结；又谓颐欲以故旧倾大臣，以意气役台谏，其言皆诬罔非实也。盖当时台谏官王岩叟、朱光庭、贾易皆素推服颐之经行，故不知者指以为颐党。陛下慎择经筵之官，如颐之贤，乃足以辅导圣学。至如臣辈，叨备讲职，实非敢望颐也。臣久欲为颐一言，怀之累年，犹豫不果。使颐受诬罔之谤于公正之朝，臣每思之，不无愧也。今臣已乞去职，若复召颐劝讲，必有补于圣明，臣虽终老在外，无所憾矣。'"先生既就职，再上奏乞归田里，曰："臣本布衣，因说书得朝官。今以罪罢，则所授官不当得。"三年又请，皆不报，乃乞致仕至再，又不报。五年正月，丁太中公忧去官。

七年服除，除直秘阁，判西京国子监。《王公系年录》云："元祐七年三月四日，延和奏事，三省进呈，程颐服除，欲与馆职判检院。帘中以其不靖，令只与西监，遂除直秘阁，判西京国子监。初颐在经筵，归其门者甚盛，而苏轼在翰林，亦多附之者，遂有洛党、蜀党之论。二党道不同，互相非毁，颐竟为蜀党所挤。今又适轼弟辙执政，才进禀，便云：'但恐不肯靖。'帘中入其说，故颐不复得召。"先生再辞，极论儒者进退之道。见《文集》。而监察御史董敦逸奏，以为有怨望轻躁语。五月，改授管勾崇福宫。见《旧录》。未拜，以疾寻医。

元祐九年，哲宗初亲政，申秘阁西监之命。先生再辞不就。见《文集》。绍圣间，以党论放归田里。

四年十一月，送涪州编管。见《实录》。门人谢良佐曰："是行也，良佐知之，乃族子公孙与邢恕之为尔。"先生曰："族子至愚不足责，故人情厚不敢疑。孟子既知天，焉用尤臧氏？"见《语录》。

元符二年正月，《易传》成而序之。三年正月，徽宗即位。移峡州。四月，以赦复宣德郎，任便居住，制见《曲阜集》。还洛。《记善录》云："先生归自涪州，气貌、容色、髭发皆胜平昔。"十月，复通直郎，权判西京国子监。先生既受命，即谒告，欲迁延为寻医计，既而供职。门人尹焞深疑之，先生曰："上初即位，首被大恩，不如是，则何以仰承德意？然吾之不能仕，盖已决矣。受一月之俸焉，然后唯吾所欲尔。"见《文集》《语录》。又刘忠肃公家《私记》云："此除乃李邦直、范彝叟之意。"建中靖国二年五月，追所复官，依旧致仕。前此未尝致仕，而云依旧致仕，疑西监供职不久，即尝致仕也。未详。

崇宁二年四月，言者论其本因奸党论荐得官，虽尝明正罪罚，而叙复过优。已追所复官，又云叙复过优，亦未详。今复著书，非毁朝政。于是有旨追毁出身以来文字，其所著书，令监司觉察。

《语录》云："范致虚言程某以邪说诐行惑乱众听，而尹焞、张绎为之羽翼。事下河南府体究，尽逐学徒，复隶党籍。"先生于是迁居龙门之南，止四方学者曰："尊所闻、行所知可矣，不必及吾门也。"见《语录》。

五年，复宣义郎，致仕。见《实录》。时《易传》成书已久，学者莫得传授，或以为请。先生曰："自量精力未衰，尚觊有少进耳。"其后寝疾，始以授尹焞、张绎。尹焞曰："先生践履尽《易》，其作《传》，只是因而写成，熟读玩味，即可见矣。"又云："先生平生用意，惟在《易传》，求先生之学者，观此足矣。《语录》之类，出于学者所记，所见有浅深，故所记有工拙，盖未能无失也。"见《语录》。

大观元年九月庚午，卒于家，年七十有五。见《实录》。于疾革，门人进曰："先生平日所学，正今日要用。"先生力疾微视曰："道着用便不是。"其人未出寝门而先生没。见《语录》。一作门人郭忠孝。尹子云："非也。忠孝自党事起，不与先生往来，及卒，亦不致奠。"

初，明道先生尝谓先生曰："异日能使人尊严师道者，吾弟也。若接引后学，随人材而成就之，则予不得让焉。"见《语录》。侯仲良曰："朱公掞见明道于汝州，逾月而归，语人曰：'光庭在春风中坐了一月。'游定夫、杨中立来见伊川。一日，先生坐而瞑目，二子立侍，不敢去。久之，先生乃顾曰：'二子犹在此乎？日暮矣，姑就舍。'二子者退，则门外雪深尺余矣。其严厉如此。晚年接学者，乃更平易，盖其学已到至处，但于圣人气象差少从容尔。明道则已从容，惜其早死，不及用也。使及用于元祐间，则不至有今日事矣。"先生既没，昔之门人高第多已先亡，无有能形容其德美者，然先生尝谓张绎曰："我昔状明道先生之行，我之道盖与明道同。异时欲知我者，求之于此文可也。"见《集序》。尹焞曰："先生之学，本于至诚，其见于言动事为之间，处中有常，疏通简易，不为矫异，不为狷介，宽猛合宜，庄重有体。或说匍匐以吊丧，诵《孝经》以追荐，皆无此事。衣虽紬素，冠襟必整；食虽简俭，蔬饭必洁。太中年老，左右致养无违，以家事自任，悉力营办，细事必亲，赡给内外亲族八十余口。”又曰：“先生于书，无所不读；于事，无所不能。”谢良佐曰：“伊川才大，以之处大事，必不动声色，指顾而集矣。”或曰：“人谓伊川守正则尽，通变不足，子之言若是，何也？”谢子曰：“陕右钱以铁，旧矣，有议更以铜者，已而会所铸子不逾母，谓无利也，遂止。伊川闻之曰：‘此乃国家之大利也。利多费省，私铸者众；费多利少，盗铸者息。民不敢盗铸，则权归公上，非国家之大利乎？’又有议增解盐之直者，伊川曰：‘价平则盐易泄，人人得食，无积而不售者，岁入必倍矣，增价则反是。’已而果然。司马公既相，荐伊川而起之。伊川曰：‘将累人矣。使韩、富当国时，吾犹可以有行也。’及司马公大变熙、丰，复祖宗之旧，伊川曰：‘役法当讨论，未可轻改也。’公不然之，既而数年纷纷不能定。由是观之，亦可以见其梗概矣。”

祭 文

张 绎

呜呼！利害生于身，礼义根于心。伊此心丧于利害，而礼义以为虚也，故先生踽踽独行斯世，而众乃以为迂也。惟尚德者以为卓绝之行，而忠信者以为孚也；立义者以为不可犯，而达权者以为不可拘也。在吾先生，曾何有意？心与道合，泯然无际。无欲可以系羁兮，自克者知其难也；不立意以为言兮，知言者识其要也。德輶如毛，毛犹有伦；无声无臭，夫何可亲？呜呼！先生之道，不可得而名也。伊言者反以为病兮，此心终不得而形也。维泰山以为高兮，日月以为明也；春风以为和兮，严霜以为清也。

在昔诸儒，各行其志；或得于数，或观于礼；学者趣之，世济其美。独吾先生，淡乎无味；得味之真，死其乃已。

自某之见，七年于兹；含孕化育，以蕃以滋。天地其容我兮，父母其生之；君亲其临我兮，夫子其成之。欲报之心，何日忘之？先生有言，见于文字者有七分之心，绘于丹青者有七分之仪。七分之仪，固不可益；七分之心，犹或可推。而今而后，将筑室于伊、洛之滨，望先生之墓，以毕吾此生也。

呜呼！夫子没而微言绝，则固不可得而闻也。然天不言而四时行，地不言而百物生。惟与二三子，洗心去智，格物去意，期默契斯道，在先生为未亡也。呜呼！二三子之志，不待物而后见；先生之行，不待诔而后征。然而山颓梁坏，何以寄情？凄风一奠，敬祀于庭；百年之恨，并此以倾。

尹子曰：先生之葬，洛人畏入党，无敢送者，故祭文惟张绎、范域、孟厚及焞四人。乙夜，有素衣白马至者，视之，邵溥也，乃附名焉。盖溥亦有所畏而薄暮出城，是以后。又按：《语录》云：先生以《易传》授门人，曰："只说得七分，学者更须自体究。"故祭文有七分之语云。

奏状 节略

胡安国

伏见元祐之初，宰臣司马光、吕公著秉政当国，急于得人，首荐河南处士程颐，乞加召命，擢以不次，遂起韦布，超居讲筵。自司劝讲，不为辩辞，解释文义，所以积其诚意，感通圣心者，固不可得而闻也。及当官而行，举动必由处礼；奉身而去，进退必合乎义。其修身行法，规矩准绳，独出诸儒之表，门人高第，莫获继焉。虽崇、宁间曲加防禁，学者向之，私相传习，不可遏也。其后颐之门人，如杨时、刘安节、许景衡、马伸、吴给等，稍稍进用，于是士大夫争相淬厉。而其间志于利禄者，托其说以自售，学者莫能别其真伪，而河、洛之学几绝矣。

壬子年，臣尝至行阙，有仲并者，言伊川之学，近日盛行。臣语之曰："伊川之学，不绝如线，可谓孤立，而以为盛行，何也？岂以其说满门，人人传写，耳纳口出，而以为盛乎？"自是服儒冠者，以伊川门人妄自标榜，无以屈服士人之心，故众论汹汹，深加诋诮。夫有为伊、洛之学者，皆欲屏绝其徒，而乃上及于伊川，臣窃以为过矣。

夫圣人之道，所以垂训万世，无非中庸，非有甚高难行之说，此诚不可易之至论也。然中庸之义不明久矣。自颐兄弟始发明之，然后其义可思而得。不然，则或谓高明所以处己，中庸所以接物，本末上下，析为二途，而其义愈不明矣。士大夫之学，宜以孔、孟为师，庶几言行相称，可济时用。此亦不可易之至论也。然孔、孟之道不传久矣，自颐兄弟始发明之，而后其道可学而至也。不然，则或以六经、《语》《孟》之书资口耳，取世资，而干利禄，愈不得其门而入矣。今欲使学者蹈中庸，师孔、孟，而禁使不得从颐之学，是入室而不由户也。不亦误乎？

夫颐之文，于《易》，则因理以明象，而知体用之一原；于《春秋》，则见诸行事，而知圣人之大用；于诸经、《语》《孟》，则发其微旨，而知求仁之方，入德之序。然则，狂言怪语，淫说鄙喻，岂其文也哉？颐之行，其行己接物，则忠诚动于州里；其事亲从兄，则孝弟显于家庭；其辞受取舍，非其道义，则一介不以取与诸人，虽禄之千钟，有必不顾也。其余则亦与人同尔，然则幅巾大袖，高视阔步，岂其行也哉？

昔者伯夷、柳下惠之贤，微仲尼，则西山之饿夫、东国之黜臣尔。本朝自嘉祐以来，西都有邵雍、程颢及弟颐，关中有张载。此四人者，皆道学德行名于当世。会王安石当路，重以蔡京得政，曲加排抑，故有西山、东国之阨。其道不行，深可惜也。

今雍所著有《皇极经世》书，载有《正蒙》书，颐有《易》《春秋》传，颢虽未及著述，而门弟子质疑请益答问之语，存于世者甚多，又有书、疏、铭、诗并行于世，而传者多失其真。臣愚伏望陛下，特降指挥，下礼官讨论故事，以此四人加之封号，载在祀典，以见圣世虽当禁暴诛乱、奉词伐罪之时，犹有崇儒重道、尊德乐义之意。仍诏馆阁裒集四人之遗书，委官校正，取旨施行，便于学者传习。羽翼六经，以推尊仲尼、孟子之道，使邪说者不得乘间而作，而天下之道术定，岂曰小补之哉？

图书在版编目（CIP）数据

河南程氏遗书 /（宋）程颢，（宋）程颐撰；邵逝夫导读．—合肥：黄山书社，2022.8
（儒家要典导读书系）
ISBN 978-7-5737-0243-2

Ⅰ．①河… Ⅱ．①程… ②程… ③邵… Ⅲ．①程颢（1032–1085）—语录②程颐（1033–1107）—语录 Ⅳ．① B244.61 ② B244.71

中国版本图书馆 CIP 数据核字 (2022) 第 148237 号

河南程氏遗书
HENANCHENGSHIYISHU

宋·程颢　程颐　撰
邵逝夫　导读

出 品 人　贾兴权
责任编辑　朱莉莉
责任印制　李　磊
装帧设计　观止堂 _ 未氓
出版发行　黄山书社（http：//www.hspress.cn）
地址邮编　安徽省合肥市蜀山区翡翠路 1118 号出版传媒广场 7 层 230071
印　　刷　安徽联众印刷有限公司
版　　次　2022 年 10 月第 1 版
印　　次　2022 年 10 月第 1 次印刷
开　　本　880 mm × 1230 mm　1/32
字　　数　350 千字
印　　张　16
书　　号　ISBN 978-7-5737-0243-2
定　　价　59.80 元

服务热线　0551-63533706
销售热线　0551-63533761
官方直营书店（http://hsssbook.taobao.com）